Zhaoyang Chen

Verschorfungen

Eine Jugend im Schatten der Kulturrevolution

© 2020 Zhaoyang Chen

Verlag & Druck: tredition GmbH, Halenreie 40-44, 22359 Hamburg

ISBN
Paperback: 978-3-347-09426-0
Hardcover: 978-3-347-09427-7
e-Book: 978-3-347-09428-4

Es ist mir nicht leichtgefallen, meine Geschichte aufzuschreiben. Dennoch musste ich es tun. Denn vor ihr fliehen kann ich nicht, und die gelegentliche Narkotisierung durch Verleugnung führt allenfalls dazu, dass die Schmerzen nach dem Erwachen noch heftiger sind als zuvor.

Es hat in der Tat sehr lange gedauert, bis ich endlich den Mut aufbrachte, meiner Vergangenheit ins Auge zu sehen und mich von ihr zu befreien. Doch dazu musste ich erst einmal verstehen, warum es so viele Krisen in meinem Leben gegeben hatte und auf welche Weise sie meinen Lebensweg beeinflussten. Oft wünschte ich mir, jemand anderes hätte mein Schicksal gehabt. Zugleich bin ich mir darüber im Klaren, dass Millionen anderer Menschen meiner Generation mein Schicksal auf die eine oder andere Weise teilen. Doch wurde ich bis zum heutigen Tag nie mit einer ähnlichen Geschichte konfrontiert.

Vermutlich war es das allgemeine Schweigen über die Vergangenheit, das mich so lange davon abgehalten hat, mich mit ihr zu befassen, ebenso wie die Rück-

sicht auf all jene, die so eng mit meiner Ge-
schichte verbunden sind. Allein schon der
Gedanke, Freunde, Familie und Bekannte
durch das Erzählen meiner Geschichte un-
glücklich zu machen, ließ mich davor zu-
rückschrecken. Doch nun hat endlich die
Einsicht gesiegt, dass ein (mit-)geteiltes
Schicksal, das auf vielen Schultern ruht,
für alle leichter zu tragen ist. Gesiegt hat
auch der Wunsch in mir, wieder aufrichtig
lieben und vertrauen zu können und die
Welt zu umarmen, ohne ständig Verrat
und Verletzung zu befürchten – und letzt-
endlich zu verstehen, warum ich zu demje-
nigen geworden bin, der ich bin.

Für Yumi und Anjulie

Xuzhou – Stadt unter dem schwebenden Fluss

Geboren wurde ich am 14. September 1963 in der antiken chinesischen Stadt Xuzhou, in der heutigen Provinz Jiangsu der Volksrepublik China. Die Stadt ist einer der neun Ursprungsstaaten, die das antike China bildeten. Xuzhou ist auch die Heimatstadt von neun Dynastiegründern und fünfunddreißig Kaisern Chinas, also die Wiege jener Zivilisation, die China bis heute prägt. Denn auch die Gründerfamilie der Han-Dynastie[i] stammt aus Xuzhou. Sie gab den Chinesen den Namen Han, der heute weltweit größten Ethnie, der über eine Milliarde Menschen angehören. Noch heute spricht man von den Han-Chinesen, der Sprache Han-Yu, den Schriftzeichen Han-Zi, der Medizin Han-Yao ... In Xuzhou etablierte sich der Konfuzianismus als Staatsdoktrin, einem auf Moralphilosophie basierenden Herrschaftssystem, das bis in unser 21. Jahrhundert hinein nachwirkt. Zu diesem System gehörten eine dreistufige Verwaltungsstruktur und die Rekrutierung von Beamten durch Staatsexamen.

Xuzhou war einst eine blühende Stadt der Kunst und Literatur. Noch heute kann man überall uralte Steingravuren, Kalligrafien und Malereien bewundern. Und den Gelehrten aus Xuzhou ist die Wiederherstellung und Tradierung der vielfältigen Zeugnisse der Literatur zu verdanken, die einst von der Qin-Dynastie[ii] vernichtet worden waren. Viele der weltweit bekannten Künstler Chinas kommen aus Xuzhou. Große Intellektuelle und Dichter der Antike und der jüngeren Vergangenheit wie Liu Xiang[iii], Zhang Daoling[iv], Liu Yuxi[v], Li Yi[vi] sind in Xuzhou geboren und aufgewachsen. Auch Bai Juyi[vii] und Su Dongpo[viii] hatten ihre Wirkungsstätte in Xuzhou.

Meine Geburtsstadt ist also uralt. Uralte Städte waren auch immer schon Kriegsschauplätze. In China pflegt man heute noch zu sagen, dass Xuzhou diejenige Stadt sei, die von allen militärischen Strategen erst einmal erobert werden müsse, um weitere Siege in ganz China zu erringen. Denn Xuzhou bildet einen Verkehrsknotenpunkt mitten im Zentrum des chinesischen Wegenetzes. Der Kaiserkanal Peking-Hangzhou verläuft durch die Stadt, kreuzt dort den Huaihe-Fluss, der in das ostchinesische Meer mündet. Die Eisenbahnlinien Longhai von Westen nach Osten kreuzen sich in Xuzhou mit Jinhu von Norden nach Süden ebenso wie die Straßennetze aus allen vier Himmelsrichtungen. Die Provinzen Jiangsu, Shandong, Henan und Anhui treffen in Xuzhou aufeinander. Solche uralten Städte waren immer schon Sammelbecken für Zuwanderer, die zusammen eine multikulturelle Gesellschaft bildeten. In Xuzhou vermischten sich die Einflüsse des Buddhismus, des Daoismus, des Islam und des Christentums mit dem Konfuzianismus und verschmolzen zu einer harmonischen Einheit.

Die geografische Lage der Stadt hat auch den Charakter ihrer Bewohner geformt. Denn im Laufe der drei Jahrtausende langen Geschichte wurde Xuzhou sieben Mal vom Gelben Fluss, dem Huang He, überschwemmt, als dieser seine Laufrichtung änderte und sich über den Huai He seinen Weg ins ostchinesische Meer suchte. Wie überall, wo der Unterlauf des Gelben Flusses Städte durchquert, liegt das Flussbett höher als die jeweilige Stadt selbst. Deshalb wurde der Huang He in Xuzhou auch „der in der Luft schwebende Fluss" genannt. Ein treffendes Bild dafür, wie gefährlich das Leben mit dem Fluss tatsächlich war. So wurde die Stadt sieben Mal unter Sedimentschichten vergraben, doch nach jeder Überschwemmungskatastrophe bauten die Menschen sie wieder auf – mit Fleiß, Hartnäckigkeit und Ehrlichkeit, jener Basis für das Vertrauen, auf das die Menschen im Angesicht von Katastrophen ganz besonders angewiesen sind. Der Boden rund um Xuzhou war so fruchtbar, dass er demjenigen eine reiche Früchte- und Getreideernte bescherte, der ihn eigenhändig beackerte. Das Sagen in der Stadt hatten der konfuzianischen Morallehre und Staatsdoktrin gemäß die Männer, und die Frauen galten als tapfer und ehrgeizig. Doch wie überall dort, wo die Existenzgrundlage gesichert ist, gaben sich die Menschen von Xuzhou dem Geisterglauben und spirituellen Neigungen hin, was oft zu Streitigkeiten führte. Und so hatte der Führer Mao Zedong in den 60er-Jahren des vergangenen Jahrhunderts leichtes Spiel, als es darum ging, die „Wahrheitsuchenden" gegeneinander aufzuhetzen und dafür zu sorgen, dass sie sich gegenseitig in den revolutionären Schlachten massakrierten, die er angezettelt hatte. "Kraft des größtmöglichen Chaos unter dem Himmel etabliert man die größtmögliche Ordnung im Lande", so lautete die Strategie des großen Führers, der leider auch die Menschen in Xuzhou auf den Leim gingen. Nach jeder Schlacht wurden die Sieger als Revolutionäre geehrt, die Verlierer als Konterrevolutionäre verdammt. Allerdings war es in Xuzhou nicht immer ganz leicht zu entscheiden, wer die Sieger und wer die Verlierer waren.

Rot oder schwarz – Eine Frage des Überlebens

Der 14. September 1963 war ein Samstag, ein milder, frühherbstlicher Tag mit einem strahlend blauen Himmel, getupft nur von ein paar weißen Schäfchenwolken. Der Gesang der Zikaden ertönte hier mal anschwellend laut, dort abflauend leise, und die Bäume, immer noch in ihrem schönsten Kleid, verloren ihre ersten bunten Blätter in der zarten, milden Brise. Um welche Uhrzeit ich geboren wurde, kann meine Mutter mir nicht genau sagen. Es war in Xuzhou auch nicht üblich, die genaue Geburtsstunde und -minute zu notieren. Sie weiß aber, dass es vormittags nach neun Uhr gewesen sein muss. Denn als mein Großvater um neun Uhr morgens vorbeikam und sich nach dem Stand der Dinge erkundigte, war ich noch nicht auf der Welt. Und so mussten sich meine Großeltern draußen vor dem Kreißsaal noch etwas gedulden, bis sie schließlich hocherfreut ihr gesundes Enkelkind in die Arme schließen konnten. Sie gaben mir den Kosenamen Dashun. „Da" bedeutet groß und ist ein Attribut zu „Shun", was „stromabwärts fahren und in Windrichtung segeln" heißt. „Shun", semantisch ein „Unternehmen ohne Widerstand und Gegenwehr", bedeutet Erfolg, der im Einklang mit den Himmelsregeln und den irdischen Gesetzen steht. So heiße ich nun „Shun" und trage die frommen Wünsche und die Hoffnung der Großeltern in mir, den rechten Weg im Einklang mit dem gesellschaftlichen Fortschritt zu gehen. Sie wollten mit dieser Namensgebung auch sozialen Ungerechtigkeiten vorbeugen, die sich aus meiner diffusen Klassenzugehörigkeit ergeben konnten. Zu guter Letzt wünschten sie sich ein ehrerbietiges und gehorsames Kind. Denn auch das bedeutet „Shun": Gehorsam und ehrfurchtsvoller Respekt. Zusammen mit weiteren Charakterzügen ergeben sich daraus weitere vierzig Redewendungen, die wiederum Hunderte von Bedeutungen haben. Doch bevor ich mich in endlosen chinesischen Wortklaubereien verliere: Was meine Großeltern mir mit diesem Kosenamen wünschten, war ein Leben ohne materielle Nöte und ohne seelisches Leid. Sie wünschten mir schlicht und ergreifend körperliche und seelische Unversehrtheit.

Die Zeit, in die ich hineingeboren wurde, entbehrte jedoch jeglicher Harmonie. Als ich im Kreißsaal des „Krankenhauses der Brüderlichkeit" in der BoÁi-Straße zur Welt kam, war die Luft vom Verwesungsgestank der Leichen von sechsunddreißig Millionen Verhungerten geschwängert, und der Regen spülte immer noch die Blutströme von dreißig Millionen Menschen von den Straßen, die während der proletarischen Diktatur grausam verstümmelt worden waren. Es war eine Zeit des rebellischen Lärmens und terroristischen Getöses, eine Zeit tiefster Finsternis, in der Maos blutige Kampagnen den Alltag bestimmten. Die Menschen wurden in rote und schwarze Kategorien eingeteilt und vermeintliche Feinde auf brutalste Weise gequält oder getötet – und das im Namen einer Ideologie, die eine klassenlose Gesellschaft anstrebte.

Die Zeit, in die ich hineingeboren wurde, war auch eine Zeit der allgemeinen bitteren Armut. Denn die sogenannte große Bodenreform, bei der sowohl große als auch kleine Landbesitzer systematisch enteignet worden waren, hatte statt zu fruchtbaren Ernten zu furchtbaren Gewaltexzessen unter der Bevölkerung geführt und die Idylle des Landlebens in kolossale Armut und Hunger verkehrt. Noch katastrophaler waren die Auswirkungen des „Großen Sprungs nach vorn", Maos Versuch, aus dem rückständigen Land eine Industrienation zu machen. Der Aufruf an das Volk zum Bau von Hochöfen und zur Stahlproduktion hatte dazu geführt, dass die Bauern ihre Felder vernachlässigten und stattdessen unter erbärmlichsten Bedingungen minderwertiges Eisen produzierten, dem perfiderweise auch dringend benötigte landwirtschaftliche Geräte und Werkzeuge geopfert wurden. So endete der „Große Sprung nach vorn" Anfang der 1960er-Jahre in einer der größten Hungerkatastrophen der Menschheitsgeschichte.

Nach dem gescheiterten „Großen Sprung nach vorn" entstand in China eine neue Klassengesellschaft, bestehend aus Armen, Ärmeren und Ärmsten, und die Klassifizierung der Menschen erfolgte aufgrund zweier Kriterien: In politischer Hinsicht wurde man, je nachdem, was für Eltern man hatte, in eine rote oder eine schwarze Klasse eingeteilt, und in materieller Hinsicht fand eine Trennung in Land- und Stadtbewohner statt. Die Menschen wurden unter strengster Überwachung auf ihre jeweilige Klassenzugehörigkeit und ihren Wohnort festgenagelt. Wo man geboren wurde und von welchen Eltern man abstammte, bestimmte also das spätere Schicksal jedes Einzelnen. Nur der Geburtsort war entscheidend dafür, ob man hungern musste oder einigermaßen satt wurde. Wurde man auf dem Land geboren, half einem auch eine rote Herkunft nicht immer, und man war von den ohnehin schon streng rationierten Lebensmitteln abgeschnitten. Wurde man dagegen in der Stadt geboren, hatte man selbst dann noch materielle Vorteile, wenn man nicht zur roten Klasse gehörte. Die Zweiteilung der Menschen in eine Landbevölkerung und in Städter zog eine willkürliche Linie zwischen Armut und Prosperität, sozialem Elend und sozialer Fürsorge. 80 Prozent der Chinesen waren damals in maoistischer Terminologie als „arme Bauern und untere Mittelbauern" bezeichnete Dörfler, de facto Menschen zweiter und dritter Klasse in ihrem eigenen Land. Jeder meiner Generation, da bin ich mir sicher, wird ein trauriges Lied von dieser Zeit zu singen wissen.

Ich wurde, Gott sei Dank, in der Stadt geboren. Wie jedes neugeborene Kind musste ich im Hukou eingetragen werden, dem Einwohnerregister der Sicherheitsbehörde. Jede Familie besaß ein Heftchen, das auf Reisen auch als Ausweis diente. Geburtsurkunden wie in Europa gab es nicht. Das Hukou war das wichtigste Dokument, das jede Familie mit sich führte. Es glich einem Meldeschein des Einwohnermeldeamts, hatte aber lebenswichtige Bedeutung. Denn es berechtigte einen zu Bildung, Beruf und Nahrungsmitteln. Ich bescherte meinen Eltern monatlich Bezugsscheine für 5 Kilo Getreide, 5 Eier, 50 Gramm Zucker, 0,2 Liter Speiseöl, 250 Gramm Fleisch und 500 Gramm Fisch sowie allerlei sogenannte Nebenlebensmittel wie Tofu und Nüsse. Obst und Gemüse kaufte man, wenn es überhaupt welches gab, ohne Bezugsscheine. Ein Neugeborenes war allein aus diesem Grund allemal eine Freude für die ganze Familie. So habe ich es also meinem Geburtsort zur verdanken, dass ich das allgemein vorherrschende Gefühl des Hungers, das meine ganze Generation geprägt hat, nicht am eigenen Leib erfahren musste. Üppig waren die Mahlzeiten nie, aber es gab genug, um satt zu werden.

Mein behördlicher Name lautet Chen Zhaoyang. Er stammt von meinem Vater und bedeutet aufgehende Sonne. Nach dem traditionellen Ahnenkult und dem Willen meines Urgroßvaters hätte ich Chen Yushun heißen müssen, weil „Yu" als Kennzeichen meiner Generation im Stammbuch unserer Vorfahren festgeschrieben ist und alle meine Cousins und Cousinen „Yu" als Bindeglied im Namen tragen. So heißen mein Cousin Chen Yulong und meine Cousine Chen Yuqin et cetera. Ganz im Zei-

chen der politischen Kampagne „Niederreißen der vier Alten"
(Gedanken, Kulturen, Gebräuche, Gewohnheiten) wollte mein
Vater die Tradition nicht fortsetzen und gab uns Namen, die die
Jugendfrische und Lebenskraft des neuen Staates symbolisieren
sollten. So bedeutet der Name meiner Schwester „Knospe in der
Morgenstunde", der Name meines Bruders „gen Himmel stre-
bende Vitalität". Die Namensgebung reflektierte selbstverständlich das soziale Milieu und den Zeitgeist. Mein Vater wünschte
sich, wie alle Eltern seiner Generation, dass wir im neuen China
unter der roten Fahne gesund und glücklich aufwachsen würden.

Die Geburt allein berechtigte einen jedoch noch nicht zum
Leben. Auch die Namensgebung allein bescheinigte noch nicht
die Existenz eines Neugeborenen. Als Mensch fing man erst an
zu existieren, wenn die Klassenzugehörigkeit festgestellt worden
war. Die Bestimmung der Klassenzugehörigkeit war in den
1960er-Jahren der Hauptinhalt der kommunistischen Blutlehre.
Die perfide Art und Weise der lückenlosen Sortierung der Menschen diente einerseits der Verfolgung von Menschen besitzbür-
gerlicher Herkunft und der sozialen Ausgrenzung der vormali-
gen Führungseliten, andererseits der Schaffung und Reglemen-
tierung der neuen proletarischen Gesellschaft. Die Frage nach
der Klassenzugehörigkeit war die am häufigsten gestellte Frage
im Land. Sie wurde gestellt beim Antrag auf einen Kindergar-
tenplatz, bei der Aufnahme in die Schule, bei der Arbeitssuche,
bei der Heiratsanbahnung und der Familiengründung. Die Klassenzugehörigkeit entschied auch darüber, ob jemand nach dem
Tod ordentlich bestattet wurde. Nachkommen aus den fünf
schwarzen Kategorien von Großgrundbesitzern, Großbauern,
Konterrevolutionären, Übeltätern und Rechtsabweichlern waren
kraft Abstammung Klassenfeinde. Sie waren von Geburt an poli-

tisch Verfemte und Objekte des Klassenkampfs. Der deutsche Philosoph Karl Marx hatte um die Mitte des 19. Jahrhunderts den Begriff von der Klassengesellschaft geprägt und betrachtete die Geschichte der Menschheit als eine Geschichte von fortwährenden Klassenkämpfen. Eine gesellschaftliche Neuordnung, die der kapitalistischen Klassengesellschaft ein Ende bereitete, konnte ihm zufolge nur errichtet werden, wenn das Proletariat alle ausbeuterischen Elemente der früheren Führungseliten systematisch eliminierte. Wer aber waren die neuen Feinde, nachdem die Feinde wie die ehemals regierende Kuomintang[ix] und die imperialistischen Kolonialmächte besiegt und aus dem Land vertrieben worden waren? So kam die Volksregierung nach der Gründung des kommunistischen Chinas 1950 auf die Idee, die Menschen nach Klassenzugehörigkeiten zu separieren und sie dadurch zu Klassenfreunden bzw. -feinden zu machen. Die Menschen wurden daher in fünf Kategorien und 58 Klassen unterteilt. Das war die nötige Voraussetzung für einen Klassenkampf. Bei der behördlichen Anmeldung musste also meine politische Klassenzugehörigkeit festgestellt und in das Formular eingetragen werden. Ein trauriger Akt, der meiner Familie viel Streit und Kummer bescherte. Zwei Jahre zuvor war mein Vater noch „revolutionärer Kader" gewesen. Daher durfte meine ältere Schwester noch ohne Weiteres als Sprössling eines revolutionären Kaders angemeldet werden. Nach der freiwilligen Kündigung seines Beamtenstatus war mein Vater jetzt allerdings ein Freiberufler, der zu den gesellschaftlichen „Sonderlingen", wenn nicht „Übeltätern" gezählt wurde, weil Freiberufler, wie der Name schon sagt, frei von den systemimmanenten Arbeitseinheiten und deshalb frei von jeglicher Kontrolle waren. Unter diesen Umständen hätte ich die Klassenzugehörigkeit meiner Mutter oder meiner Großeltern übernehmen müssen. Denn hier ging es nur um die Klassifizierung in rote oder schwarze Gruppen. In meiner Familie mütterlicherseits gab es drei berühmte Großgrundbesitzer: Liu, Sha, Shi, nach denen schon seit Jahrhunderten drei Gemeinden in Xuzhou benannt sind. Alle drei Familienoberhäupter wurden unmittelbar nach der Machtübernahme von den Kommunisten auf grausamste Art und Weise ermordet. Die Klassenzugehörigkeit meiner Familie mütterlicherseits war also denkbar schlecht für uns Kinder und durfte auf keinen Fall vererbt werden. Die Klassenzugehörigkeit väterlicherseits fiel in die Kategorie Handel und Kommerz, Klasse nationalistischer Kapitalisten. Beide Elternteile waren also nicht roter Herkunft. Mein Vater wollte aber nicht zulassen, dass meine Klassenzugehörigkeit irgendwie schwarz gefärbt wurde. So verwickelte er die Chefin des Straßenkomitees, eine gewisse Frau Tian, so sehr in eine verwirrende Diskussion, dass sie am Ende völlig entnervt aufgab und meinem Vater erlaubte, meine Klassenzugehörigkeit auf dem Formular seinen Vorstellungen entsprechend anzugeben. So lautete meine Klassenzugehörigkeit, genau wie die meiner Schwester, „revolutionärer Kader". Das war die Klasse meines Vaters, der im roten China sein Diplom erworben und als Regierungsbeamter gearbeitet hatte. Diese Klassenzugehörigkeit konnte uns Kindern in den ersten zehn Lebensjahren Sicherheit verschaffen und vor politischer Verfemung schützen, obwohl meine Mutter aus einer „ausbeuterischen" Familie stammte. Unser Schicksal sollte jedoch eine entscheidende Wendung nehmen, als mein Vater als mutmaßliches Mitglied der konterrevolutionären 516-Verschwörerclique ins Gefängnis geworfen wurde. Da war ich bereits neun Jahre alt. Wegen seiner Inhaftierung wurden wir später nachträglich zu Mitgliedern der „Fünf schwarzen Elemente" gemacht. Es folgten

Jahre der Angst vor der Frage nach der Klassenzugehörigkeit, was mich seelisch nicht unversehrt ließ.

Die Blutlehre der Kommunistischen Partei Chinas, der KPCh, wurde bis heute nicht aufgearbeitet. Millionen Märtyrer, die gegen diese Lehre und für eine Rehabilitation kämpfen, warten vergeblich darauf, dass ihre leidvolle Geschichte aufgearbeitet und ihnen eine ehrbare und unschuldige Jugend zumindest in moralischer Hinsicht zurückgegeben wird. Helden wie Yu Luoke, der in seinem berühmten Aufsatz „Über die Herkunftstheorie" die Klassenzugehörigkeitspraxis der KPCh sehr zutreffend und sehr überzeugend kritisierte und deswegen 1970 mit nur siebenundzwanzig Jahren hingerichtet wurde, vertraten die Ansicht, dass die Weltanschauung eines Menschen nicht von der Klassenzugehörigkeit abhängig sein konnte. Menschen qua Geburt in gute und schlechte Klassen zu kategorisieren, hätte mit dem Marxismus nichts zu tun und würde Millionen unschuldigen Kindern das Lebensrecht absprechen. Die Politik der kommunistischen Führung, die Menschen systematisch durch Herkunftsverordnungen zu entrechten und zu diskriminieren, glich den Nürnberger Rassengesetzen Nazi-Deutschlands. Unschuldige Menschen wurden aus der zivilen Gesellschaft ausgestoßen. Sie mussten einen schwarzen Flicken auf der Brust tragen und auf jeder Massenversammlung vorsingen:

> *„Ich bin ein Rinderteufel und Schlangengeist,*
> *ich bin wegen meiner Herkunft schuldig,*
> *ich bin ein geborener Verbrecher gegenüber dem Volk,*
> *das Volk hat zu Recht die Diktatur über mich.*
> *Ich darf nur aufrichtig, ehrlich und gewissenhaft sein,*
> *ich soll keine unverantwortlichen Bemerkungen machen*
> *und mich nicht unerlaubt fortbewegen.*

Wenn ich nicht gehorsam bin,
wird mir der Schädel zertrümmert!"

Heute lachen die Kinder darüber, wenn sie das Lied hören, das in ihren Ohren sarkastisch, hohl und intelligenzbeleidigend klingt. Doch mir ist es unmöglich, ihnen meine damalige Ohnmacht und Angst zu vermitteln. Niemand ahnte 1970, dass die öffentliche Hinrichtung von Yu Luoke vor 100 000 Menschen im Sportstadium der Arbeiter in Peking noch längst nicht der Höhepunkt des kommunistischen Klassenwahns sein sollte. In den ersten dreißig Jahren des kommunistischen Regimes in China wurden nach unvollständiger Berechnung mindestens 29 Millionen Menschen wegen ihrer Zugehörigkeit zur schwarzen Klasse getötet. Wie viele Menschen insgesamt der blutigen Diktatur des großen Führers Mao zum Opfer fielen, geht aus Zahlen hervor, die – von der KPCh selbst bestätigt – folgendermaßen aussehen:

987 000 Menschen wurden 1950/51 in der „Nieder-mit-den-Konterrevolutionären"-Kampagne getötet;

75 000 wurden 1955/56 hingerichtet;

2,6 Millionen Rechtsabweichler und deren Familienangehörige wurden 1956/57von ihren Wohnorten und Arbeitsplätzen entfernt und größtenteils durch Sklavenarbeit eliminiert;

41,36 Millionen Menschen sind in den Jahren 1958 bis 1962 verhungert;

29,53 Millionen „schwarze Elemente" konterrevolutionärer Herkunft starben zwischen 1962 und 1966 eines unnatürlichen Todes;

712 000 „Übeltäter" fielen zwischen 1966 und 1976 einer Säuberung zum Opfer.

Insgesamt ließ der „große Führer" also mindestens 75 Millionen unschuldige Menschen ermorden. Zusätzlich wurden unzählige Familien auseinandergerissen und deren Mitglieder brutal verfolgt und misshandelt. Dieser grausame Teil der Geschichte Chinas wird von den politischen Machthabern in Peking bis heute unter den Teppich gekehrt.

Die „Fünf schwarzen Klassen" bildeten also das Freiwild unter der proletarischen Diktatur. Jeder durfte sie bestrafen, wie und wann er wollte. Zu den Strafen gehörten vor allem Verfemung, öffentliche Diffamierung und Selbst- bzw. Lynchjustiz. Denn eine Justiz im Sinne einer veritablen Rechtspflege gab es in den ersten dreißig der kommunistischen Herrschaft nicht. Es gab auch keine regulären Gefängnisse, wie man sie aus Rechtsstaaten kennt, sondern vielmehr Arbeitslager, die organisiert waren wie die Konzentrationslager der Nazis. Es war keine Straftat und wurde auch nicht politisch hinterfragt, wenn ein Roter einen Schwarzen im Affekt umbrachte oder durch Misshandlung tötete. Täglich sahen wir, wie Menschen auf der Straße zu irgendeiner Volksversammlung getrieben wurden. Als Sündenböcke und Prügelknaben dienten sie der Volksbelustigung. Sie mussten sich einen langen Papierhut aufsetzen und eine Holztafel mit ihrem Namen tragen, der rot durchgestrichen war. Die Streichung des eigenen Namens bedeutete: Freiwild. Derart gezeichnet mussten sie in gebückter Haltung durch eine von der Menschenmenge gebildete Gasse laufen, wobei sie beschimpft, geschubst, geschlagen und bespuckt wurden.

Dass ich dank des vehementen Einsatzes meines Vaters die „richtige" Klassenzugehörigkeit erhielt und so gerettet wurde, dafür bin ich bis heute zutiefst dankbar. Mein Vater stammte zwar aus einer Buchhändlerfamilie, die nach der Klassentheorie der Kommunisten nicht zu den Roten gehörte, hatte aber sein Studium der Volkswirtschaftslehre im schon kommunistischen China abgeschlossen und nach dem Studium als Kader in der Provinzregierung Qinghai gearbeitet. Deswegen gehörte er nicht zur schwarzen Klasse. Das war insofern ein Glücksfall, als Menschen, die fünf Jahre vor meinem Vater noch zur republikanischen Zeit studiert hatten, vom Vorsitzenden Mao höchstpersönlich pauschal als kapitalistische Intellektuelle abgestempelt und zur Umerziehung durch Zwangsarbeit verurteilt wurden.

Großvater Chen Lechuan

Mein Großvater väterlicherseits, Chen Lechuan, wurde 1891 in Xuzhou geboren, in einer Zeit des Umbruchs und der Kriegswirren. Der junge Kaiser Guangxu wollte das Land, das wegen seines trägen Verwaltungssystems im Vergleich zu anderen Ländern ins Hintertreffen geraten war, nach westlichem Vorbild reformieren. Per Dekret setzte er eine von Kang Youwei[x] und Liang Qichao[xi] geleitete Reform durch, die leider nur von kurzer Dauer war. Weil die Reform nicht nur das Bildungswesen, die Militärausbildung und das Prüfungssystem, sondern auch den Abbau der Bürokratie beinhaltete, wollten die Mandarine diese nicht mittragen. Die Kaiserinwitwe Cixi, die unter dem Einfluss der konservativen Kreise der Bürokraten und Mandarine stand, ließ daher den Kaiser Guangxu internieren, seine Anhänger verhaften und regierte das Land mit der Unterstützung des Militärs. Mein Großvater war also ein Überlebender der letzten Qing-Dynastie unter der Regentschaft der Kaiserinwitwe Cixi und der ihr folgenden schrecklichen Zeit des Bürgerkrieges unter den Landlords.

Moderne Schulen nach westlichem Vorbild hatte mein Großvater nicht besucht. Sein Vater hatte ihn in eine private Einklassenschule mit nur einem einzigen Lehrmeister geschickt, wo traditionell nur die chinesischen Klassiker gelehrt wurden. Seine Bildung war deshalb auf diese Klassiker beschränkt. Nachdem er die kanonisierten „Vier Bücher"[xii] und „Fünf Klassiker"[xiii] auswendig gelernt hatte, galt er als absolviert und ging anschließend zu einem Buchhändler in die Lehre, der auch mit südländischen Waren handelte. Er selbst hat mir nie erzählt, was man als

Lehrling in einer Buchhandlung lernte. Aber wie ich von meiner Großmutter erfuhr, verbrachte mein Großvater die ersten Lehrjahre als billiger Hausdiener, der täglich dem Lehrmeister und dessen Familie die Nachttöpfe entleerte und reinigte, den Hof und den Laden putzte und die Kinder des Lehrmeisters hütete. Erst nach dem Bestehen dieser Knechtschaftsprüfung war der Lehrmeister gewillt, dem Lehrling etwas Handwerkliches wie das Rechnen mit dem Abakus sowie das Sortieren und Bestellen von Büchern beizubringen. Der Buchhandel erforderte damals ein umfangreiches Wissen, das man sich ohne Anleitung nicht aneignen konnte. Denn das Wissen über Bücher wurde seit eh und je mündlich weitergegeben, zumal dieses Wissen über Publikationen von einem Zeitraum von ungefähr 2000 Jahren echte Geheimtipps beinhaltete. Als Buchhändler musste man nicht nur die Klassiker, sondern auch all die Interpretationen aus verschiedenen Dynastien auswendig lernen. Als die Revolution 1911 das Kaiserreich beerdigte und den Konfuzianismus zum „Gegenstand der Zerstörung" deklariert hatte, wurde das Wissen über die alten Bücher auf einmal überflüssig. Denn die Revolution verlangte neue wissenschaftliche Bücher aus dem Westen. So wurde Konfuzius und dessen Lehre durch Adam Smith, Charles Darwin und Karl Marx ersetzt. Mein Großvater machte sich irgendwann selbstständig und gründete seine eigene Buchhandlung. Seine schnelle Reaktion auf diese neuen Zeiten machte ihn nicht nur zu einem modernen Buchhändler, sondern auch zum wohlhabendsten Mann des Westends von Xuzhou.

Er handelte allerdings nicht nur mit modernen Büchern, sondern hatte auch viele Raritäten und Einzelausgaben gesammelt. Wie sehr es ihn geschmerzt haben muss, als Maos Revolutionäre während der politischen Kampagne der Vermögenskonfiszierung den Hof und seine Wohnung durchsuchten und sechs

Lastwagen voller Bücher in Wert von Millionen Yuan stahlen – darunter auch sehr seltene Bambus-Lamellen-Ausgaben der Lunyu[xiv] und Zhanguoce[xv] – , hat er nie artikuliert. Ich erinnere mich nur noch daran, wie er, solange er lebte, stundenlang einige zerfetzte, mit Fäden geheftete Bücher anstarrte, die immer auf dem Bett neben seinem Kopfkissen lagen. Oft hörte ich ihn sagen, dass er die Bücher dem Museum hätte spenden sollen.

Mein Großvater war ein Mann der alten Schule. Er konnte zu jeder Gelegenheit einen oder mehrere passende Verse aus den fünf Klassikern rezitieren, aber nicht erklären, wie Weitsichtigkeit bei älteren Menschen entsteht und warum eine Brille dann hilfreich ist. Er konnte sich auch nicht erklären, warum Stahl härter und tragfähiger als Holz ist. Ihm genügte die Tatsache, dass Stahl härter ist. Da er nie eine moderne Schule besucht hatte, wusste er von Physik, Chemie und Biologie so gut wie nichts. Dafür brachte er mir bei, nicht nur die Poesie des Buches *Shi Jing* zu bewundern, sondern es auch immer moralpolitisch zu interpretieren. Die Lyriksammlung von 300 Liedern sei eine Sammlung von wenigen Wörtern, aber von größter Bedeutung, weil sie von der Vergangenheit handelten, aber die Gegenwart parodierten. Es war nicht ungefährlich und auf jeden Fall politisch geradezu selbstmörderisch, Kindern klassisches Chinesisch beizubringen, weil die Kommunisten die alten Kulturen und Sitten verboten hatten. Mein Großvater war aber der Meinung, dass man im Leben nichts gelernt hätte, solange man *Das Buch der Lieder*[xvi] nicht auswendig konnte. Er verteidigte Konfuzius auch zu der Zeit, als der „Große Führer" Mao Zedong diesen und Lin Biao namentlich zusammen diskreditierte und ihr Bild beschmutzte.

Als Buchhändler verkaufte er Bücher, Zeitungen und Zeitschriften, die ihm Umsatz und Gewinn brachten. Die Auswahl der Bücher zeichnete auch seine kaufmännische Fähigkeit aus, immer den richtigen Riecher für die Zeit und die jeweilige Mode zu haben. In seiner Buchhandlung gab es immer die Bücher von allen Autoren, sowohl von den royalistischen, den nationalistischen als auch den kommunistischen. Und es wurde ihm später hoch angerechnet, dass er bereits kommunistische Bücher verkauft hatte, als diese von der Kuomintang-Regierung bereits verboten worden waren.

Sein Geschäft erlitt einen heftigen Umsatzeinbruch, als die Japaner Xuzhou besetzten. Unter der sogenannten „Ostasiatischen Wohlstandserziehung" war auf einmal nur noch der Verkauf von pro-japanischen Büchern erlaubt. Und in der Schule durfte aufgrund der Appeasement Politik nur Japanisch unterrichtet werden. Denn in der damaligen Vorstellung des Panasiatismus wurden die Japaner als Retter Asiens gepriesen. Die Nationen Asiens könnten sich vom europäischen und amerikanischen Kolonialismus und der weißen Vorherrschaft nur befreien, wenn sie sich Japan zum Vorbild nehmen würden, den japanischen Kaiser und die japanischen Militaristen akzeptierten und mit ihnen Seite an Seite kämpften. Auch aus dem Radio ertönten ununterbrochen nur noch pro-japanische Parolen. Mit nationalistisch-republikanischen Büchern zu handeln war verboten, und so kam es, dass der Bücherumsatz in den acht Besatzungsjahren vollständig zum Erliegen kam, so dass meine Großeltern mit ihren drei Kindern mehr oder weniger nur noch vom Verkauf von Schreibwaren lebten. Die von der pro-japanischen Marionettenregierung verordnete Ideologie der großostasiatischen Wohlstandssphäre[xvii] verlangte von jedem bedingungslose Ergebenheit gegenüber den Besatzern und die Anerkennung der japanischen Vorherrschaft.

Mein Großvater war, wie viele Geschäftstreibende und Intellektuelle der Stadt, keineswegs einverstanden mit der Besatzungsmacht und der Appeasement Politik des Marionettenregimes. Xuzhou war in der Geschichte niemals von Fremden kolonialisiert worden, und die „Befreier der Asiaten" traten selbst als Ausbeuter auf. Denn Xuzhou war nicht nur der wichtigste Eisenbahnknotenpunkt in China, sondern auch eine wichtige Eisen-, Stahl- und Bergbauindustriestadt. Die reichen Vorkommen von Steinkohle und Eisenerz waren der eigentliche Grund des japanischen „Befreiungskrieges". Und so wurden die kostbaren Ressourcen von Xuzhou von den japanischen Besatzern jahrelang geplündert. Mein Großvater verlegte daher auf eigene Kosten Bücher chinesischer Autoren und Untergrundkämpfer, die sich der Gewaltherrschaft der Aggressoren widersetzten. Er druckte auf eigene Rechnung und mit Unterstützung anderer Gleichgesinnter die anti-japanischen und gegen den Bürgerkrieg gerichteten Bücher der links-progressiven Autoren aus der von Lu Xun herausgegebenen „Buchkollektion für Sklaven" nach und verteilte diese kostenlos unter dem Ladentisch. Er kaufte auch verbotene Bücher aus der kommunistischen Zone im nordwestlichen Hinterland und reichte sie an aufgeschlossene Jugendliche weiter. Als die Nationalfront gegen japanische Invasoren nach dem Zwischenfall von Xi´an gebildet wurde, organisierte mein Großvater Lebensmittel, Verbandsmaterial und Medikamente, vor allem aber Propagandamaterialien für die neue vierte Armee der National Revolutionary Army, die einen Guerillakrieg gegen die Japaner im Hinterland rings um Xuzhou führte.

Da Chinesisch in der Schule nicht unterrichtet wurde, wollten die Eltern ihren Kindern zuhause das Chinesische beibringen. So verlegte mein Großvater trotz Verbot die Drei (Wort-Fibel)[xviii], Hundert (Familiennamen) [xix], Tausend (Worte-Aufsatz) [xx] und Tausend (Dichter-Verse), die in China seit eh und je als Bücher der Aufklärung dienten. All die patriotischen Aktivitäten trieben ihn in den wirtschaftlichen Ruin, doch vertrat er den Standpunkt, dass Geld ihm nichts nütze, solange das Land von Fremden besetzt werde. Finanzielle Hilfe bekam er nur von den beiden ausländischen Kirchen in Xuzhou.

Als der Krieg um Xuzhou, das im Zentrum der Kampfhandlungen lag, ab 1938 immer heftiger wurde, sammelten sich dort die Flüchtlinge aus allen angrenzenden Gebieten in der Stadt. In der christlichen Peizheng-Mittelschule, in der evangelischen Kirche und in allen amerikanischen Einrichtungen wurden Abertausende Menschen aufgenommen. Zusammen mit den Browns, einem Pastorenpaar, und mit den Missionaren der amerikanischen presbyterianischen Kirche in Xuzhou organisierte mein Großvater Lebensmittel und Hilfsgüter, sammelte Spenden bei der Bevölkerung und versuchte tatkräftig, die Leiden der Menschen zu lindern. Er publizierte auch religiöse Texte für die amerikanische und die römisch-katholische Kirche und Illustrationen für den Missionarsdienst.

Die Buchhandlung im Westend von Xuzhou

Die Buchhandlung meines Großvaters hieß Xietong, was Zusammenwirken und Zusammenarbeit bedeutet. Anders als im Teehaus, wo sich das Volk zu Theateraufführungen, Vorträgen volkstümlicher Geschichten oder musikalischer Unterhaltung traf, war die Buchhandlung Treff- und Stützpunkt der in China üblichen „drei Religionen und neuen Denkrichtungen", also ein Versammlungsort verschiedener Intellektueller. Wohlhabende kamen, um Bücher und Zeitungen zu kaufen, weniger Wohlhabende, um sie auszuleihen. Für eine geringe Summe konnte man ein Buch auch im Geschäft lesen. Menschen, die weder schreiben noch lesen konnten, kamen dorthin, um die Meinung anderer zu den augenblicklichen Geschehnissen zu hören. Revolutionäre Kameraden tauschten hier Informationen aus. Geheimdienstler verschiedener Parteien belauschten ihre Gegner und beobachteten deren Aktivitäten. Auf seine stoische Art kam mein Großvater mit allen Leuten aus und gab ihnen, ganz ihrem Glauben entsprechend, Leseempfehlungen. In die Buchhandlung war auch die Schreibwarenhandlung meines Urgroßvaters integriert. Mit neun Mitarbeitern war mein Großvater ein großer Arbeitgeber in Xiguan, dem Westend von Xuzhou. Allein das elektrische Licht, das es seit 1917 in seinem Geschäft gab, übte so eine gewaltige Anziehungskraft auf die Menschen aus, dass sie, wenn es dunkel wurde, aus den umliegenden Stadtteilen extra dorthin kamen, um es zu bewundern und nutzten die Chance, trotz der Dunkelheit dort noch lesen zu können. Es waren aber nicht nur das elektrische Licht und die schöne, farbenprächtige Schaufensterdekoration, die die Menschen faszinierten. Sie kamen vor allem auch wegen seiner Mitarbeiter, die alle lesen und schreiben konnten. Im damaligen China mit mindestens 80 Prozent Analphabeten war lesen und schreiben zu können eine Sensation. So kamen Menschen aus der ganzen Stadt in die Buchhandlung, um sich dort Briefe vorlesen zu lassen. Dann kauften sie meist gleich einen Briefbogen, um einen Antwortbrief schreiben zu lassen. Sie kamen auch, um einen Vertrag aufsetzen oder beglaubigen zu lassen. Beim Briefe lesen und schreiben erfuhr man hautnah, was zahlreiche persönliche Lebensläufe mit dem Schicksal des Landes verband und wie die Nation vom Willen der Parteiführer der Kuomintang und der Kommunistischen Partei abhängig war. Wenn die beiden sich einigten, würde es Frieden geben im Land; wenn die beiden sich jedoch verfeindeten, würde es Massaker und Bombardierungen geben. Mein Großvater unterstützte die Idee von Dr. Sun Yat-sen[xxi], eine Einheitsfront aus Kuomintang und Kommunisten zu bilden, um gemeinsam gegen die Landlords zu kämpfen und China zu versöhnen.

Nach dem Tod von Sun Yat-sen nahm die Kuomintang immer öfter den anti-kommunistischen Kurs auf, führte zwischen 1926 und 1928 unzählige Säuberungsaktionen durch, ließ viele Kommunisten heimtückisch umbringen und trieb die Kommunistische Partei zu den versprengt umherziehenden Söldnerhaufen in den Shan-Gan-Ning-Randzonen. Als General Chiang Kai-shek 1936 nach dem Zwischenfall von Xi´an endlich den ersten Bürgerkrieg beendete und der Bildung einer anti-japanischen Nationalfront zustimmte, hatte der Bürgerkrieg bereits eine Million Menschenleben gekostet. Oft bekam mein Großvater Ehrenmedaillen für die im Kampf gefallenen Märtyrer zur Weiterleitung zugeschickt, weil die Menschen in der Umgebung die Xietong- Buchhandlung als Postadresse angegeben hatten. Sie kamen sowohl von der republikanischen Armee als auch von der kommunistischen Truppe. Mein Großvater legte Wert darauf, dass die Ehrerbietung gegenüber den Toten und die Verschwiegenheit von Wort und Schrift gewahrt wurden und achtete darauf, dass die Angestellten im Laden beim Lesen, Schreiben und Beglaubigen aufrichtig und sensibel mit den Menschen umgingen.

Mein Großvater war ein echter Mann von Welt. Ich kannte als Kind keinen zweiten Mann, der so weit gereist war wie er. Neben Großstädten wie Shanghai und Hongkong, wo er Bücher und Schreibwaren aus aller Welt und andere Waren einkaufte, fuhr er auch regelmäßig nach Vietnam, Thailand, Malaysia und Indonesien, um dort für seinen Schwiegervater, der eine Möbel- und Sargmanufaktur betrieb, Sandel- und Teakholz und andere Tropenhölzer einzukaufen. Neben der Buchhandlung hatte mein Großvater auch eine Kapitalbeteiligung an der Textilhandlung seines Schwagers. Die Familie war also sehr wohlhabend. Doch das änderte sich radikal, nachdem die Kommunisten die Macht über China errungen hatten. Ab 1950 wurden „Xietong-Buchhandlung und Verlagshaus" meines Großvaters im Zuge eines gesetzlich verordneten Joint Ventures sukzessive „verstaatlicht". Tatsächlich aber war das eine Enteignung. Das bedeutete, dass die Buchhandlung nicht mehr meinem Großvater allein gehörte, sondern auch dem Staat. 1957 nach der vollständigen Enteignung und Entrechtung war mein Großvater dazu gezwungen, seinen Lebensunterhalt durch schwere körperliche Arbeit zu verdienen. Die Firma, in der er untergebracht wurde, war eine Arbeitseinheit, die speziell für die Umerziehung durch körperliche Arbeit und Resozialisierung der früheren „Ausbeuter" und „Gedankenverbrecher" gegründet worden war. Wie ein Zugtier musste er dort in der Transporteinheit einen zweirädrigen Handkarren aus Holz ziehen, um Sachen zu transportieren. Handkarren dieser Art waren selbst in meiner eigenen Kindheit noch immer das Haupttransportmittel, während von Pferden gezogene Fuhrwerke in der Stadt eher selten zu sehen waren. Noch seltener waren motorisierte Lastwägen. Da es in ganz China in den 1960er-Jahren weniger als 15 000 motorisierte Lastwägen gab, arbeiteten Logistikeinheiten und Fabriken fast ausschließlich mit diesen zweirädrigen Handkarren und später auch mit dreirädrigen Fahrradtransportern. Der Handkarren meines Großvaters war so groß, dass darin zwei Kubikmeter Waren Platz hatten. Je nach Warenart konnte die Ladung bis zu 1000 Kilogramm wiegen. So zog mein Großvater den Karren täglich zehn Stunden, mal allein, mal in einer Gruppe. Dafür bekam er einen Monatslohn von ungefähr 30 Yuan. Von diesem Geld mussten meine Großeltern nun leben und sich damit von so ziemlich allen bisherigen Lebensgewohnheiten verabschieden.

Von Xuzhou aus transportierte seine Arbeitseinheit Textilien, Eisenwaren, chemische Erzeugnisse und Leichtindustriewaren für den täglichen Gebrauch in die umliegenden Gegenden; zurück in die Stadt brachte sie Früchte, Gemüse und Kohle. Wenn es keine Aufträge gab, dann arbeiteten die Leute für sich selbst und stachen torfähnlichen roten Lehm, der südlich von Xuzhou reichlich vorhanden war. Der Lehm war in Xuzhou als rote Erde bekannt. Eine Holzwagenladung roter Erde, die in Xuzhou sowohl als der Kohle beigemischtes Brennmaterial als auch als Baumaterial verwendet wurde, konnte ihnen einen Ertrag von zwei bis drei Yuan bringen. Einkünfte, die meinem Großvater durch Gewinnausschüttungen aus seinen Beteiligungen an der Buchhandlung, der Textilhandlung und der Möbel- und Sargmanufaktur zustanden, wurden anfangs von den Kommunisten zugesichert und auch bezahlt. Das erzwungene Joint Venture mit dem Staat hatte den ideologischen Hintergrund, Kapitalisten unter die Kontrolle der Arbeiterklasse zu bringen. So nahm es kein Wunder, dass die Ausschüttungen immer geringer und die Steuerabgaben immer größer wurden; der Staatsanteil dagegen wurde immer größer, obwohl der Staat de facto nichts investiert hatte. Mein Großvater wusste um die schleichende Enteignung, verzichtete aber freiwillig auf die Zinsausschüttung seines Kapitals und überließ dem Staat sowohl seine Anteile als auch seine Gewinnausschüttungen. Das war eine weise Entscheidung, wie sich herausstellen sollte. Denn während der „Fünf-Anti-Kampagne"(gegen Bestechung, Diebstahl von Staatseigentum, Steuerhinterziehung, Manipulation von Regierungsverträgen und Betriebsspionage) wurden 1952 viele Kapitalisten und Freunde von deren Familien zur Zwangsarbeit verbannt oder gar umgebracht, wenn sie auf ihrem Recht und der Erfüllung des Joint-Venture-Vertrags bestanden. Mein Großvater wurde hingegen von den Kommunisten als „vorbildlicher, patriotischer Nationalkapitalist" dargestellt. Weil er niemals nur Geschäftsmann, sondern auch Buchhändler war, hatte er durch die Lektüre ihrer Schriften die Ideologie der neuen Machthaber und die Tragweite des Kommunismus schon weit vor 1949 durchschaut. Das rettete ihm das Leben, und so überstand er die nachfolgenden politischen Unterdrückungskampagnen zumindest körperlich unversehrt.

Zusammen mit meinem Großvater arbeiteten zwei weitere Männer, die meine Kindheitserinnerung prägten. Grandpa Hu und Dr. Luo. Grandpa Hu war ein evangelischer Priester. Als Missionar der Evangelischen Kirche war er in den 1930er- und 1940er-Jahren kreuz und quer durch China gereist. Nun leitete er verschiedene evangelische Gemeinden um Xuzhou und war gleichzeitig in zahlreichen christlichen Gesellschaften aktiv. Da während der Kulturrevolution die Religionsausübung streng verboten war, wurde er wie mein Großvater gezwungen, seinen Lebensunterhalt durch harte körperliche Arbeit zu verdienen. Zum Arbeiten trug Grandpa Hu groteskerweise meistens einen langen schwarzen talarähnlichen Rock mit einem weißen Beffchen. Auch wenn er die Mao-Jacke anhatte, was sehr selten geschah, trug er die schmale weiße Halsbinde. Mein Großvater erklärte mir, dies sei ein Teil des Priestergewands für den Gottesdienst in der evangelischen Kirche. Grandpa Hu war ein demütiger, aber extrovertierter Mann. Er sprach Englisch, spielte Geige und Klavier und zitierte gerne aus der Bibel, wann immer er sich mit mir und meinen Geschwistern unterhielt. Er war es, der mich lehrte: „Wenn dich einer auf die linke Wange schlägt, dann halt ihm auch die andere hin." Obwohl ich seine Worte nicht gleich verstand, spürte ich instinktiv, dass dieses Bibelzitat (Matthäus 5,39) seine Geisteshaltung reflektierte. Die Tatsache, dass er trotz allen Leids und Verfolgung weder floh, noch zum Gegenangriff überging, sondern sich in seinem Glauben nicht beirren ließ, zeigte mir die Kraft dieses Glaubens. Ich erzählte ihm, wie in der Schule die rechtsabweichlerischen Lehrer geschlagen und gequält wurden. Grandpa Hu schüttelte nur den Kopf und sagte: „Die wissen nicht, was sie tun!" Grandpa Hu hatte zwei Söhne – Johann und Jacob, beide waren getaufte Christen, die in der Kulturrevolution auf unnatürliche Weise ums Leben kommen sollten. Er erzählte mir oft in seiner ruhigen und gelassenen Art die Geschichte von Jesus und betonte dabei, dass erst Respekt aus Menschen Menschen mache. Er wahrte den Respekt vor sich selbst und vor seinen Peinigern in einer Zeit, in der Menschen vom „Führer" zu Bestien gemacht wurden. Es ging ihm, so glaube ich heute, weniger um die Erfüllung eines moralischen Gebots, sondern eher um eine nüchterne Zurkenntnisnahme der brutalen Realität. Er resignierte nicht, er war nicht einmal verbittert. Beinahe fünfzig Jahre sind inzwischen vergangen, und wenn ich an meine Kindheit zurückdenke, denke ich zwangsläufig an das Bibelzitat von Grandpa Hu. Ich glaube zu verstehen, was Grandpa Hu mir sagen wollte: Wenn wir uns von Hass leiten lassen, so lösen wir damit eine endlose Spirale von Gewalt und Gegengewalt aus. Obwohl ich das verstanden habe, bin ich nicht in der Lage, seine Weltanschauung zu teilen. Das Unrecht kann nicht nur vergeben, sondern muss auch aufgearbeitet werden. Der größte Massenmörder der chinesischen Geschichte liegt heute immer noch als „Held" in seinem Kristallsarg in dem extra für ihn errichteten Mausoleum auf dem Platz des Himmlischen Friedens in Peking und wird verehrt wie ein sakrosankter Heiliger. Ich würde ihm niemals meine rechte Wange hinhalten, wenn er mich auf die linke schlagen würde. Es muss vielmehr verhindert werden, dass die Geschichte sich wiederholt.

Der andere Mann, der mit meinem Großvater zusammenarbeitete, war Dr. Luo Shaoyi. Deutlich jünger als mein Großvater und von großer, athletischer Statur, war er Doktor der Physik an der Qinghua-Universität, und mein Großvater sprach immer in einem sehr respektvollen Ton von ihm. Wegen seiner Kritik an dem vom „Großen Vorsitzenden" Mao Zedong geführten „Großen Sprung nach vorn", der letztlich mindestens 36 Millionen Menschenleben kostete, wurde er 1957 als Rechtsabweichler verurteilt und aus der Hauptstadt Peking verbannt. Verurteilung und Verbannung trafen ihn sehr hart, weil er, anders als Großvater und Grandpa Hu, ein überzeugter Kommunist war. Nach den offiziellen Angaben der KPCh waren mindestens 550 000 Menschen (nach neueren Berechnungen der BBC wahrscheinlich eher 30 Millionen) so wie er in die Verbannung geschickt worden. Dr. Luo Shaoyi war extrem schweigsam, redete wenig, aber dann sehr lehrmeisterhaft und bestimmend. Er trug keinen Arbeitsanzug, sondern kam immer mit nacktem Oberkörper zur Arbeit. Im Winter trug er einen Regenumhang aus Bast oder Stroh, darunter ein Hemd aus grob gewebtem Tuch. Seine Haut war so stark von der Sonne gebräunt, dass man ihn ohne Weiteres für einen Afrikaner hätte halten können. Oft wurde er von Rabauken und Lausbuben gejagt, beschimpft und geschlagen. Sie liefen ihm hinterher und riefen: „Nieder mit dem Rechtsabweichler, nieder mit dem Doppelzüngler!" Er aber nahm alle Widrigkeiten und Schikanen hin, ohne Widerstand zu leisten. Er sagte immer: „Es sind nur Kinder, sie wissen nicht, was sie tun." Seine Augen waren klar und funkelten, wenn er mit seiner tiefen Baritonstimme redete. Er sprach perfektes Hochchinesisch. Das unterschied ihn stark von den Menschen in der Umgebung. Ihm habe ich es zu verdanken, dass ich meinen Xuzhou-Akzent schon sehr früh erkannte und mir abgewöhnen konnte. Dr. Luo Shaoyi spielte die chinesische Bambusflöte so schön, dass ich oft den Impuls verspürte, das Instrument auch zu erlernen. Er komponierte eine orientalisch klingende Marktschreiermelodie, die er ganz ehrfürchtig vortrug, wenn er seine rote Erde anpries. Seine Baritonstimme, vermischt mit dem gellenden Geschrei von Eisverkäuferinnen, ist ein fester Bestandteil meiner Kindheit, verknüpft mit der Erinnerung an die extrem heißen Mittagsstunden im hochsommerlichen Xuzhou – unterhaltsam und melancholisch zugleich, als schrien sie gegen die Ohnmacht über ihr eigenes Schicksal an.

Nach dem Tod meiner Großmutter im Jahre 1973 wohnte ich mit meinem Großvater in der Einzimmerwohnung am Eingangstor von unserem ehemaligen Wohnhof zusammen. Sein Tagesablauf war streng geregelt, und er hielt sich daran, ohne je eine

Ausnahme zu machen. Um vier Uhr in der Früh stand er auf und wusch sich mit einem Eimer Wasser den ganzen Körper. Um halb sechs weckte er mich und schickte mich zu einem Restaurant in der Fenghua-Straße, das seiner Meinung nach die beste Frühstückssuppe, das beste Gebäck und die besten Frittierstangen, eine Xuzhou-Spezialität aus Weizenmehl, hatte. Um sechs Uhr frühstückten wir zusammen. Danach ging ich zur Schule, während mein Großvater Volksrundfunk hörte und die Tageszeitung las. Nachmittags spazierte er durch die Stadt und besuchte seine beiden Schwestern. Um vier Uhr nachmittags ging er in das Xinhua-Badehaus an der BoÁi-Straße. Nach dem Abendessen ging er um neun Uhr schlafen. Mein Großvater war kein extrovertierter Mann, er konnte nicht gut reden und war alles andere als mitteilungsfreudig. Oft musste ich sehr, sehr lange auf eine Antwort von ihm warten. Er war auf der beständigen Suche nach Ruhe und Frieden in dieser Zeit, die so sehr von Unruhe und Chaos geprägt war. Trotzdem schien er in vollkommener Zufriedenheit mit der Welt, den Menschen und seiner Zeit zu leben, und ich frage mich oft, wie all die Schicksalsschläge ihn innerlich geprägt haben. Nach außen hin war ihm nichts oder nur sehr wenig davon anzumerken, was ihn innerlich bewegte. Doch hatte ich nie den Eindruck, dass er absichtlich etwas verbergen wollte. Menschen seiner Generation zeichneten sich durch das Streben nach konfuzianischer Ruhe aus, sie arbeiteten zeitlebens an der Harmonisierung ihres Innenlebens, akzeptierten ihr Schicksal – „Es muss so sein" – und kamen niemals auf die Idee, Widerstand zu leisten. Als ich 1981 im Begriff war, zum Studieren nach Nanking zu gehen, starb mein Großvater an einem Schlaganfall. Er hat zum Glück noch mitbekommen, dass ich die Aufnahmeprüfung für die Universität bestanden hatte und war sehr stolz auf mich.

Großmutter Ye Yonglan

Meine Großmutter väterlicherseits stammte aus einer Schreinerfamilie, die seit Generationen Möbel und Särge herstellte. Und mein Urgroßvater war ein Mann gewesen, der davon überzeugt war, dass die Macht aus Gewehrläufen kam. Neben seiner Familie und seiner Firma führte er mit herrischer Zucht und Strenge die Gilde der Kaufleute in Xuzhou. Fremde, die in Xuzhou Geschäfte machen wollten, mussten zuerst seine Zustimmung einholen. Ich habe ihn nicht mehr kennen gelernt, dennoch war er in meiner Kindheit präsent. Ich hörte Erwachsene oft über ihn sagen, was für ein Glück es doch sei, dass er noch gestorben sei, ehe die Kommunisten an die Macht kamen. Denn sonst hätte er bestimmt viel zu leiden gehabt und wäre sicherlich von den „Roten" hingerichtet worden. Er war auch dadurch präsent, dass meine Großtante ihn bei jeder Gelegenheit verfluchte, weil er ihr den Ehemann, seinen Sohn, weggenommen hatte, indem er ihn verhungern ließ. Mein Urgroßvater konnte es nicht leiden, dass sein eigener Sohn Opium rauchte und Heroin konsumierte. In seinen Augen war der Sohn ein Verlorener, der nicht imstande war, das Geschäft fortzuführen und seine Familie zu ernähren. Ein Schmarotzer, der höchstens die Geschäfte und die Familie ruinierte. Der erbarmungslose Kampf zwischen den beiden endete damit, dass mein Urgroßvater ihn in eine Zelle im Hof einsperrte, wo er von Milizen bewacht wurde und nur Wasser und Nahrung bekam. Doch der rauschgiftsüchtige Sohn weigerte sich standhaft, etwas zu essen. Als hochgradig Süchtiger hatte er weder Mitleid mit seiner ihm frisch angetrauten Frau, noch Verständnis für seinen Vater. So verhungerte er innerhalb von zwei Wochen und hinterließ eine schwangere Frau, meine Großtante, die sieben Monate nach seinem Tod seinen Sohn gebar. So wurde zumindest die Sippe Ye gerettet, die Ehre der Vorfahren gewahrt und der Familienstammbaum fortgeführt.

Meine Großmutter, die Bezugsperson und das Zentrum meiner Kindheit, hieß Ye Yonglan. Von Natur aus eine herrische Person mit Ecken und Kanten, konnte sie lesen und schreiben und war in ihrer Wortwahl nie wählerisch, wenn sie ihre Meinung sagte. Sie hatte die verstümmelten Lotusfüße, die bis Anfang des 20. Jahrhunderts charakteristisch waren für Frauen aus gutem Haus. Füße, die viel zu klein für ihre Körpergröße und ihr Gewicht waren. So litt sie beständig unter Knie- und Fußschmerzen. Soweit ich mich erinnern kann, beklopfte ich bereits als Zweijähriger ihre Knie mit den Fäusten, um ihre Schmerzen zu lindern. Das tat ich, bis sie 1973 starb.

Meine Großeltern hatten drei Söhne und eine Tochter, die im Säuglingsalter starb. Von den drei Söhnen hatten sie zwölf Enkelkinder. Ich war ihr Liebling unter den Zwölfen, weil ich in ihren Augen ein schlichtes und ehrliches „Dummerchen" war. Meine Großmutter mochte keine schlauen und raffinierten Kinder, die ihrer Meinung nach nur Unheil brachten. So nannte meine Großmutter mich stets ihr „dummes Glückchen" und bestrafte jedes Kind, mit dem ich Geschwisterkämpfe austrug. Meine Großmutter war von ihrer Überzeugung nicht abzubringen, dass ihr Liebling von Natur aus nicht imstande sei, Streitereien anzufangen oder jemandem Schaden zuzufügen, weshalb sie immer die anderen doppelt bestrafte, erst für die Bezichtigung und dann für die Streiterei. Sie gab mir Taschengeld, backte mir süße Sachen mit geröstetem Mehl und kochte mir aus

Fischresten eine dicke Fischbrühe, weil ich von klein auf kein Fleisch aß.

Ich war zehn Jahre alt und ging in die dritte Klasse, als eines Morgens meine Klassenlehrerin zu mir kam und mir ins Ohr flüsterte, dass ich von der Schule befreit sei und sofort nach Hause gehen sollte. Meine Großmutter war gestorben, und zum ersten Mal erlebte ich ein Trauerfest. Nach streng zeremoniellen Regeln wurde festgelegt, wer die Tote zuerst beweint und wie lange sie beweint werden durfte. Meine Mutter und die beiden Tanten hatten Anwesenheitspflicht und mussten obligatorisch mitweinen. Jeder Kondolenzbesucher hatte seine eigene Art, den Hinterbliebenen sein Beileid auszusprechen, meine Mutter und die beiden Tanten erwiderten dies aber immer mit dem gleichen Weinen. Mein Vater war zu dieser Zeit im Gefängnis, bekam jedoch Freigang für einen halben Tag. Er war der Letzte, der die Tote beweinte. Danach nagelte er den Sarg zu. Anlässlich dieser Trauerfeier lernte ich viele Menschen kennen, die ich bis dahin noch nie gesehen hatte. Je nachdem, wie sie meine tote Großmutter nannten, ordnete ich ihren jeweiligen Verwandtschaftsgrad ein. Es war wie ein Theaterstück: Jeder Trauernde hatte sein eigenes Libretto, und jeder erzählte mit der Beweinung eine Geschichte, seine Verbundenheit mit der Toten und wie sehr er ihr Ableben bedauerte. Das Orchester spielte jedes Mal eine andere Musik, variationsreich, sehr archaisch und sehr laut. Ich war sehr aufgeregt, wollte alles verstehen und kam in der Hektik gar nicht dazu, meine Großmutter zu betrauern. Ich erinnere mich noch genau, dass mein Großvater mich fragte, ob ich traurig wäre, ich, Großmutters Liebling, der nun die Großmutter verloren hatte und nun niemand mehr mich beschützen konnte. Ich antwortete mit Nein. Das zeigt auch, was für ein ehrliches Dummerchen ich tatsächlich war, wofür meine Großmutter mich so sehr geliebt hatte. Ich wurde erst traurig, als ich zwei Wochen nach der Beerdigung langsam realisierte, dass ich meine Großmutter verloren hatte. Wochenlang weinte ich allein, wenn niemand mich sah. Überall, wohin ich auch sah, sah ich das sanft lächelnde Antlitz meiner Großmutter; überall, wohin ich auch horchte, hörte ich sie mich rufen. Es hatte sein Gutes, dass meine Mutter mir in den letzten Lebensmonaten meiner Großmutter strengstens verboten hatte, diese zu besuchen und zu sehen, denn meine Mutter war der Überzeugung, dass meine Anwesenheit Großmutter sehr traurig gestimmt hätte. Denn Großmutter war stets sehr um mich besorgt gewesen und wollte mich nur ungern ohne ihren Schutz allein in dieser Welt zurücklassen. Dadurch konnte ich meine Großmutter so in Erinnerung behalten, wie sie immer gewesen war. Dann aber verlor ich meine Stimme, konnte auf einmal nicht mehr gehen und hinkte monatelang mit dem linken Bein.

Ich empfand nach ihrem Tod nie Angst in ihrem Zimmer und schlief weiterhin in ihrem Sterbebett, weil ich wusste, dass sie mich über alles geliebt hatte. Und ich sollte sie noch einmal nach ihrem Tod erleben.

Es war eines Mittags gegen ein Uhr, ich war allein in dem Zimmer, in dem sie gestorben war, saß auf ihrem Bett und zeichnete auf einem Stück Glanzpapier die Illustration von 儒林 外史, der „Geschichte außerhalb des Konfuzianischen Waldes" nach, die mein Großvater gerade las und die neben dem Kopfkissen lag. Das Glanzpapier war sehr glatt, und ich musste sehr weiche Bleistifte benutzen, um überhaupt etwas zeichnen zu können. In einem völlig unerwarteten Augenblick dachte ich an meine Großmutter. Ich vermisste ihre Berührung und die Wärme ihrer Hände, ich vermisste ihre Aura und den Geruch von ihr. Liebe und Zuneigung überdauern den Tod wie die zwei Hälften einer gespaltenen Lotoswurzel, die noch mit zarten Fasern zusammenhängen. Wie schön es doch wäre, dachte ich, wenn Kinder wirklich, wie so oft behauptet wurde, die Toten sehen könnten. Ich war selber von diesem unerwarteten Gedanken überrascht. Dann geschah etwas Wunderbares: Die Flaschen auf der Fensterbank begannen zu vibrieren und tauschten, wie von Menschenhand bewegt, ihre Position. Obwohl sie nicht verschlossen waren, wurde dabei nichts verschüttet. Ich war unglaublich ruhig und mir sicher, dass meine Großmutter mich in diesem Augenblick besuchte. Ich sagte: „ Oma, bist du es? Schön, dass du mich besuchst, du fehlst mir so sehr!" Ich erzählte ihr, wie es in der Schule lief, und wie ich, als sie starb, auf einmal nicht mehr laufen konnte und der Tuina-Meister von Eryanjing mich kuriert hatte. Ich war von meiner eigenen Stimme beeindruckt, weil sie so ruhig und entschieden klang. Endlich konnte ich alles aussprechen, was mich seit Längerem bedrückte. Natürlich erhielt ich keine Antwort von ihr. Ich weiß nicht, wie Psychologen und Psychoanalytiker dieses Phänomen erklären würden. Ich war vollkommen gesund, hatte weder Fieber noch Hunger. Es gab zu dieser Zeit auch kein Erdbeben oder eine sonstige Naturkatastrophe. Es war ein ganz normaler, schöner und sonniger Tag. Nein, ich hatte niemanden gesehen, war aber dennoch von Großmutters Anwesenheit überzeugt. Denn ich spürte wieder die Wärme, die gewöhnlich von ihr ausgegangen war, die Energie, die mich mit einem Glanz umhüllte. Der Raum wurde lichter und ganz erfüllt von Großmutters freundlicher Ausstrahlung. Ich hatte keine Angst, denn ich wusste, wie wichtig ich für Großmutter war. Sie wollte mir ihre Liebe zeigen, würde mir aber niemals Angst einjagen. Sie machte sich Sorgen um mich und wollte sich vergewissern, dass es mir nach ihrem

Tod gutging. Nach diesem Besuch sah ich mich in meiner Überzeugung bestätigt, dass Liebe den Tod überdauern kann, und dass es ein Leben nach dem Tode gibt. Dass die Toten, die uns liebten und die wir lieben, uns im Leben überall schützend beistehen, uns eine Kraft verleihen, deren Herkunft wir nicht erklären können. Das macht unser Leben sicherer.

Während meines späteren Studiums der Psychologie las ich C. G. Jung. Auch Jung hatte ähnliche Vorfälle erlebt. Im Zug auf dem Heimweg in die Schweiz geriet das Wasserglas auf dem Tischchen vor ihm plötzlich in Bewegung und hinterließ eine Pfütze darauf. Just in diesem Augenblick dachte er, dass seinem Sohn gerade etwas Schlimmes widerfuhr. Zu Hause angekommen, sollte er erfahren, dass sein Sohn zu jenem Zeitpunkt, als sein Wasserglas grundlos in Bewegung geraten war, in einem See ertrunken war. Jahre später in Nanking sollte ich noch einmal ein ähnliches Erlebnis haben.

Leere Gräber

Meinen Großvater mütterlicherseits habe ich nie kennengelernt, und an meine Großmutter mütterlicherseits habe ich keine Erinnerung mehr. 2017 besuchte ich zusammen mit meinem Vater zum ersten Mal ihre „Grabstätte". Sie befindet sich mitten in einem Obstgarten in der Gemeinde Shatang, westlich von Xuzhou. Eine Gedenktafel aus Granit erinnert an die Verstorbenen. Doch die Grabstätte ist leer. Mein Großvater wurde 1959 im kommunistischen Gefängnis in der Gansu-Provinz ermordet und anschließend in einem Massengrab verscharrt, wie Millionen andere Menschen, die den zahlreichen Säuberungskampagnen zum Opfer gefallen waren. Meine Großmutter wurde zwar in Shatang ordentlich beerdigt, ihr Grab lag aber nicht an der Stelle, wo sie heute liegt, sondern an einer Stelle, wo sich heute eine kollektive Forschungsanstalt befindet. 1965, während der vierten „Säuberungsbewegung", hatte es meine Großmutter vorgezogen, ihren Peinigern durch Freitod zu entgehen. Unter deren Anführerin Zhang, der Tochter eines in der Dorfgemeinde der Familie Sha fremden Pächters, hatten hasserfüllte Milizionäre nachts Großmutters Grab geöffnet und den Sarg nach Wertsachen durchsucht und geplündert. Ihren Leichnam ließen sie wochenlang an einem Obstbaum hängen und überließen ihn den Wildhunden. Ich weiß nicht, woher meine Eltern die Kraft schöpfen, um eine solche Brutalität und Respektlosigkeit zu vergessen und sich mit den Verbrechern zu versöhnen. Ich kann ihnen das nicht verzeihen, weil es mich immer noch schmerzt, und das wird bleiben, solange ich lebe. Ich empfinde Hass und Wut, starke Gefühle, die nicht vergehen. Bei beim Besuch des

Grabes begegneten wir der Schwester der damaligen Anführerin. Die uralte Frau entschuldigte sich ununterbrochen bei mir, geißelte ihre bereits in jungen Jahren an Krebs gestorbene Schwester als Sünderin und Schande ihrer Familie und bat uns um Vergebung. Mein Vater tröstete sie in seiner typischen Art mit den Worten, dass es da nichts zu verzeihen gäbe, weil Mao aus Menschen Bestien gemacht hätte. Ich trauere heute noch, vor allem nachts, wenn die Sterne hell am Himmel leuchten. Ich suche das Sternchen von meiner Großmutter. Es ist klar, dass wir uns nicht wiedererkennen könnten, selbst wenn wir uns begegnen würden. Denn meine Großmutter wäre eine 115 Jahre alte Frau mit schneeweißen Haaren, und ich bin längst nicht mehr das zweijährige Kind auf ihrem Schoß. Oft träume ich von ihr, wie sie am Fenster sitzend ihre Haare kämmt. Ich kann sie nicht hören, sehe aber immer ihre Tränen, unendlich viele Tränen.

Der Vater meiner Mutter hieß Sha Guangxuan, und dessen Wohnort heißt bis heute Shatang – Landgut der Familie Sha. Er war der älteste Sohn, der Stammhalter des Clans. Er hatte drei jüngere Brüder und eine jüngere Schwester. Ein Bruder arbeitete vor der Gründung der Volksrepublik als Polizeichef in Xuzhou. Der andere Bruder war Diplomat im kommunistischen Außenministerium, arbeitete einst als Gesandter in Indien, Pakistan und Korea und später als Professor für Anglistik an der Xinjiang-Universität in Ürümqi (Urumtschi), der Hauptstadt des um seine Autonomie kämpfenden uigurischen Gebietes Xinjiang. Von den fünf Kindern hatte nur mein Lieblingsgroßonkel nicht studieren dürfen, weil er von seinem Vater für die Landwirtschaft bestimmt worden war. Und wer auf dem Land arbeitete, brauchte keine höhere Bildung. Mein Großvater war Bürgermeister gewesen, selbstverständlich Parteimitglied der republikanischen Kuomintang, und arbeitete als Verwalter von Höfen und Ländereien und als Schuldirektor in Shatang. Meine Mutter und ihre Geschwister haben alle von ihrem Vater ihre Bildung erhalten und ganz der Tradition entsprechend die drei Grundregeln (der Monarch herrscht über seine Untertanen, der Vater über seine Kinder und der Mann über seine Frau) und die fünf Tugenden (Menschlichkeit, Pflichtgefühl, Anstand, Wissen und Treue) gelernt. Shatang war das Landgut seiner Familie. Die Familie hatte mehrere hundert Mitglieder, deren gemeinsamer Familienname Sha war. Es gab auch sogenannte fremdnamige Landarbeiter, die von der Familie Sha abhängig waren und ihre Arbeitskraft an diese verkauften. Die heute über Neunzigjährigen, die meine Großeltern noch erlebt haben, bezeugen mir gegenüber immer das Gleiche: dass mein Großvater ein gelehrter, gütiger, aber entschlossener Charakter gewesen sei, in dessen Wirkungskreis immer Gerechtigkeit geherrscht habe.

Shatang lag am Ufer des alten Fei-Huang He, dem Gelben Fluss in seinem ursprünglichen Bett. Überschwemmungen waren dort keine Seltenheit. Und so überließ mein Großvater notleidenden oder verarmten Pachtbauern mitunter die gesamte Ernte, wenn eine Hungersnot drohte. Alle Kinder, ob Nachkommen der Familie Sha oder nicht, erhielten von ihm eine kostenlose Schulbildung. Zugezogenen Bauern half er mit Krediten. Dass die Fremdnamigen meine Großeltern nach der sogenannten Befreiung im Jahr 1949 als Klassenfeinde ansahen und sie körperlich wie seelisch quälten und schließlich töteten, war nicht auf ein Fehlverhalten meines Großvaters zurückzuführen, sondern allein auf die Aufstachlung durch den „Großen Führer". Mein Großvater hatte seine Schüler die „Drei Prinzipien des Volkes" von Dr. Sun Yat-sen gelehrt und sie dazu motiviert, sich der Revolution anzuschließen. Viele von ihnen gingen nach Guangdong, wurden Studenten der berühmten Huangpu-

Militärakademie und kämpften für das neue China. Einige von ihnen waren auch mit General Chiang Kai-shek nach Taiwan übergesiedelt, nachdem die Kommunisten den Bürgerkrieg für sich entschieden hatten. „Der Große Führer" Mao wollte, wie er persönlich kundtat, zwei bis drei Millionen Großgrundbesitzer umbringen und deren Reichtum an 400 Millionen landlose Bauern verteilen. Deshalb wurde mein Großvater sofort nach der Gründung der Volksrepublik verhaftet und in ein Gefängnis in die nordwestliche Provinz Gansu in der Wüste Gobi verschleppt. Dort wurde er im Zuge der Kampagne zur Unterdrückung von Rechtsabweichlertum und Konterrevolution 1959 ermordet und in einem Massengrab verscharrt. Vier Jahre nach seinem Tod geboren, hatte ich ihn nie kennengelernt. In der Familie wurde über ihn geschwiegen. Erst in den 90er-Jahren hatte ich Gelegenheit, seinen Bruder, meinen Großonkel, nach ihm zu befragen.

Meine Großmutter mütterlicherseits hieß Liu Gonglan. Sie war die erste Tochter aus einer noch größeren und reicheren Familie im Westen von Xuzhou. Das Dorf, in dem sich das Landgut der Familie Liu befand, war nach dem Familiennamen ihrer Vorfahren benannt. Kaum zwanzig Jahre alt, wurde meine Großmutter mit meinem Großvater verheiratet. Es war üblich, dass die Eheleute von gleichen sozialen und wirtschaftlichen Status waren. Nicht ebenbürtige Ehen wurden als Unheil bringend abgelehnt. Mein Urgroßvater besaß neben dem Ackerland noch eine Getreidemühle, eine Brennerei, eine Manufaktur für Handkarren und Tragejochs. All seinen sieben Kindern hatte er eine moderne Schulbildung ermöglicht. Wie es für die damalige Zeit typisch war, waren auch seine fünf Söhne ideologisch unterschiedlicher Ansicht und damit politische Gegner. Während die älteren für die republikanische Kuomintang kämpften, waren die jüngeren Kommunisten. Mein Urgroßvater konnte nicht akzeptieren, dass er und seine Familie nach der Enteignung von 231 Hektar Land in einer kommunistischen Gesellschaft, in der jeder Bürger gleiches Recht genießen sollte, zu Ausgestoßenen gemacht und sozialer Ächtung ausgesetzt wurden. Niemand in der Familie war gebieterisch oder unhöflich gegenüber den Untergebenen gewesen; niemand hatte sich Arbeit vom Leibe gehalten oder war dem Müßiggang verfallen. Jeder hatte genauso fleißig wie die Knechte und Mitarbeiter gearbeitet. Der erreichte Wohlstand war in den Augen meines Urgroßvaters kein Geschenk des Himmels, sondern das Ergebnis von jahrhundertelangem Fleiß und von Genügsamkeit. Seit Jahrhunderten schon teilten die Familien den Wohlstand mit den Menschen um sich herum; alle wurden berücksichtigt nach der Devise, dass alle im selben Boot den Fluss überquerten. Extravaganz und Eigensucht waren ihnen fremd. Mein Urgroßvater war als Familienoberhaupt weder überheblich noch unbesonnen gewesen. Noch am Vorabend seines Selbstmords hatte er gearbeitet wie ein Knecht. Er konnte die Sitte und Moral der neuen Zeit einfach nicht nachvollziehen und war schließlich verzweifelt genug, um sich umzubringen. In seinem Abschiedsbrief war zu lesen, dass er von Scham und Gewissensqual übermannt sei, und dass er bittere Reue gegenüber den Vorfahren verspüre, die von Generation zu Generation fleißig gearbeitet, beharrlich gespart und langsam zu Reichtum gekommen waren. Es beschäme ihn zutiefst, dass nun alles verloren gehe. Seine Schuhe und seine Kleider hatte er ausgezogen und fein säuberlich gefaltet abgelegt, bevor er sich zu früher Morgenstunde, nur mit weißer Unterwäsche bekleidet, vor einen fahrenden Zug warf – in der Hoffnung, sich durch seinen Selbstmord von aller Schuld reinwaschen zu können. Aber die Kommunisten wären ja keine Kommunisten gewesen, wenn sie die Familie danach in Ruhe gelassen hätten. Diese wurde nach seinem Tod umso heftiger verfolgt, weil der Selbstmord als schuldhafter Bruch mit der Volksgemeinschaft gewertet wurde. Einer seiner Söhne wurde mit Alkohol übergossen und angezündet, ein zweiter wurde zum Invaliden geprügelt. Die Kinder mussten betteln gehen und die ehemaligen Mägde und Knechte um Almosen bitten, weil auch die ursprünglich zugesprochenen Restparzellen an Land nach dem Selbstmord des Familienoberhauptes enteignet worden waren. Typisch für die damalige Zeit war auch das Verhalten des vierten Sohnes, der sich als tüchtiger Kommunist sogar eine Volksverdienstmedaille erster Klasse im Koreakrieg erkämpft hatte und in Xuzhou als Amtsdirektor arbeitete. Er hatte sich in aller Öffentlichkeit von seiner Familie distanziert und erklärt, das Band zu seinen Großgrundbesitzereltern durchtrennt zu haben. Seine Mutter – meine Urgroßmutter – hatte sich ihre Augen im wahren Wortsinn blind geweint. Doch die Kommunisten machten auch vor der blinden alten Dame keinen Halt. Auch sie wurde vor die alltägliche Beschimpfungsversammlung gezerrt. Auch sie musste Diffamierung, Lügengeschichten und Hassausbrüche erdulden. Die Verwandten, die Pächter und die ehemaligen Knechte aber hatten Mitleid mit ihrer Familie. Sie steckten ihr so viele Lebensmittel zu, dass sie die härtesten Klassenkampftorturen überlebten. Die frühere Kammerfrau meiner Urgroßmutter, die mit dem Sohn des örtlichen Parteisekretärs im Großen-Liu-Landgut 大刘庄 verheiratet war, drohte mit Selbstmord, sollte meine Urgroßmutter noch einmal öffentlich diffamiert werden. So wurde die alte Dame schließlich in Ruhe gelassen. Ich habe mich noch von meiner Urgroßmutter verabschieden können, als ich 1981 zum Studium nach Nanking ging. Sie war damals schon über 100 Jahre alt. Dank der Pflege meiner Großtante war sie immer bei bester Gesundheit. Sie strahlte Wärme und eine Güte aus, die aus tiefstem Herzen kam. Weil ihre Tochter, meine Großmutter, sich das Leben genommen hatte, empfand meine Urgroßmutter besonders viel Mitleid mit uns.

Meine Mutter hatte sechs Geschwister, drei Brüder und drei Schwestern. Alle drei Brüder hatten noch vor der Gründung der Volksrepublik an der katholischen Mittelschule in Xuzhou studiert. Auch sie wurden im Zuge der sozialistischen Erziehungsbewegung, der sogenannten Vierten Säuberungskampagne (1963 – 1966) zur Klärung politischer, ökonomischer, organisatorischer und ideologischer Fragen, körperlich und seelisch brutal verfolgt. Nachdem mein Großvater 1959 im Gefängnis gestorben war und fünf ihrer Kinder in die nordwestliche Uiguren-Provinz Xinjiang verbannt wurden, musste sich meine Großmutter an ihrer Statt den sich täglich wiederholenden Beschimpfungs- und Kritikversammlungen stellen. Sie musste sich auf ein Podest stellen und dort mit einem Schild um den Hals, auf dem ihr Name rot durchgekreuzt war, Schmähungen und Beschimpfungen erdulden. Eines Tages bekam sie einen Brief von einem ihrer Söhne aus der Verbannung, in dem er die harten Arbeitsbedingungen schilderte und seinen Unmut darüber kundtat. Mein Onkel war ein hochbegabter Schüler gewesen und immer der Klassenbeste, durfte aber aufgrund seiner Klassenzugehörigkeit nicht an der Universität studieren. Er schrieb seiner Mutter von der Trennung der Geschwister in Xinjiang und von der brutalen Behandlung in der Verbannung. Der Brief wurde vom örtlichen Parteichef heimlich geöffnet und gelesen und als Beweis dafür konfisziert, dass die Klassenfeinde ihre finsteren Rachepläne nicht aufgeben wollten. Meiner Großmutter drohten sie mit Gefängnis und Arbeitslager, bis sie alle Hoffnung verlor und sich im Wohnzimmer erhängte. Das geschah 1965, zwei Jahre nach meiner Geburt.

Je älter ich werde, desto beunruhigter bin ich von der Tatsache, dass meine Großeltern nicht ordentlich bestattet wurden und sie deswegen möglicherweise den Weg zu ihrer heutigen Ruhestätte nicht finden. Ganz atheistisch, wie von den Kommunisten propagiert, sind wir alle nicht geworden. Im Gegenteil. Ich bin ich der Meinung, dass die Toten auf eine uns bis heute unentschlüsselte Weise weiterexistieren. Ich habe mehrmals an die Regierung der Gansu-Provinz geschrieben und um Auskunft über meinen verschollenen Großvater gebeten. Außer Trauerbekundungsfloskeln bekamen wir jedoch nie etwas Konkretes zu hören, außer der bitteren Tatsache, dass mein Großvater, wie von der Regierung von Gansu bestätigt wurde, bereits freigelassen worden war, als er starb. Die Gefängnisleitung hatte ihm nach seiner Entlassung jedoch keine Fahrkarten für den Heimweg gekauft, und weil er selbst kein Geld für die Heimreise hatte, musste er weiterhin im Gefängnis bleiben. Da er jedoch kein ordentlicher Gefangener mehr war, bekam er dort auch nichts mehr zu essen – was sein Todesurteil war. Denn niemand überlebte diese „Befreiung". Mein armer Großvater starb, ohne dass jemand von ihm Notiz genommen hatte.

Als die Nachricht von Großvaters Entlassung aus Gansu kam, lebte meine Großmutter von der Hoffnung, eines Tages ihren Mann und ihre Kinder wiederzusehen. Jahre vergingen, und die Hoffnung auf ein Wiedersehen wurde immer geringer, obwohl sie bis zuletzt nicht an den möglichen Tod ihres Mannes glaubte. Am Vorabend ihres eigenen Todes erzählte sie meiner Mutter, dass sie vom Vater geträumt habe, der sie mit der Bitte betraut habe, die Leiden zu beenden. Sie hatte noch vor ihrem Tod ein

Paar Schuhe für meinen neugeborenen Bruder angefertigt und meinen Vater gebeten, ein Foto von ihr machen. Dann war sie in ihre Wohnung zurückgekehrt. Als sie am nächsten Tag gefunden wurde, war sie bereits seit mehreren Stunden tot. Meine Großmutter ist mir bis zum heutigen Tag in der Form von Schmerzen und Unruhe erhalten geblieben.

In der chinesischen Mythologie ist die körperliche Unversehrtheit heilig. Das gilt sowohl für die Lebenden wie für die Toten. Dass Maos Schergen den toten Körper meiner edlen und schönen Großmutter den wilden Tieren überlassen haben, dieser Gedanke quält mich seit eh und je und stellt für mich eine Hürde dar, die ich zeitlebens nicht überwinden kann. Sobald ich die Augen schließe, höre ich meine Vorfahren klagen, dass sie ihre Körper zurückhaben wollen.

Abakus und Rechenreime

Wie im alten China üblich, gingen Kinder ab dem vierten Lebensjahr in eine meist private Schule. Kinder intellektueller Familien wurden auch zu Hause von ihren Vätern, Onkeln oder Großvätern unterrichtet. Der chinesische Begriff hierfür heißt „Kai Meng" und bedeutet Einführung in die Schriftwelt und Aufklärung über die Moral. Diese Aufklärung hatte mit der Befreiung aus der „selbst verschuldeten Unmündigkeit" jedoch nichts zu tun, ganz im Gegenteil. Und doch waren mein Mut und meine Bereitschaft überaus groß, mich meines Verstandes zu bedienen. Nur Mut allein half damals leider wenig. Die Benutzung des Verstandes musste angeleitet werden. Ich musste zuerst lesen, schreiben und rechnen können. Danach erst wäre ich für die weitere Bildung vorbereitet. In der klassischen Kinder- oder Bildungspädagogik Chinas ging es nicht um Verstehen und Mündig werden. Ganz im Gegenteil. Kinder mussten vor dem fünfzehnten Lebensjahr alle Bücher, die zum Bildungskanon gehörten, auswendig lernen. Als Kind wurde man nicht zu selbstständigem Denken erzogen, sondern einzig und allein sprachlich gedrillt. Alle Gelehrten waren der Meinung, dass Kinder vor dem fünfzehnten Lebensjahr ein hervorragendes Gedächtnis hätten und die Erinnerungskraft mit dem Erwachsenwerden nachlassen würde. Ab dem sechzehnten Lebensjahr erst begann die Erweiterung des Bewusstseins. Ab diesem Alter erst wurde der Verstand gefördert. Wie Wiederkäuer fing man an, das Auswendiggelernte zu verdauen. Erst danach galt der Spruch von Kant: „Habe den Mut, dich deines eigenen Verstandes zu bedienen." Mit dieser Tradition wurde in der maoistischen Welt gewaltig gebrochen. Die Bücher, die die chinesischen Kinder seit Jahrhunderten auswendig lernen mussten, durften in meiner Kindheit offiziell nicht mehr gelesen werden und waren verboten. Mein Wissen über die chinesische Klassik konnte ich also erst nach der Kulturrevolution erwerben.

Was lernte ich also in der vorschulischen Erziehung zuhause? Mein Großvater hatte mir das Rechnen mit dem Abakus beigebracht, als ich drei Jahre alt war. Das kann als meine vorschulische Erziehung angesehen werden. Der Abakus erleichterte anschaulich Addition und Subtraktion. Auch Multiplikation und Division von abstrakten Zahlen wurden auf einmal kinderleicht. Wenn mein Großvater rechnete, knatterte der Abakus so schnell und laut, als würde er auf dem Klavier ein Allegro spielen. Er lehrte mich Rechenreime und Multiplikationsverse, an denen ich mich heute noch wiederkäuend erfreue. Es ist ein Merkmal der chinesischen Sprache, dass viele Idiome Zahlen enthalten, die sich addieren oder subtrahieren, multiplizieren oder dividieren und komplett neue Redewendungen entstehen lassen. Es war ein so zauberhaftes Kreuzspiel, mit dem ich buchstäblich spielerisch sowohl das Rechnen als auch Hunderte von Idiomen gelernt habe. Ich kann nicht beurteilen, wie Kinder im Westen oder im Osten heutzutage Mathematik lernen. Für mich war das Auswendiglernen der Merkverse und der Rechenreime ein Segen, dessen Bedeutung ich nicht genug betonen kann. Natürlich war es langweilig, einen Vers oder Reim auswendig zu lernen, dessen Sinn man als Kind überhaupt nicht verstand. Erst später sollte ich begreifen, wie wichtig diese Merkverse waren und was für ein Glück ich doch hatte, dieses langweilige Lernen erlitten zu haben. Es war meinem Großvater wichtig, dass ich rechnen lernte, noch bevor ich lesen und schreiben konnte.

Aus Büchern, die zum konfuzianischen Bildungskanon gehörten, durften wir nichts lernen. Zeitgenössische Bildung bedeutete in meiner Kindheit vor allem die Erweckung von Klassenbewusstsein. So lernten wir die „Mao-Bibel" auswendig. Mein Großvater wusste, dass klassische Bildung gefährlich war und steckte daher in einer Zwickmühle. Denn Mao hatte verboten, was seit Jahrtausenden gegolten hatte: das Ideal der Gelehrsamkeit. Der Sinn und Zweck der Bildung hatte in China seit Jahrtausenden vor allem ein Ziel: Edel sein durch Gelehrsamkeit: 万般皆下品，惟有读书高 „Nur Bildung und Gelehrsamkeit sind von edler Eigenschaft, alles andere ist minderwertiges Werk!" (Wang Zhu, Song-Dynastie). Mao ignorierte dieses Ideal, behauptete, dass man umso reaktionärer sei, je gebildeter man werde. Wie also schaffte man es, ein Gleichgewicht zwischen Mao und der Tradition herzustellen, den Kindern sowohl Maos Klassenkampfideen als auch etwas Klassisches, etwas universell Gültiges zu vermitteln? Großvaters Dilemma bestand darin, dass er von den Sprüchen, Anweisungen und Gedichten Maos nicht überzeugt war, weil diese seiner Meinung nach von ziemlich schlechter Qualität waren. So beschloss er, mir lieber nichts von dem beizubringen, was in seinen Augen ruinös war. Weder Mao-Bibel noch Konfuzius sollte ich von ihm erklärt bekommen. Er gab mir in unserer gemeinsamen Lesestunde einfach die Volksbildzeitung „China Pictorial", in der viele farbige Fotos und Illustrationen waren und überließ es mir, darin zu lesen, was ich wollte. Ab und zu erklärte er mir, was warum so dargestellt wurde. Er wollte mich langsam in die neue Zeit hineinführen und aus mir einen adäquaten Neubürger entstehen sehen. Er überließ mir also, was ich lesen wollte und versuchte nicht, mein Interesse zu lenken. Diese Methode war sehr wirksam, denn sie langweilte mich nicht, weil ich aus eigener Initiative etwas lernen konnte. Sie war außerdem ausgesprochen effektiv, weil ich durch die Erklärungen meines Großvaters das Tagesgeschehen sofort begriff und die Logik dahinter verstand. Was gut oder schlecht war, musste er mir gar nicht sagen. Durch unser Frage- und Antwortspiel wurde ich automatisch im Sinne der Kulturrevolution vergesellschaftet.

Mein Großvater suchte aus der Not heraus eine neue Zukunftsperspektive für die Familie und fand sie in der Proletarisierung der Enkelgeneration. Ob er aus Resignation oder aus Überzeugung handelte, als er uns den Zugang zu höherer Bildung absichtlich verweigerte, den Schulbesuch latent oder offen diskreditierte und von einem Studium abriet, kann ich ihn heute nicht mehr fragen. Aber es hinterließ tiefe Spuren in meiner Seele, das seit Jahrtausenden angestrebte Bildungsideal und die gesamte Tradition der Familie auf einen Schlag vernichtet zu sehen. Stattdessen ermahnte er uns stets, bescheiden und umsichtig zu sein und warnte uns vor Überheblichkeit und Unbesonnenheit. Nachgiebigkeit war in seinen Augen das beste Verhalten unter der proletarischen Diktatur. Dümmer sein als die Dummen war die beste Verteidigung in einer kommunistischen Gesellschaft.

Diese Logik ergab sich aus dem Hass des „Großen Vorsitzenden" Mao gegenüber Gelehrten und Gebildeten. Mao, selbst Bauernsohn und Bildungsverlierer, degradierte die Intellektuellen seit 1962 ununterbrochen bis zu seinem Tod zu Feinden des Volkes. Er hasste vor allem die Geisteswissenschaftler, weil sie denken und ihre Meinungen kundtun konnten. Sprüche von Mao wie „Je gebildeter einer ist, desto konterrevolutionärer ist er!" widerhallen noch heute in meinen Ohren. Der „Große Führer" war fest davon überzeugt, dass Intellektuelle automatisch

Konterrevolutionäre und Revisionisten seien, weil jede Analyse zu Nachdenklichkeit führte, und jede Nachdenklichkeit den revolutionären Enthusiasmus relativierte. Intellektuelle waren seiner Meinung nach Leute, die eine kritische Haltung zu allen politischen Bewegungen einnahmen und die proletarische Revolution argwöhnisch beurteilten. Was heute lächerlich oder gar schwachsinnig erscheint, war für Mao bitterer Ernst. Unter seiner Herrschaft wurden Abermillionen Bücher verbrannt und die allermeisten Intellektuellen zur Umerziehung und schweren körperlichen Arbeit gezwungen. Ihre Würde und Rechte wurden mit Füßen getreten. Unter diesen Umständen wollte mein Großvater uns keineswegs an Bücher und Wissen heranführen. Dank seiner Buchhandlung hatten wir allerdings zuhause sehr viele Bücher. Nachdem die Rotgardisten mehr als 16 600 Bücher aus seiner Sammlung, darunter viele seltene Ausgaben, Einzelausgaben und Sonderausgaben der Klassik von unschätzbarem Wert konfisziert und teilweise vor seinen Augen verbrannt hatten, wiederholte er zu Hause uns gegenüber ständig seine neu gewonnene Erkenntnis: Wissen und Denken seien gleichbedeutend mit Strafe und Arbeitslager. Er sprach auch von der „Nutzlosigkeit des Studierens", meinte aber die maoistische Erziehungsideologie: „读书无用、造反有理!" Übersetzt ins Deutsche heißt das etwa „Studium ist nutzlos, Rebellion ist Recht!" Mein Großvater konnte nicht dulden, dass wir uns mit Wissenschaftlichem beschäftigten, wollte er uns das Schicksal der Intellektuellen ersparen. Er zeigte mir zum Beispiel oft die Verfassung der Volksrepublik China, in der geschrieben steht, dass China ein Staat der Arbeiter sei. Großvater wollte uns zu Werktätigen erziehen, die von ihrer eigenen Hände Arbeit leben können sollten. Im Nachhinein bin ich froh, seine Ratschläge nicht beherzigt zu haben. Auf sein Betreiben hin hatte mir eine Gießerei Arbeit angeboten, die ich annehmen musste, nachdem ich 1979 meinen Mittelschulabschluss gemacht hatte. Für die Arbeit dort bekam ich monatlich 34 Yuan. Wehmütig musste ich von der Schule Abschied nehmen und durfte nicht mehr in die Oberstufe wechseln, obwohl meine Leistungen rundum die besten waren. Noch heute bereitet mir die Erinnerung daran Schmerzen. Denn meine Selbstachtung und mein Selbstwertgefühl sanken dadurch erheblich. Ich konnte mir nicht erklären, woher diese Scham kam und warum ich mich nicht freuen konnte. Für viele Familien wäre es eine Riesenfreude gewesen, so einen Arbeitsplatz zu bekommen, Mitglied der führenden Klasse und tatkräftiger Unterstützer der kommunistischen Sache zu werden. Ich aber fühlte mich minderwertig und elend in meinem Arbeitsanzug. Ich verlor alle Freude am Leben, verkroch mich wochenlang hinter Strohballen, die als Heizmaterial in großen Mengen in der Gießerei vorhanden waren. Dort las ich die Gedichte von Puschkin und Lermontow und wünschte mir nur noch den Tod. Gott sei Dank sahen meine Eltern schließlich ein, dass es falsch war, einem Fünfzehnjährigen den Schulbesuch zu verweigern. Meine Eltern begriffen, dass ich mit meiner Neigung zu Literatur und Poesie eher ein künstlerisch Schaffender werden wollte, der von seiner Kreativität leben würde. Sie nahmen mich aus der Fabrik wieder heraus, und ich integrierte mich wieder in das Schulleben. Über diese leidliche Erfahrung könnte ich ein eigenes Buch schreiben.

Das erste Gedicht, das mein Großvater mir beibrachte, war

„锄禾日当午，
汗滴禾下土。
谁知盘中餐，
粒粒皆辛苦!"

„Behacke die Setzlinge unter der Mittagssonne,
Schweißperlen rieseln auf Gräser und Erde.
Wehe dem, der vom Essen im Teller nicht weiß,
jedes Körnchen versinnbildlicht Eifer! „

Ich bin natürlich sehr dankbar, dass mein Großvater sich so sehr um mich gesorgt hat und ich das Glück hatte, von ihm unterrichtet zu werden. Zu der häuslichen Erziehung gehörte auch das tägliche Vorlesen aus Tageszeitungen. Er hatte zwei Zeitungen abonniert – „Xuzhou Daily" und „Cankaoxiaoxi", Zeitungen, die bis heute nur China und der Parteipolitik zuträgliche Meldungen aus den ausländischen Medien zitieren. Ich musste ihm jeden Mittag nach dem Essen daraus vorlesen. So lernte ich viel mehr Schriftzeichen kennen, als wir aus den Schulbüchern lernten. Außerdem studierte ich die Texte Wort für Wort und merkte mir so den Inhalt besser. Beim Vorlesen konnte man nicht, wie mein Großvater oft sagte, eine „Dattel hinunterschlucken, ohne sie zu kauen", was oft der Fall war, wenn ich alleine las. Die Gewohnheit des laut Lesens behielt ich auch beim Englischlernen bei. Ich las mir die Texte vor, nahm sie mit dem Kassettenrekorder auf und verglich danach das Gehörte mit dem Text. Das war eine effiziente Methode, mit der ich mit halbem Aufwand den doppelten Erfolg erzielte.

Mein Großvater las außerdem noch die Zeitung „People´s Daily", die vom Zentralkomitee der Kommunistischen Partei herausgegeben wurde. All die strategischen Pläne des „Großen Führers" wurden dort publiziert, all seine Gedanken wurden in den Leitartikeln veröffentlicht. Von meinem Großvater übernahm ich das starke Interesse an dieser Zeitung, die ich heute noch lese. Mein Großvater entzifferte beim Lesen nie nur die Buchstaben. Er hatte die Fähigkeit entwickelt, zwischen den Zeilen zu lesen und zu erkennen, was die Regierung wirklich sagen wollte. Auch diese Fähigkeit erlernte ich von ihm. Die kommunistische Regierung sagte normalerweise nur das, was sie sagen musste. Was zu einem bestimmten Zeitpunkt zu einem bestimmten Thema mit einer bestimmten Wortwahl gesagt wurde, verdeutlichte, was in Wirklichkeit passierte und was die Partei eigentlich verbergen wollte. Ich empfehle vielen meiner Freunde, diese Zeitung zu lesen, wenn sie sich über China informieren wollen. Man sollte diese Zeitung gerade mit dem von Mao kritisierten analytischen Denken lesen, dabei lernt man viel über China und seine Politik.

„Raketenschießen"

Waren die Zeiten um meine Geburt völlig verrückt? Warum hatte mein Vater 1962 seine Beamtenstelle gekündigt und ein einfacher Mann des Volkes sein wollen? Ich versuche, diese Zeit der persönlichen Fehde zwischen Mao und Liu und der daraus resultierenden Anti-Liu-Deng-Bewegung zu skizzieren.

1963, im Jahr meiner Geburt, war der Konflikt zwischen den Kommunisten Chinas und der Sowjetunion eskaliert, weil chinesische Kommunisten die sowjetische Partei unter der Führung von Nikita Chruschtschow als Revisionistenbande bezichtigten und deren kritische Haltung gegenüber Josef Stalin als Anti-Marxismus und Anti-Leninismus werteten. Die sowjetischen Arbeitskollegen meines Vaters und Helfer Chinas zogen zurück in ihr Land. Russisch wurde ab sofort in der Schule nicht mehr gelehrt. Sowjetunion wurde ein Schimpfwort und der Name Chruschtschow genauso unpopulär wie die amerikanischen Imperialisten. Der Kampf zwischen Nikita Chruschtschow und Mao Zedong um den Führungsanspruch in der kommunistischen Bewegung endete in diesem Jahr in einer öffentlichen Feindschaft. Mein Vater sagte mir, dass ein Grund für seine Kündigung ein Buch gewesen sei, das die Politik der Sowjetunion kritisierte. Das Buch, geschrieben von zwei japanischen Überseestudenten in Moskau, Shintani Akeo (新谷明生) und Adachi Shigeo (足立成男), hatte den Titel „Ist die Sowjetunion ein sozialistisches Land?". Chruschtschow wurde darin beschuldigt, einseitig den wirtschaftlichen Aufbau des Landes zu beschwören, soziale Ungleichheiten zu befördern und eine neue Arbeiteraristokratie zu etablieren. Er rehabilitiere die kapitalistische Produktionsweise, indem er Gratifikationen und Geldprämien eingeführt habe. Auch die Entspannungspolitik zwischen Chruschtschow und den USA wurde als revisionistisch und anti-stalinistisch interpretiert. Dieses Buch war in China das einzige übersetzte Werk in den 1960er-Jahren, das man in der Xinhua-Buchhandlung kaufen konnte.

Was in dem Buch an der Sowjetunion unter Chruschtschow kritisiert wurde, entsprach genau den Tatsachen in China. Die Kritik an Chruschtschow war eine boshafte Anspielung auf die Politik von Liu Shaoqi. Damals, kurz nach der Hungerkatastrophe gab es von 1963 bis 1965 eine kurze Zeit der Entspannung. Staatspräsident Liu Shaoqi führte die Privatwirtschaft wieder ein, erlaubte den freien Handel und vergab Geldprämien an Arbeitswillige. In China keimte die Hoffnung, dass der Wechsel der Politik durch Liu Shaoqi Früchte tragen würde und die Wirtschaft Chinas sich erholen könnte. In den 1950er-Jahren hatte es noch eine Art freundschaftlichen Wettbewerb zwischen der Sowjetunion und China gegeben: Während Mao Zedong sich zum Ziel gesetzt hatte, England innerhalb von 15 Jahren wirtschaftlich einzuholen, wollte die Sowjetunion innerhalb von 15 Jahren die USA überflügeln. Aber wie schon erwähnt, war „Der Große Sprung nach Vorn" in China kläglich gescheitert und hatte 36 Millionen Chinesen das Leben gekostet. Die Sowjetunion unter Chruschtschow zweifelte angesichts dieser ungeheuren Verluste und dem Personenkult nach Stalins Vorbild an Maos Fähigkeit, die kommunistische Bewegung tatsächlich führen zu können. Der „Große Führer" war daraufhin beleidigt, beschimpfte die Sowjetunion als Revisionistenbande und setzte die UdSSR in seiner Rhetorik den amerikanischen Imperialisten gleich. Die UdSSR galt von nun an als Feind des chinesischen Volkes. Vor diesem Hintergrund wurde das Buch übersetzt und veröffentlicht. In dem Buch witterte mein Vater schon die kommende Revolution, die auch den Staatspräsidenten Liu Shaoqi und seine Führungsriege auf brutale Weise vernichtete. Mao schrieb selber Artikel für die Volkszeitung, in denen er Mao Zedongs Ideen – also seine eigenen – denen von Marx, Engels, Lenin und Stalin gleichsetzte und den chinesischen Revisionismus offen kritisierte. Die entspannende und friedensstiftende Haltung des Staatspräsidenten Liu Shaoqi gegenüber den USA, der UdSSR und Anrainerstaaten wie Indien, dessen Forderung nach einer Verbesserung der Versorgung durch die Zulassung von privater Wirtschaft, der Exportstopp von Hilfsgütern an sozialistische Bruderstaaten, all das war Mao zuwider. Er beschwor daher Feindbilder herauf und suchte den Krieg gegen „Imperialisten" aller Art, der seiner Meinung nach unausweichlich war, obwohl Lius Entspannungspolitik gegenüber der UdSSR und den USA China eine Atempause verschafft hatte. Liu empfahl der Partei unbedingte Zurückhaltung hinsichtlich der Behauptung, dass ein Krieg unausweichlich wäre. Nach innen betrieb Liu eine pragmatische Wirtschaftspolitik, basierend auf einer individuellen Festsetzung von Produktionsquoten der einzelnen Haushalte und lehnte Volkskommunen und „das große Essen aus einem Topf ohne Rücksicht auf Leistung" ab. Seit 1962 war es den Bauern erlaubt, Privatparzellen eigenverantwortlich zu bewirtschaften und ihre Produkte auf dem freien Markt zu verkaufen. Das empörte den „Großen Vorsitzenden", der jegliche Privatwirtschaft und den freien Markt als puren Kapitalismus ablehnte. Mein Vater war erfahren genug, um daraus den Schluss zu ziehen, dass Mao Liu sehr bald absetzen würde.

Natürlich war das Buch nicht der Hauptgrund für seine Kündigung gewesen, sondern allenfalls der Tropfen, der das Fass zum Überlaufen gebracht hatte. Mein Vater hatte sich das neue

China anders vorgestellt, konnte nicht mehr mithalten mit den ununterbrochenen politischen Kampagnen und der Behandlung der Menschen, die wie Unkraut vernichtet wurden. Eine Enttäuschung folgte auf die nächste. Freunde und Kollegen aus der Sowjetunion von heute auf morgen zu verlieren, schockierte ihn, zumal die Sowjets dem Land durch vorbehaltlosen Technologietransfer und ohne fiskalische Berechnung echte Hilfe geleistet hatten. Unter Sozialismus hatte Mao vor allem eines verstanden: den Aufbau einer Schwerindustrie. Und so hatte er mithilfe der sowjetischen Experten überall im Land Fabriken für Maschinenbau, Metallurgie und chemische Düngemittel errichtet. Nicht nur in der Industrie, sondern auch in den landwirtschaftlichen Kolchosen waren die sowjetischen Helfer allgegenwärtig gewesen. Als Administrator für Propaganda und Nachrichten hatte mein Vater naturgemäß viel mit den Sowjets zu tun gehabt. Dank seiner in der Schule und an der Universität erworbenen russischen Sprachkenntnisse war er Ansprechpartner und zugleich Freund der Russen in der Provinzhauptstadt Xining gewesen. Auch als Leiter des Rundfunkorchesters hatte er viele Freunde unter den sowjetischen Experten, für die er musikalische Abende und auch Tanzpartys organisierte. Er wiederum lernte durch die sowjetischen Kollegen und Pädagogen die Werke von Majakowski und Gorki und die Musik von Schostakowitsch und Prokofjew kennen. Für ihn war die sozialistische Freundschaft mit den Sowjets eine echte Bereicherung gewesen. Umso mehr fühlte er sich von dem plötzlichen Bruch mit Moskau getroffen, der ihm gänzlich unverständlich war.

Was eigentlich hatte zu dem Bruch mit Sowjetunion geführt? Nach Stalins Tod im Jahr 1953 waren alle froh darüber, dass Chruschtschow dessen Kurs korrigierte und dem unsäglichen Personenkult um den Diktator ein Ende setzte. Die Entstalinisierung führte zu einer spürbaren Entspannung im Alltag der Menschen. Und als mein Vater 1956 als frisch gebackener Volkswirt in Xining, der Hauptstadt der tibetischen Provinz Qinghai, ankam, wehte die berühmte Rede von Chruschtschow auf dem XX. Parteitag der KPdSU wie eine milde Frühlingsbrise nach China herüber. Nur Mao war mit der Entstalinisierung nicht einverstanden. Er sah dadurch seine eigene Position gefährdet. Nach seiner Verkündigung des „Großen Sprungs nach vorn", der zu einer katastrophalen Verschlechterung der Lebensbedingungen geführt hatte, war die allgemeine Stimmung im Land ohnehin eher ungünstig für ihn, so wie die Stimmung in der Sowjetunion in den letzten Jahren ungünstig für Stalin gewesen war. Also zettelte Mao eine Anti-Chruschtschow-Kampagne an und ersann 1963 auch noch die „Bewegung der vier Säuberungen". Diese Säuberung war zwar vordergründig eine Gehirnwäsche durch sozialistische Erziehung, zielte tatsächlich aber auf eine Machtkonsolidierung durch Säuberungen in der eigenen Führungsriege ab. Der Vorsitzende Mao war davon überzeugt, dass Feinde in seiner Partei angesichts des Scheiterns des „Großen Sprungs nach vorn" mit sowjetischen Genossen sympathisierten. Er wusste auch, dass zahlreiche Funktionäre im Mittelbau der Partei dem Weg Chruschtschows folgen wollten. Also beschwor Mao Gewalt und Hass herauf, indem der die Menschen gegeneinander aufhetzte und das Proletariat dazu aufforderte, ehemalige Dienstherren und -herrinnen sowie die inzwischen enteigneten Großgrundbesitzer und die Bürokraten als „revisionistische Mächte" zu vernichten. Mein Vater war zutiefst verwirrt. Auch wusste er nicht, woher er den Mut nehmen sollte, um zu lügen und zu betrügen. Denn er hatte nun einmal die Aufgabe, Propaganda für die Partei zu betreiben. Sein Gewissen sagte ihm jedoch, dass Mao im Unrecht war. Zugleich wusste er, dass er gegen dieses Unrecht nichts unternehmen konnte. Daher machte er krank und verkroch sich lieber zuhause, statt die Menschen darüber zu belehren, dass der maoistische Klassenkampf „täglich, monatlich und jährlich wiederholt werden" müsse. Er hatte das Telegramm aus Peking noch genau in Erinnerung, in dem stand, dass Mao sich wünschte, fünf Prozent Revisionisten in allen Regierungsämtern auszumachen. Die Quote stand wieder einmal fest. Mein Vater wusste, dass fünf Prozent der Kollegen ihr Leben verlieren würden. Das ließ seine Wut und Enttäuschung derart überschäumen, dass er stundenlang schrie, wenn er alleine war. Ihm war endgültig klargeworden, dass der Sozialismus gescheitert war. Mein Vater hatte an der heutigen Landwirtschaftlichen Universität von Nanking Volkswirtschaftslehre nach sowjetischem Muster studiert. Das Studium hatte jedoch nichts mit seiner späteren Arbeit zu tun. Ganz abgesehen davon hätte er viel lieber Musik studiert, weil er bereits in der ersten Mittelschule von Xuzhou musikalisch sehr aktiv gewesen war. Er hatte dort alle musikalischen Aktivitäten der Schule organisiert, das Orchester geleitet und Konzerte dirigiert. Er spielte fantastisch Erhu, ein zweisaitiges, mit dem Bogen gestrichenes Instrument, er hatte eine sehr schöne Singstimme und konnte westliche und chinesische Notensysteme gegenseitig übertragen. Sein musikalisches Talent und sein exzellentes Gehör baute er ohne speziellen Musikunterricht und nur mithilfe von theoretischem Wissen aus Büchern aus, das er sich selbst angeeignet hatte. Auch an der Universität in Nanking war er seinen musischen Interessen nachgegangen, komponierte Lieder, verfasste Dramen und choreographierte Tänze. Er tat all das, wozu ein Volkswirt normalerweise nicht imstande war. Nach seinem Abschluss im Jahr 1956 wurden alle Absolventen der Hochschule nach der landesweiten Planung zum Aufbau des Sozialismus in die Grenzprovinzen Qinghai, Ningxia, Gansu, Yunnan, Tibet und in die Mongolei geschickt. So kam mein Vater nach Xining, in die Hauptstadt der tibetischen Provinz Qinghai, wo er einen Arbeitsplatz im örtlichen Statistikamt bekam. Sehr bald schon wurde er aufgrund seiner Kenntnisse in Fotografie, Komposition, Malerei und Dichtung dazu delegiert, die Propaganda für das Qinghai-Provinzkomitee der KPCh zu organisieren und auszuführen.

Als junger Mann fühlte er sich dadurch sehr geadelt. Geleitet vom Ideal des „Großen Sprungs nach vorn" machte er sich voller Begeisterung für Mao und die Partei ans Werk. Er komponierte das berühmte Motivationslied „Ein Tag gleicht zwanzig Jahren", gründete ein Rundfunkorchester und einen Chor und organisierte die alljährliche Ausstellung der sozialistischen Errungenschaften von den drei westchinesischen Provinzen. Der Wunsch des großen Führers war allen Parteifunktionären Befehl. Und als Mao den Ertrag von 10 000 Jin pro Mu (1 Jin entspricht 500 Gramm, 1 Mu 666 Quadratmetern) zum Ziel der Getreideproduktion proklamierte, fälschten die Funktionäre der unteren Ebenen pflichtschuldig die Pro-Mu-Erträge in ihren Berichten, die nach Peking geschickt wurden, um dem Wunsch des Führers zu entsprechen und Lob und politische Anerkennung zu erlangen. Wer den festgelegten Pro-Mu-Ertrag nicht schaffte, wurde abschätzig als Verlierer behandelt und degradiert. Der Wunsch des Führers berechtigte die Funktionäre irrsinnigerweise zum Lügen und zur Prahlerei, was im Volksmund lustigerweise „Raketenschießen" genannt wurde. Wer die Zahlen wie Raketen in die Höhe schnellen ließ, der wurde hoch geachtet und von der Zentralregierung für seinen Fleiß gelobt. Lügen hatten auf einmal einen vermeintlich edlen Grund. Es war keine Seltenheit, dass der Pro-Mu-Ertrag mit mehreren zehntausend Jin angegeben wurde. Solche Meldungen wurden nie angezweifelt, sondern vielmehr als Beweis der sozialistisch-wissenschaftlichen Errungenschaft freudig angenommen und verbreitet. Am 29. August 1957 wurde die Provinz Qinghai vom Zentralkomitee der KPCh und ihrem Vorsitzenden Mao zur Modellprovinz und zum Vorbild für andere Provinzen auserkoren. Die Propagandaarbeit der Provinz Qinghai und die Beiträge meines Vaters wurden vom Staatsrat und dem damaligen Ministerpräsidenten Zhou Enlai persönlich gelobt. Zhou sagte sinngemäß: Es reicht nicht, dass wir den Sozialismus aufbauen wollen; er muss nach dem Prinzip – möglichst viel und schnell, gleichzeitig möglichst gut und sparsam – aufgebaut werden. „VIEL, SCHNELL, GUT, SPARSAM", der Aufbau des Sozialismus wurde so zum Hauptthema der Propaganda. Es war keine leichte Aufgabe für meinen Vater, die vier Prinzipien zu erläutern. Wenn eine Arbeit gut gemacht werden sollte, durfte sie in der Regel nicht schnell erledigt werden. Weil schnell im Allgemeinen selten gut ist. Das gleiche galt auch für die Begriffe „viel" und „sparsam". Mein Vater umschrieb die vier Prinzipien so: Wir wollen möglichst *viele* sozialistische Ideale haben, die sozialistischen Ziele *schnell* umsetzen. Gleichzeitig sollen wir immer auf *gute* Qualität der Arbeit achten und *sparsam* mit den Ressourcen umgehen. Seine Umschreibung wurde von den Zeitungen übernommen und landesweit verbreitet. Die Umwandlung der sozialistischen Ideen in Produkte und Produktivität konnte allerdings nur durch eine gezielte Motivation der Menschen erreicht werden, das war den Funktionären klar. Daher wurden anfangs auch noch Leute und Arbeitseinheiten als Volkshelden gefeiert, die den Pro-Mu-Ertrag ganz offensichtlich gefälscht hatten. Mao rief die Menschen außerdem dazu auf, dem Geisterglauben abzuschwören und mutiges Denken, Reden und Kämpfen zu fördern.

Mutiges Denken aber bedeutete nur mutiges Prahlen. Im August 1958 verkündete Liu Shaoqi, die Erde möge eine dem Mut der Menschen entsprechende Ernte hervorbringen: "人有多大胆，地有多大产". Mein Vater machte Fotos, schrieb Leitartikel darüber und gab mit seinem Orchester Lobeshymnen zum Besten.

Es muss eine total verrückte Zeit gewesen sein. Die Menschen hatten offensichtlich ihren Verstand verloren. Wissenschaft wurde als Aberglauben und rückständige Denkweise abgestempelt und aus den Köpfen verjagt. Die Prahlerei aber blieb nicht ohne Folgen. Sie hatte dazu geführt, dass der Staatsrat immer mehr Getreide requirierte und die staatlich festgelegten Abgabequoten rasant nach oben schnellten. Zhou Enlai rief aus, dass man stolz darauf sein sollte, mehr „patriotisches Getreide" abgeben zu können; und man sollte sich schämen, wenn man weniger ablieferte. Die Ernten wurden nach folgendem Prinzip verteilt: Zuerst kam der Staat, dann kamen die Gemeinden, und zum Schluss durften die Bauern den Rest der Ernte behalten. Auf diese Weise entstand eine gefährliche Spirale mit fatalen Folgen für die Bauern.

Mit gefälschten Ertragszahlen versuchten also die Funktionäre auf allen Ebenen, selbst groß herauszukommen, obwohl jeder vernünftige Mensch wusste, dass die immer mehr in die Höhe schnellenden Quoten niemals erreicht werden konnten, zumal die staatlichen Abgabequoten auf der Grundlage der gefälschten Zahlen festgesetzt wurden. Also gingen die prahlerischen Funktionäre dazu über, die den Bauern zustehende Menge von Erzeugnissen zu unterschlagen und diese an die staatlichen Speicher abzuführen, um ihr eigenes Fehlverhalten zu vertuschen. Begeistert von den großartigen revolutionären Ernten landesweit, forderte Mao daraufhin 1958 die jährliche Verdoppelung der Ernte. Um sich bei Mao einzuschmeicheln und die eigenen Fähigkeiten in ein besseres Licht zu rücken, war in der Volkszeitung tatsächlich zu lesen, dass sich der Pro-Mu-Ertrag auf 120 000 Jin belief, dass die Schweine jetzt größer wären als Elefanten und dass große Erdnussschalen schon bald als Boote dienen könnten, um den Yangtze-Fluss zu überqueren. In ihrer Wahnvorstellung, die englische Wirtschaftsmacht sogar schon in sieben Jahren überflügeln zu können, verlangte die Zentralregierung in Peking immer mehr, sodass für die Menschen am Erzeugungsort nichts mehr übrig blieb. Sie verhungerten – schlicht und ergreifend.

Die Situation verschlimmerte sich noch, als Mao seine Stahl-Kampagne einleitete. Er wollte die Stahlproduktion Englands von 20 Millionen Tonnen überbieten, obwohl China 1957 de facto nur 4,8 Millionen Tonnen Stahl herstellen konnte. So forderte er in der Plenarsitzung von Beidaihe, dass der Stahlausstoß 1958 schon elf Millionen Tonnen betragen solle und in den darauf folgenden drei Jahren die 50-Millionen-Marke überschreiten müsse. Das sei von lebenswichtiger Bedeutung für die Volkswirtschaft und den Wohlstand des Volkes, es sei eine große Schlacht wie im Krieg zu schlagen. Alle Parteisekretäre der Provinzregierungen mussten nun den Arbeitsschwerpunkt von der Landwirtschaft auf die Industrieproduktion verlagern. Die Stahlproduktion sei jetzt die Schwerpunktindustrie, nachdem das Getreideproblem ja nun gelöst sei. Maos Worte klangen wie eine Drohung: „Jedes Unrecht hat einen Täter, jede Schuld einen Schuldner!" Wenn die Aufgaben nicht erfüllt würden, müssten Disziplinarmaßnahmen verhängt werden. „Eisenharte Disziplin, nicht weicher Tofu." Man müsse Marx mit dem ersten Kaiser der Qin-Dynastie (einem besonders erfolgreichen, aber grausamen Kaiser) vereinen und den Sozialismus durch harte Bandagen stützen. Der Wunsch des „Großen Führers" war wieder einmal Befehl. Sämtliche Provinzregierungen stellten nun Personal für das Stahlkochen ab, und das Getreide auf den Feldern wurde nicht mehr geerntet, weil Mao aufgrund der gefälschten Zahlen der Meinung war, dass es genug Getreide in den Speichern gäbe. Die Menschen mussten jetzt Stahl kochen, weil der Vorsitzende Mao von der Idee besessen war, dass China England nur einholen könnte, wenn der Ausstoß der Stahlproduktion jährlich um 100 Prozent erhöht wurde. Die „Große Stahlkoch-Kampagne" ruinierte die ohnehin sehr schwache Volkswirtschaft Chinas nun endgültig. Es wurden Arbeitskräfte vergeudet, die man für den Getreideanbau dringend benötigt hätte. Millionen Hektar Wald wurden abgeholzt, um die nach ortsüblichen Verfahren manuell gezimmerten „Stahlöfen" zu befeuern. Abermillionen Kochtöpfe und Kochgeschirr aus Metall wurden als Rohstoff geopfert, um die aberwitzigen Öfen zu füttern. Und mein Vater musste den Beschluss des Zentralkomitees der KPCh vom 30. August 1958 unter die Menschen bringen, dass nun 10,7 Millionen Tonnen Stahl zu produzieren waren. So schrieb er in der Zeitung über die schicksalhafte Bedeutung des Stahls für China und organisierte Modellaufführungen darüber, wie die Menschen gegenseitig ihre fachlichen Leistungen überprüfen und voneinander lernen konnten. Und er rief die Menschen dazu auf, der von Mao und dem Zentralkomitee gewünschten Richtung zu folgen. Es war nicht einfach, die Menschen dazu zu bewegen, ihre privaten Besitztümer aus Metall herzugeben. Viele verstanden nicht, wozu es gut sein sollte, bereits angefertigte Stahlutensilien wieder einzuschmelzen und Stahlbarren daraus zu machen. Mein Vater fragte seinen Chef, den Parteisekretär der Provinzregierung, ob man nicht auf die Kochtöpfe verzichten könnte, denn der dadurch gewonnene Stahl müsste doch letztendlich wieder für die Herstellung von Kochtöpfen hergenommen werden. Die einzige Antwort, die er bekam: Man müsse die staatlichen Abgabequoten erfüllen. Wurden die Quoten jemals erfüllt? Nein, nirgendwo im ganzen Land schaffte man die Erfüllung der Quoten. Stattdessen hatte man insgesamt 4,2 Millionen Tonnen Geschirr vernichtet und daraus wertlose Eisenschlacke hergestellt! Man glaubte wohl, dass man Stahl auf dieselbe Weise kochen könnte wie das beliebte Schweinefleisch in Sojasoße. Was man heute als komödienhafte Dummheit verlachen mag, wurde damals mit bitterem Ernst betrieben und endete in einer entsetzlichen Tragödie.

Nun zeigte sich die wahre Wirkung des „Raketenschießens": Am 13. Mai 1960 musste mein Vater die der Sicherheitsbehörde vorliegende Meldung des Parteikomitees der Qinghai-Provinz präsentieren, dass im Kreis Huangzhong, unweit der Provinzhauptstadt Xining, mehr als 300 Fälle von Kannibalismus aufgetreten waren. Aus Hunger aßen Menschen Menschen, Onkel aßen Neffen und Nichten, Tibeter aßen Han-Chinesen und umgekehrt.

Ein mutiger Schritt

Eine ganze Generation junger Intellektueller wurde seelisch krank. So auch mein Vater, der, geplagt von Gewissensbissen und außerstande, weiterhin zu lügen, seine Propagandaarbeit nicht mehr fortsetzen konnte. Die Lethargie erfasste die ganze Nation und erzeugte bei ihm gleichzeitig einen inneren Widerstand. Sechs Jahre lang war er verantwortlich gewesen für die Inszenierung des schönen Scheins von einem sozialistischen Tibet. Mit seinem Dolmetscher und Leibwächter war er auf dem Rücken seines Pferdes kreuz und quer durchs Land gereist, hatte den Leuten die politischen Richtlinien erläutert und versucht, das Bewusstseinsniveau tibetischer Kader für Maos Politik zu heben. Zweimal hatte ihn dabei der Tod gestreift. Als er einmal im Kloster Kumbum Champa Ling übernachtete, überfielen bewaffnete Tibeter das Kloster, töteten ohne Unterschied alle Han-Chinesen, plünderten die Lebensmittelspeicher und verschleppten alle Pferde. Mein Vater wurde von einem alten Mönch in dessen Schlafgemach versteckt und entging so haarscharf dem Tod. Seine Mitreisenden hatten dieses Glück nicht gehabt und wurden alle massakriert. Noch einmal wurde mein Vater angeschossen, als er mit seiner Reitertruppe in dem weiten Wüstenland von Golmud unterwegs war. Er verlor sein geliebtes Pferd, jenen getreuen Gefährten und Freund, der ihn seit Jahren täglich begleitet hatte.

Das Phänomen Mao manifestierte sich unterdessen als Stehaufmännchen. Immer wieder schaffte es der Führer, seine innerparteilichen Widersacher zurückzuschlagen, obwohl die allgemeine Stimmung eindeutig gegen ihn war. Viele Freunde und

Kollegen meines Vaters wurden als Rechtsabweichler verurteilt, in Arbeitslagern interniert und dem Hungertod überlassen, weil sie es gewagt hatten, Mao und dessen Politik offen zu kritisieren. Der beste Freund meines Vaters, der Violinist Su, starb in einem Arbeitslager an einer Vergiftung, weil er aus lauter Hunger heimlich das chemisch behandelte Saatgut gegessen hatte. Auch der Gouverneur Zhang, der oberste Chef meines Vaters, wurde entmachtet und eingesperrt, weil er offen die Idee der Volkskommune in tibetischen Gebieten als unzeitgemäß und schlecht durchführbar kritisiert hatte. Die Arbeit der Propaganda war immer widersinniger geworden. Mein Vater musste eine Schauspieltruppe und eine Wagenladung voller tibetischer Kostüme mitschleppen, wenn er aufs Land ging und den Anschein fabrizierte, dass es den Menschen in den Volkskommunen gutgehe. Überall wo er hinkam, gab es ein Fest. Denn er ließ die Schauspieler die traditionellen Gewänder der Tibeter anziehen, ließ sie singen und um ein Lagerfeuer tanzen. Die örtlichen Behörden mussten für die entsprechenden Fotos ein Festmahl herrichten, obwohl die Menschen in den Kommunen verhungerten. Tagtäglich erlebte er, wie Tibeter Han-Chinesen aus Hass und Wut umbrachten und ausraubten. Was er aber berichten musste, war, dass es den Menschen auf dem Land gutging und die Tibeter die Han-Chinesen brüderlich liebten. Er spürte seinen wachsenden inneren Widerstand, und dieser Widerstand machte ihm Angst. Er wusste, dass er früher oder später als Konterrevolutionär verurteilt und vernichtet werden würde, wenn er die Parteilinie nicht auf Ehre und Gewissen verteidigen konnte. Bevor es zu spät war, bevor auch er öffentlich als Rechtsabweichler abgestempelt würde, wollte er lieber selbst kündigen. Er wollte nicht mehr dazugehören, tat es aus Enttäuschung und Angst um seine eigene Zukunft und wegen der Vorahnung einer noch viel blutigeren Kulturrevolution.

Er hatte die Rechnung jedoch ohne den Wirt gemacht. Seine Kündigung im Jahr 1962 brachte ihm sehr viel Kritik, Unverständnis und vor allem wirtschaftliche Nachteile ein. Ab der zweiten Jahreshälfte 1961 hatten Präsident Liu Shaoqi und sein Wirtschaftslenker Chen Yun durchgesetzt, dass Funktionäre und Beamte ab dem 17. Grad monatlich zusätzlich zur regulären Lebensmittelration noch 1 Kilo Fleisch, 1 Kilo Sojabohnen, 500 Gramm Zucker, 20 Eier, 20 Packungen Zigaretten und zwei Flaschen Alkohol bekamen, und das, obwohl die Bauern erbärmlich verhungerten. So kündigte mein Vater nicht nur seinen Posten als Propagandaadministrator, sondern verzichtete damit auch auf ein Monatsgehalt von 194 Yuan und Vergünstigungen wie beispielsweise zusätzlichen Lohn für die Arbeit auf dem Hochland (Qinghai liegt durchschnittlich 2200 Meter über dem Meeresspiegel), Geld für Kinder- und Altenbetreuung und eine kostenlose medizinische Versorgung. Mit seiner Frau hatte er über seine Absichten nie gesprochen, und als er eines Tages zu meiner Mutter sagte, dass sie jetzt die Heimreise antreten würden, war sie davon überzeugt, dass sie nur einen Heimaturlaub machen würden. Die Tatsache, dass er nach der Kündigung kein geregeltes Einkommen mehr hatte und sich und seine Familie durch Gelegenheitsjobs unter den meist analphabetischen Wanderarbeitern ernähren musste, hat ihn nie reumütig werden lassen. So sehr enttäuscht war er von Maos Kommunismus, dass er lieber hungerte, statt seine Seele an das diktatorische Regime zu verkaufen. Nie mehr wollte er an einer Welt mitwirken, in der Menschen aus Hunger andere Menschen töteten und aufaßen.

Wir reden oft darüber, warum Chinesen so leidensfähig sind und fast jede Quälerei und Despotie ohne Widerstand erdulden. Warum sind mindestens 36 Millionen Menschen lieber verhungert anstatt aufzustehen und die Despoten mit Gewalt zu verjagen? Warum akzeptierten 200 Millionen Menschen brutalste Unterdrückung und unmenschlichste Peinigung fügsam als ihr Schicksal, ohne sich dagegen aufzulehnen? Es ist mir ein Rätsel. Mögen die Psychologen darüber befinden, ob diese Leidensfähigkeit von der grausamen traditionellen Praxis der gewaltsamen Verstümmelung von Mädchenfüßen stammt. Immerhin sind wir alle die Kinder von Frauen und tragen ihre DNA in uns. Und ist diese Leidensfähigkeit nicht wie so viele epigenetische Erkrankungen meist auf die traumatischen Lebenserfahrungen der Mutter zurückzuführen? Seit der Tang-Dynastie, also seit ungefähr 1500 Jahren wurden Frauen in China die Füße verstümmelt, um dem Schönheitsideal von besonders zierlichen Füßen zu entsprechen und die krankhafte sexuelle Vorliebe der Männer dafür zu befriedigen. Unter Tränen banden Mütter ihren eigenen Töchtern ab dem vierten Lebensjahr gewaltsam die Füße ein, sodass sie vor Schmerzen nicht aufhörten, zu weinen, solange sie in der Wachstumsphase waren. Je reicher und gebildeter die Familien waren, desto kleiner sollten die Füße der Töchter sein. Es gab kein schmerzerfüllteres, schrilleres, traurigeres und zugleich verzweifelteres Weinen in der menschlichen Welt als das Weinen der Töchter beim Einbinden der Füße. Mir treibt allein schon der Gedanke daran die Tränen in die Augen, während ich diese Zeilen schreibe. Jahrelang konnten die Mädchen nicht gehen und mussten von den Männern überallhin getragen werden. Die Täterinnen waren fast ausschließlich die eigenen Mütter, die in ihrer Kindheit selbst schon die gleichen Schmerzen erlitten hatten. Was für eine Schizophrenie, was für eine

Überwindung es kosten musste, den eigenen Kindern solche Schmerzen zuzufügen mit dem Argument, dass es ein notwendiges Opfer für ihre segensreiche Zukunft sei. So wurden Schmerzen und Verstümmelung folgsam hingenommen, und die Fähigkeit zu leiden von Generation zu Generation vererbt. Gott sei Dank hatte Dr. Sun Yat-sen diese jahrtausendealte Praxis 1910 verboten.

Mein Vater und ich sind uns darin einig, dass der Charakterzug der Chinesen, Widrigkeiten fügsam hinzunehmen, wissenschaftlich untersucht werden sollte, um herauszufinden, ob wir von Natur aus nur im Leiden Freude empfinden können und ob wir für universale Werte wie Freiheit und Demokratie überhaupt genetisch geschaffen sind.

Der Wohnhof in Xuzhou

Meine Familie väterlicherseits stammt, wie schon eingangs erwähnt, aus der antiken Stadt Xuzhou, genauer gesagt aus dem Viertel Hubu Shan. „Shan" bedeutet Berg, eine stark übertriebene Bezeichnung, zumal der Höhenunterschied zum Meeresspiegel weniger als 50 Meter beträgt. Hubu Shan war das wohlhabendste Wohnviertel der Stadt. Auch der Palast des Kaisers Qian Long und das kaiserliche Steuer- und Einwohnerministerium befanden sich dort. Mein Urgroßvater war der dritte Sohn seiner Eltern, und da die Tradition vorsah, dass nur der Stammhalter, der erstgeborene Sohn Haus und Hof erbte, wurde das restliche Vermögen unter den übrigen Söhnen aufgeteilt. 1948 siedelte mein Urgroßvater nach der innerfamiliären Haushalts- und Vermögensaufteilung um und ließ sich im Westen der Stadt nieder. Sein Wohnhof befand sich in der BoÁi-Straße im Xiguan, also dem Westend von Xuzhou. Heute steht dort ein Gebäudekomplex namens „Europa-Kaufhaus". Es handelte sich um eine höher gelegene, sehr belebte Geschäftsstraße, die zehn Meter breit und etwa 800 Meter lang war und von Ost nach West verlief. Die BoÁi-Straße war die Verkehrsader im Westen der Stadt, von der aus die Händler aus den Vororten in die Stadt gelangten. Gesäumt war die Straße von Geschäften, die bereits in der Song-Dynastie existiert hatten. An dieser altehrwürdigen Straße lagen auch der Wohnhof und das Geschäft meines Großvaters. Der Wohnhof, bestehend aus einem rechteckigen Innenhof, auch „chinesisches Rechteck" genannt, wurde von vier Häusern umschlossen, deren Fenster und Türen auf den Hof gingen. Der Innenhof war 200 Quadratmeter groß, Platz genug zum Spielen, für Familienfeste und für Treffen mit Freunden und Bekannten. In dem Hof wuchsen zwei Granatapfelbäume. Der eine blühte weiß, der andere rot. Mein Großvater hatte diesen Wohnhof von Herrn Leng, einem Süßwarenhändler gekauft. Bezahlt hatte er aber nicht mit Geld, sondern mit Getreide, denn in den 1920er- und 1930er-Jahren war Geld kein sicheres Zahlungsmittel. Nach Großvaters Planung sollte jeder seiner drei Söhne mit seiner Familie eines der Gebäude bewohnen. So wollte er die große Familie zusammenhalten. Meine Großeltern bewohnten das zentrale Gebäude, welches aus zwei Stockwerken und sechs Zimmern bestand. Es lag höher als die anderen Häuser und war über eine fünfstufige Granittreppe zu erreichen. Hinter diesem Gebäude befand sich ein Garten, in dem viele Rosen gediehen. Da mein Vater der zweitälteste Sohn der Familie war, sollten wir das Ostgebäude rechter Hand von Großvater bewohnen, während im West- und Nordgebäude die beiden Onkel mit ihren Familien wohnten. Die klare Anordnung der Gebäude entsprach der konfuzianischen Familienordnung und deren sozialen Loyalitätsprinzipien. Für meine Großeltern war das Leben so lange schön, wie sie ihre Kinder und Enkelkinder um sich haben konnten. Unser Wohnhof war fast der einzige Hof, der zur Straßenseite hin durch eine Mauer geschützt war. In den Hof gelangte man durch ein überdachtes, drei Meter hohes Tor und über eine sehr hohe Türschwelle. Das schwarz lackierte, massive doppelflügelige Holztor, das einzige nach außen hin sichtbare Zeichen von Wohlstand, war mit dicken Papierschichten zugekleistert und übersät von wütend hinkalligraphierten kulturrevolutionären Parolen und Mao-Zitaten. Peu à peu verloren meine Großeltern den Wohnhof durch Enteignung und mussten sich am Ende mit einem 15 Quadratmeter großen Durchgangszimmer neben dem Eingangstor begnügen, während der linke Trakt von einer Ar-

beiterfamilie mit vier Kindern bezogen wurde. Der Vater arbeitete als Brauer in einer Destillerie, die Mutter in einer Kartonagen-
fabrik. Im rechten Trakt wohnte Familie Li. Vater Li war Leiter
der städtischen Gärtnerei und Denkmalpflege. Mutter Li war
Verkäuferin in dem Lebensmittelgeschäft, das nach der Enteignung der Buchhandlung meines Großvaters dort untergebracht
worden war. Auch Großmutter Li wohnte dort. Die beiden Kinder der Lis waren älter als ich und wurden von ihrer Großmutter
gehütet, aber wegen des Altersunterschieds spielten sie kaum
mit mir. Obwohl Reichtum in der kommunistischen Gesellschaft
verpönt war, gab es zur damaligen Zeit doch noch Unterschiede
im Haushaltsaufkommen: Familien mit vielen Kindern lebten
schlechter und waren ärmer dran als Familien mit wenigen Kindern. Da Familie Li nur zwei Kinder hatte, konnte sie sich schon
früher als die übrigen Nachbarn ein Fahrrad und ein Radio leisten. Im nördlichen Gebäude wohnte ein altes christliches Ehepaar, das aus dem Umland stammte. Opa Leng war ein sehr
gläubiger Mann und betete dreimal täglich, um Gott für seine
Mahlzeiten zu danken. Obwohl die Ausübung von Religion
strengstens verboten war, betete Familie Leng in unserem ge-
schlossenen Wohnhof ungehindert zu Gott. Und niemand de-
nunzierte sie, was wohl auf die Friedfertigkeit und Freundlich-
keit des hochbetagten Ehepaars zurückzuführen war. Nachbarschaftliche Harmonie und gegenseitige Rücksichtnahme waren
auch in der finstersten Zeit in China erhalten geblieben. Opa
Leng sprach einen Dialekt, den ich nicht verstand und hatte einen schlohweißen Bart, der ihn wie einen Unsterblichen der
„Acht Heiligen" aus der chinesischen Mythologie aussehen ließ.
Ich hatte nicht oft Gelegenheit, von ihm liebkost zu werden, weil
er seine Tür meistens verschlossen hielt. Die Wände seines
Zimmers waren mit Bibelillustrationen beklebt. All die mysti-

schen Gestalten in ihren farbigen, fremdartigen Gewändern machten mir ein wenig Angst. Zur Winterzeit, wenn die Sonne schräg in sein Zimmer schien, übten die vergilbten Farbtöne der Bilder eine magische Wirkung auf mich aus. Auch Decke und Querbalken waren mit Heiligenbildern beklebt. Die Bilder an der Decke erzählten Geschichten von geflügelten Engeln im Himmelreich. Die auf den Balken stellten einen fremd aussehenden, bärtigen Mann in langem blauem Gewand dar, der eine Dornenkrone auf dem Kopf trug, unter der furchterregende Blutstropfen hervorquollen. Als ich Opa Leng danach fragte, bekam ich immer dieselbe Antwort: dass Jesus Christus für uns gestorben sei. Doch ich wusste weder, wer Jesus Christus war, noch begriff ich, was „für uns gestorben" bedeutete. Opa Leng gab sich aber gar keine Mühe, mir das näher zu erklären. Familie Leng hatte neun Kinder, von denen nur noch der jüngste Sohn bei den Eltern wohnte. Da die anderen Kinder alle in die Grenzprovinzen verschickt worden waren, konnte ich davon ausgehen, dass die Klassenzugehörigkeit der Familie bestimmt nicht rot war. Unter Folter und Zwang musste der Sohn seine Eltern verraten haben, denn eines Tages stürmten viele Halbwüchsige den Wohnhof, prügelten auf das alte Ehepaar ein, rissen alle Bilder von Jesus Christus von der Wand und verbrannten sie. Die Rotgardisten schrien den Alten an, es sei illoyal gegenüber dem Vorsitzenden Mao, statt eines Porträts von ihm Bilder von Jesus Christus im Wohnzimmer hängen zu haben. Und dann musste Opa Leng sich über das Feuer beugen und die Bilder von Christus mit seinen eigenen Füßen zertrampeln. Nach diesem Angriff starb er. Zu seiner Beerdigung wollte Oma Leng niemanden aus der Nachbarschaft einladen, weil sie uns in jenen barbarischen Jahren des Klassenkampfs vor Sippenhaft bewahren wollte. Beim Abtransport des Leichnams sang Oma Leng Lieder, die ich erst viel später, zu meiner Studentenzeit nach der Kulturrevolution, als Kirchenlieder erkannte. Zur Zeit der Kulturrevolution, zu der das ganze Land mit 700 Millionen Menschen nur das Lied von der „Roten Sonne Mao Zedong" sang, war es ein konterrevolutionärer Akt, christliche Lieder zu singen.

Ich weiß bis heute nicht, wie mein Großvater die Zeit der Entrechtung und Enteignung seelisch verkraftet hat. In all den Jahren, in denen ich mit ihm zusammenwohnte, hat er nie darüber geredet. Ich kann mich auch nicht daran erinnern, dass er jemals Streit mit all diesen fremden Leuten gehabt hätte, die nun von Staats wegen unsere Häuser bewohnten. Meine Großmutter war diejenige, die mit dem Zeitgeist nicht mitkam und ständig mit ihren Gefühlen haderte. Zum Glück hatten die neuen Bewohner gesunden Menschenverstand und waren einsichtig genug, sie als ehemalige Herrin zu respektieren und Rücksicht auf ihre schlechte Laune zu nehmen, die dem Verdruss, dem Ärger der der Ablehnung entsprang. Großmutters Leben war von Groll und Unmut erfüllt. Die Freude, möglichst viele Enkelkinder um sich zu haben, war ihr genommen worden. Denn in der kleinen Ein-Zimmer-Wohnung war für Kinder nicht genug Platz. Mein Großvater blieb schweigsam und suchte keinerlei Kontakt zu den neuen Bewohnern des Wohnhofs.

Meine Eltern hatten eine Eineinhalb-Zimmer-Wohnung in der Nähe der BoÁi-Straße zugeteilt bekommen. So pendelte ich in meiner frühen Kindheit zwischen den beiden Wohnorten täglich hin und her. Zum Mittagsessen ging ich zu den Großeltern. Zum Schlafen ging ich abends zu meinen Eltern in die Tangci-Gasse. Meine Großmutter kochte für mich 椒子酱, ein Xuzhou-Gericht aus Bohnen, Erdnüssen, Wurzelgemüse und Fleischwürfeln, angereichert mit ein paar Chilischoten. Ein Gericht, das ich seit ihrem Tod nie wieder gegessen habe, das jedoch auf ewig mit ihr verbunden bleibt.

In unserer Wohnung gab es kein fließendes Wasser. Jeder Haushalt besaß ein 80 bis 100 Liter fassendes Tonfass als Wasserbehälter, das meistens lasiert und mit einem Deckel versehen war. Eine Wasserstation gab es in der Nähe einer Stelle, an der sich früher eine Zugbrücke befunden hatte, die tagsüber die Stadt mit den ländlichen Vororten verband und nachts hochgezogen wurde. Soweit ich mich erinnern kann, war das Wasserholen die erste körperliche Arbeit, die ich als Kind zu verrichten hatte. Kaum sieben Jahre alt, half ich, Wasser in einem 20-Liter-Eimer an einer Tragestange zu holen. Die Straße war mit Granitplatten gepflastert, die durch jahrhundertelanges Befahren und Begehen poliert und deshalb sehr glatt und rutschig geworden war. Ich kannte als Kind jede Steinplatte und jede Spurrille dieser Straße, weil ich beim Wasserholen stets darauf achten musste, wohin ich trat, um das Wasser nicht zu verschütten. Am Anfang holte ich es zusammen mit meiner zwei Jahre älteren Schwester, später dann mit meinem zwei Jahre jüngeren Bruder. Zu zweit füllten wir den Wasserbehälter randvoll, bevor wir in die Schule gingen. Als ich größer wurde, holte ich das Wasser mit einem Tragejoch in zwei 20-Liter-Eimern alleine, bis ich 14 Jahre alt wurde und wir in eine Wohnung in dem neuen Wohnviertel Heping Xincun zogen, wo wir nun endlich fließendes Wasser hatten.

In den 1960er-Jahren gab es in China ungefähr 600 Millionen Menschen. 80 Prozent davon lebten auf dem Land. Die Regierung in Peking opferte damals die Landbevölkerung, um die 20 Prozent, die in den Städten lebten, vor Hunger und Not zu bewahren. Das strenge Haushaltsregistrierungssystem Hukou machte die Bauern zu Menschen zweiter Klasse. Sie durften ihre Dörfer nicht verlassen und konnten daher nicht einmal betteln gehen. Soweit ich mich erinnern kann, habe ich nie hungern müssen. Es gab für alles Bezugsscheine. Die Bezugsmenge änderte sich zwar von Jahr zu Jahr, aber es war zumindest genug. Meine Eltern konnten am Monatsende immer bei der Regierung in Ungnade gefallene Freunde, die nicht genug zu essen hatten, mit Bezugsscheinen und ein wenig Geld unterstützen. Gemüse konnte man frei und ohne Bezugsscheine kaufen. Mit einem oder zwei Fen konnte ich mittags nach der Schule immer einen Korb voll Tomaten, Gurken oder anderes melonenähnliches Gemüse kaufen. Es war sehr billig, frisch und schmeckte gut. Fleisch, Fisch und Eier waren allerdings eine Mangelware, die streng nach Bezugsscheinen verteilt wurde. Für meinen Hund und meine Katze, die gerne Fleisch und Fisch fraßen, sammelte ich nach der Schule in der Großmarkthalle Fleisch- und Fischreste. Für die armen Bauernkinder der benachbarten Provinz Henan wäre das eine Festmahlzeit gewesen.

In meiner Kindheit trieb der auf dem Land herrschende Hunger trotz des Verbots viele Bettelnde aus den Provinzen Henan und Anhui zu uns. Einmal saß ich nach der Schule allein vor dem Eingangstor unseren Wohnhofs und las. Meine Großmutter hatte mir ein Stück Mantou – ein dampfnudelartiges Brot aus Weizenmehl – in die Hand gedrückt, damit ich meinen Hunger ein wenig stillen konnte, bevor wir richtig zu Mittag aßen. Plötzlich tauchte eine Frau mittleren Alters auf, riss mir das Mantou aus der Hand und spuckte mehrmals hintereinander darauf. Ich war von dem Angriff völlig überrascht und ekelte mich derart vor der Spucke, dass ich auf die Rückgabe des Mantous verzichtete. Die Frau verbeugte sich mehrmals tief vor mir und sagte: „Danke, kleiner Herr, danke, kleiner Herr!" und verschwand genauso schnell, wie sie gekommen war. Als ich wieder zu mir kam, stand meine Großmutter vor mir und wunderte sich, wie schnell ich das Mantou verputzt hatte.

Zeit der Barbarei

Als die große proletarische Kulturrevolution ausbrach, war ich drei Jahre alt, als sie 1976 endete, war ich dreizehn und ging in die zweite Klasse der Mittelschule. Die von Maos Chefschreiber Zhang Chunqiao erfundene „fortschreitende Revolution unter proletarischer Diktatur" zielte in erster Linie darauf ab, die Vormachtstellung des Großen Führers zu verteidigen. Die Hungerkatastrophe mit 36 Millionen Toten und die jämmerlich gescheiterte „Stahlkochbewegung" hatten dazu geführt, dass die Bevölkerung einen Groll gegen die Funktionäre hegte, die durch ihre Lügen, namentlich das „Raketenschießen", den Hunger und das Massensterben verursacht hatten. Das Volk wandte sich jedoch nicht gegen den Vorsitzenden Mao, ganz im Gegenteil. Es nahm ihn gegen alle Anfeindungen in Schutz und verteidigte seine Ideen von der Kulturrevolution und dem Volksrebellentum. Das Volk glaubte, dass die Funktionäre der mittleren und unteren Führungsebene den Vorsitzenden Mao belogen hätten, um ihre selbstsüchtigen Ziele zu verfolgen. Wenn man bedenkt, dass die Funktionäre zusätzliche Lebensmittel bekamen, während gleichzeitig 36 Millionen Menschen verhungerten, war der Unmut des Volkes gegenüber den Bürokraten durchaus verständlich. Diese ihrerseits entgegneten, dass sie doch nur gelogen hätten, weil dies von den oberen Führungsriegen erwartet worden sei. Auch die Funktionäre waren unzufrieden, beklagten sich über das erlittene Unrecht und hatten eigentlich den „Großen Führer" Mao zur Zielscheibe ihres Hasses auserkoren. Im Januar 1962 musste Mao sogar vor 7000 Funktionären in Peking Selbstkritik üben und die Verantwortung für den landesweiten

Kannibalismus und die Hungersnot übernehmen. Aber Mao wäre nicht Mao gewesen, wenn er sich der Kritik gebeugt hätte. Als durchtriebener Machtpolitiker nutzte er die allgemeine Unzufriedenheit vielmehr dazu, um die „Große proletarische Kulturrevolution" auszurufen und ließ die ihn vergötternden Massen ihren Unmut an seinen Untergebenen austoben. Auf Maos Geheiß wurden die kleinen wie die großen Funktionäre radikal entmachtet, physisch und psychisch eingeschüchtert und in Arbeitslager eingesperrt. So wurde unter anderen auch Deng Xiaoping, damals Generalsekretär der KPCh und stellvertretender Ministerpräsident, aus Peking verbannt. Er wurde einfacher Arbeiter in einer Traktorenfabrik in Jiangxi. Sein Sohn Deng Pufang wurde so brutal gefoltert, dass er nun querschnittsgelähmt ist. Heute ist er Vorsitzender der chinesischen Union der Invaliden. Ministerpräsident Zhou Enlai, Mao gegenüber stets loyal und für die Wirtschaft zuständig, für die sich der Große Vorsitzende selbst nie so recht interessiert hatte, schummelte weiter wie bisher und versuchte, die Situation in den Griff zu bekommen, indem er auf dem Schwerpunkt der Produktion beharrte. „Betreibe Revolution, entwickle die Produktion, stelle die Versorgung sicher!", so seine Parole, wodurch weitere kostbare Jahre vergingen und die Kulturrevolution sich zehn Jahre in die Länge zog.

Die Kulturrevolution in China hatte zweierlei Ziele: zum einen die Zerstörung der traditionellen Denk- und Verhaltensweisen, zum anderen die Konsolidierung der Macht des „Großen Führers" Mao, was dieser durch Gewaltausübung gegenüber seinen Kritikern und durch die blutige Unterdrückung innerparteilicher Gegner mithilfe der Rotgardisten zu erreichen versuchte. Für mich war die „Kultur"-Revolution nichts anderes als Barbarei, basierend auf absoluter Rechtlosigkeit. Was sie bei mir hinterließ, war ein bleibendes Misstrauen gegenüber meinen

Mitmenschen. Für die Rotgardisten war es die Revolution der 28 Yuan: So viel kostete die Verbrennung eines getöteten, erschlagenen oder zum Selbstmord getriebenen Menschen. Bis heute wurden die Mörder und Mörderinnen von damals nicht zur Rechenschaft gezogen. Auf die Frage der italienischen Journalistin Oriana Fallaci nach der Zahl der Getöteten antwortete Deng Xiaoping 1980, dass keine Statistik erhoben werden könne, weil China so groß und die Todesursachen ganz unterschiedlich gewesen wären. „Jedenfalls starben sehr viele Menschen", sagte er nur. Nach Angaben des historischen Forschungsinstituts des Zentralkomitees der KPCh kamen während der Kulturrevolution 1,72 Millionen Menschen ums Leben. Mir fehlen die Worte dafür, was „ums Leben kommen" in diesen finsteren Zeiten bedeutete. Die Rebellen verfuhren mit Menschen wie mit Unkraut: Sie hackten sie einfach weg. 4,2 Millionen Menschen wurden in eilig errichteten Untersuchungsgefängnissen eingesperrt und 135 000 als aktive Konterrevolutionäre vom Revolutionskomitee verurteilt und hingerichtet. 237 000 wurden in bewaffneten Straßenschlachten getötet, 7,03 Millionen Menschen wurden verstümmelt, 70 000 Familien unwiderruflich zerstört. Die Mörder und Mörderinnen des blutigen Jahres 1966 waren zu 99 Prozent halbwüchsige Rotgardisten und zwischen 13 und 17 Jahre alt. Sie sind heute 60 bis 65 Jahre alt und bleiben weiterhin von jeglicher Strafe verschont. Die Opfer waren in den meisten Fällen ihre Lehrerinnen und Lehrer gewesen, deren Familien bis heute keine Gerechtigkeit widerfahren ist. Allein in Peking wurden 1966, in diesem einen Jahr, 16 000 Schuldirektoren, Abteilungsleiter, Professoren und Lehrer bestialisch und grausam totgeschlagen. Den Opfern wurden die Haare mitsamt der Kopfhaut ausgerissen, sie wurden mit den Messingschnallen von Militärgürteln blutig geschlagen und mussten ihren eigenen Urin und ihr Blut vom Boden lecken. Sie wurden gezwungen, sich gegenseitig zu ohrfeigen und sogar die Leichen von Kollegen zu peitschen. Unter den Tätern befanden sich nicht nur Männer, sondern genauso viele Frauen und Mädchen. Der „Große Führer" pries derartige Gräueltaten in zwei Briefen an die Studenten der Universitäten von Peking und Qinghua als revolutionäre Aktion und entfachte damit einen wahren Flächenbrand der Gewalt, von dem das ganze Land erfasst wurde. Er höchstpersönlich ist damit verantwortlich für die Ermordung von 1,725 Millionen Lehrerinnen und Lehrern.

Auch in Xuzhou wurden Lehrerinnen und Lehrer vor Kritikversammlungen gezerrt. Auch hier schlugen Schüler in den Schulen ihre Lehrer. Und auf den Straßen kam es zunehmend zu blutigen Auseinandersetzungen. Höflichkeit und Respekt vor älteren Menschen existierte nicht mehr. Doch die Revolution trieb ihr Unwesen nicht nur in der Schule, sondern in der ganzen Gesellschaft. Auch unter Arbeitern und Bauern wurden groß angelegte blutige Kampagnen in Gang gesetzt und der promaoistische Gewaltwettbewerb zu einer neuen Eskalationsstufe geführt.

Ein angeheirateter Onkel meiner Familie war Mitglied der sogenannten „Stoßpartei" von Xuzhou. Er war gelernter KFZ-Mechaniker und konnte am Klang des Motorengeräuschs eines Autos dessen Problem erkennen. Er war Facharbeiter der Klasse 8, der höchsten Klasse im damaligen China. Das bedeutete, dass er quasi ein Alleskönner war und den gesamten Produktionsprozess vom Entwurf über die Ausrüstung bis zur Herstellung inklusive aller Techniken im Maschinen- und Fahrzeugbau beherrschte. Die Einheit, in der er arbeitete, wurde von Gu Binghua, dem Anführer der „Stoßpartei" geleitet. So wurde mein Onkel automatisch Mitglied der Partei. Er war zweimal mitgereist, als Premierminister Zhou Enlai die „Studienkurse" für die Xuzhou-Parteien nach Peking kommen ließ. Er saß mit am Verhandlungstisch, als unter der Leitung von Zhou Enlai ein Frieden zwischen der Stoßpartei und der Unterstützungspartei ausgehandelt wurde. Deshalb wurde er auch verhaftet, als Gu Binghua auf Deng Xiaopings Befehl als Friedensstörer hingerichtet wurde. Von meinem Onkel erfuhren wir viel über die Kämpfe der Revolutionäre. Der „Große Vorsitzende" Mao hatte 1962 gesagt, dass die Regierungsmacht Chinas nicht in der Hand des Proletariats liege und ein Drittel der Regierungsbeamten, also über zehn Millionen Menschen Klassenfeinde seien. Der irre Diktator in Zhongnanhai, dem Hauptquartier der Kommunistischen Partei in Peking, hatte wohl einen Alptraum gehabt, sah Geister, die ihm ans Leben wollten, und deswegen mussten zehn Millionen Menschen sterben.

In Xuzhou gruppierten sich die revolutionären Massen in zwei Parteien: die Stoßpartei und die Unterstützungspartei. Wie der schon Name sagt, war die Stoßpartei diejenige, die alle hinderlichen Regierungsämter einschließlich des Revolutionskomitees beiseite stoßen sollte, damit die Kulturrevolution durchgeführt werden konnte. Im Gegensatz dazu stand die Unterstützungspartei hinter den Revolutionskomitees. Beide Parteien nahmen für sich in Anspruch, Maos wahre Revolutionäre zu sein. Wer also regierte Xuzhou?

Nachdem die eigentliche Regierung als die „den kapitalistischen Weg Beschreitende" von den Rebellen abgesetzt worden war, wurde Xuzhou zuerst von der Unterstützerpartei regiert. Diese unterstützte die aus Arbeitern, Bauern und Soldaten zusammengesetzte revolutionäre Kommission, die fortan als Regierung fungierte. Die Stoßpartei wollte das jedoch nicht hinnehmen, weil ihrer Meinung nach alle Mitglieder der Regierung die „den kapitalistischen Weg Beschreitende" waren, also ausnahmslos ehemalige Machthaber. Nun aber war die revolutionäre Kommission der neue Machthaber und glich somit den „den kapitalistischen Weg Beschreitenden", musste also logischerweise weggestoßen und ersetzt werden. Da die Machthaber auf beiden Seiten davon überzeugt waren, dass sie die Linken verkörperten und Maos Politik folgten, wollten sie ihre Macht jedoch nicht abtreten. So ging die Macht über die Stadt von einer Partei auf die andere über und wieder zurück. Und jeder Machtwechsel bedeutete eine erneute blutige Schlacht. Wie verbittert die Parteien sich bekämpften, davon kann ich selbst ein trauriges Lied singen.

Als ich sechs Jahre alt war, nahm mich mein Großvater eines Tages mit zum Frisör an der Huaihai-Straße auf der Höhe der Pengcheng-Straße. Dort ließen wir uns die Haare schneiden und gingen zu Fuß wieder nach Hause, als aus der Ferne aus zwei entgegengesetzten Richtungen Geschrei zu hören war sowie das rhythmische Skandieren von politischen Parolen, verstärkt durch Megaphone. Das Geschrei kam immer näher, und wir sahen schon die langsam aus beiden Richtungen aufeinander zu marschierende Menschenmenge, die lauthals „Nieder, Nieder!" schrie. Es entstand ein Tumult, und die Fußgänger hatten so große Angst, dass sie nicht mehr weitergehen wollten. Großvater zerrte mich in das Kommissionsgeschäft Yihua, wo die Mitarbeiter sogleich von innen die Tür verriegelten. Da der Laden einige Stufen höher lag als die Straße, konnten wir das Geschehen von dort aus beobachten. Draußen vor der Tür wurden die gegenseitigen Beschimpfungen im Namen des Vorsitzenden Mao und der großen proletarischen Revolution immer lauter und heftiger, und als eine Rotgardistin aus der Gruppe der Unterstützungs-partei einen Schlag auf den Kopf bekam und blutete, eskalierte die Situation. Männer und Frauen drängten sich wie in einem Bienenschwarm zusammen, schlugen mit Handtafeln, Mao-Figuren, Gürteln, Eisenstangen und Holzlatten aufeinander ein und skandierten dabei lauthals die sogenannten „höchsten Anweisungen" aus der Mao-Bibel. Die Schlägerei auf der Straße wurde zunehmend wilder und blutiger, da sahen wir, wie sich ein Junge aus lauter Angst vor dem unbeherrschten Mob auf einen Baum flüchtete; das aber hatten einige gesehen und rüttelten nun so lange an dem Baum, bis der arme Junge herunterfiel. Noch während er am Boden lag, prügelte die Meute mit Eisenstangen und Holzlatten auf ihn ein und ignorierte seine Hilfe-Schreie. Vor unseren Augen wurde dieser Junge am helllichten Tag einfach totgeschlagen.

Der „Große Führer" wollte klare Verhältnisse schaffen und befahl der Armee, die Linken in den Massen zu unterstützen, sagte aber nicht, wer die Linken waren. Nachdem nun auch noch das Militär in die Revolution eingriff, eskalierte die Lage in Xuzhou vollends. Denn Xuzhou war die Garnisonsstadt zweier Militärbezirke und der 68. Feldarmee. Die Militäreinheiten unterstanden unterschiedlichen Kommandos: Die 68. Feldarmee unterstand direkt dem Verteidigungsministerium, während die Bezirksarmeen mal zu Jinan und mal zu Nanking gehörten. Die Konfrontation zwischen der Stoßpartei und der Unterstützerpartei wurde zu einem Stellvertreterkrieg der Militärbezirke, und der Konflikt wurde nicht mehr nur mit Schlagstöcken und Eisenstangen ausgetragen, sondern mit richtigen Gewehren.

Nun wurden die Konflikte von der Militärführung angezettelt. Der Politkommissar der Truppen repräsentierte die „richtige" Linie der Partei aus Peking. Allerdings gab es nicht nur einen Politkommissar, sondern mehrere, die untereinander heillos zerstritten waren. So wurde der Konflikt in Xuzhou zu einer militärischen Auseinandersetzung. Der Straßenkampf, den sich die beiden Parteien am 31. August 1968 in der Stadtmitte geliefert hatten, hinterließ fast 300 Tote und über 1000 Verletzte. Schon kurz nach dem Beginn der Auseinandersetzung kamen Soldaten der 68. Armee und riegelten die Straßen ab. Mehrere tausend Soldaten bildeten Hand in Hand eine Mauer, umzingelten die streitende Meute, spalteten diese in zwei Lager und transportierten die Verletzten ab. Die Anführer beider Parteien kamen zu Verhandlungen in Beugehaft. Mein Onkel war einer davon. Er wurde von den Soldaten in das nahe gelegene Xuzhou-Hotel geschleppt. Jahre später hatte ich die Gelegenheit, meinen Onkel danach zu fragen, was an diesem Tag noch geschehen war, und er erzählte mir die Geschichte aus seiner Perspektive:

Unter der Leitung und Moderation der Xuzhouer Garnison hatten sich die Vertreter der Unterstützerpartei und die Repräsentanten der Stoßpartei darauf verständigt, dass alle Rebellen von der Straße verschwinden sollten. Der Chef der Unterstützerpartei erklärte, dass er mit seinem eigenen Kopf dafür garantiere, dass seine Leute nach Hause gehen würden. Und der Anführer der Stoßpartei versprach, dass seine Kämpfer die gegnerischen Rebellen in Ruhe abziehen lassen würden. Der Kommandeur der Garnisonstruppe besiegelte das Abkommen und ließ die Leute mit dem Auftrag frei, ihre Versprechen sofort umzusetzen.

Die Rebellen beider Parteien begannen, sich voneinander zu entfernen und in Gruppen abzuziehen. Plötzlich heulte laut und

aggressiv eine Sirene los. Noch bevor die Soldaten das durch-
dringende Sirenengeheul überhaupt einordnen konnten, wurde
eine Stelle in der Absperrung bereits von einem roten Bauern-
verband durchbrochen. Die wehrlosen Soldaten wurden brutal
verprügelt, gefesselt und von den Bauernrebellen verschleppt.
Blitzschnell wurden auch die zweite und die dritte Absperrung
von den Stoßrebellen durchbrochen und aufgelöst, und die beiden Parteien schlugen erneut aufeinander ein. Diesmal noch
grausamer und blutiger. Als Waffen wurden Pflastersteine,
Dachziegel, Holzstöcke, Eisenstangen, Küchenmesser, Dolche
und Feuerwaffen eingesetzt. Es wurde gezielt auf lebenswichtige
Körperteile eingeschlagen, Schädel wurden zertrümmert, Augen
ausgestochen, Arme und Beine gebrochen...

Sirenen heulten, Verstärkungstruppen strömten zu den Fron-
ten, Rettungswagen rasten hin und her, leblose Körper sowie
abgetrennte Gliedmaßen wurden auf Bahren gestapelt und abtransportiert. Blut spritzte und Fleischfetzen flogen herum, ähnlich wie in der Huaihai-Schlacht von 1948. Aber an diesem Tag,
im August 1968, gab es über 1000 Verletzte, und es starben insgesamt 286 maoistische Rebellen beider Parteien, die sich nur
deshalb bekämpft hatten, weil jede von sich glaubte, Maos Linie
der Revolution korrekter und gründlicher auszulegen und tapfe-
rer zu verteidigen als die Gegenpartei. Mao schaltete sich persönlich ein und rief schlichtend aus, dass beide Parteien in Xuzhou aus revolutionären Massen bestünden. Während der acht-
jährigen Besatzungszeit der japanischen Armee in Xuzhou waren 12 601 Menschen umgekommen; während der zehn Jahre
andauernden Kulturrevolution sollten über 66 800 Menschen
den Tod finden. Die perfide Strategie der jeweils unterliegenden
Partei bestand darin, in Xuzhou, einem der wichtigsten Ver-
kehrsknotenpunkte Chinas, den Eisenbahnverkehr zu sabotie-

ren. Sie kappten Lebensmittellieferungen und blockierten auch den Personenverkehr. So erregten sie Aufsehen im ganzen Land. Und „der Große Vorsitzende" Mao schwieg dazu und schickte stattdessen seine Soldaten. Um den bewaffneten Kampf schließlich zu beenden, wurden die Anführer der beiden Parteien auf sein Geheiß nach Peking zitiert. Sie mussten an einem „maoistischen Studienkurs" teilnehmen, sollten „die Revolution der tiefen Seele" in Gang setzen und sich gegenseitig endlich als Revolutionsgenossen akzeptieren. Der Kurs dauerte zehn Monate und endete tatsächlich mit einer Beilegung des Konflikts. Daraufhin wurde in Xuzhou am 1. August 1969 eine neue revolutionäre Kommission gegründet, die aus Mitgliedern beider Parteien bestand. Die Menschen von Xuzhou hatten durch die Kämpfe der beiden Rebellengruppen nur eines gelernt: dass Kulturrevolution nichts als Unheil bedeutete. Ein Volksgedicht aus dieser Zeit lautet folgendermaßen:

„Die Guten heißen Unterstützer,
Die Redlichen nennen sich Wegstoßer,
Jedes Jahr kommt eine neue
Revolutionäre Kommission!

Selbstkritik lässt sich unendlich üben,
Wohin wollen Wirrköpfe sich wenden?
Ewig lässt sich Egoismus bekämpfen,
Unermesslich können Tränen vergossen werden.

Schließlich sage doch,
Wem wir Recht geben sollen.
Beide sollen revolutionäre Massen sein,
Umsonst erleiden wir Höllenpein!"

Nachts werde ich noch heute gelegentlich von Albträumen geweckt. Dann höre ich klar und deutlich das Geschrei und die Marschlieder der Rotgardisten. Ich sehe, wie der Junge, der sich vor Angst auf den Baum geflüchtet hatte, vom Baum geschüttelt und von Gleichaltrigen zerfleischt wird. Ich sehe die blutigen Wunden, die die Messingschnallen der Militärgürtel nach jedem Hieb hinterlassen, ich sehe immer noch Blut fließen und Fleischfetzen nach allen Seiten fliegen...

So weit meine vorschulische Erinnerung an die Kulturrevolution in Xuzhou. Mitten in diesem blutigen Gemetzel wurde ich 1970 eingeschult.

Gehirnwäsche

Wie im Sozialismus üblich, mussten Frauen und Mütter arbeiten gehen. Die Kinder wurden in Kinderkrippen untergebracht. Das Wort Kinderkrippe ist ein sozialistisches Wort. Auch in China hatten wir Kinderkrippen wie in der ehemaligen DDR. Überhaupt gab es viele Parallelen zu den sozialistischen Bruderländern, insbesondere hinsichtlich der passiven Mentalität der Menschen. Denken musste man nicht, weil die Partei für einen dachte, und Eigeninitiative war nicht gefragt, weil ja Vater Staat das Leben organisierte. Dass die Menschen in den sozialistischen Ländern nicht gelernt haben, die Menschenwürde zu achten und Menschenrechte zu respektieren, war also nicht ihre Schuld, sondern Schuld der Regierungen, die sie lehrten, Menschen nur dann zu respektieren, wenn sie von einer per politischer Definition konformen Herkunft waren. Ich ging also in den Kindergarten in Xuzhou. Dort lernten wir folgende Ideologie: „Es gibt keine grundlose Liebe in der Welt, auch keinen grundlosen Hass. Wir lieben nur unsere Klassenbrüder, hassen alle Klassenfeinde!" Der Einzelne wurde an einem vorgegebenen Wertesystem gemessen; es gab also hochwertige und minderwertige Menschen. Lieben und respektieren durften wir nur die hochwertigen. Ich bin heute davon überzeugt, dass ein Mensch nicht zur Liebe fähig ist, wenn er als Kind auf diese Weise erzogen wurde. Denn Liebe ist universal wertfrei und humanistisch. Wenn die Liebe an Bedingungen gekoppelt wird, verliert sie ihren Glanz und damit ihre Unschuld. Wir aber hatten gelernt, Fremde nicht zu lieben und nicht zu respektieren, wenn sie sich nicht dem vorgegebenen Wertesystem unterwarfen.

Sowohl im Kindergarten als auch in der Schule lernten wir in erster Linie die Ideologie des Klassenkampfes. Die Wissensvermittlung stand erst an zweiter Stelle. Meine Lehrerin im Kindergarten, Frau Wang, war eine strenge Frau, die uns immer körperlich züchtigte, wenn ihr irgendetwas nicht passte. Jeden Tag saßen wir im Kreis und mussten Reime auswendig lernen. Dabei handelte es sich in aller Regel um Zitate aus der Mao-Bibel. Und diese waren nicht nur auf der inhaltlichen Ebene völlig unpassend für Vorschulkinder, sondern auch in sprachlicher Hinsicht gänzlich ungeeignet zur Wissensvermittlung. Von Frau Wang lernte ich letztendlich nur eines: dass man bedingungslos gehorchen musste, wenn man nicht bestraft werden wollte. Frau Wang hasste Kinder. Ihr Hass zeigte sich schon daran, wie sie sprach. Ununterbrochen stieß sie irgendwelche Flüche zwischen ihren Zähnen hervor. Und ihre Schläge mit dem Bambusstock waren von einer ungeheuerlichen Brutalität. Wie war ich froh, als ich endlich das Schulalter erreichte und die verhasste Frau Wang nicht wiedersehen musste.

Am ersten Schultag brachte meine Großmutter mich und meine Schwester, die schon seit einiger Zeit zur Schule ging, in die Huitang-Grundschule. Unterwegs ermahnte sie mich mehrmals, gegenüber den Lehrern in der Schule gehorsam zu sein. Sie benutzte die alten Wörter „Lernhof" und „Meister" für Schule und Lehrer, was in meinen Ohren sehr altmodisch klang. Mein Großvater hatte mir seinen Abakus mitgegeben, und meine Mutter hatte für mich eine neue Jacke, ein neues Hemd und eine neue Hose genäht. Bis dahin hatte ich immer die alten Sachen meiner Schwester aufgetragen. Ich war sehr dankbar und auch stolz, dass ich neue Kleider anhatte. Mutter hatte uns beiden auch neue Schultaschen aus lauter bunten Flicken und alten Stoffresten genäht, die schließlich zu unserem Markenzeichen wurden. Denn von mehreren hundert Kindern waren wir die einzigen, die bunt zusammengeflickte Schultaschen trugen. Daran konnte man außerdem die Fingerfertigkeit und Geschicklichkeit unserer Mutter erkennen, was insofern misslich für sie war, als zur damaligen Zeit Nachbarschaftshilfe fast einer Zwangsmaßnahme glich und meine Mutter deswegen unendlich viele unbezahlte Näharbeiten erledigen musste, weil alle Nachbarn nun auch solche bunten Taschen haben wollten. So kam meine Mutter zu noch weniger Schlaf. Die Sache gipfelte schließlich darin, dass sie auch noch Anzüge für die Lehrer nähen musste. Aber ich habe sie nie darüber klagen hören, dass sie so viel unbezahlte Arbeit verrichten musste.

Die Schule lag etwa einen Kilometer von zu Hause entfernt. Dort nahm uns Herr Zhang Xiaotian in Empfang, der uns, eine Klasse mit fünfzig Mädchen und Jungen, von nun an unterrichten sollte. Die Kinder kamen mehrheitlich aus Arbeiterfamilien, die sich weder um gute Manieren noch um gutes Benehmen kümmerten. Doch es waren auch einige Kinder von Ärzten darunter, deren Eltern im Krankenhaus der Medizinischen Universität arbeiteten. Diese verhielten sich deutlich anders, obwohl sie materiell in keiner Weise besser gestellt waren als die Arbeiterkinder. Sie waren artiger und klüger. Herr Zhang ernannte mich zum Klassenvorsteher der Jungen und die bildhübsche, manierliche und liebenswerte Wang Aihua zur Klassensprecherin der Mädchen. Weil sie zehn Monate älter war als ich, redete sie mit mir auf eine Weise, die keinen Widerspruch duldete. Wir teilten uns eine Schulbank, was mir gefiel, weil ich ein bisschen in sie mit kindlicher Unschuld verliebt war. Herr Zhang war ein freundlicher älterer Herr, der schweigsam, jedoch nicht streng war, aber immer ein wenig stotterte, wenn er sich aufregte. Stets trug er eine Kapitänsmütze, ein weißes Hemd und einen

Zhongshan-Anzug^{xxii} mit akkurat gebügelter Hose und Ärmel-
schonern.

Anfangs gab es nur die Fächer Chinesisch, Rechnen, Musik
und Sport. Der allererste Unterricht erfolgte im Schreiben. Herr
Zhang hatte mit dem Lineal fünf viereckige Felder an die
schwarze Tafel gezeichnet, in die er die fünf Schriftzeichen
„Lange lebe der Vorsitzende Mao" schrieb. Wir machten es ihm
nach, zeichneten zuerst die Felder und schrieben dann die
Schriftzeichen in die Felder hinein. Die Felder dienten dazu, die
Schriftzeichen in gleicher Größe zu halten. Diese fünf Schriftzeichen waren in den zehn Jahren zwischen 1966 und 1976 die am
häufigsten verwendeten Schriftzeichen Chinas. Viele Menschen
wurden wegen dieser fünf Schriftzeichen bestraft, eingesperrt
und gar getötet, weil sie diese entweder nachlässig oder unab-
sichtlich falsch geschrieben hatten. Wie man die fünf Schriftzeichen schrieb, war ein Politikum, da es als Loyalitätsbekundung
gegenüber dem „Führer" angesehen wurde. Herr Zhang war so
bemüht und ehrfürchtig und wandte so viel Kraft beim Schreiben auf, dass er immer stark schwitzte.

Zum Nationalfeiertag am 1. Oktober durfte ich auf der Bühne
vor der ganzen Schule ein Lied vorsingen, das wir gerade vom
Volksrundfunk gelernt hatten. Auf Deutsch lautet es folgendermaßen:

Der Vorsitzende Mao bereist unser Vaterland kreuz und quer,
zauberhafte Flüsse und Berge werden herrlicher.
Ganz gleich wie rasch die politische Lage sich verändert,
die purpurrote Sonne verstrahlt immer ihren Glanz!
Der Vorsitzende Mao lässt uns unerschrocken vorwärtsschreiten
und das Banner des Marxismus und Leninismus hochhalten.
Der Vorsitzende Mao lässt uns unerschrocken vorwärtsschreiten,

vereint werden wir einen noch größeren Sieg erkämpfen.

Der Vorsitzende Mao bereist unser Vaterland kreuz und quer,
stellt sich immer mit den revolutionären Massen in die gleiche Rei-
he.
Seine warmherzige Fürsorge muntert uns auf,
seine wohlmeinende Belehrung behalten wir für immer.
Der Vorsitzende Mao lässt uns unerschrocken vorwärtsschreiten,
und das Banner des Marxismus und Leninismus hochhalten.
Der Vorsitzende Mao lässt uns unerschrocken vorwärtsschreiten,
vereint werden wir einen noch größeren Sieg erringen.

Der Vorsitzende Mao bereist unser Vaterland kreuz und quer,
Der Ostwind bläst stark über den unendlichen Himmel heller
Bläue.
Der revolutionäre Dampfer fährt Wind und Wellen trotzend voran,
Heroische Massen, unbesiegbar sind wir!
Der Vorsitzende Mao lässt uns unerschrocken vorwärtsschreiten,
und das Banner des Marxismus und Leninismus hochhalten.
Der Vorsitzende Mao lässt uns unerschrocken vorwärtsschreiten,
Vereint werden wir einen noch größeren Sieg erringen.

Das war mein erster öffentlicher Auftritt. Ich war sieben Jahre
alt und sang dieses Lied mit aller Inbrunst, zu der ich damals
fähig war. Von da an trat ich, von der Schule organisiert, allwö-
chentlich auf verschiedenen Bühnen auf, sang oder führte Pro-
pagandastücke auf. Kinder für Propagandazwecke zu missbrau-
chen, war zwar nicht die Erfindung von Maos Kommunisten,
aber sie haben den Missbrauch insofern perfektioniert, als bis
zum heutigen Tag kein Mensch in China in derartigen Kinder-

auftritten etwas Anstößiges sieht. Eines Tages kamen Studenten der höheren Schulen auch in unsere Grundschule und vollzogen das, was perfiderweise als „Kultur"-Revolution in die Geschichte eingehen sollte: Sie prügelten ihre ehemaligen Lehrerinnen und Lehrer, weil sie, aus welchem Grund auch immer, Rache üben wollten. Und so wurden unserem Lehrer, Herrn Zhang, vor unseren Augen die Haare halbseitig abrasiert. Dann droschen die Studenten mit den Messingschnallen von Militärgürteln auf ihn ein. Und während sie ihm auf Rücken und Beine schlugen, musste er sich so tief nach vorn beugen, dass sein Kopf nur noch wenige Zentimeter vom Boden entfernt war. Gleichzeitig musste er sich lauthals schreiend selbst bezichtigen, ein aktiver Konterrevolutionär zu sein. Dass Herr Zhang auf diese Weise der Kulturrevolution zum Opfer fiel, hing unter anderem damit zusammen, dass er einen Bruder hatte, der im Ausland lebte. Und er war als Student Mitglied der Kuomintang gewesen. Dabei war Herr Zhang zutiefst von den Idealen des Kommunismus überzeugt und hatte sich nie etwas zuschulden kommen lassen. Dass er bei uns Schülern sehr beliebt war, spielte keine Rolle. Er hatte Beziehungen ins Ausland und seinem Bruder regelmäßig Briefe geschrieben. Das allein reichte schon aus, um ihn als Konterrevolutionär zu bezichtigen.

In der maoistischen Bewegung wurden die Konterrevolutionäre in aller Regel nach Quoten definiert. Das bedeutete, dass jede Einheit der Partei eine bestimmte Anzahl von Übeltätern abführen musste. Und so kam es, dass in unserer Grundschule viele ältere Lehrer verhaftet wurden und ins Arbeitslager kamen. Nachdem auch unser Herr Zhang von den Rotgardisten verstümmelt und in ein Arbeitslager verschleppt worden war, konnte er uns natürlich nicht mehr unterrichten, und so wurde Frau Zhu Yixiao unsere neue Klassenlehrerin. Sie war Absolventin einer vom Marionettenregime während der japanischen Besatzung finanzierten pädagogischen Hochschule, und ihre Klassenzugehörigkeit war schwarz, weil sie aus einer reichen Bauernfamilie stammte und noch vor der Gründung der Volksrepublik studiert hatte. Frau Zhu war eine zierliche Frau von 55 Jahren. Ihre Stimme war streng, aber auch zittrig. Oft musste sie schreien, weil Schüler in den hinteren Reihen sie wegen des Tumults sonst nicht verstehen konnten. Sie lachte nie, sondern schaute immer resigniert und traurig drein. Ihre Augenhöhlen lagen für chinesische Verhältnisse ungewöhnlich tief, und ihr Blick war stechend scharf. Beim Zuhören und Reden macht sie immer einen nachdenklichen Eindruck. Unsere Hausaufgaben korrigierte sie sehr sorgsam, und kein noch so flüchtiger Fehler entging ihrer Aufmerksamkeit. Aber sie wurde regelmäßig gemobbt. Ihr wurde ihre Klassenzugehörigkeit zur Last gelegt. Zwar wurde sie nicht als Übeltäterin weggesperrt, dennoch musste sie bei jeder Kritikversammlung, wenn auch nicht als „Hauptkritikobjekt", so doch als „begleitender Kritikgegenstand" mit auf das Podest und die üblichen Schmähungen und Beschimpfungen erdulden.

Eines Tages teilte Frau Zhu uns am Ende des Unterrichts mit, dass am Nachmittag jeder von uns einen Hocker mitbringen solle. Denn es sollte auf dem Sportplatz der Schule eine Vollversammlung geben. Wir Schüler wurden dort nach Klassen und Jahrgangsstufen platziert, und wir sangen das Lied „Konterrevolutionäre, höre zu!":

> *Konterrevolutionäre, höre zu,*
> *Zwei Möglichkeiten hast du.*
> *Ein Weg führt ins Leben,*
> *der andere verheißt sofortiges Sterben.*

Wählst du die Zukunft mit Lichterflut,
oder die Vergangenheit der Höllenglut,
Welchen Weg wirst du gehen?
Schau genau und wache auf!
Geständnis wird belohnt mit Ruh,
auf Verleugnung folgt Rachsucht!

Zu Beginn hielt ein „ständiger Repräsentant der Arbeiterpropagandatruppe" in der Schule die Eröffnungsrede, dann ließ die Schuldirektorin all jene auf die Bühne kommen, die kritisiert werden sollten. Darunter war auch Frau Zhu. Sie musste ein langes buntes Kleid anziehen, in der linken Hand eine Zigarette und in der rechten einen Sonnenschirm halten. All diese Requisiten – Kleid, Zigarette und Sonnenschirm – galten damals als Symbole des kapitalistischen Lebensstils, und jemand, der sich so zeigte, wurde als bourgeois abgestempelt und niedergemacht. Wir alle waren ja entweder blau oder grau angezogen und kannten auch nur Kleidung im Mao-Stil. Doch als Siebenjährige konnten wir natürlich überhaupt nicht verstehen, warum unsere Lehrerin auf dem Podest stehend von allen Lehrern und älteren Schülern lauthals als bourgeois kritisiert und beleidigt wurde. Mir zerriss es angesichts dieser peinigenden Situation schier das Herz, und ich hatte das Gefühl, der Himmel wäre auf die Erde gestürzt. Aufgrund meiner Erziehung zuhause galten Lehrer für mich als Muster an Rechtschaffenheit und Gelehrsamkeit. In meiner Familie war uns beigebracht worden, dass man Lehrer verehren und ihnen stets mit Würde und Respekt begegnen sollte. Werte, die durch solche Szenen mit einem Mal zerschlagen wurden. Schüler durften nun mit dem Finger auf die eigene Lehrerin zeigen und sie als „faules Ei" beschimpfen. Ich verstand die Welt nicht mehr.

An einem anderen Tag war Herr Jin derjenige, der beschimpft werden sollte. Herr Jin war Lehrer für „Allgemeine Lebenskunde", ein Schulfach, das damals eingeführt wurde, um uns Kinder politisch aufzuklären. Das erfolgte fast ausschließlich durch das Erzählen von Geschichten und Märchen. Herr Jin war der beliebteste Lehrer bei uns Kindern, weil er die Geschichten immer so erzählte, dass sie nie endeten. Die Klassenzugehörigkeit von Herrn Jin war als Sohn eines armen Bauern tadellos. Allerdings war er kein politischer Mensch. Deshalb beging er oft elementare Fehler und überschritt die Klassengrenzen. So erzählte er uns beispielsweise, dass er, als er klein war, vom örtlichen Großgrundbesitzer Geld und Hilfe bekommen hatte, so dass er Schreiben und Lesen lernen und später die pädagogische Fachschule besuchen konnte. Er wollte damit sagen, dass nicht alle Großgrundbesitzer Unmenschen und nicht alle armen Bauern rechtschaffene Bürger waren. Ferner erzählte er uns, dass der Vorsitzende Mao aus einer Großgrundbesitzerfamilie stammte. Herr Jin wollte damit beweisen, dass die Einteilung von Menschen in gute und schlechte Kategorien ungerecht und unsinnig war. Zweifellos hat er die Wahrheit gesagt. Aber zur Zeit des maoistischen Terrors, der noch bis zum Jahr 1976 andauern sollte, durfte man die Wahrheit einfach nicht sagen. Herr Jin bekam dadurch Probleme mit der Schulleitung, die aus Repräsentanten von Lehrern, Arbeitern, armen Bauern und Soldaten bestand. Er konnte aber seinen Gerechtigkeitssinn einfach nicht unterdrücken und äußerte weiterhin offen seine Meinung, bis er eines Tages verhaftet und als Klassenfeind verurteilt wurde. Die Liste seiner Verbrechen war lang: „Verwischung der Trennlinie zwischen Revolution und Konterrevolution, Verwechslung von Freunden und Feinden, Verbreitung von revisionistischem Ge-

dankengut, Verführung der jungen revolutionären Kämpfer"
und dergleichen mehr.

Herrn Jin wurden beide Arme auf dem Rücken gefesselt, die
zwei Rotgardisten dann so nach oben bogen, dass er sich nach
vorne beugen musste. Um seinen Hals hing eine Holztafel mit
seinem rot durchgestrichenen Namen. Alle Jahrgangsstufen und
Klassen mussten nun einen Repräsentanten auf die Bühne schicken, der die zuvor von den Klassenlehrern verfassten Kritiktex-
te laut vortragen und Herrn Jin damit beleidigen und geißeln
sollte.

„Kritisiere Lin Biao und Konfuzius!"

Schon im Kindergarten hatten wir gelernt, dass das Leben ein Politikum sei und wir ideologisch bis an die Zähne bewaffnet sein müssten. Wir sollten derart trainiert werden, dass wir jede Scheu verloren, zu hassen und zu töten. Als Vorlage diente eine vereinfachte Version der „Aufgezeichneten Sprüche des Vorsitzenden Mao", später im Westen auch Mao-Bibel genannt. Wir lernten sie auswendig. „Die Kommunistische Partei Chinas ist der Führungskern unseres revolutionären Unternehmens; der Marxismus-Leninismus ist die theoretische Grundlage, von der sich unser Denken leiten lässt." Ob Grundschüler zwischen sieben und 13 Jahren überhaupt verstanden, was unser Unternehmen war und was Marxismus und Leninismus bedeuteten, danach wurde nicht gefragt. Es grenzt an ein Wunder, dass wir anhand solcher Sprüche schreiben und lesen lernten. Von meinem ersten Schultag an bis zu Maos Tod mussten wir unendlich viele politische Kampagnen mitmachen. Zuerst wurde Staatspräsident Liu Shaoqi niedergemacht, weil er es gewagt hatte, die Marschroute des Vorsitzenden Mao zu korrigieren und innerparteilich Maos Fehler bezüglich des Großen Sprungs nach vorn und des großen Stahlkochens und der dadurch 36 Millionen Verhungerten kritisiert und die Privatwirtschaft parzellenweise wieder zugelassen hatte. Liu Shaoqi wurde mit dem Heft des Grundgesetzes in der Hand von den Rotgardisten halb zu Tode gefoltert. Niemand wurde dafür bestraft. Auch der spätere Hauptakteur der chinesischen Reformpolitik, Deng Xiaoping, wurde verbannt und degradiert. Die Liu-Deng-Linie wurde offiziell als Revisionismus chinesischer Prägung gebrandmarkt. In diesem Zusammenhang lehrte uns der „Große Führer", den Klassenkampf täglich, monatlich und jährlich zu wiederholen.

Dieser Kampagne folgte die Kampagne zur Verurteilung von Marschall Lin Biao und zur Kritik an Konfuzius. „Kritisiere Lin Biao und Konfuzius!" lautete der offizielle Titel der Bewegung. In welchem Zusammenhang Marschall Lin Biao zu Konfuzius stand, war uns nicht klar, ebenso wenig wie wir wussten, welche Verbrechen Marschall Lin Biao verübt haben sollte. Nach Liu Shaoqi war Lin Biao zum stellvertretenden Parteivorsitzenden ernannt worden und galt somit als Maos Nachfolger. Er war derjenige gewesen, der den Personenkult um Mao eingeführt hatte und diesem in seiner Eigenschaft als Oberbefehlshaber der Armee bei der Unterdrückung und Hinrichtung einer Reihe ehemaliger Kampfgenossen geholfen hatte. Vieles, was wir als Erstklässler in der Schule lernten, stammte von ihm. In jedem Klassenzimmer hing sein Spruch „Studiere die Bücher des Vorsitzenden Mao, achte auf seine Lehre, handle nach seiner Anweisung!" In jedem Klassenzimmer waren seine Worte an die Wand gepinselt, denen zufolge unser Schülerleben von „Solidarität, Aktivität, Seriosität und Lebhaftigkeit" geprägt sein sollte. Diese beiden Slogans waren Standardsprüche in jeder Bildungsanstalt vom Kindergarten bis zur Universität. Sie waren der Inhalt unseres Lebens schlechthin und beschrieben auch unseren Alltag ziemlich gut.

Das Schulleben war nach militärischem Muster organisiert, demzufolge wir Schüler wie Soldaten nach den „drei Regeln und acht Punkten" gedrillt wurden. Beim Morgenappell nach der Nationalhymne marschierten wir durch die Gassen und Straßen und sangen laut: "Alle revolutionäre Soldaten sollen sich die drei Regeln und acht Punkte merken." Dieses Marschlied der

Volksbefreiungsarmee begleitete uns durch die gesamte Ent-
wicklungsphase unserer jungen Seelen und Körper, und ich habe bis heute die Empfindung, als sitze es wie ein nicht zu entfer-
nendes, unerträgliches Krebsgeschwür in mir. Hier die offizielle,
von der Volksbefreiungsarmee selbst stammende englische
Übersetzung:

The Three Rules:
1. *Obey orders in all your actions.*
2. *Do not take a single needle or piece of thread from the masses.*
3. *Turn in everything captured.*

The Eight Points of Attention:
1. *Speak politely.*
2. *Pay fairly for what you buy.*
3. *Return everything you borrow.*
4. *Pay for anything you damage.*
5. *Do not hit or swear at people.*
6. *Do not damage crops.*
7. *Do not take liberties with women.*
8. *Do not ill-treat captives.*

Zu unseren täglichen Ritualen gehörten das Spalier stehen
und das Absingen der „Internationalen" von Eugène Pottier und
Pierre Degeyter und das Lied „Segeln durchs Meer":

Sailing the seas depends on the helmsman
Life and growth depends on the sun
Rain and dew drops nourish the crops
Making revolution depends on Mao Zedong Thought
Fish can't leave the water nor do melons leave the vine
The revolutionary masses can't do without the communist party

Mao Zedong Thought is the sun that forever shines
Fish can't leave the water nor do melons leave the vine
The revolutionary masses can't do without the communist party
Mao Zedong Thought is the sun that forever shines.

Der militärische Drill zeigte sich auch in der strengen Zeiteinteilung. Es gab verordnete Schlafenszeiten, geregelte Zeiten zum Besuch der Toilette, zum Anziehen usw. Täglich wurde kontrolliert, ob die Vorschriften eingehalten wurden. Man durfte nie Schwäche zeigen und Widrigkeiten bemängeln. Sogenannte Schwächlinge mussten zur Strafe folgende Verse von Lin Biao brüllen:

Fasse einen festen Entschluss,
scheue keine Opfer,
beseitige zehntausende Hindernisse,
kämpfe für den Sieg!

All diese Sprüche, Verse und Lieder mit ihrem demütigenden Grundton stecken mir buchstäblich immer noch in den Knochen. Und selbst wenn sie nicht immer negativ zu bewerten sind und zu meiner Bildung möglicherweise auch Positives beigetragen haben, so sind es keineswegs wertvolle Früchte der Bildung, von denen ich ein Leben lang zehren möchte.

In der Kampagne „Kritisiere Lin Biao und Konfuzius" erfuhren wir nicht, welches konkrete Verbrechen der stellvertretende Parteivorsitzende und Oberbefehlshaber der Armee Lin Biao verübt haben sollte. Von unseren Lehrern erfuhren wir nur, dass er ein „Karrierist" und „Intrigant" sei, der sich nur deshalb in Selbstbeherrschung übe, weil er die konfuzianische Sittenlehre und feudale Ethik wieder salonfähig machen wolle. So fiel ausgerechnet derjenige in Ungnade, der den Personenkult um Mao eingeführt hatte. Das hatte er mit widerwärtigen Lobhudeleien wie etwa folgender Phrase getan: „Der Vorsitzende Mao ist das größte Genie der Welt." Stalinistisch in der UdSSR geschult, wusste Lin Biao um die Wichtigkeit von Schmeicheleien. Er lehrte uns: „Jeder Satz des Vorsitzenden Mao ist Wahrheit, ein Satz des Vorsitzenden Mao ersetzt zehntausend Sätze!" Worte wie „großer, ruhmreicher, weiser, korrekter Führer", die mir schon ins Gehirn gemeißelt wurden, als ich noch ein Kleinkind war, waren auf Lin Biaos Mist gewachsen. Wer von unserer Generation kennt nicht die Losungen, die wir jeden Tag im Gleichschritt brüllen mussten: „Der Vorsitzende Mao ist unser großer Führer, großer Lehrer, großer Befehlshaber, großer Steuermann."

Neben den zahlreichen politischen Bewegungen, die wir vom zarten Kindesalter an mitmachen mussten, lernten wir in der Schule eigentlich nur eines: Hassen! Die Schulen waren Anstalten der Gehirnwäsche und Indoktrinierung. Wissen wurde dort nicht vermittelt. Und so kam es, dass ein junger Mann namens Zhang Tiesheng zum Nationalheld wurde, weil er in Ermangelung richtiger Antworten auf die Prüfungsfragen ein leeres Blatt abgegeben und auf die Rückseite des Prüfungsbogens geschrieben hatte, dass er als aufrichtiger Abkömmling von roten Wurzeln von den bürgerlichen Bücherwürmern, die nie ehrliche Arbeit geleistet hätten, innerhalb einiger Prüfungsstunden disqualifiziert worden wäre. Dafür wurde er von Mao gelobt und bekam 1975 sogar einen Sitz im ständigen Ausschuss des Volkskongresses. Die zwölf Jahre alte Grundschülerin Huang Shuai aus Peking, die die Würde der Lehrer in Frage stellte und gegen den eigenen Klassenlehrer kämpfte, wurde unser von Maos Frau, Madame Mao, verordnetes Vorbild der Traditionsbrecher.

Huang Shuai wollte als Rotgardistin der Mao-Ära nicht wie eine Sklavin des feudalen Bildungssystems vor der Würde der Lehrer niederknien. Und Madame Mao lehrte uns, alle Lehrer zu beleidigen, zu entehren und niederzuschlagen. Kein Wunder, dass die Lehrer unter diesen Umständen den Mut und vielleicht auch die Lust verloren, uns Wissen zu vermitteln, uns etwas abzuverlangen und Prüfungen abzuhalten.

Die Textbücher für Chinesisch, Politik und Allgemeine Lebenskunde waren voll von Heldentaten, Hassfiguren und Mordgeschichten. So lernten wir unter anderem die Geschichte des 14-jährigen Mädchens Liu Hulan, das ein Geheimnis für die Kommunisten bewahrte, dieses seinen Peinigern nicht verraten wollte und deshalb von den Feinden getötet wurde. Wie sie treu der Partei gedient und für diese in den Tod gegangen war, das sollten wir uns zum Vorbild nehmen. Auch lernten wir die Geschichte von Dong Cunrui, der mit einer Sprengladung in der Hand eine Steinbrücke und sich selbst in die Luft jagte, um dem Feind den Weg abzuschneiden. In einer anderen Geschichte kroch der Soldat Huang Jiguang auf dem hart umkämpften Schlachtfeld in Korea auf den amerikanischen Stützpunkt zu und verstopfte die Schießscharte der amerikanischen Aggressoren mit seinem eigenen Körper.

„Vom Genossen Lei Feng lernen!" Das befahl uns der Große Vorsitzende Mao einst, weil der Militärlastwagenfahrer Lei Feng all seinen Sold der Garnison gespendet, all seine Freizeit dem kollektiven Dienst gewidmet, all seine Lebensenergie dem Wohlergehen armer Bauern aufgeopfert hatte. Lei Feng war ein „Musterkommunist" und wurde von Mao persönlich zum Vorbild für die sozialistische Erziehung erhoben. All diese Geschichten sind Märchen von Soldaten der kommunistischen Armee, die ihr Leben für die Partei und das Volk aufgeopfert haben. Was Liebe und Humanität anging, gab es eine Geschichte von Dr. Henry Norman Bethune, einem Arzt aus Kanada, der den Kommunisten geholfen und dabei ums Leben gekommen war. Er wurde zum Vorbild für die „große proletarische Liebe". Nur in diesem Zusammenhang lernten wir den Begriff „Humanismus" kennen, auch wenn er mit dem Wort „revolutionär" beschrieben wurde. Ich habe nie eine Antwort auf meine Frage erhalten, wodurch sich der „revolutionäre Humanismus" vom „Humanismus" an sich unterscheidet. Die Mao-Bibel, die oben zitierten Geschichten, die politischen Appelle und die Propagandalieder machten unser Schulleben aus. Indem ausschließlich Hass und Klassenkampf gelehrt wurde, sollten wir zu „Fortführern der revolutionären Sache des Proletariats" herangezüchtet werden. Wir waren auch diejenigen, die Terror, Schrecken und Hass verbreiten sollten. Als wir 1975 die Grundschule verließen, hatten wir tatsächlich alles, was zerstörbar war, zerstört: Tische, Stühle, Tafeln, Geländer, Fensterscheiben und Fenster, Türen und Rahmen. Und kein Lehrer hatte sich getraut, uns Einhalt zu gebieten. Damals waren wir nicht einmal 13 Jahre alt gewesen. Für jede Zerstörung hatten wir ein Zitat aus der Mao-Bibel parat. Auch ich habe Pflastersteine in Fensterscheiben geworfen und dabei gedacht, dass der Große Vorsitzende Mao uns lehrte: „Kämpfe mit Gewalt und nicht durch vornehm sein!"

Dunkle Jahre

Dass ein Mensch Neid erregt, weil er besonders begabt und erfolgreich ist, ist kein nationales Phänomen. Es ist überall dasselbe. Mein Vater kehrte nach seiner Kündigung als Propagandaadministrator in seine Heimat zurück, hatte keine Arbeitseinheit mehr und musste mit den vorwiegend analphabetischen Tagelöhnern Gelegenheitsarbeiten verrichten. Er war nun selber Tagelöhner geworden, was bedeutete, dass wir von der Hand in den Mund lebten. Solche Gelegenheitsarbeiten wurden in aller Regel vom Straßenkomitee, der örtlichen Parteiorganisation im Wohnviertel, angeboten und organisiert. Dabei handelte es sich um Schwerstarbeit, die die ordentlichen Arbeiter nicht verrichten wollten. So arbeitete mein Vater unter anderem auch in der Truppe für die Verlegung der Eisenbahnschienen in Mengjiagou. Sie waren für das Fundament verantwortlich. Ausgestattet nur mit Pickeln und Schaufeln mussten sie die Strecke planieren und stampfen. Das war reine Muskelarbeit. Schon bald stellte mein Vater fest, dass auf der Baustelle dringend Elektriker gebraucht wurden – um zu verhindern, dass es noch weitere Todesfälle durch Stromschläge gab. So kaufte er sich ein Handbuch über Elektrizität, das ihm dabei half, elektrische Installationen sachgemäß durchzuführen. Nach dem gleichen Muster brachte er sich selbst das Tischlerhandwerk bei, schreinerte und reparierte Möbelstücke, zimmerte Dachkonstruktionen und fertigte auch Holzschnitzereien an, eben alles, was ihm Geld und Nahrungsmittel für die Familie einbrachte. Auch eröffnete er ein Ladenlokal für Fotografie und Porträtmalerei, solange die Privatwirtschaft zulässig und erlaubt war. Als während der Kulturrevolution alle Ladenlokale geschlossen und privatwirtschaftliche Geschäfte als *kapitalistische Schwänze* verboten wurden, fuhr er mit seinem Fahrrad von Kaserne zu Kaserne und fotografierte Soldaten, die die Bilder von sich in Uniform ihren Verwandten nach Hause schicken wollten. Mit der Zeit wussten alle Soldaten, dass mein Vater einen Stammplatz im Denkmalpark der Huaihai-Schlacht hatte, und sie kamen in Gruppen zu dritt und zu fünft, um sich dort vor dem imposanten Denkmal ablichten zu lassen. So kam mein Vater über die Runden und konnte vermutlich auch etwas ansparen. Sonst hätte er, nach dem Tod von Mao und der anfänglichen Liberalisierung der Wirtschaft, das Geld nicht gehabt, mir einen aus Japan importierten Kassettenrekorder und einen Farbfernseher zu kaufen.

Die staatliche Traktorenfabrik suchte einen Modellbauer und war schließlich unter zahlreichen Bewerbern auf meinen Vater gekommen, weil er exakte Modelle von Komponenten und Baugruppen nach Zeichenvorlagen aus Holz oder Knetmasse herstellen konnte, obwohl er nie Modellbau gelernt und betrieben hatte. Er wurde nun Arbeiter und wieder einmal Mitglied einer Arbeitseinheit. Auch in der Traktorenfabrik wurde er bald schon Propagandaadministrator, weil er fotografieren, malen und musizieren konnte. Und für seine Umgebung stellte er ein Rätsel dar, denn niemand konnte glauben, dass er mit seinen Fähigkeiten und Fertigkeiten ein normaler Arbeiter sein sollte. So wunderte es auch niemanden, als eines Tages behauptet wurde, mein Vater sei ein Sonderbeauftragter der Spezialabteilung irgendeiner geheimen Organisation, deren Mitglieder alle Spezialausbildungen genossen hätten und deshalb alles verrichten könnten. Und so ein Mensch erregte eben nicht nur Neugierde, sondern auch Neid.

Als ich im Frühling 1972 eines Tages zur Mittagszeit von der Schule nach Hause kam, sah ich schon von Weitem einen grünen, von einem großen Menschenauflauf umringten Jeep vor unserem Hofeingang stehen. Ein Jeep war damals eine Sensation, zumal Automobile in meiner Kindheit sehr selten waren, und noch seltener kam einmal eines in unsere Wohngegend. Allein ein Auto anfassen zu können, war schon sehr aufregend, davon zehrte man tagelang. Ich drängte nach vorn und wollte wissen, was da los war. „Dein Vater wird verhaftet!", rief ein Nachbarsjunge mir zu. „Was!? Mein Vater wird verhaftet? Warum denn?" Ich erstarrte wie vom Blitz getroffen, hörte nichts mehr und konnte nicht mehr sprechen. Ich sah nur noch die unterschiedlichen Mienen der Menschen um mich herum. Einige freuten sich wohl über das Unglück, das unserer Familie widerfuhr. Die meisten Nachbarn aber waren fassungslos. Niemand hatte damit gerechnet, dass die Revolution bis in die unmittelbare Nachbarschaft vordringen würde.

Ich wollte zu meinem Vater gehen, um ihn von den Männern zu befreien, hatte aber Angst, die Erwachsenen anzugreifen. Meine Schwester war von Natur aus mutiger und entschlossener. Sie zögerte keinen Augenblick, sondern holte einen Schürhaken und schlug wahllos auf diejenigen ein, die unseren Vater festhielten. Ein kräftiger Mann entriss ihr schließlich den Schürhaken und warf sie zu Boden. Aber sie zerrte die Männer an Ärmeln und Hosen, trat mit den Füßen um sich und versuchte, sie in die Hände zu beißen. Während sie bei dem Versuch, unseren Vater zu befreien, laut zu schreien begann, sah mein Vater, festgehalten von zwei Männern, sie traurig an und sagte ruhig zu ihr:

„Pass auf dich und deine Brüder auf, Schatz! Ab heute bist du erwachsen, hilf deiner Mama im Haushalt ... „

Meine Schwester wischte sich mit dem Ärmel die Tränen ab und nickte schließlich. Weinend versprach sie dem Vater, worum er sie gebeten hatte. Doch als unser Vater in den Jeep verfrachtet wurde, warf sie sich vor das Auto, schrie, schlug mit den Händen um sich und strampelte mit den Füßen. Ein Mann musste sie zur Seite zerren und festhalten, damit der Jeep losfahren konnte. Meine Schwester lief dem Wagen hinterher und schrie in den aufgewirbelten Staub: „Gebt uns den Papa zurück, komm zurück, Papa!"

Ich stand da wie angewurzelt und konnte mich immer noch nicht bewegen. Erst nachdem die schaulustige Menge sich auflöst hatte, konnte ich zu meiner im Straßenstaub liegenden Schwester gehen, die mich umarmte, schluchzte und klagte. Da brach auch ich in Tränen aus, denn ich wusste nicht, wie das Leben ohne unseren Vater weitergehen sollte. Unsere beiden jüngeren Brüder, damals vier und sechs Jahre alt, kamen dazu. Nun heulten wir alle zusammen. Unsere noch nicht einmal elfjährige Schwester sollte von diesem Tag an die Verantwortung übernehmen, für uns drei die Mutter zu sein und für uns in der Schule und zu Hause zu sorgen.

Am Abend kam unsere Mutter nach der Arbeit nach Hause. Herr Li Guojing, der mit meinem Vater einst zusammen zur Schule gegangen war, kam vorbei. Er war der Verantwortliche für die politischen Aktionen in der Einheit, in der mein Vater arbeitete. Ich konnte vieles nicht verstehen, was er sagte. Ich fand es aber sympathisch, dass er in einem ruhigen und respektvollen Ton mit meiner Mutter sprach. Er versicherte ihr immer wieder, dass sie der Partei vertrauen solle, denn die Partei würde keinen Unschuldigen verurteilen. Dann wies er sie in einem einschüchternden Tonfall darauf hin, dass dem Geständigen eine milde Behandlung widerfahre und strenge Bestrafung demjenigen, der leugnete. Meine Mutter sollte das Verbrechen meines Vaters gestehen ... Dieses Ansinnen raubte ihr förmlich die Sprache. Schließlich erwiderte sie schlicht, aber mit Bestimmtheit: „Nein, davon weiß ich nichts!" Dieses entschiedene Nein und ihre Verneinung jeglicher Mitwisserschaft, die sie während der zweijährigen Gefangenschaft meines Vaters in zahlreichen Verhören beständig wiederholte, sollte sie davor bewahren, ebenfalls ins Gefängnis geworfen zu werden. Nach längerem Schweigen sagte Herr Li, dass sie ein Päckchen für meinen Vater schnüren solle. Einpacken durfte sie nur eine Zahnbürste und Zahnpasta sowie Seife, Waschlappen und Wäsche zum Wechseln. Nachdem Herr Li gegangen war, weinte unsere Mutter. Sie wusste nichts von einer Mitgliedschaft meines Vaters in der Gruppe 516. Mein Vater hatte ihr nie davon erzählt und zu Hause niemals abschätzig über Mao und die Revolution gesprochen, obwohl er Maos Politik für menschenverachtend hielt.

Die Gruppe 516 war eine angeblich am 16. Mai 1967 gegründete Gruppe von „Konterrevolutionären", die den Staatsrat unter der Führung von Ministerpräsident Zhou Enlai als kapitalistische Machtzentrale bezeichnete und absetzen wollte. Die führenden Köpfe dieser Gruppe waren überwiegend Angehörige des Militärs. Mao sah in der linksextremen Gruppe 516 die Gefahr einer Spaltung der Partei- und Armeeführung, benutzte sie jedoch, um erneut Gegner innerhalb der Parteiführung und der Regierung auszuschalten. So zettelte er von 1967 bis 1974 eine Säuberungsaktion an, um vermeintliche Konterrevolutionäre zu eliminieren. Nachdrücklich hatte Mao schon im Oktober 1970 verkündet, dass die Bekämpfung der Gruppe nicht nur ein

Windstoß, sondern eine tiefgreifende Untersuchung und lang andauernde Aktion sein sollte. So erreichte Maos Terror nun auch unsere Familie. Es war lächerlich, meinen Vater des Linksextremismus zu bezichtigen. Hatte er doch sein ganzes Leben lang versucht, Abstand zu den Linken zu halten. Abgesehen von der Propagandaarbeit für die sogenannten „drei roten Fahnen" von 1956 bis 1962 hatte er die linke Phrasendrescherei und linkes Abenteurertum stets kritisch gesehen und sich nach seiner Kündigung nicht wieder politisch betätigt. Stattdessen hat er den Status, ein Mann aus dem einfachen Volk zu sein, auf eine perfektionierte Weise gepflegt.

Nach Vaters Verhaftung wurden wir vom Straßenkomitee überwacht. Sogar meine Großeltern wurden von der revolutionären Kommission verhört. Die Nachbarn wurden beauftragt, all unsere Besucher zu melden. So kühlte die nachbarschaftliche Freundschaft merklich ab, und selbst Verwandte distanzierten sich von uns. Die täglichen Einschüchterungen, die nun folgten, hinterließen in meiner kindlichen Seele tiefe Spuren, die bis heute wie ein dunkles Echo in mir widerhallen...

Sippenhaft

Am Tag nach der Verhaftung meines Vaters wollte ich nicht in die Schule gehen. Ich fürchtete den Spott meiner Mitschüler, weil mein Vater jetzt „Klassenfeind" war und ich plötzlich zu den fünf schwarzen Elementen gehörte. Ich hatte das Gefühl, gebrandmarkt zu sein. Am liebsten wäre ich buchstäblich in einem Loch im Boden versunken. Bereits auf dem Schulweg wurde ich von dem Nachbarjungen Bao Liang, der mindestens vier Jahre älter war als ich, geohrfeigt und geschlagen. Er zerrte so heftig an meinem Ohr, dass es blutete. Er war 1,70 Meter groß und sehr kräftig, während ich kaum 1,40 Meter groß und ziemlich schwach war. Immer wieder schlug er zu, ohrfeigte mich links und rechts und schrie hasserfüllt, dass ich der Sohn eines 516ers sei. Viele seiner Klassenkameraden schauten zu und schienen die Szene so lustig zu finden, dass ihnen vor Lachen fast die Zähne aus dem Mund gefallen wären. Ich aber hatte Todesangst und glaubte, dass er mich totschlagen würde. Durch mein Geschrei geweckt, kam Grandpa Yao, der ebenfalls in unserem Wohnhof lebte, aus dem Haus und begriff sofort, was da vor sich ging. Er holte seinen Bambusbesen, schlug damit auf den Jungen ein und beschimpfte ihn laut als gemeinen und niederträchtigen Schurken. Auch brüllte er ihn an, wie er dazu komme, so feige und brutal ein kleines Kind zu schlagen. Bao Liang wollte sich jedoch nicht ergeben, sondern kämpfte mit Yao und wollte dem alten Mann den Besen entreißen. Aber Grandpa Yao war ein kräftiger Mann. Er hob den halbwüchsigen Jungen mit der Besenstange hoch und warf ihn leichter Hand mehrere Meter weit, als schüttle er sich ein lästiges Insekt vom Ärmel.

Die schaulustige Menge ging danach lärmend auseinander, ich aber lag am Boden und zitterte vor Angst am ganzen Körper. Grandpa Yao hob mich hoch, streichelte mit seiner großen warmen Hand meinen Kopf, tröstete mich und sang dabei ein Lied. Es war das Lied der Geisterbeschwörung. In Xuzhou glaubte man, dass Kinder durch Schrecken und Gewalt ihre Seele verlieren können. Ich weiß nicht, ob es solche Lieder, mit denen man die verlorene Seele zurückruft, im heutigen China überhaupt noch gibt. Grandpa Yao rief während des mal traurigen, mal empörten Gesangs immer wieder meinen Namen und vermischte ihn mit einer Zauberformel, die ich nicht verstand. Die schmückende Koloratur am Ende jeden Satzes war Balsam für meine Seele. Ich kam langsam wieder zu mir und dankte Grandpa Yao. Sein spontanes und intuitives Eingreifen und seine Weisheit hatten mich gerettet.

Die täglichen Diskriminierungen, Beschimpfungen und Prügel, denen wir von nun an ausgeliefert waren, führten dazu, dass ich beschloss, Kung-Fu-Kämpfer zu werden. Ich bedrängte meinen Großvater mit der Idee und quengelte so lange, bis er schließlich einwilligte, einen Kung-Fu-Lehrer für mich zu suchen. Eines Abends nach dem Essen sagte er zu mir, ich solle mich bereitmachen, um mit ihm auszugehen. Er hatte vier Päckchen Zucker, insgesamt zwei Kilogramm, sorgfältig in Zeitungspapier eingewickelt, in hellbraunes Packpapier eingeschlagen und mit Schnur umwickelt. Dann nahm er seinen Kalligraphiepinsel und schrieb schön und deutlich zwei Schriftzeichen darauf, die ich noch nicht kannte: Shu Xiu. „Geschenk eines Schülers an seinen Lehrmeister", erklärte mir mein Großvater. Man hätte es auch Schulgeld nennen können, aber das sagte man in vornehmen und gebildeten Kreisen im alten China nicht. Zwei Kilogramm Zucker bedeuteten, dass meine Großeltern vier Monate lang keinen Zucker hatten. Denn pro Monat standen jeder Familie nur 500 Gramm Zucker zu.

Bei Altmeister Sun lernte ich die sogenannte innere Kampfkunst, die sich, anders als das bewegungsreiche Shaolin-Kung Fu, eher durch die Beschwörung von Willenskraft und durch die Ineinssetzung von Willen, Kraft und Bewegung auszeichnete. Meister Sun war Schmied von Beruf, ein Mann von ruhiger Natur und Weitsichtigkeit. Ich war sehr fleißig, stand jeden Tag um vier Uhr früh auf, machte eine Stunde „Wurzelstehen", übte dabei die Atemtechnik und trainierte die Beinmuskulatur. Am Abend trainierte ich die Armmuskeln durch Tuishou. Dabei standen Meister Sun und ich uns gegenüber, fassten einander an Armen und Händen und übten die Technik der Kraftdosierung und Kraftabsorption in einer kontinuierlichen Bewegungsschleife. Mein Herz war voller Hass auf diejenigen, die mich und meine Brüder verprügelten, was dazu führte, dass meine Bewegungen steif und hart waren. Meister Sun warnte mich davor, die Kampfkunst mit dem Boxen zu verwechseln. Denn die höchste Kunst des Kämpfens sei die des nicht Kämpfens. Durch Tuishou lehrte er mich, mich selbst in einer Einheit mit meinem Feind wahrzunehmen und die Kraft des Feindes derart auszunutzen, dass dieser im Ernstfall an seiner eigenen Kraft zerbrechen würde.

Ich war von Haus aus ein ängstlicher Junge, und Meister Sun bemühte sich sehr, meine Ängste abzubauen. An einem Winterabend, wir übten gerade gemeinsam Qigong auf einem Messegelände, da hörten wir jemanden laut um Hilfe rufen: „Ein Dieb, ein Dieb, halte den Dieb!" Gleich darauf sahen wir einen Mann mit einem Korb voller Chinakohl vorbeilaufen. Meister Sun befahl mir: „Lauf, hol ihn ein und schlag ihn nieder!" Ich glaubte mich verhört zu haben und schaute ihn zögernd an. Doch in seinen Augen sah ich wilde Entschlossenheit. Er nickte mir aufmunternd zu und sagte: „Lauf, zeig, was du kannst!" Ich lief so schnell wie der Wind, holte den Dieb blitzschnell ein, sprang ihn von hinten an, trat seinen Nacken mit Füßen und riss ihn zu Boden. Dann schlug ich auf ihn ein. Ich spürte die unglaubliche Kraft meiner Faust und fühlte mich plötzlich frei – vollkommen befreit von meinen geistigen Fesseln. Ich war tatsächlich frei, frei von meiner Angst. „Gnade, Gnade, junger Herr!", schrie der Mann, aber ich hörte nicht auf, auf ihn einzuschlagen. Faust auf Faust und Tritt auf Tritt, bis Meister Sun schließlich einschritt. Er packte mich mit beiden Händen an der Schulter und sagte: „Hör auf, du wirst ihn noch umbringen!" Meister Sun entschuldigte sich bei dem Dieb, beschimpfte ihn aber zugleich wegen des Diebstahls. „Ich bereue es, ich bereue es, ich tue es nie wieder!", flehte der immer noch am Boden liegende Dieb. Zu guter Letzt gab Meister Sun dem Bestohlenen seinen Kohl zurück und dem Dieb einen Yuan als Entschädigung. Mich aber kümmerte all das nicht mehr, so erleichtert war ich über die Befreiung von meiner Angst. Was für eine zentnerschwere Last ich die ganze Zeit mit mir herumgeschleppt hatte!

Ich machte schnelle Fortschritte im Unterricht, und mein Selbstvertrauen und meine Muskelkraft nahmen täglich zu. Obwohl Meister Sun mich ständig zur Mäßigung ermahnte und mich aufforderte, nicht aggressiv zu sein, konnte ich meine Kampflust nicht unterdrücken. So durchlief ich einen Wandlungsprozess vom schüchternen „Prinzen" zum Raufbold; diejenigen, die mich und meine Brüder so oft verprügelt hatten, hatten jetzt richtig Angst vor mir. Und ich nutzte jede Gelegenheit, es ihnen heimzuzahlen, insbesondere vor den Mädchen, die von Siegern immer schwer beeindruckt waren. Bao Liang, der ältere

Junge, der mich einst halbtot geprügelt hatte, vermied nun jede Begegnung mit mir. Ich hatte ihm so zugesetzt, dass er an den Lippen genäht werden musste. Von nun an konnten meine beiden jüngeren Brüder alle Raufbolde und Prügelsüchtigen mit dem Satz bedrohen: „Ich hole meinen Bruder!"

Doch bis es so weit war, sträubte sich seit der Verhaftung meines Vaters alles in mir, in die Schule zu gehen. Ich wollte mir von meinen Mitschülern einfach nicht länger anhören müssen, dass mein Vater ein 516-er sei. Auch musste ich jederzeit damit rechnen, von Lehrern und Schülern höherer Klassen angegriffen zu werden. Einer, der uns drei Chen-Brüder besonders gerne vor der versammelten Schülerschaft beleidigte, obwohl wir noch keine zehn Jahre alt waren, war der Sportlehrer Wu, der später selbst wegen Vergewaltigung und Missbrauch von Mädchen verurteilt wurde. Eines Tages kam ich zu spät zur Schule und war schon auf weitere Attacken vorbereitet. Aber es kam anders, als ich befürchtet hatte. Unsere Lehrerin, Frau Xie, nahm meine Hand, streichelte sie und sagte aufmunternd zu mir, dass ich nach wie vor ein guter Schüler sei. Ich war gerührt und brach in Tränen aus. Meine Mitschüler hatten schon damit gerechnet, dass ich meine Stellung als Klassenvorsteher verlieren würde, aber alles blieb beim alten. Frau Xie unterstrich vor der Klasse meine gleichberechtigte Stellung wie die all jener privilegierten Arbeiterkinder und warnte die Hitzköpfe vor unüberlegten Aktionen. Auch der Repräsentant der Arbeiterpropagandatruppe, Wang Xingang, war nett zu mir und weigerte sich, in mir einen Klassenfeind zu sehen. Er bezeichnete mich als seinen Lieblingsschüler und schob mich öfter in den Mittelpunkt, um meine Selbstachtung zu stärken. Herr Wang war verheiratet und hatte zwei Kinder. Er durfte, wie damals in China üblich, Frau und Kinder nicht an seinen Arbeitsplatz mitbringen, weswegen er allein in der Schule wohnte. So fand ich in ihm einen Ersatzvater, mit dem ich nach der Schule manchmal auch Basketball und Badminton spielte. Herr Wang und Frau Xie hatten beide exzellente Klassenzugehörigkeiten. Er war Soldat der Volksbefreiungsarmee und nach seiner Entlassung Arbeiter in einer Baumaschinenfabrik gewesen, bevor er als Repräsentant der Arbeiterpropagandatruppe an unsere Schule delegiert wurde. Noch vor meinem Abschluss 1975 verließ er uns und zog zu seiner Familie nach Suining zurück. Frau Xie war die Frau eines Korpskommandanten der Volksbefreiungsarmee. Sie wohnte in der Kaserne an der Shaohua-Straße, die wie eine geschlossene Gesellschaft funktionierte. In der Kaserne gab es alles, was man zum Leben brauchte: ein Kaufhaus, einen Frisör und sogar ein Kino. Dort wurden sehr häufig alte und auch neue Filme gezeigt, wozu Frau Xie meine Schwester und mich oft einlud. Frau Xie war Raucherin. Sie rauchte ununterbrochen Zigaretten, auch während des Unterrichts im Klassenzimmer. Ihr linker Zeige- und Mittelfinger war nikotingelb verfärbt und ihr Teint von grauweißer Farbe. Sie wirkte immer bedrückt und lächelte nur, wenn sie meine Schwester oder mich aufrief, und ihre Mimik verriet ihre tiefe Abneigung gegenüber dem Zeitgeist und dessen Anhänger. Als Frau eines Korpskommandanten konnte sie es sich allerdings leisten, dem Morgenappell und den Kritik- und Geißelungsversammlungen fernzubleiben oder die Rede unserer streng klassenbewussten Schuldirektorin, Frau Ji, zu unterbrechen. Kein Schüler wagte es, die Frau des Korpskommandanten zu verärgern. So herrschte immer Ruhe im Unterricht. Wir hatten von ihr fast 3000 Schriftzeichen gelernt. Sie war mein Glück, sie war unser Glück. Nachts denke ich oft voller Dankbarkeit an Herrn Zhang Xiaotian, Frau Zhu Yixiao, Frau Xie Huiru und Herrn Wang Xingang, die sich mutig dem Zeitgeist entgegengestellt und uns trotz aller Beleidigungen und Diffamierungen Lesen, Schreiben und Rechnen beigebracht haben.

Die Inhaftierung meines Vaters sorgte auch in unserer ferneren Verwandtschaft für Unruhe. Onkel, Tante, Cousins und Cousinen, alle waren verängstigt. Durch die in der chinesischen Kultur verankerte Sippenhaft hatten alle Angst davor, ebenfalls beschuldigt zu werden. Einige Verwandte zogen blitzschnell einen Schlussstrich und brachen jeglichen Kontakt zu unserem Vater ab. Andere, deren Karriere wegen seiner Verhaftung beeinträchtigt worden war, ließen ihren Missmut an uns Kindern aus. Für mich war es unerträglich, wenn sie vor uns respektlos über unseren Vater redeten und mit uns schimpften, wenn wir ihn verteidigten. Es gab keinen Beweis dafür, dass unser Vater ein Konterrevolutionär war. Allein die bloße Verdächtigung, dass er möglicherweise ein Mitglied der 516er-Gruppe war, stempelte die ganze Sippe ab und beeinträchtigte die politische Laufbahn einiger Anwärter auf einen Posten in der Partei. Während der zwei Jahre andauernden Untersuchungshaft meines Vaters besuchten uns kein einziger Onkel und keine einzige Tante des Chen-Clans. Jeder wollte sich und seine Familie vor unserem Schicksal bewahren. Dafür besuchten uns die Verwandten des Sha-Clans, also unsere Angehörigen mütterlicherseits, umso öfter. Mein Großonkel und meine Tanten brachten uns allerlei landwirtschaftliche Erzeugnisse und kümmerten sich um das Wohlergehen von uns vier Kindern. Sie holten uns in den Ferien zu sich aufs Land, wo wir allerlei Insekten, Vögel und Pflanzen kennenlernten und uns unbeobachtet nach Herzenslust austoben konnten. Eine Tante zog sogar eine Zeitlang bei uns ein und half im Haushalt mit.

Meine Mutter stand unterdessen unter strenger Überwachung. Sie musste täglich schon beim ersten Hahnenschrei aufstehen und hatte nur zwei Stunden für den Haushalt Zeit. Oft hörte man schon in der Morgendämmerung den rhythmischen Widerhall ihres Waschknüppels, mit dem sie auf die gut eingeweichten Bettlaken und Badetücher eindrosch. Auch im Winter, wenn die Wassertemperatur nur knapp über null Grad lag, wusch sie die Wäsche. Und um sechs Uhr musste sie an ihrem Arbeitsplatz in einer Textilfabrik in der Nähe der Jiefang-Brücke sein, wo sie Uniformen und Arbeitskleidung für Soldaten und Arbeiter nähte. Mittags durfte sie nicht nach Hause kommen, sondern musste dem extra für sie eingerichteten „Studienkurs" beiwohnen und dort über „das Verbrechen" meines Vaters nachdenken und sich von ihm distanzieren. Erst abends um neun durfte sie nach Hause gehen. Wochenenden gab es nicht. Für sie hatte das Jahr 365 Arbeitstage. So vergingen zwei elende Jahre, in denen wir keinen Vater hatten und unsere Mutter kaum zu Gesicht bekamen. Oft wurde ich nachts von ihrem Schluchzen geweckt und war von der Angst beseelt, sie für immer zu verlieren. Welche Qualen und welches Unrecht sie damals erleiden musste, das schmerzt mich bis heute. Trost und Wärme spendete uns in dieser finsteren Zeit meine Schwester, die nur zwanzig Monate älter war als ich und dafür sorgte, dass wir ein verlässliches Zuhause hatten.

So weit die Lotusfüße tragen

Meine Großmutter sehnte sich so sehr nach ihrem Sohn, dass sie eines Tages beschloss, ihn im Gefängnis zu besuchen. Dabei handelte es sich nicht um ein Gefängnis im Sinne einer Justizvollzugsanstalt. Denn in den 1960er- und 1970er-Jahren gab es gar keine Justiz in China, weil Mao seine Rotgardisten dazu aufgerufen hatte, Polizei, Staatsanwaltschaft und Gerichte als kapitalistische und revisionistische Einrichtungen vollständig zu zerschlagen. Das Land wurde nun stattdessen von politischen Kommissaren verwaltet. Das hat dazu geführt, dass China bis heute keine unabhängige Justiz hat und stets Politiker Urteile aussprechen. Große wie kleine proletarische Diktatoren konnten also Menschen ohne Haftbefehl und ohne jegliche rechtliche Grundlage so lange einsperren und foltern, wie sie es für nötig hielten. Das Gefängnis, in dem mein Vater saß, lag außerhalb der Stadt im Westen, am Ende der Kuangshan-Straße, weswegen mein Großvater strikt gegen einen Besuch meiner Großmutter bei ihrem Sohn war. Und schon gar nicht wollte er sie allein dorthin gehen lassen. Sie aber ließ nicht locker und bestand darauf, meinen Vater zu sehen. Vielleicht ahnte sie, dass ihr nicht mehr viel Zeit bleiben würde. So entschieden meine Großeltern, dass ich meine Großmutter ins Gefängnis begleiten sollte. An jenem Tag standen wir um vier Uhr früh auf. Großmutter kochte eine Nudelsuppe mit zwei Eiern, würzte die Suppe mit Sesamöl und Koriander und füllte sie in einen japanischen Essensbehälter aus Aluminium, einem Überbleibsel aus dem letzten japanisch-chinesischen Krieg. Um sechs Uhr fuhren wir mit dem ersten Bus der Linie 1 bis zur Endstation in Duanzhuang. Von dort aus

gingen wir zu Fuß weiter. Aufgrund ihrer verstümmelten Lotusfüße, wie sie in ihrer Kindheit bei den Han-Chinesen üblich gewesen waren, konnte sie nur langsam gehen, und die Füße taten
ihr so weh, dass wir alle hundert Meter eine Pause einlegen
mussten. So brauchten wir für die ungefähr sieben Kilometer
lange Strecke vier Stunden. Als wir am Ende der Kuangshan-
Straße ankamen, war die Besuchszeit schon längst vorbei. Aber
der Wachmann hatte Mitleid mit Großmutter, bat uns in die
Pförtnerloge und sagte ihr, dass mein Vater eine halbe Stunde
später vorbeigeführt werden würde, so dass wir zumindest kurz
mit ihm sprechen könnten. Der Wachmann brachte Großmutter
einen Stuhl, und während wir dort warteten, hörten wir allerlei
revolutionäre Gesänge und Geschrei aus einem Lautsprecher
schallen.

Nach einer kleinen Ewigkeit sahen wir endlich drei Personen
aus dem Gebäude kommen, und der Wachmann sagte zu meiner
Großmutter: „Sehen Sie, da kommt Ihr Sohn!" In etwa fünfzig
Metern Entfernung erkannte ich meinen Vater, der von zwei
Bewachern begleitet wurde, einer Frau mittleren Alters in einem
verblichenen Hosenanzug im Stil von Madame Mao und einem
Mann namens Zhang Tingshu, einem auch mir nur allzu gut
bekannten Folterknecht, der zur damaligen Zeit als „Original-
spross mit roten Wurzeln" die richtige Klassenzugehörigkeit
besaß. Der Mann, ein mehr als schlichtes Gemüt, das seiner Meinung nicht selten mit Gewalt Nachdruck verlieh, war derjenige,
der meinen Vater während der Haft sowohl physisch als auch
psychisch peinigte und quälte. Jahre später sollte ich ihn als
durchaus freundlichen und hilfsbereiten Mann kennenlernen,
der seinen einstigen Opfern gegenüber aufrichtige Reue zeigte
und ihnen Hilfe aller Art anbot, um ihr Leben erträglicher zu
machen. So sollte er später oft auch zu uns nach Hause kommen,

brachte im Winter Eierbriketts und im Sommer Wassermelonen und transportierte für uns die schweren Gasflaschen mit seinem Motorrad.

Während der Haft durfte sich mein Vater nicht rasieren, weshalb sein Haar und sein Bart lang und schmutzig verfilzt waren. Wegen des Lichtmangels dort war er leichenblass, und ganz offensichtlich schmerzte ihn das Gehen, seit er im Kreuz und an der Hüfte verletzt worden war. Es fiel ihm sichtlich schwer, sich aufrecht zu halten. Sein verwaschener Arbeitsanzug wirkte zwei Nummern zu groß und ließ ihn kleiner und schmächtiger wirken. Wir verließen die Pförtnerloge und blieben an der Schranke stehen. Meine Großmutter fragte den Wachmann, ob wir meinem Vater die Nudelsuppe bringen dürften, die wir ihm mitgebracht hatten. Der Wachmann nickte und bedeutete mir mit dem Kinn, unter der Schranke durchzuschlüpfen. Meine Großmutter reichte mir den japanischen Behälter mit der Suppe und blieb selbst an der Schranke stehen. Ich lief zu meinem Vater und rief: „Papa, Papa, Großmutter ist gekommen, um dich zu besuchen!" Mein Vater war sehr überrascht und schien seinen Augen nicht zu trauen, mich leibhaftig vor sich zu sehen. „Wie seid ihr denn den ganzen weiten Weg hierhergekommen?", fragte er mich, während er sich die Augen rieb. „Zu Fuß!" antwortete ich und deutete auf Großmutter, die an der Schranke stand und winkte. „Mutter!", war alles, was er vor Rührung und Schmerzen hervorbrachte, während er zurückwinkte. Als ich ihm den Behälter mit der Suppe gab, trat die Bewacherin zwischen uns, nahm den Behälter, öffnete ihn und schaute hinein. Sichtlich verärgert und erregt schimpfte sie: „Der Große Vorsitzende Mao lehrt uns: `Milde gegenüber dem Feind ist gleichbedeutend mit Grausamkeit gegenüber dem Volk!´ Der Konterrevolutionär soll heute mit Sesamöl und Ei verwöhnt werden? Nein! Nein! Solange du nicht gestehst, dass du ein Verbrecher der Gruppe 516 bist, darfst du so etwas nicht essen!" Mit diesen Worten schüttete sie die Suppe auf den Boden und schrie meinen Vater an: „Saubermachen!"

Die Zeit schien stillzustehen. Dass eine Frau einen Mann vor den Augen seines Kindes und seiner Mutter auf eine solche Art und Weise demütigte und damit jahrtausendealte Regeln der Liebe und Achtung der Jüngeren für die Älteren mit Füßen trat, war unerträglich. So also sah sie aus, die radikale Ausrottung von Menschlichkeit und die vollständige Zerstörung von Traditionen, die das erklärte Ziel der Kulturrevolution waren. Ich sah, wie meine Großmutter zusammenbrach und auf den Boden sackte und spürte, wie meine eigenen Knie weich wurden und ich am ganzen Körper zu zittern begann. Da zog mein Vater, der mit den Tränen kämpfte, mich an sich und streichelte meinen Kopf, während der Duft von Sesamöl in die Luft stieg und mit dem Duft meine Seele aus meinem Körper zu entweichen und zu den Wolken aufzusteigen schien. Wieder einmal wünschte ich mir ein Loch im Boden, in dem ich einfach verschwinden konnte.

Als ich wieder zu mir kam, hörte ich meinen Vater Großmutter zurufen: „Komm nicht wieder her, Mutter! Ich bin kein Konterrevolutionär. Das können sie nicht beweisen!" Die beiden Bewacher zerrten ihn weg, während er sich immer wieder umdrehte und wiederholte: „Komm nicht wieder her, Mutter!" Dann rief er mir noch zu: „Sein brav, Kind! Hilf deiner Großmutter auf dem Heimweg!"

Auch der Pförtner war sichtlich entsetzt über das, was er soeben gesehen hatte. Er half Großmutter beim Aufstehen, klopfte den Staub und Schmutz von ihrem Kleid und sagte: „Das tut mir leid, Großmutter! Das tut mir so leid! Hätte ich gewusst, dass das Wiedersehen so verlaufen würde, hätte ich Sie schon vorher nach Hause geschickt!" Nach einer langen Pause erwiderte Großmutter: „Sie sind ein gütiger Mensch und haben Mitleid mit uns. Sie kann man nicht tadeln!"

Das Wiedersehen hatte weniger als zehn Minuten gedauert, lebt aber seither in meiner Erinnerung für immer und ewig fort. Noch heute kann ich nicht ungerührt an die Einzelheiten denken. Noch heute weicht die Seele aus meinem Kopf, wenn ich Sesamöl rieche! Ich sehe immer noch die handgemachten Nudeln meiner Großmutter auf dem Boden im Dreck liegen...

Voller Trauer, Wut und Resignation traten wir den Heimweg an. Meine Großmutter redete die ganze Zeit mit sich selber und fragte sich, warum Menschen zu Tieren wurden, warum ein barbarisches und erbarmungsloses Verhalten auf einmal richtig und gerecht sein sollte. Großmutter hat sich von diesem Vorfall nicht wieder erholt. Sie starb noch in dem selben Jahr. TCM-Ärzte pflegen zu sagen, dass Leberversagen meistens auf einen Schock und auf Wut zurückzuführen sei. Ich kann mir gut vorstellen, dass das auf meine Großmutter zutrifft. Denn sie war eine temperamentvolle Dame gewesen, die aufgrund ihrer Herkunft und Erziehung nie Grobheiten erlebt hatte und folglich nicht in der Lage war, diese Kränkung ihrer Ehre und diese Schmähung am helllichten Tage zu ertragen. Sie fand keinen Zugang zu dieser neuen, barbarischen Gesellschaft und konnte ihre Wut und ihre Enttäuschung nicht kundtun. Mein Vater durfte zur Beerdigung für einen halben Tag nach Hause kommen. Er beweinte seine Mutter und gab sich selbst die Schuld an ihrem frühen Tod, während ich mir nach diesem Vorfall schwor, menschenrechtsverletzende Systeme zu bekämpfen und in all meinen Bemühungen nach Humanität zu streben.

Ich besuchte meinen Vater noch mehrmals, doch meine Mutter weigerte sich, ihn unter derart würdelosen Bedingungen zu sehen. Sie hatte eine andere Idee: In dem Gefängnis, ein einsamer, nur von Feldern umgebener Gebäudekomplex, lagen im Erdgeschoss ein Büro, die Verhörräume und Folterzellen sowie die Wohnungen des Wachpersonals. Darüber lagen die Zellen der Häftlinge. Von der Straße aus gesehen, befanden sich die vergitterten Fenster in etwa fünf Meter Höhe, also mit freier Sicht auf die Felder, die Straße und einen staubigen Weg, auf dem die Bauern der Umgebung auf ihre Felder gelangten. Die Zelle meines Vaters lag direkt an diesem Weg, und die Patrouille drehte mehrmals am Tag eine Runde um das Gebäude, kümmerte sich aber nicht weiter um die Bauern, die dort entlang gingen. Meine Mutter sah darin die Möglichkeit, mit unserem Vater zu kommunizieren, ohne von den gehässigen Aufpassern gestört zu werden. Ihr war es sehr wichtig, ihm zu versichern, dass sie nichts „verraten" hatte, so dass mein Vater bei Verhören nicht auf die Behauptung hereinfallen würde, seine Frau hätte was auch immer gestanden. Uns Kinder steckte sie in altmodische, in der Mitte geknöpfte chinesische Jacken, puderte unsere Haare und Gesichter mit Staub und brachte uns mit dem Fahrrad zum Anfang des Weges. Dort taten wir so, als wären wir Bauernkinder, die ihren Vater suchten. Mehrmals liefen wir den etwa zweihundert Meter langen Weg auf und ab und riefen laut: „Papa, Papa!" Das Wachpersonal interessierte sich nicht weiter für Kinder, die da draußen lärmten, mein Vater jedoch erkannte unsere Stimmen und zeigte sich an seinem vergitterten Fenster. Von dort konnte er uns sehr gut sehen, aber nicht mit uns sprechen. Und so kommunizierten wir durch Blicke, Gesten und Mimik. Wie zu Hause eingeübt redete meine Schwester so laut mit mir über familiäre Angelegenheiten, dass er alles mitbekam.

Auf diese Weise erzählten wir ihm, wie es uns ging, was in der Nachbarschaft und Verwandtschaft passierte, wann wir neue Lehrer bekommen hatten und welche Noten in der Schule wir hatten. Wir waren perfekte Schauspieler, hatten das Spiel sehr schnell begriffen und konnten von nun an bei jedem Besuch unserem Vater Informationen über allerlei Ereignisse in der Familie und in der Schule übermitteln. Wir sagten ihm, wie sehr wir ihn vermissten und wie hilflos und verzweifelt Mama war, jeden Tag dem „Studienkurs" beiwohnen zu müssen, ohne zu wissen, welche Verbrechen er begangen haben sollte. So konnten wir ihm versichern, dass Mama nichts zu gestehen hatte und auch nichts gestanden hatte.

Eines Nachts hörte ich meine Mutter im Traum mit sehr gedämpfter Stimme reden. Dann hörte ich, ebenfalls sehr leise, die Stimme meines Vaters. Ich konnte einfach nicht glauben, dass die Stimmen echt waren, machte also die Augen auf, und das sah ich meine Eltern tatsächlich Hände haltend im abgeschirmten Licht an meiner Bettkante sitzen. Ich erschrak fürchterlich und wollte vor lauter Überraschung laut „Papa!" rufen, als er mir blitzschnell den Mund fest zudrückte, mich mit sehr ernster Miene beschwichtigte und mir zuflüsterte, dass ich den Mund halten und die Geschwister nicht aufwecken solle. Er sagte mir, wie sehr er uns vermisste, und küsste mich auf die Wange. Sein Geruch war streng und sein Kuss war stachelig. Die Flucht aus der Zwangshaft stellte ein Verbrechen dar, das mit einer standrechtlichen Erschießung geahndet werden konnte, und so schlug meine Überraschung über sein Auftauchen schlagartig in gnadenlose Angst um, die mich am ganzen Körper zittern ließ. Doch mein Vater umarmte mich und nahm mir mit leuchtenden Augen das Versprechen ab, niemandem, auch meinen Geschwistern nichts von seinem heimlichen Besuch zuhause zu erzählen. Und ich hielt Wort, obwohl ich nach dieser Begegnung viel schweigsamer wurde. Meine Mutter verstand mein Problem und erklärte mir, warum mein Vater aus dem Gefängnis ausgebrochen war: Er wollte nicht mehr leben und rechnete damit, erschossen zu werden. Doch zuvor hatte er seine Familie noch einmal sehen wollen. So hatte er sich tief in der Nacht mithilfe seiner Bettlaken durch das marode Fenster abgeseilt und sich in der Dunkelheit nach Hause geschlichen. Noch in derselben Nacht war er still und leise wieder ins Gefängnis zurückgekehrt und auf demselben Weg in seine Zelle gelangt, auf dem er sie verlassen hatte. Denn nachdem er seine kleinen, friedlich schlafenden Kinder gesehen hatte, hatte ihn schlagartig der Mut verlassen, aus diesen Halbwaisen zu machen.

Das zweite nächtliche Wiedersehen mit meinem Vater verlief ähnlich, aber weniger angstbesetzt. Diesmal weckte er mich, weil er wusste, dass er mir vertrauen konnte. Er hatte einen Fetzen seines Bettlakens um seine rechte Hand gewickelt, die er sich bei einem Selbstmordversuch verletzt hatte. Der Stromschlag aus einer elektrischen Leitung war wohl nicht stark genug gewesen, um ihn zu töten. Und wieder einmal hatte ihn das Heimweh nach uns dazu getrieben, aus dem Gefängnis auszubrechen. Diesmal versicherte er mir, dass ich keinen kriminellen Vater hätte. „Mit der Zeit wirst du verstehen, wer eigentlich die Verbrecher sind!" Ich verstand zwar nicht, was er mir sagen wollte, ahnte aber, wie hoffnungslos und schmerzlich seine Situation war. Mutter und Vater hatten in dieser Nacht viel zu bereden, und meine Mutter beschwor ihn, nie wieder an Selbstmord zu denken. „Ein glorreicher Tod ist schlechter als ein lumpiges Leben!", sagte sie. Dann verschwand er wieder in der Dunkelheit und kletterte in Zelle zurück. Ich weiß es sehr zu schätzen, einen so gütigen Vater zu haben, dem es gelang, seine eigene Trauer, seine Wut und seine Schmerzen zu bezähmen und hinter sich lassen, um in seinem Herzen Platz für eine Liebe zu schaffen, in der wir Kinder gedeihen konnten.

Die Talente meines Vaters

Welche Verbrechen hatte mein Vater begangen? War er wirklich Mitglied der 516-Clique gewesen? Warum hatten sie ausgerechnet ihn verdächtigt, ein linksextremer Übeltäter zu sein?

Nach seiner Kündigung als Propagandabevollmächtigter in Xining war er 1962 mit uns in seine Heimat nach Xuzhou zurückgekehrt, wo es nicht leicht für ihn war, wieder eine Stelle im öffentlichen Dienst zu finden. Er bewarb sich mehrmals um eine Stelle als Lehrer, doch jedes Mal scheiterte seine Bewerbung daran, dass er durch seine Kündigung seinen Beamtenstatus verloren hatte. Und niemand konnte verstehen, dass er so eine hohe Stellung gegen die eines einfachen Lehrers tauschen wollte. So hielt er sich am Anfang seiner Arbeitslosigkeit mit Gelegenheitsarbeiten über Wasser, verdingte sich als Bauarbeiter, Elektriker, Zimmerer, Klempner oder als Reinigungskraft. Als ab 1964 Privatwirtschaft in minimalem Umfang wieder zugelassen wurde, schlug er aus seinem Talent und zwei alten deutschen Kameras Kapital, eröffnete ein Fotoatelier und porträtierte Menschen zu allen erdenklichen Anlässen oder fertigte originalgetreue Bilder von Verstorbenen an, die er anhand meist sehr kleiner und vergilbter Fotos mithilfe von Pinsel und Tusche zu Porträts vergrößerte, die dann einen Ehrenplatz an der Wohnzimmerwand bekamen. Xuzhou war damals ein Knotenpunkt von höchster militärischer Bedeutung, an dem drei verschiedene Armeen stationiert waren: die 68. Feldarmee und die Garnisonstruppen der Militärbezirke von Nanking und Jinan. Und alle neu in die Armee eingetretenen Soldaten und Soldatinnen wollten in Uniform porträtiert werden. So verdiente mein Vater viel Geld, obwohl

Geld damals nur eine geringe Rolle im Leben spielte. Kaufen konnte man nur etwas gegen Vorlage von Bezugsscheinen, und mit diesen konnte man in einer Planwirtschaft nicht handeln. Die Menschen waren daher alle mehr oder weniger gleich arm oder reich. Auf Leistung kam es in der Planwirtschaft nicht an, und jeder hatte, ganz gleich, wie viel oder wie wenig er arbeitete, Anspruch auf denselben Anteil wie alle anderen auch. Korruption war damals kein Thema. Denn Maos Antibürokratismus und radikale Erniedrigung der ehemaligen Machthaber hatten neben vielen Ungerechtigkeiten vor allem dazu geführt, dass aus Funktionären normale Zivilisten wurden, die keinerlei Privilegien besaßen. Auch die revolutionären Rebellen besaßen nicht mehr Geld als die Massen. Die Lizenz für sein Fotogeschäft hatte mein Vater vom Straßenkomitee bekommen. Da Fotografien ein äußerst lukratives Geschäft waren, konnten wir von der Lizenz gut leben, zumal wir mit dem Geld die sogenannten Nebennahrungsmittel, also Sesamöl, frisches Gemüse und Nüsse und andere Dinge kaufen konnten, die es auf die Bezugsscheine gar nicht gab. Die Chefin des Straßenkomitees war die alte Frau Tian, eine ehemalige sogenannte Kinderbraut, die bereits vor ihrer Hochzeit in der Familie des Bräutigams als Sklavin gelebt hatte. Da sie weder lesen noch schreiben konnte, half mein Vater ihr ehrenamtlich beim Lesen von offiziellen Dokumenten und beim Verfassen von Mitteilungen. Die Versammlung des Straßenkomitees fotografierte er auf eigene Kosten und genoss dessen uneingeschränktes Vertrauen. Frau Tian war auch diejenige, die mir meine rote Klassenzugehörigkeit bescheinigt hatte.

So führten wir in Xuzhou ein ruhiges und zufriedenstellendes Leben. Mein Vater besaß ein altes Adler-Fahrrad aus Deutschland, das mein Großvater in den 30er-Jahren in der ehemaligen deutschen Kolonie Qingdao gekauft hatte. Meine Mutter besaß ein Fahrrad der Marke Phönix, das sie mit mir zusammen gekauft hatte, nachdem wir nach langem Warten endlich den nötigen Bezugsschein dafür bekommen hatten. In den 70er-Jahren waren Konsumgüter, die in Shanghai hergestellt wurden, ein Synonym für Qualität. Dazu gehörten Fahrräder wie Phönix und Yongjiu, deren Image mit dem von Mercedes und BMW vergleichbar waren. Die Nähmaschine Butterfly, die Kamera Seagull, der Fernsehapparat Jinxing, die Armbanduhr Shanghai waren Luxusgüter und Statussymbole zu jener Zeit und Standardwünsche aller Neuvermählten. Mit dem Phönix-Rad haben meine Brüder und ich Fahrrad fahren gelernt. Unsere Eltern besaßen auch Armbanduhren. Und wir hatten zu Hause zwei originale Zeiss-Kameras aus Deutschland, die mein Vater in Xining den Russen abgekauft hatte. Die Nähmaschine der Marke Butterfly, mit der meine Mutter alle Kleidung für uns und für die Nachbarn nähte, war allerdings keine segensreiche Anschaffung, weil sie meiner Mutter lediglich zusätzliche Arbeit ohne Entlohnung bescherte. Das Radio, das mein Vater 1967 kaufte und mit dem man auch „Voice of America" hören konnte, musste beim Straßenkomitee registriert werden, weil die Regierung kontrollieren wollte, wer Feindsender lauschte. Den Propagandasender aus Taiwan, „feindliche" Rundfunksender wie BBC, Radio France und vor allem Voice of America konnte man tatsächlich empfangen, was wir aus Angst vor politischer Verfolgung aber tunlichst unterließen. Mich faszinierten die Geheimsprache der Spione und der geheime Informationsaustausch von Agenten mittels Radiosignalen, die nächtens unter dem Sternenhimmel versendet und empfangen wurden. Dieser Apparat wurde wenig später von meinem Bruder aus Neugierde zerlegt, weil er die Menschen in dem Radio sehen wollte. Gott sei Dank, denn hätten wir das Radio nach der Inhaftierung meines Vaters noch gehabt, hätten die Häscher noch einen Grund mehr gehabt, ihn zu verdächtigen. Und allein schon das Hören von Feindsendern war während der Kulturrevolution ein Verbrechen. Der Besitz eines Kurzwellen-Radios genügte schon, um dessen Besitzer der Konterrevolution zu bezichtigen. Wir waren also mit all den Dingen, die wir besaßen, überdurchschnittlich wohlhabend, und nie hatte ich das Gefühl, etwas entbehren zu müssen. Ich bekam so ziemlich alles, was ich als Kind haben wollte – Zeichenpapier, Farben, Bleistifte. Vor allem hatte mein Vater dank seiner „Einheitslosigkeit" viel Freiheit. So wurde er nicht wie die anderen in Kampagnen eingespannt, weil er eben zu keiner Arbeitseinheit gehörte. Das schaffte, wie überall, wo Menschen zusammenleben, Neid und unerklärlichen Hass.

Als ich drei oder vier Jahre alt war, war ich täglich mit meinem Vater in den verschiedenen Kasernen und in der Gegend des Denkmalparks der Huaihai-Schlacht unterwegs. Dort waren immer viele Soldaten und Touristen anzutreffen, die mein Vater fleißig fotografierte. Da wir immer nur bei gutem Wetter außer Haus gingen, blieb mir meine Kindheit mit immer schönem sonnigen Wetter, blauem Himmel, weißen Wolken, frischem Wind, aber vor allem mit Gras- und Blumenduft in Erinnerung. Das Leben mit meinem Vater war frisch, sorglos und sonnig, wenn auch sonderbar. Er nahm mich und meinen zehn Jahre älteren Cousin mit, der auf mich aufpasste, brachte uns in den Park und steckte uns einen Zettel mit unseren Namen und unserer Adresse in die Tasche. So durften wir in dem sechs Quadratkilometer großen Park tun und lassen, was wir wollten. Meistens verbrachten wir die Zeit mit Insektenfangen, Kneten und Formen von Lehmfiguren, Papierschnitten und Lesen. Der Vater meines Cousins war in der weit entfernten Provinz Hunan, und mein Cousin lebte in unserer Familie, solange er keine Arbeit hatte. Er war mein Vorleser und Beschützer, solange ich noch nicht zur Schule ging und mein Vater noch freiberuflich arbeiten konnte. Mein Cousin war bereits in der unteren Stufe der Mittelschule, konnte aber die Schule nicht weiter besuchen, weil alle Schulen in den Jahren 1966 bis 1968 wegen der Revolution geschlossen waren. Von meinem Vater bekam er einen guten Lohn und konnte gleichzeitig das Fotografenhandwerk erlernen. Für uns waren es glückliche und sorgenfreie Jahre – die in einem individuumfeindlichen Kollektivismus natürlich Neidgefühle bei anderen erweckten.

Als die Traktorenfabrik eines Tages einen Modellbauer suchte, wurde mein Vater von Onkel Wang in der Nachbarschaft gefragt, ob er sich um die Stelle bewerben wolle. Er tat es teils aus Neugier und teils aus Sorge, dass seine Freiberuflichkeit womöglich nicht von Dauer war. Und dann kam die Schicksalswende: Mein Vater wurde zum Straßenkomitee zitiert, wo ihm mitgeteilt wurde, dass er ab sofort als Modellbauer und Designer arbeiten sollte. Es war ja selbstverständlich, dass die Kommunisten nicht länger zuließen, dass Leute wie mein Vater sich außerhalb des Systems bewegen konnten. Und so kam es, dass meinem talentierten Vater sein Können auf den unterschiedlichsten Gebieten erneut zu seinem eigenen Verhängnis wurde. Es gab nichts, was er in meiner Erinnerung nicht bewerkstelligen konnte. Weil er einfach alles konnte, wurde er oft als „Spezialagent einer geheimer Untergrundorganisation" verdächtigt. Dabei lebte er einfach nach einem uralten Prinzip: „Vertraue auf die eigene Kraft und Fähigkeit, so kleidet und ernährt man sich gut!" Von ihm lernte ich die diese Fähigkeit des Überlebens, indem ich mein ganzes Können bis an die Grenzen des Machbaren ausschöpfte. Learning by doing würde man es heute nennen. Und so war mein Vater ab 1968 in der Xuzhou-Traktorenfabrik für den Muster- und Modellbau verantwortlich, obwohl er keinerlei Erfahrung auf diesem Gebiet hatte. Selbstverständlich eignete sich mein Vater das nötige Wissen in kürzester Zeit selbst an und leitete nun die Workshops für Muster- und Modellbau dieser Fabrik und war maßgeblich an der ersten und zweiten Generation der in Xuzhou hergestellten Dieseltraktoren beteiligt. Mein Vater und seine Modellbauer stellten Hunderte von Einzelteilen und Komponenten aus Holz her und übergaben diese der Gießerei-Abteilung. Die gegossenen Rohlinge wurden dann der Schlosserei zum Bohren, Fräsen und Drehen übergeben. Danach erfolgten die Montage, die Testläufe und zuletzt die Lackierung. Meine Brüder und ich wurden quasi mit eingestellt in dieser Fabrik, wo ich alle Ecken und Winkel der zwanzig Fabrikhallen kannte und mit allen Arbeitsprozessen vertraut war. Ich mochte den Geruch von Maschinenöl und rohem Diesel, ich liebte die derbe, aber herzliche Art der Arbeiter, genoss das Kantinenessen und das gemeinsame Baden nach der Arbeit. Wir wurden auf dem Fabrikgelände bestens versorgt, bekamen Medizin vom werkseigenen Medizinzentrum, im Sommer Eiscreme und im Winter kostenlos dicke und warme Handschuhe und Stiefeletten wie alle Arbeiter, obwohl sie uns Kindern viel zu groß waren. Auch in der Traktorenfabrik entdeckte man schnell, dass mein Vater ein vielseitig begabter Propagandaadministrator war. Und so wurde ihm auch die Propagandaarbeit übertragen, die darin bestand, politische Aktivitäten zu fotografieren, Malereien anzufertigen und revolutionäre Stücke aufzuführen. Ich war der Assistent meines Vaters, half ihm zuerst in der Werkhalle beim Holzschleppen und beim Zusammenfegen der Späne, später dann auch beim Malen von riesengroßen Wandgemälden, die die proletarische Diktatur priesen und dem Führer Mao huldigten. Mein Vater war beliebt. Als sein Sohn war ich fast noch bekannter als er, weil ich in so jungen Jahren bereits so große Wandmalereien anfertigen konnte.

Eines Tages im Februar 1972 vor dem Frühlingsfest bekamen wir Besuch aus der Grenzprovinz Xinjiang der Uiguren, die im äußersten Westen liegt, wohin meine Tanten und Onkel verbannt worden waren. Ein Kamerad meines Onkels, ein gewisser Herr Zhang, war auf dem Weg in den Heimaturlaub nach Shanghai und besuchte unterwegs Freunde und Verwandte und auch uns, um dadurch Kosten für Verpflegung und Übernachtung zu sparen. Und mein Onkel hatte ihn gebeten, uns zwei Kamelhaardecken zu überreichen, die er sich mühsam vom Munde abgespart hatte. Dieser Herr Zhang war Sekretär der Kommunistischen Jugendorganisation der Staatsfarm in Shihezi und einer der Anführer der dortigen maoistischen Rebellen.

Wie war die Anti-516-Bewegung zustande gekommen? Am 31. Januar 1970 hatte das Zentralkomitee der KPCh die „Anweisung zur Niederschlagung der konterrevolutionären Sabotage" erlassen. Demnach sollten alle linksextremen Aktivisten verhaftet werden, die die Industrie- und Landwirtschaftsproduktion gewaltsam sabotierten. Der Große Führer wollte die Wirtschaft konsolidieren und den Industrie-Aufbau vorantreiben, nachdem landesweit vier Jahre lang nur wirtschaftliche Einrichtungen zerstört worden waren. Am 8. Februar 1971 hatte der Vorsitzende Mao persönlich angeordnet, alle Mitglieder der sogenannten 516-Clique, die ursprünglich eine am 16. Mai 1967 gegründete linksextreme Studentenversammlung der Universitäten in Peking gewesen war, zu eliminieren, ohne genauer zu definieren, was für eine Organisation diese 516-Clique war. Die Tatsache, dass Säuberer wie Lin Biao und Chen Boda später als Gesäuberte niedergeschlagen wurden, zeigte, was der Große Führer eigentlich wollte, nämlich eine politische Kampagne zur Eliminierung seiner potenziellen Gegner und zur Festigung seiner eigenen Macht. Vor diesem Hintergrund wurden drei Millionen Menschen als sogenannte 516-Elemente verhaftet. Allein im dreitausendköpfigen Außenministerium wurden 1500 angebliche Mitglieder der 516-Clique verhaftet. Jeder Zweite war also angeblich ein 516-Element. Und die Stadt Nanking hatte unter dem Kommando vom General Xu Shiyou zweihunderttausend Menschen verhaftet und auf grausamste Weise gefoltert und unzählige getötet, also fast fünf Prozent aller Werktätigen von Nanking.

Herr Zhang war einer der Leiter der Kommission zur Niederschlagung der 516-Saboteure in seiner Arbeitseinheit und arbeitete eng mit der Zentralkommission in Peking zusammen. Dass er später selber als 516-Element verhaftet und hingerichtet wurde, war darauf zurückzuführen, dass sein Chef in Peking, Chen Boda, der Leiter der Zentralkommission zur Niederschlagung der 516-Clique, vom Großen Führer Mao persönlich als 516-Element verurteilt worden war. Es gab keinerlei Beweise für die Existenz einer solchen Gruppierung, geschweige denn für irgendwelche Verbrechen, die in deren Namen begangen worden sein sollten. Trotzdem wurden alle, die die neue politische Richtung des Großen Führers nicht verstanden und ihm deshalb nur zögerlich gefolgt waren, eliminiert. Jedenfalls hatte uns Herr Zhang auf seiner Heimreise besucht und die Tage sehr genossen, ohne zu ahnen, dass er zehn Monate später ein toter Mann sein sollte. Wir lernten ihn als einen talentierten Poeten kennen, der sich als bekannter Dichter und Schriftsteller allerlei Gedanken über Chinas Schicksal und Zukunft machte und als Rebell die „Den Kapitalistischen Weg Beschreitenden" kritisierte. Doch auch er konnte die nicht enden wollenden politischen Schlammschlachten nicht verstehen. Er träumte von einem China der Besonnenheit und Ruhe; er fand, dass Mao mitverantwortlich war für das, was die 516-Clique tat. Mao sei der Initiator des Rebellentums, hätte die jugendlichen Revolutionsenthusiasten dazu aufgerufen, die Arbeit niederzulegen, den Unterricht zu boykottieren und alles zu zerstören. Dass die Zerstörung destruktiv war und niemand mehr arbeiten wollte, hätte Mao wissen müssen...

Herr Zhang hatte sich wohl einen Schwips angetrunken, zumindest konnte er seinen Missmut nicht unterdrücken und brachte diesen mit zweideutigen Sprüchen zum Ausdruck. Auch seine dichterische Leidenschaft wollte er keineswegs verheimlichen und schwadronierte über „proletarische Dichtung" als Abbild der sozialistischen Wirklichkeit. Begriffe wie „ökonomische Basis und Überbau", die wir aus der Mao-Bibel auswendig kannten, mischte er mit patriotischen Klischees wie „Vaterland", „Rote Sonne", „Ruhmreiches Sterben im Kampf". Auch wenn ich damals noch nicht so ganz kapierte, was er sagte,, so war ich doch von seinem Elan und Feuereifer sehr beeindruckt. Er stand während des Essens immer wieder auf und rezitierte Verse und Reime in seinem Shanghaier Akzent. Er zeigte uns sein Notizbuch voller Gedichte und denkwürdiger Äußerungen. Seine Schrift war gestochen scharf wie die eines Lehrers. Von ihm lernte ich die Verse „Nationallied" des ungarischen Dichters Sándor Petöfi kennen, der 26-jährig im Kampf gegen die Habsburger Monarchie gestorben war:

„Sklaven waren wir, Verräter
an dem Geiste unsrer Väter,
die im Grab nicht Ruhe fanden,
seit die Freiheit ging zuschanden.
Schwören wir beim Gott der Ahnen:

Nimmermehr
beugen wir uns den Tyrannen!
Nimmermehr!

   ...

Statt die Ketten zu zerschlagen,
haben wir sie stumm ertragen.
Rühmlicher und ehrenwerter
sind für Männerhände Schwerter!
Schwören wir beim Gott der Ahnen:
Nimmermehr
beugen wir uns den Tyrannen!
Nimmermehr!

Waschen wir mit Blut die Schande
weg von unsrem Vaterlande,
dass sein Schild in allen Breiten
strahle wie zu alten Zeiten!
Schwören wir beim Gott der Ahnen:
Nimmermehr
beugen wir uns den Tyrannen!
Nimmermehr!

(*Deutsche Übersetzung von Martin Remané*)

Wenn ich an dieser Stelle etwas mehr über Petöfi erzähle, so deshalb, weil er in China ein Held „der Bewegung des vierten Mai" gewesen war – einer Antikolonialismusbewegung der 1920er-Jahre, der als Patriot sowohl die individuelle Freiheit als auch die Unabhängigkeit seiner Nation über alles gestellt hatte. In Petöfi sah die chinesische Jugend eine Leitfigur. Handgeschriebene Kopien seiner Gedichte waren unter den Rotgardisten sehr populär. Während der Kulturrevolution war Petöfi fast der einzige Dichter aus dem Westen, der gelesen und rezitiert werden durfte. Ein weiterer Grund lag wohl auch darin, dass der von Georg Lukács geführte Petöfi-Klub von der UdSSR als Feindorganisation bekämpft wurde. Und Mao vertrat seit jeher die Ansicht, dass die KPCh immer das unterstützen sollte, was der Feind bekämpfte; und das bekämpfte, was der Feind unterstützte. Die Gedichte von Petöfi klangen selbst in der chinesischen Übersetzung so herzerfrischend anders als die triste chinesische Revolutionslyrik. Sie strahlten eine Galanterie und eine Eleganz aus und scheuten neben Freiheits- und Todesthemen auch vor der Liebesthematik nicht zurück, die in der chinesischen Dichtung ein Tabu war. Seine in China am meisten zitierte Verse lauteten:

> *Freiheit und Liebe*
> *Sind all mein Streben!*
> *Für meine Liebe*
> *Könnt´ich das Leben,*
> *doch für die Freiheit*
> *die Liebe selbst geben.*

(Deutsche Übersetzung von Martin Remané)

Der scharfzüngige Essayist Lu Xun war ein glühender Verehrer Petöfis, und Mao verehrte Lu Xun. So kam es, dass die Werke Petöfis während der Kulturrevolution trotz dessen ungarischer Herkunft nicht verboten waren.

Es war jedenfalls nicht überraschend für uns, dass Herr Zhang Petöfi rezitierte. Denn es galt als schick in jener Zeit, Petöfi rezitierend zu kämpfen und zu sterben. Er verkörperte die Jugend, die Liebe und vermittelte den Lesern ein Gefühl von revolutionärer Romantik. Jeder konnte in seinen Gedichten Anspielungen auf sein eigenes Schicksal finden. Und Petöfi zitieren zu können, machte Eindruck bei den Mädchen.

Mein Vater redete nicht gern über Politik und hörte den Phrasendreschereien meistens nur zu. Und Herr Zhang war ein sehr gesprächiger Mann. Er erzählte eindrucksvoll von seinen Erlebnissen und den politischen Kampagnen in Xinjiang. Er erzählte auch von dem Massaker am 26. Januar 1967, einer bewaffneten Konfrontation zwischen der Armee und uigurischen Bauern, beschwor die Ratlosigkeit der Wahrheitssuchenden, kritisierte die Hinterhältigkeit der Zentralregierung, die die jugendlichen Aufrührer aller Volksgruppen in Xinjiang einschließlich der Uiguren zuerst zur Rebellion angestiftet hatte und dann kaltblütig niedermetzeln ließ ... Viele fremde Namen und Orte hörte ich zum ersten Mal, und mein Vater, der schon ein ungutes Gefühl hatte, riet ihm, über Maos Mitschuld an all den Problemen besser zu schweigen, nicht, weil er anderer Meinung war, im Gegenteil – er selbst betrachtete Mao als Chinas größtes Problem –, sondern aus Angst vor der Sippenhaft. Die Kommunisten waren sehr gut darin, nicht nur Dissidenten zu bestrafen. Sie verfügten über ein Heer von Spitzeln und Politkommissaren an allen Ecken und Enden der Gesellschaft, deren Aufgabe einzig und allein darin bestand, Menschen nach Parteidoktrin zu kontrollieren, zu denunzieren und zu bestrafen. Dieses Heer von Informanten wurde in Laufe der Kulturrevolution noch größer und mächtiger, weil die Organe der öffentlichen Sicherheit, der Staatsanwaltschaft und der Volksgerichte von den Rotgardisten und rebellierenden Arbeitern und Bauern gänzlich zerschlagen und die örtlichen Regierungen völlig lahmgelegt worden waren. Mein Vater hatte daher ganz einfach Angst, dass uns etwas passieren könnte und riet dem beschwipsten Redner, vernünftig zu sein. Nach drei sehr unterhaltsamen Tagen reiste Herr Zhang weiter nach Shanghai.

Wochen und Monate vergingen. Und als mein Vater verhaftet wurde, wussten wir nicht, dass der Besuch von Herrn Zhang der Anlass gewesen war. Erst nach seiner Entlassung aus der Haft erfuhren wir von ihm davon. Herr Zhang war unterdessen in Shanghai, der Heimat der ideologischen Säuberung, verhaftet worden. Niemand war wirklich überrascht in Anbetracht seiner unvorsichtigen Äußerungen. Er hatte auf seiner Heimreise noch viele Bekannte besucht, von denen ihn irgendjemand verraten haben musste. Unter Folter hatte er gestanden, wen er auf seiner Reise alles besucht und worüber jeweils gesprochen worden war. Wir wissen bis heute nicht, was er unter dem psychischen und physischen Druck alles gestanden hatte, konnten aber nicht ungeschehen machen, dass wir ihn beherbergt hatten. Jedenfalls war sein Besuch bei uns der Grund gewesen, weshalb mein Vater verhaftet worden war.

Ganz besonders Eifrige versuchten schon lange, die „wahre" Identität meines Vaters herauszufinden. Jahrelang orakelte man, was für eine Spezialausbildung er wohl von wem erhalten haben musste und warum er wohl seinen hohen Posten als Propagandaadministrator aufgegeben und freiwillig sogar als "asozialer Tagelöhner" gelebt hatte. Endlich hatte man einen Grund, sein vermutlich wahres, konterrevolutionäres Gesicht zu entlarven. Monatelang wurde mein Vater gefoltert. Bis heute leidet er unter Gehbeschwerden und Atemnot, weil er damals an den Knien und den Rippen verletzt worden war. Die Vernehmer wollten von ihm wissen, was Herr Zhang mit ihm besprochen habe. Mein Vater hatte aber nichts zu gestehen, weil er Herrn Zhangs Reden zwar zugehört, ihm aber keineswegs zugestimmt hatte.

Im Gegenteil hatte mein Vater ihn davor gewarnt, den Großen Vorsitzenden Mao der Mittäterschaft zu bezichtigen. Ich wusste, dass mein Vater den Großen Führer Mao hasste und Kommunisten wie Faschisten verabscheute, er war aber gleichzeitig überzeugt davon, dass er sich nie laut darüber geäußert hatte. Dass mein Vater niemals „Lang lebe der Vorsitzende Mao" gerufen hatte, war allerdings ein deutliches Zeichen für seine Haltung zu dessen kommunistischem Regime.

Ein wahrer Freund

Nach der Verhaftung meines Vaters wurden wir zu Mitgliedern der „Fünf Schwarzen Elemente", obwohl ihm keinerlei Schuld nachgewiesen werden konnte. Das Prinzip der Schuldvermutung wurde nach dem Motto „Kein Wellengang entsteht ohne Wind" konsequent weiterverfolgt, und in der Nachbarschaft wurden Verleumdungen über uns verbreitet. Wir waren Freiwild, und all unsere Neider durften mich und meine beiden jüngeren Brüder nun verprügeln, beschimpfen und bespucken, wann immer sie dazu Lust hatten. Jeden Tag kam es nach der Schule zu Prügeleien. Am Anfang waren wir noch die Gejagten; sehr bald aber wurde ich zum Jäger. Stets hatte ich einen scharf geschliffenen Schraubenzieher in der Schultasche, den ich zum Glück nur ein einziges Mal vorzeigen, jedoch nie einsetzen musste. Meine Schwester hat mir diesen später abgenommen. Schließlich brauchte ich ihn seit meiner Kung-Fu-Ausbildung auch nicht mehr.

Mit Erwachsenen hatte ich aber immer noch Schwierigkeiten. Einmal war ich im Badehaus in der Fabrik. Herr Zhu, der nach der Haftentlassung meines Vaters mir gegenüber durchaus höflich und freundlich geworden war, zerrte mich am Ohr aus dem Wasser und rief dabei den Badenden zu: „Schaut alle mal her, das ist der Sohn des 516-Übeltäters, das ist der Sohn desjenigen, der letzte Woche öffentlich kritisiert und gepeinigt wurde!" Dann drückte er mir so heftig den Kopf unter Wasser, dass ich dachte, er wolle mich ertränken. Das verzieh ich ihm nie. Auch Jahre danach, lange nach der Rehabilitation meines Vaters, wollte ich mit ihm kein Wort mehr wechseln. Doch Herr Zhu war tatsächlich reumütig, bedauerte seine Tat aufrichtig und bat mich später um Verzeihung. Alle anderen, die stets an die Unschuld meines Vaters geglaubt und Mitleid mit uns gehabt hatten, sind auch weiterhin Freunde meiner Eltern geblieben. Zum Beispiel Grandma Jiang.

Grandma Jiang, eine ehemalige Kindsbraut, die schon vor ihrer Hochzeit in der Familie des Bräutigams gelebt hatte, wohnte nach dem Tod ihres Mannes mit der Familie ihrer Tochter im gleichen Wohngebäude und auf derselben Etage links neben uns. Grandma Jiang konnte weder lesen noch schreiben, war aber zu jener Zeit der Gefühlskälte, in der Menschen nur an ihrem persönlichen Gewinn und Verlust interessiert und zwischenmenschliche Beziehungen vollkommen politisiert waren, ungewöhnlich warmherzig geblieben. In den zweieinhalb Jahren, in denen wir keinen Vater und nur in sehr beschränktem Maße eine Mutter hatten, kümmerte sie sich um uns vier Kinder, wann immer es ihr möglich war. Wir waren damals nicht in der Lage, den Nährwert von Lebensmitteln zu erkennen und wussten nicht, dass einseitige Ernährung zu Eisenmangel und Blutarmut führen konnte. Daher schaffte sie zwei Legehennen an, damit wir jeden Tag Eier hatten. Außerdem kaufte sie für uns ein, bekochte uns, lehrte uns Kochen und sorgte dafür, dass wir gut ernährt waren. Jedes Mal, wenn sie für ihre Familie Fladenbrot röstete oder Mantou buk, backte sie für uns mit. Wenn ein Verkäufer uns Kinder ihrer Meinung nach betrogen hatte, stellte sie ihn zur Rede. Sie suchte uns nach Läusen ab oder brachte uns ins Krankenhaus, wenn es nötig war. Die Hirnhautentzündung meines Bruders hätte schlimme Folgen gehabt, hätte sie nicht so schnell reagiert. Sie pflegte zu sagen, dass sie in uns keine schwarzen Übeltäter, sondern vier unschuldige kluge Kinder sehe. Die Nachbarin rechts neben uns war das genaue Gegenteil von ihr. Sie war Köchin in einem staatseigenen Restaurant und konnte daher sehr viel Fleisch und eiweißreiche Lebensmittel abzweigen und mit nach Hause nehmen. Deshalb waren ihre sechs Kinder alle wohlgenährt, was für das damalige China sehr ungewöhnlich war. Sie grüßte uns niemals, hielt die Haustür immer geschlossen, beanspruchte den gemeinsamen Vorgarten für sich allein und schrie und schimpfte laut, wenn wir es wagten, im Garten zu spielen. Natürlich waren wir neidisch auf den Duft der Xiaolongbao, der gedämpften Teigtaschen mit Fleischfüllung, und das Wasser lief uns im Munde zusammen, wenn sie damit nach Hause kam. Meine kleineren Brüder weinten immer und verlangten Xiaolongbao, wenn dessen Gerüche durchs Haus zogen. Dann schimpfte uns meine Schwester, dass es doch Diebesgut sei, das wir sowieso nicht essen dürften. Recht hatte sie gehabt!

Unter den Kindern hatte ich einen besten Freund, Wang Supu. Er wohnte in der Nachbarschaft. Seine Familie stammte aus Peking und sprach Hochchinesisch. Großvater Wang war Archäologe und längst pensioniert, als ich mich mit seinem Enkel anfreundete. In meiner Kindheit war Großvater Wang der einzige Mann, der immer noch ein langes rechtsseitig geknöpftes Gewand aus der Zeit der Republik (1911 - 1949) trug. Im Winter trug er es gefüttert und im Sommer ungefüttert. Mit seiner runden Brille, seinem Hut und Gehstock sah er aus wie ein verkleideter Schauspieler. Wang Supus Mutter war Schauspielerin und Sängerin an der Peking-Oper. Wang Supus strenger Vater war Trainer der Basketball-Mannschaft von Xuzhou. Daher waren wir beide nach der Schule entweder in der Oper oder im Sportstadion unterwegs, wenn es von der Schule aus kein organisiertes Freizeitprogramm gab. Die sieben „Modellopern" von Madame Mao hatten wir irgendwann so oft gesehen, dass wir die

Arien und Szenen auswendig konnten und ziemlich gut mitsingen konnten, obwohl wir viele der Texte gar nicht verstanden. Das Abschiedslied von Li Yuhe in der „Legende der Roten Laterne", das Klagelied von Xiao Changbao von der „Eroberung von Tigerberg", die Arie über den großen Kran in „Am Hafen" ... Außer der „Modernen Revolutionären Pekingoper" gab es ja nichts anderes, das wir hätten bewundern können. Jahre später, nach der Zerschlagung der Viererbande und der Verhaftung von Madame Mao, als ich zum ersten Mal Shakespeares *Othello* sah, war ich wie vom Donner gerührt. Wochenlang konnte ich mit niemandem sprechen. *Othello* glich einem Erdbeben, das meine bis dahin von Hass und Klassenkampf indoktrinierte Welt unwiderruflich zertrümmerte. Es war so unsagbar schön, menschlich und radikal anders als alles Chinesische!

Wir waren auch sehr oft im Sportzentrum. Wang Supu hatte mir das Ping-Pong-Spiel beigebracht. Meine erste Sportausrüstung – Tischtennisschläger, weiße Turnschuhe, weißes Sportshirt mit Nummer und Mannschaftslogo – war ein Geschenk von ihm. Wie waren wir stolz auf die weißen Schuhe, die uns ein so leichtes und erhabenes Gefühl vermittelten. Bei Wettkämpfen konnten wir ohne Tickets auf den vorderen reservierten Plätzen sitzen. Denn Wang Supus Vater war der erfahrenste Schiedsrichter beim Basketballspiel und trillerte mit seiner Pfeife bei jedem Regelverstoß wie verrückt. Wir hatten auch so eine Pfeife. Und nicht selten trillerten wir damit mitten in irgendwelchen Spielen und lösten damit ein riesiges Chaos und heftige Beschwerden aus. Doch es war einfach zu schön, die Erwachsenen einmal nach unserer Pfeife tanzen zu lassen.

Obwohl Wang Supu von der Verhaftung meines Vaters wusste, hat er stets zu mir gestanden, und ich war in diesen schweren

Zeiten oft bei ihm zu Hause. Grandma Wang war eine moderne gebildete Dame, was man an ihren großen Füßen erkennen konnte. Auch ihre Frisur unterschied sich gänzlich von derjenigen anderer Frauen. In ihrem Schlafzimmer gab es eine Truhe, worin sie eine kleine Bibliothek von Kinderbüchern aus der Zeit der Republik aufbewahrte. Jedes Mal, wenn der Unterricht ausfiel, gingen wir zu Grandma Wang. Dann las sie uns Geschichten vor, die frei von jeder ideologischen Indoktrination waren. Darin erlebten wir nicht Hass, Mord und Totschlag, sondern lernten universale Werte wie Freundschaft, Ehrlichkeit und Fleiß kennen. Wang Supus jüngste Tante wohnte auch bei ihnen. Sie war groß und schlank, aber von zarter Natur. Ihre Haar war dunkelbraun und schulterlang. Sie war die erste Frau, die bei mir einen männlichen Schutzinstinkt hervorrief, obwohl sie zehn Jahre älter war und uns wie Winzlinge behandelte. Und wenn ich sie vor Zudringlichkeiten bewahren wollte, indem ich die Flirtversuche anderer unterband, lachte sie laut und herzlich und nannte mich scherzhaft ihren Prinzen. Dabei drückte sie mit beiden Händen fest meine Wangen oder zog mich zärtlich an den Ohrläppchen. Sie hatte den Mittelschulabschluss gemacht, konnte aber nicht studieren, weil die höheren Schulen während der Kulturrevolution alle geschlossen waren. Später durften nur auserwählte Arbeiter, Bauern und Soldaten mit Empfehlungsschreiben der örtlichen „Revolutionären Kommissionen" an den Hochschulen studieren. Ohne Prüfung. Wang Supus Tante hatte auch keine Arbeit, weil sie illegal in der Stadt war, während Millionen von Absolventen auf Maos Geheiß aufs Land geschickt wurden, um von Bauern „ erzogen" zu werden. Mao lehrte uns damals: „Leute von niederem Stand sind am klügsten; und hochgestellte Leute sind völlig unwissend!" Über zwanzig Millionen Schulabsolventen mussten ihre kostbarste Zeit bei Bauern auf dem Land verbringen. Die Tante wollte aber keine Bäuerin sein und blieb in der Stadt, obwohl ihr dort die Bezugsscheine für Lebensmittel entzogen wurden. Sie war vornehm und schön und ging oft mit uns in die Oper. Wohin sie auch kam, zog sie die Blicke der Männer auf sich, und in ihrer Gesellschaft erfuhr ich erstmals, welche Anziehungskraft weibliche Schönheit auslösen konnte.

Zwei Jahre und sieben Monate lang war mein Vater eingesperrt, ohne dass irgendetwas Stichhaltiges gegen ihn gefunden werden konnte. Dabei wirkte das Prinzip der Schuldvermutung wie eine Schablone, mit der immer wieder aufs Neue vermessen und erwogen wurde, ob nicht doch noch irgendein Verbrechen konstruiert und ihm angehängt werden konnte. Die Hoffnungslosigkeit und der Trennungsschmerz meines Vaters nahmen in dieser Zeit tagtäglich zu, und uns hatte seine Inhaftierung das Vertrauen in die Welt genommen. Mein Misstrauen Menschen gegenüber konnte ich bis heute nicht vollständig tilgen, und meine Unbekümmertheit habe ich nie wiedererlangt. Für meine Mutter waren diese Jahre ungeheuer belastend, und ich hörte sie des Nachts oft bitterlich weinen. Dann versuchte ich, sie zu trösten. „Sei nicht traurig, Mama!", sagte ich zu ihr. „Wenn ich erwachsen bin, werde ich mit dir in meinem Auto nach Paris fahren! Dann verlassen wir China gemeinsam!" Wie tröstlich das für sie gewesen sein musste, konnte ich daran ermessen, dass sie meine Worte jedes Mal wiederholte, wenn ich sie aufmuntern wollte. Grandma Jiang sah in mir einen Spaßvogel und brachte die ganze Nachbarschaft zum Lachen, indem sie meine Trostsprüche zitierte. Damals war es aber völlig illusorisch, jemals ein Auto zu haben geschweige denn, damit nach Paris zu fahren. Ich kann mir bis heute nicht erklären, wie ich auf diese Idee gekommen war. Denn in der Schule hatten wir bestimmt nichts über Autos oder Paris gelernt.

Nach beinahe eintausend Tagen Isolationshaft und unzähligen Verhören unter Folter zeigte sich der Leiter der Revolutionären Kommission, Herr Wu, endlich gnädig. Er sah ein, dass man nichts gegen meinen Vater in der Hand hatte, um ihn als Mitglied der konterrevolutionären 516-Clique zu verurteilen. Außerdem wurden zwischenzeitlich viele Säuberer selbst, die einst als Initiatoren der 516-Verfolgung aufgetreten waren, als Anführer der 516-Clique beschuldigt und hingerichtet. So verlief die politische Verfolgung meines Vaters schließlich im Sande, und Herr Wu ordnete mit den Worten „wahres Gold fürchtet nicht das Feuer" an, meinen Vater freizulassen. Ohne Entschädigung und ohne ein Wort der Entschuldigung wurde mein Vater zu seiner Arbeit zurückgeschickt, die er bis zu seiner Pensionierung 1996 als Managing Director ausführte. Eine schriftliche Rehabilitation erfolgte erst 1980, als Hu Yaobang Generalsekretär der KPCh wurde und die Fehler der Mao-Zeit flächendeckend korrigierte.

Die Mittelschule in Xuzhou

1975 beendete ich mit zwölf Jahren die Grundschule und wechselte auf die sogenannte Fünfte Mittelschule, die älteste Mittelschule von Xuzhou. Sie wurde von Pastor Wang Hengxin gegründet und später mit der Mädchenschule des amerikanischen Pastorenpaars Brown 彭永恩（Frank A. Brown）彭夏丽（Charlotte Thompson Brown) zusammengelegt. Noch in den 1950er-Jahren war sie eine international anerkannte, amerikanisch geprägte Privatschule, zu deren Direktoren u.a. der berühmte US-Botschafter John Leighton Stuart gehörte, der die Schlichtung des erbitterten Streits zwischen den Bürgerkriegsgegnern – dem republikanischen General Chiang Kai-shek und dem kommunistischen Führer Mao Zedong – organisiert und überwacht hatte und so in die Geschichte des modernen Chinas einging. Mein Großvater hatte einst in dieser Schule im Verwaltungsrat gearbeitet, und auch mein Vater war dort zur Schule gegangen, bevor er auf die Erste Mittelschule von Xuzhou wechselte. Wir drei Brüder machten alle unseren Abschluss dort. Nach der Gründung der Volksrepublik wurde die christliche Schule von den Kommunisten verstaatlicht und gleichgeschaltet. Ihre ruhmreiche Geschichte konnten sie jedoch nicht vertuschen. Viele Persönlichkeiten, die die Geschichte Chinas mitgeprägt hatten wie beispielsweise der US-amerikanische Philosoph und Pädagoge John Dewey, General Joseph Stilwell, General George Catlett Marshall Jr., Madame Song Meiling, die zweite Ehefrau von Chiang Kai-shek sowie dessen Adoptivsohn General Jiang Weiguo und eben auch seine Exzellenz John Leighton Stuart hatten dort gewirkt und ihre Spuren hinterlassen. Auch der im kommunistischen China berühmteste Komponist Ma Ke (Marco) hatte an dieser christlichen Schule seine Ausbildung erhalten.

Die Schule befand sich in der Nachbarschaft der Evangelischen Kirche und lag hinter dem Evangelischen Krankenhaus, dem heutigen Universitätskrankenhaus der Medizinischen Universität von Xuzhou. Der Eingang bestand aus zwei alten symmetrisch angelegten Gebäuden aus grauen Ziegelsteinen mit jeweils drei Stockwerken. Ein Gebäude von typisch republikanischer Architektur mit einer Fassade westlichen Stils, großen verglasten Fenstern und chinesisch geschwungenen Dächern. Die weinroten Fenster- und Türrahmen harmonierten mit dem Grau der Ziegel, und die Wände waren von Efeu überwachsen. Die Böden und Treppen waren aus dickem, massivem Holz, das bei jedem Schritt knirschte und knackte. In einem Gebäudeteil waren die Verwaltung und das Direktorium untergebracht. Dorthin gingen wir Schüler nur sehr ungern, weil nur schlechte Schüler dorthin zitiert wurden, um bestraft zu werden. In einem anderen Gebäudeteil befanden sich die Lehrerzimmer. Im dritten Stock befanden sich die Übungs- und Proberäume für unsere Theatergruppen. Mitten auf dem Schulgelände gab es einen drei Meter tiefen Teich mit Lotusblumen. Während der zehnjährigen Kulturrevolution hatten einige Lehrer nach ihrer Diffamierung und Folterung darin den Tod gefunden. Der Teich wurde noch zu meiner Zeit zugeschüttet, planiert und zu einem großen Sportplatz gemacht. Drum herum wurden Unterrichtsgebäude für den regulären Schulbetrieb für dreitausend Schüler in fünf Jahrgängen errichtet.

Mein Jahrgang, damals der geburtenstärkste überhaupt, zählte ungefähr achthundert Schüler und wurde in sechzehn Klassen aufgeteilt. Die sechzehnte Klasse war die „Eliteklasse", in die man nur nach einer erfolgreichen Aufnahmeprüfung aufgenommen wurde. Die Prüfung bestand aus Tanzen, Singen und einem Test des musikalischen Gehörs. Es war eine Klasse für Musik und Theater, die nach dem Modell der „Art Troupe" der Volksbefreiungsarmee aufgebaut war und sich „Literatur- und Kunstklasse" nannte. Zusammen mit zweiundsechzig anderen Schülern bestand ich die Prüfung, während mein Freund Wang Supu seltsamerweise durchfiel. Von da an kühlte unsere Freundschaft langsam ab. Es war wohl eine Ironie des Schicksals, dass er später die Aufnahmeprüfung für die elitäre Opernschule in Nanking bestand und ein erfolgreicher Opernsänger wurde. Ausgerechnet dieses künstlerische Talent hatte die Prüfung für die sechzehnte Klasse nicht geschafft.

Unser Klassenlehrer war Herr Wang Zhiyuan. Er war ungefähr so alt wie mein Vater und Musikpädagoge mit einem Universitätsabschluss, spielte phantastisch Klavier und unterrichtete auch Gesang und Geige. Neben ihm waren noch zwei verhältnismäßig junge Lehrer an unserer Ausbildung beteiligt: Frau Yan Chunya, die Ziehharmonika spielte und uns beim Singen begleitete, und Herr Cao – ein entlassener Soldat, der uns nach militärischen Regeln drillte: In-Reihe-Stehen, Stechschritt und Skandieren von Versen aus der Mao-Bibel. Später kam noch Frau Liu dazu, die uns das Tanzen beibrachte. Wir hatten neben Fächern wie Mathematik, Chinesisch, Englisch, Physik, Chemie und Politik hauptsächlich Musik und Theater.

Die Schüler dieser Klasse hatten die Aufgabe, die Politik der Partei in Form von Gesang, Tanz und Theater zu propagieren und kulturelle Sonderveranstaltungen für verdienstvolle Kollektive in den Fabriken, Volkskommunen und Armeekasernen durchzuführen. Unsere Lehrer waren ständig damit beschäftigt, die neuen „höchsten Anweisungen" von dem „Großen Vorsitzenden Mao" zu vertonen und in Theaterstücke umzuwandeln. Sie luden professionelle Schauspieler, Tänzer und Sänger ein, um uns Unterricht zu erteilen und unsere Spielkunst zu verbessern. Regelmäßig mussten wir in der nicht weit entfernten Huaihai-Straße vor dem Kongresssaal oder auf dem Gelände der Xuzhou-Messe vor der Bevölkerung beliebte traditionelle Stücke mit neuem, aktuellen Inhalt aufführen. Wir wurden in vier Gruppen unterteilt: Gesang, Vortrag – kunstvolles Sprechen und Rezitieren von Maos Anweisungen und Gedichten –, Tanz und Orchester. Für jedes Fach gab es spezifische Ausbilder. Einige „Multitalente" wurden in alle vier Gruppen eingebunden. Ich gehörte zu diesen Multitalenten und wurde zur „männlichen Nr. 1" benannt. Bei jedem Stück, das wir aufführten, sang ich ein Solo oder war Vorsänger im Chor; meine Klassenkameradin Feng Yun und ich tanzten den Pas de Deux oder führten den Gruppentanz als Vortänzer an. Im Orchester spielte ich Erhu, wobei ich nie eine Beziehung zu diesem Instrument entwickeln konnte und meine Spielfertigkeit eher mittelmäßig war. Ich war der Verantwortliche für künstlerische Aktivitäten im Klassenkomitee der Rotgardisten, während andere für sportliche, wissenschaftliche und politische Aktivitäten verantwortlich waren. Unsere Chefin war Yao Hong, die Jahre später mit mir zusammen an der Universität Nanking studierte. Ich machte den Stunden- und Raumbelegungsplan, überprüfte die Fortschritte und organisierte Orchesterproben. Die Hauptaufgabe war aber das Einüben von neuen Liedern, die unsere Lehrer für uns komponiert oder ausgesucht hatten. Ein wahres Mammut-Projekt in dieser Zeit hatte den Titel „Musikalisches Epos – Der Osten ist rot". Dabei handelte es sich um eine Darstellung der KP-Geschichte in Form eines Musicals, das aus sechs Akten bestand und die Lobpreisung des Großen Vorsitzenden Mao und der KPCh zum Inhalt hatte. Wir hatten neben dem regulären Unterricht ein halbes Jahr lang geprobt und traten später damit auf verschiedenen Bühnen in Xuzhou auf. Der Osten stand für China, und die Farbe Rot symbolisierte seit 1949 den Großen Führer Mao und seine Partei. Das Stück wurde, neben den Modellopern von Madame Mao, als geistige Errungenschaft der Kommunisten angesehen.

Der Schulalltag an der Mittelschule war im Vergleich zur Grundschule erheblich interessanter und inhaltsreicher, und wir mussten nicht mehr erleben, dass Lehrer vor die Kritikversammlung gezerrt, öffentlich kritisiert und beleidigt wurden. Sogenannte 516-Elemente, also Lehrer, die der Mitgliedschaft dieser erfundenen Clique bezichtigt wurden, hatten wir an unserer Schule nicht, obwohl einige jüngere Lehrer ehemalige Rebellen waren, sogenannte A(rbeiter)B(auern)S(oldaten)-Studenten mit maoistischem Enthusiasmus und einem ausgesprochenen Zerstörungswillen. Aber die Menschen wurden des Kämpfens allmählich müde und wollten sich lieber verlieben, heiraten und Kinder kriegen, also ein normales Leben führen. Und obwohl die Politik immer noch allgegenwärtig war, war sie nun nicht mehr der einzige Inhalt unserer Lehrbücher. Es ging nun auch um die Vermittlung von wissenschaftlichen Kenntnissen, die von der Politik nicht ersetzt werden konnten, aber für jegliche Art des Fortkommens bitter nötig waren.

Leider war unser Mathematiklehrer ein alter Herr, dessen sanfte Stimme uns lediglich in einen wohligen Schlaf versetzte, und unsere Physiklehrerin war zwar eine bildhübsche junge Frau, die sich jedoch, nur wenige Jahre älter als wir, einfach nicht durchsetzen konnte. So kam es, dass ich in den beiden Fächern völlig auf der Strecke blieb.

Umso strenger war unser Lehrer in Chemie, der nicht nur für die nötige Disziplin im Klassenzimmer sorgte, sondern den Stoff so gut und interessant erklärte, dass ich mich richtiggehend für das Fach begeisterte. Den Chemiesaal betrat ich so ehrfürchtig wie ein Heiligtum, und den Unterricht empfand ich als wahre Magie. Nichts blieb, so lernte ich dort, dem Zufall überlassen, und jede Reaktion des einen Stoffes mit dem anderen konnte vorhergesagt und berechnet werden. Als einer seiner interessiertesten Schüler ermutigte mich der Lehrer dazu, später selbst einmal Chemiker zu werden. Doch als es dann so weit war, wurde ich nicht zum entsprechenden Studiengang zugelassen – wegen mangelnder Kenntnisse in Mathematik und Physik.

Unser Lehrer für chinesische Philologie war ein kleiner, älterer Herr, der in seiner Lehrerrolle vollkommen aufging. Nie sah man ihn lachen, dafür brachte er uns mit seiner Art des Vortrags ständig zum Lachen. Dabei gestikulierte er heftig mit beiden Armen, hatte stets Speichel in den Mundwinkeln – und trug die Schultexte und Vorlesungen in breitestem Xuzhouer Dialekt vor! Obwohl dies zu jener Zeit verboten war, fiel es vielen Lehrern schwer, Hochchinesisch zu reden. Doch ausgerechnet chinesische Philologie im Dialekt zu hören, war derart gewöhnungsbedürftig und grotesk, dass ich mir das Lachen in seinem Unterricht einfach nicht verkneifen konnte. China ist ein derart großes Land mit so vielen Menschen verschiedener Herkunft, dass es von elementarer Bedeutung war, Hochchinesisch – auch Putonghua, also Commun Language genannt – landesweit als Unterrichtssprache durchzusetzen. Die ungeheuer zahlreichen Dialekte symbolisieren zwar die kulturelle Vielfalt in China, stellen jedoch zugleich ein enormes Hindernis in der Kommunikation dar, das nur durch Putonghua als Standardsprache überwunden werden konnte. Und so wurde unser Lehrer Herr Wu von uns einfach nicht für voll genommen, obwohl er ein angesehener Sinologe und ein über die Stadtgrenzen hinaus bekannter Kenner von Cao Xueqin war, einem großen Gelehrten der Qing-Dynastie und Autor von *Der Traum der Roten Kammer*. Denn ein handfestes Zeichen von Gelehrsamkeit war ein korrektes Hochchinesisch. Wer das nicht beherrschte, wurde als Hinterwäldler verspottet, doch Herr Wu konnte es einfach nicht. Dass er uns alle Wörter und Idiome in einem Dialekt beibrachte, dessen Phonetik sich von der Normphonetik beträchtlich unterscheidet, erklärt auch, warum ich bis heute noch mitunter „Z" und „Zh", „C" und „Ch", „S" und „Sh" falsch verwende. Oft wurde ich von Herrn Wu aufgefordert, das Klassenzimmer zu verlassen, weil ich mit meinen Lachkrämpfen die ganze Klasse ansteckte. Aber er mochte mich, weil ich sehr schön und ungewöhnlich gut schreiben konnte, und Aufsätze ein wesentlicher Bestandteil in Sinologie waren. Von ihm lernte ich das Argumentieren und beherrschte die klassische Methodik des sogenannten Bagu-Stils[xxiii] recht gut, obwohl dieser zu jener Zeit als altmodisch verpönt war. Ihm verdanke ich auch mein Faible für die Gedichte im Songci-Stil[xxiv] von Li Qingzhao und Li Yi. Herr Wu schwärmte auch während des regulären Unterrichts von den Gedichten der Song-Dynastie und rezitierte in seinem breiten Xuzhou-Dialekt rhythmisch und genussvoll Li Qingzhao, was ihm viel Kritik von der Schulleitung und dem Elternverband einbrachte. Er liebte deren Mystik und Empfindsamkeit derart, dass er beim Rezitieren derselben sich und seine Umwelt völlig vergaß.

Zu meinem Klassenlehrer Wang Zhiyuan hatte ich ein sehr enges Lehrer-Schüler-Verhältnis. Herr Wang war kein schöner

Mann, aber stets gepflegt und elegant gekleidet. Er färbte seine Haare mit schwarzem Haarwachs, trug immer polierte Lederschuhe und sorgsam gebügelte Hemden und Hosen. Seine Brille hatte einen Goldrand und war damals sehr modisch, seine Uhr eine alte Rolex aus der Schweiz. Alles war stimmig an ihm, sogar seine Aussprache mit Nanking-Akzent gefiel mir außerordentlich. Er war geschieden und lebte mit seiner Tochter zusammen, was damals in China sehr ungewöhnlich war. Ich war oft bei ihm zu Hause und aß mit ihm, was er gerade zubereitet hatte. Er war vornehm und achtete sehr auf ordentliche Manieren. In seiner Gesellschaft musste man gut frisiert, gewaschen und sorgsam parfümiert, also immer sehr gepflegt auftreten. Es passierte schon mal, dass er Schüler wegen ihres Zwiebel- oder Knoblauchgeruchs wegschickte. Einen Musiklehrer als Klassenlehrer zu haben bedeutete natürlich, dass sehr viel musiziert wurde. Herr Wang vertonte Anweisungen, Zitate und die Verse von Mao mit Anleihen aus Schumanns *Waldszenen* und *Fantasiestücken* sowie aus den Sonaten von Schubert und Chopin. Das blieb so lange sein ureigenes Geheimnis, so lange ich noch kein Grammofon besaß. Danach war es unser gemeinsames Geheimnis. Nur wir wussten, wie die Musik im Original klang. Er war mehr Künstler als Pädagoge, interessierte sich nicht für Bildung und Erziehung, beurteilte uns auch nicht nach der gängigen Notenskala, sondern immer danach, wie gut oder schlecht wir Musik verstanden und praktizierten. Von ihm lernte ich, dass Musik nicht nur die für das Ohr bestimmte Unterhaltung ist, sondern vielmehr Poesie im Sinne des Empfindens und Wissenschaft im Sinne der Kompositionslehre. Er betonte immer, dass die sinnstiftende Kraft der Tonordnung an sich die Bedeutung von Musik ausmachte. Es gäbe keine richtige oder falsche Musik, sondern nur die, die man möge oder nicht möge. Er erzählte mir von der Tragödie der *Lady Macbeth von Mzensk* von Schostakowitsch, die jahrzehntelang in der UdSSR verboten war, nur weil Josef Stalin sie nicht mochte und angeblich zu chaotisch fand.

Herr Wang erteilte uns, einer kleinen Gruppe von Lieblingsschülern, auch außerhalb der Schule Unterricht, weil er glaubte, dass wir talentiert genug waren, um Musiker zu werden. Von ihm lernten wir die westlichen Einflüsse zu erkennen, die in der chinesischen Moderne zu finden waren. Für meine Musikbegeisterung fand er viele Worte des Lobs, natürlich ohne zu wissen, dass ich zuhause häufig ganze Nächte vor dem Grammofon verbrachte. Ab und zu kamen wir auf Klaviermusik zu sprechen, und jedes Mal war er überrascht, wenn ich ihm sagen konnte, um welches Stück es sich handelte und wer in der deutschen Klassik was komponiert hatte. Lauter fremdartige und lange Namen und ungewöhnliche Titel, die für chinesische Ohren schwer zu merken sind. Er reagierte immer hocherfreut darauf, wenn Mitschüler Fragen zu Mozart oder Beethoven stellten; genauso erfreut wie geehrt fühlte er sich, wenn er uns Schumann und Schubert erklären durfte. Es war nichts Besonderes damals in unserer Schule, wenn Schüler regelmäßig in der Öffentlichkeit wegen ihres guten Betragens belobigt oder auch wegen schlechten Betragens getadelt wurden. Einmal lobte er mich vor der ganzen Klasse mit der Feststellung, dass ich der einzige sei, der es als Musiker schaffen könnte. Sein Lob schmeichelte mir zwar sehr, beeinflusste mich aber wenig in meiner Entscheidung, Anglist zu werden. Denn im Vergleich zur Musik fand ich Schriften und Worte wesentlich einfacher, direkter und treffender. Ich mochte das Handwerkliche in der Musik nicht und übte auch nicht gern. Ich genoss Musik vielmehr als vorgegebenes, fertiges Ergebnis, als Schallplatte, jedoch nicht als werdenden Prozess. Oft nahm mich Herr Wang auf Konzerttourneen mit, wenn er Klavierstücke spielte oder als Korrepetitor arbeitete. Dort blätterte ich für ihn die Noten um und sammelte Bühnenerfahrungen. Herr Wang erklärte mir bei solchen Gelegenheiten, wie die europäische Klassik entstanden und wie sie strukturell aufgebaut war. Denn in der Schule hatten wir dazu nur wenig Möglichkeiten. Dort diskutierten wir allenfalls über Stücke, die von kulturrevolutionären Komponisten vertont worden waren und lediglich den Klassenkampf oder Lobpreisungen Maos und der KPCh zum Inhalt hatten. Wie schädlich diese Musik war, spüre ich heute noch in meinen Albträumen. Die vom Klavier begleitete *Rote Laterne* oder die Symphonie *Sha Jia Bang*, all diese schrillen Gesänge, die uns tagtäglich über den Rundfunk und allerorts installierte öffentliche Lautsprecher ins Gehirn gemeißelt wurden, wuchsen dort wie Krebsgeschwüre, die unauslöschlich haften blieben. Noch heute werde ich oft von solchen Stücken heimgesucht und wache mit irgendeinem penetranten Ohrwurm aus Schulzeiten auf. Es ist das Trauma meiner Kindheit: die Zerstörung des kindlichen Gehirns durch die indoktrinäre und lärmende Beschallung während der Großen Proletarischen Kulturrevolution. Mit Zerstörung meine ich, dass mir damals Dinge eingehämmert wurden, die ich nun nie mehr aus dem Kopf bekommen kann.

Herr Wang war auch ein Lehrer, den eine Aura der Unnahbarkeit umgab. Ein Einzelgänger, der über politische Umtriebe und irdische Güter erhaben zu sein schien. Er hatte keine Freunde unter den Lehrern und schuf sich immer wieder Feinde unter den Schülern, weil er ungeheuer beleidigend sein konnte, wenn jemand einen Fehler machte. Mit derselben Strenge wie seine Schüler erzog er auch seine eigene Tochter, die unsere Konzertmeisterin war. Wie war ich schockiert, als er diese einmal ohrfeigte, nur weil sie einen falschen Ton auf der Geige gespielt hatte. Da Herr Wang ein absolutes Gehör besaß, konnte er falsche Töne auch dann noch lokalisieren, wenn ein sechzigköpfiges Orchester vor ihm saß. Dann kannte er keine Gnade und nahm keine Rücksicht auf Gefühle. Er korrigierte und beleidigte immer so, dass man sich schämen musste. Vor allem für Jungen, die vor den Mädchen beleidigt wurden, in die sie verliebt waren, war seine Kritik sehr grausam. Ein Kommilitone wollte sogar seinem Leben ein Ende machen, weil er glaubte, sein Gesicht vor seinem geliebten Mädchen verloren zu haben. Noch Jahre später erzählte er mir von dem Vorfall und gab Herrn Wang die Schuld, dass seine Liebe damals unerwidert geblieben war.

Nachdem wir anfangs nur chinesische Noten gelernt hatten, lernten wir ab dem Frühlingssemester 1976 auch die europäische Notenschrift, indem wir die chinesischen Noten in das dort übliche Liniensystem übertrugen.

Im letzten Schuljahr der Mittelstufe war ich kein angenehmer Schüler. In mir brodelte es. Meine Grundstimmung war von Hoffnungslosigkeit geprägt. Immer wieder hatte ich aus heiterem Himmel depressive Schübe und wurde von einem unbezwingbaren Fernweh gepackt. Kleinigkeiten konnten mich an die Decke bringen, und gleichzeitig war ich von einer abgrundtiefen Traurigkeit erfüllt. Um mich herum erlebte ich nur Banausentum, während ich mich nach dem Erhabenen sehnte. Das fand ich jedoch nur bei meiner heimlichen Lektüre von Byron und Shelley, die ich mit niemandem teilen konnte, und meine nächtlichen Stunden mit Schubert und Brahms taten ihr Übriges, um mein Gefühl von Einsamkeit und Zerrissenheit noch zu verstärken. In der Klasse sah ich keinen Platz mehr für mich, obwohl ich durchaus beliebt war. Denn bisher war ich immer freundlich und zuvorkommend gewesen. Doch in zunehmendem Maße gingen die anderen mir auf die Nerven, was mich launisch und aggressiv machte. In jeder Regel und Verordnung sah ich eine persönliche Provokation. Also schwänzte ich die Schule, blieb dem Unterricht fern und lernte lieber zu Hause allein. Zu jeder Prüfung erschien ich gut vorbereitet, bekam die besten Noten und verschwand wieder. Die Schulleitung hatte mit meinem Verhalten ein großes Problem und wusste nicht so recht, wie sie mich wieder zur Ordnung rufen sollte. Dabei konnte ich mir meine Zeit zu Hause sehr gut einteilen, und wenn ich etwas nicht verstand, ging ich in die Schule und fragte die Lehrer. Kein einziger sah mich deswegen schief an, sie waren freundlich wie immer, beantworteten geduldig meine Fragen und wunderten sich allenfalls darüber, dass ich bereits den Stoff der Oberstufe bearbeitete. Dafür benötigte ich ein Drittel meiner Zeit, die übrigen zwei Drittel nutzte ich zum Lesen von Büchern, die mich interessierten.

Meine Lehrerin Frau Ma Xiping, die Nichte des einflussreichen Komponisten Ma Ke (Marco) und an unserer Schule eine anerkannte Autorität, erkannte als einzige mein Problem: dass ich schlicht und ergreifend unterfordert war. Daher schlug sie der Schulleitung vor, mich eine Klasse überspringen zu lassen. Doch diese war einstimmig dagegen und der Meinung, dass mein „Hochmut" nicht belohnt werden dürfe. Frau Ma dagegen war mein Wohlergehen und meine adäquate Förderung wichtiger als die Schuldisziplin. Daher besorgte sie mir heimlich einen Platz in der achten Mittelschule, wo ich direkt in die Abschlussklasse einsteigen und anschließend bereits im Alter von 16 Jahren an der Aufnahmeprüfung für die Universität teilnehmen konnte.

Long live Chairman Mao!

Fremdsprachen wurden eine Zeit lang überhaupt nicht unterrichtet. In den 1950er-Jahren war nur Russisch gelehrt worden, was jedoch nach dem Einfrieren der diplomatischen Beziehungen zur UdSSR ebenfalls verboten wurde. Daher herrschte in den folgenden Jahrzehnten ein eklatanter Mangel an Fremdsprachenlehrern. Wir hatten allerdings das Glück, mit Frau Fu Junhuai, einer ABS (Arbeiter-, Bauern- und Soldaten)-Absolventin der Pädagogischen Universität von Xuzhou, eine Englischlehrerin zu haben. Sie war damals Anfang zwanzig und hatte daher kein Generationenproblem mit uns Schülern. Sie war Lehrerin, Seelsorgerin und große Schwester in einem, dabei überhaupt nicht autoritär und dennoch in der Lage, uns unter Kontrolle halten. Sie war ziemlich temperamentvoll und machte aus ihrer Zu- oder Abneigung gegenüber Schülern keinen Hehl. Ich hatte das Glück, von ihr gemocht zu werden. Oft besuchten wir Schüler sie in ihrem achtzehn Quadratmeter großen Zimmer in einer Wohnung, die sie mit ihrem Bruder teilte, redeten über Probleme in der Klasse und hörten ihren Geschichten zu. Als ABS-Studentin musste sie rote Wurzeln haben. Dabei war sie erstaunlich unpolitisch. Nie hörten wir sie über Klassenfeinde schimpfen, stattdessen unterhielt sie sich mit uns lieber über Mode und Frisuren. Von ihr lernte ich ein Englisch, das nur in China verstanden wurde. Es bestand im Wesentlichen aus Übersetzungen von Mao-Texten und kulturrevolutionären Parolen.

„Long Live Chairman Mao! "

und

„Chairman Mao is our great leader! "

Das war Lektion Eins. Es folgten Parolen wie

„The working class is the leading class; the working class must exercise the leadership in everything! "

oder

„Study Chairman Mao´s writing, follow his teachings and act according to his instructions and be his good fighters! "

Am Anfang war es ja noch ganz interessant zu erfahren, wie die bekannten Parolen auf Englisch lauteten. Aber bald schon waren wir so gelangweilt, dass niemand mehr Englisch lernen wollte. „Fremdsprachen eröffnen neue Fenster in die große Welt", wurde uns immer wieder gesagt. Was wir lernten, waren aber nur abgedroschene Phrasen, die eben gerade nichts Neues „eröffneten". Langweiliger und unpraktischer konnte eine Sprache kaum vermittelt werden. Auch Frau Fu war klar, dass wir mit diesem „Chinglish" keine Sprache erlernten, sondern nur die Mao-Bibel in anderer Form wiedergeben konnten. Hätte uns dagegen jemand gefragt: „ How are you?" Wir hätten nicht darauf antworten können.

Offiziell musste sich Frau Fu natürlich der Leitlinie der Partei beugen. Inoffiziell gab sie mir ein Lehrbuch vom Linguaphone Institute in London samt den dazu gehörenden Schallplatten. Selbstverständlich sagte sie mir dazu, dass es darin um die Lebensweise der Bourgeoisie ginge und bat mich, kritisch mit dem Inhalt umzugehen. Das sagte sie allerdings in dem ihr eigenen schwesterlichen Tonfall, so dass ich ihre Bemerkung nicht richtig ernst nehmen konnte. Ich war dreizehn oder vierzehn Jahre alt und wusste bestimmt nicht, wie ich kritisch mit der Lebensweise der Europäer umgehen konnte, zumal diese Lebensweise in jeder Hinsicht eine bessere darstellte als die unsere. Politisch korrekt war ihr Handeln keineswegs, und sie riskierte damit nicht weniger als ihre Freiheit. Als Erklärung diente die Tatsache, dass ich sehr gut in Englisch und zugleich ihr Lieblingsschüler war. Ich hatte den Eindruck, dass sie in mir ein Phantombild sah, das etwas Abwechslung in ihren eintönigen Alltag brachte. Es machte ihr einfach Spaß, sich auf Englisch zu unterhalten. Am Ende jeder Stunde lobte sie mich und pflegte zu sagen, dass ich ein geborener Diplomat sei. Sie tat so, als ob Diplomatie von guten Englischkenntnissen abhängig wäre. Selbstverständlich wusste ich, was ein Diplomat machte. Sonderlich interessant fand ich den Beruf allerdings nicht. In unserer Familie arbeiteten zwei enge Verwandte für das Außenministerium in Peking, von denen ich wirklich viel über „Diplomatie" erfuhr, wenn sie im Urlaub nach Xuzhou kamen. Mein Großonkel, der jüngere Bruder meines in Gansu ermordeten Großvaters und seine Frau waren beide kommunistische Diplomaten der Volksrepublik. Sie hatten meine Mutter und ihre Geschwister politisch adoptiert, nachdem sie Vollwaisen geworden waren, wodurch die Klassenzugehörigkeit meiner Mutter von Schwarz auf Rot geändert wurde. Mein Großonkel und dessen Frau, zu denen ich ein so gutes Verhältnis hatte, dass ich sie als Großeltern bezeichnete, wurden immer wieder nach Südostasien, Afrika und Lateinamerika geschickt, wo einige der armen sozialistischen Bruderstaaten lagen. Als „Diplomaten" mussten sie während des Korea-Krieges US-Gefangene verhören und im Krieg gegen Indien mit den Truppen im Kugelhagel voraus marschieren. Das erschien mir wenig attraktiv.

Ein Fenster zur Welt

Das Textbuch des Linguaphone Instituts glich einem Hammer, der alles bisher Propagierte über England und den Westen mit einem Schlag zertrümmerte. Uns war von klein auf erzählt worden, dass zwei Drittel der Weltbevölkerung in Not und Elend lebten und wir, die roten Pioniere und Erben des kommunistischen Unternehmens, sie eines Tages davon befreien würden ... Die englische Lektüre entfachte nun einen wahren Kampf in mir, den ich gegen mein Schicksal und gegen die Zeit, in der ich lebte, führte. Ich fragte mich, warum die Menschen in Großbritannien so viel besser lebten, obwohl sie weder eine Revolution erlebt hatten, noch bei ihnen die Diktatur des Proletariats herrschte. Warum nur wurden wir so belogen, wenn der Kommunismus angeblich doch ein so viel besseres Gesellschaftssystem darstellte? Warum musste ausgerechnet China andere Menschen aus Armut und Elend befreien, obwohl es nicht einmal alle Bewohner des eigenen Landes ernähren konnte? Das Englischbuch von Linguaphone öffnete mir ein Fenster zur Welt außerhalb von China, das sich damals zivilisatorisch und kulturell dermaßen von der übrigen Welt abkapselte, dass wir von dort so gut wie gar nichts wussten. Kühlschränke, ein Telefon im Haus, Spiegelreflexkameras, Farbfotos ... Ich musste schon bei Sachkundigen nachfragen, was für Geräte das waren und wie sie funktionierten. Das Fenster ließ sich nicht wieder schließen. Von hier aus gelang mir die Flucht, die Flucht in ein neues zivilisiertes Leben.

Das Englischbuch beschrieb den ganz normalen Alltag in Großbritannien, so dass ich mühelos vergleichen konnte, wie die

Realität hier und dort aussah: Dort führten die Menschen ein friedliches Leben, arbeiteten gerne, verdienten sich ihren Lebensunterhalt durch eigene Leistung und schafften sich selbst ein Zuhause, in dem sie sich sichtlich wohlfühlten. Hier dagegen lebten wir in Angst und Terror und zerstörten unsere Tempel und Schreine. Das Leben selber war eine einzige Beleidigung, von morgens bis abends von politischen Kampagnen bestimmt. Dort gingen die Menschen ins Theater oder ins Kino, besuchten Konzerte, lasen schöngeistige Literatur und Gedichte, die die Bildung der Persönlichkeit förderten. Hier wohnten wir öffentlichen Anklage- und Verurteilungsversammlungen bei, auf denen unschuldige Menschen gedemütigt, beschimpft, bespuckt und geschlagen wurden. Wir besuchten Schauprozesse und öffentliche Hinrichtungen, lasen die Mao-Bibel und Propaganda-Literatur, um unser revolutionäres Bewusstsein zu schärfen. Dort dinierten die Menschen gesellig und genossen mit feinen Manieren ihr Essen unter Freunden. Hier dagegen fühlte sich jeder bedroht. Die allgemeine Verrohung der Sitten und die bewusste Förderung und Verbreitung der Respektlosigkeit erstickte jeglichen Ansatz von Privatsphäre im Keim und stellte die Kategorien dessen, was man einmal unter „Kultur" verstanden hatte, komplett auf den Kopf: Je roher, je ungepflegter und sarkastischer jemand auftrat, desto mehr wurde er geachtet und galt als wertvolles Mitglied der proletarischen Gesellschaft. In London gab es ein spinnennetzähnliches ober- und unterirdisches Verkehrssystem. Menschen benutzten die U-Bahn, Taxis oder eigene Automobile auf dem Weg zur Arbeit. Bei uns gab es Omnibusse, die so überfüllt waren, dass wir Kinder selten eine Chance hatten, uns durchzusetzen und mitzufahren. Begriffe wie U-Bahn, PKW und Taxi waren für uns Fantasiegebilde. Wir benutzten Fahrräder, die man nur gegen Bezugsscheine bekam.

Ich lernte, dass die Engländer ihre Kleidung beim Schneider bestellten und Anzüge und Westen, Jacken und Mäntel sowie Regenmäntel nach Maß anfertigen ließen. Im China der 1970er-Jahre kannten wir nur die Mao-Jacken oder die Militärjacken der Volksbefreiungsarmee in den Farben Grau, Blau oder Grün. Und die Mädchen durften keine Kleider anziehen. Viele Familien wohnten auf engstem Raum, zusammengepfercht auf nur wenigen Quadratmetern und teilten Küche und Wohnzimmer mit Nachbarn. Spül-Klosetts gab es nicht. Dass ganze Familien mit drei Generationen in einer Einzimmerwohnung wohnten, war in Städten wie Shanghai keine Seltenheit. Dagegen bestanden die Eigenheime der Engländer aus Wohnzimmer, Küche, Schlafzimmern und Bad. Die meisten Häuser hatten selbstverständlich eine Garage und einen Garten. Die englischen Familien verdienten monatlich im Durchschnitt fünfhundert Pfund. Automobile, Radio, Fernsehapparat, Plattenspieler, Telefon und so weiter waren Standardanschaffungen jeder Familie. Und fließendes Wasser, Spül-Klosett und Heizung taten ein Übriges, um das Wohnen angenehm zu machen ... Und das alles sollte Not und Elend sein? Und wir sollten diese Menschen daraus befreien? Ich fühlte mich nach Strich und Faden belogen und betrogen.

Noch erschütternder waren die geistigen und kulturellen Unterschiede. Unser kulturelles Leben war von politischen Kampagnen bestimmt – der Kulturrevolution, der Anti-516-Cliquen-Bewegung, der Kritik an Lin Biao und Konfuzius, Gegenangriffen auf rechtsabweichlerische Urteilsrevidierungswellen, die Niederschlagung der Vierer-Bande und der vier sogenannten Modernisierungen der Industrie, der Agrikultur, der Verteidigung, der Wissenschaft und Technologie, die in den 80er-Jahren vom großen Steuermann Deng Xiaoping ausgerufen worden waren und bis 1989 das Parteiprogramm der KPCh bestimmen sollten. Kunst und Wissenschaft in einer freiheitlichen Atmosphäre ohne politische Zwänge und ideologische Schablonen zu betreiben, war schlichtweg unmöglich. Alles diente ausschließlich der Revolution, was letztlich dazu führte, dass alles Menschliche, Individuelle und Schöpferische gänzlich aus der Kultur und der Kunst – und somit aus dem Leben – getilgt worden war. In der Literatur und der Kunst gab es nur ein einziges Thema: das Lob der kommunistischen Partei und das Preisen des Großen Führers Mao Zedong. Die Kultur war damit auf die rituelle Verehrung Maos und der KPCh reduziert. Doch konnten selbst noch so perfekt inszenierte Aufmärsche mitsamt schwierigsten Akrobatik-Darbietungen nicht darüber hinwegtäuschen, dass es dabei um keine Kunst ging, die einem zivilisatorischen Fortschritt und der Kunstfertigkeit gereifter Individuen entsprang. Der Bruch mit der Tradition und die Stalinisierung der Kultur nahm uns auch die Möglichkeit, uns mit unseren eigenen Sitten und Weltanschauungen zu identifizieren. Alles in allem kannten wir nur eine „Kultur" der rituellen Verehrung von Mao und der KPCh, die sich im täglichen Klassenkampf manifestierte. Sie prägte uns, völlig abgeschnitten von jeglichen Traditionen, seelisch und weltanschaulich derart, dass wir weder Fisch noch Fleisch waren.

Der Linguaphone Englisch Course trieb förmlich einen Keil zwischen mich und mein Land und machte mich auf der geistigen Ebene zu einem Heimatlosen. Wie herzerfrischend war doch die englische Literatur im Gegensatz zu dem, was die zeitgenössischen chinesischen Berufsschreiberlinge zu bieten hatten, mit denen wir fortlaufend malträtiert wurden! Die Shakespeare-Tragödien, die romantischen Gedichte eines Wordsworth, Byron, Shelley und Keats stellten all das maoistische Geschrei in den Schatten, während die Naturverbundenheit, die weltabge-

wandte Landschaftsbeschreibung, die sinnliche Liebesbekun-
dung und die Erhabenheit des Individuums meine Seele erbeben
ließen. Insbesondere folgende zwei Gedichte hatten es mir ange-
tan:

Upon the Westminster Bridge *von William Wordsworth*

Earth has not anything to show more fair:
Dull would he be of soul who could pass by
A sight so touching in its majesty:
This City now doth, like a garment, wear

The beauty of the morning; silent, bare,
Ships, towers, domes, theatres, and temples lie
Open unto the fields, and to the sky;
All bright and glittering in the smokeless air.

Never did sun more beautifully steep
In his first splendour, valley, rock, or hill;
Ne'er saw I, never felt, a calm so deep!

The river glideth at his own sweet will:
Dear God! the very houses seem asleep;
And all that mighty heart is lying still!

The Sun of The Sleepless *von George Gordon Byron*

Sun of the Sleepless! melancholy star!
Whose tearful beam glows tremulously far,
That show'st the darkness thou canst not dispel,
How like art thou to Joy remembered well!

So gleams the past, the light of other days,
Which shines but warms not with its powerless rays:
A night-beam Sorrow watcheth to behold,
Distinct, but distant – clear – but, oh, how cold!

Wie sollte ich nach so einer Poesie noch zeitgenössische chinesische Gedichte wie „Ah Partei, meine Mutter!" oder „Oh Vaterland, meine Liebe!" ertragen können? „Literarische" Werke wie „Yan Yang Tian" und „Jin Guang Da Dao" waren ja nichts anderes als die Mao-Bibel in Erzählform, die mir im wahrsten Wortsinn wehtaten. Immer wieder musste ich mich übergeben, hatte Fieber und Kopfschmerzen und machte meine Eltern ratlos. Auch die Ärzte konnten mir nicht helfen. Sie glaubten an einen Bakterienbefall und spritzten mir wochenlang Penicillin. Ich aber wusste, was mir fehlte und welche „Bakterien" mich tatsächlich befallen hatten. Ich wollte unbedingt Bücher haben, die mir ein Gefühl von Erhabenheit vermitteln konnten. Ich wollte die rüpelhafte Welt um mich herum vergessen und mich voll und ganz der Poesie widmen.

Also fragte ich meinen Vater nach verbotenen Büchern. Er verstand, was ich meinte und überließ mir seine sorgsam gehüteten Gedichtsammlungen von Heine, Shelley, Byron, Keats, Puschkin, Lermontow, Longfellow, Whitman und anderen, nachdem er mir eingeschärft hatte, diese Bücher niemand anderem auszuleihen. Ich verschlang die Verse förmlich und las sie immer wieder. Es war so schön, ja geradezu fantastisch, über die Worte nachzudenken und mir die Szenen auszumalen, die diese poetischen Worte in mir evozierten. Ich las sie im Winter nachts unter der Decke mit der Taschenlampe und im Sommer auf der Fensterbank sitzend und dem Himmel zugewandt. Ich hörte die

Pfiffe der Dampflok in der Ferne und träumte von einer weiten fremden Welt, wo die Liebe und eine edelmütige Gesinnung zuhause waren. Ich wurde regelrecht von Sehnsucht und Fernweh gepackt.

Gegenwelten

Frau Fu hatte bestimmt nicht damit gerechnet, dass die Lektüre von „Linguaphone English" mich insofern krank machte, als ich alles zeitgenössisch Chinesische nicht mehr riechen, sehen und hören konnte, ohne Kopfschmerzen und hohes Fieber zu bekommen. Dieses Buch markierte die Trennlinie zwischen mir und der Welt, die mich damals umgab, und es beförderte meine Versuche als Heranwachsender, meine Umgebung zu ignorieren und mir eine Scheinwelt aufzubauen, wo ich mit Shelley, Byron, Heine, Puschkin und Lermontow reden, und Schumann, Schubert und Brahms lauschen konnte. Die verbotene westliche Musik hatte ich rein zufällig entdeckt, als ich eines Tages meine entlaufene Schildkröte suchte. Ich fand sie verborgen in einer Holzkiste unter dem Bett, säuberlich sortiert und beschriftet, die Schallplattensammlung meines Vaters. Auf jeder Platte hatte er die in russischer Schrift darauf gedruckten Namen der Komponisten ins Chinesische übersetzt. Fehlte nur noch ein Grammofon, doch es sollte nicht mehr lange dauern, bis ich in den Besitz eines solchen gelangte.

Gepackt vom Fernweh saugte ich alles auf, was ausländisch war. Überall suchte ich nach Büchern, die meinen geistigen Hunger stillen konnten. Kommilitonen kaufte ich Postkarten und Magazine ab, und fündig wurde ich auch bei meinem Onkel, der Anführer einer rebellischen Stoßpartei war und als solcher mitunter sogar von Mao Zedong und Zhou Enlai in Peking empfangen wurde. Seiner Einheit unterstand das Güter- und Materialverwaltungsamt der Stadt Xuzhou. Dort lagen viele konfiszierte Dinge, die die ehemaligen Eigentümer aus Angst vor Verfolgung nicht mehr zurückforderten. Bücher, Bilder, Kalligrafien und Porzellan konnte ich dort zu einem symbolischen Preis ersteigern. So war ich auch an ein Grammofon gekommen. Von da an genoss ich täglich Musik, für mich Laute des Himmels, die die Saiten in meinem Herzen zum Schwingen brachten. Ich musste allerdings Fenster und Tür mit Schlafdecken und Sitzkissen abdichten und das Grammofon so leise stellen, dass die Nachbarn es nicht hören konnten.

Mit außergewöhnlichem Fleiß machte ich mich daran, Englisch zu lernen. Ich fing damit an, sobald ich die Augen aufschlug und ging abends mit englischer Lektüre zu Bett. Sogar beim Fahrradfahren las ich laut englische Literatur. Ich machte Riesenfortschritte und arbeitete hart daran, den Akzent der Linguaphone-Schallplatten und die Londoner Sprachmelodie zu imitieren. Und das schien mir durchaus gelungen zu sein, wie mir viele Kommilitonen aus England später an der Universität von Nanking bestätigen sollten. Ich war hoffnungslos verliebt in die englische Sprache und die englische Literatur, und mein Traumberuf zu dieser Zeit war Literaturübersetzer, um all die fantastischen Gedichte, Romane und Erzählungen ins Chinesische übertragen zu können, die ich so sehr liebte. Frau Fu bestärkte mich in meinem Traum. Sie gab mir die Novelle *Der alte Mann und das Meer* von Hemingway mit der Bemerkung, dass der Autor dafür den Literaturnobelpreis bekommen habe. Von ihr hörte ich zum ersten Mal von diesem Preis. Drei Jahre später, als ich die untere Stufe der Mittelschule beendete, war ich bereits in der Lage, englische Bücher im Original zu lesen. Auch konnte ich die damals einzige zugängliche Grammatik, geschrieben von Professor Bao Bing, in- und auswendig und war daher in der Lage, mir fast alle grammatischen Fragen selbst zu beantworten.

Ab der Oberstufe war ich der heimliche „Englischlehrer" meiner Klasse. Alle Mitschüler kamen zu mir, wenn sie Fragen zur Grammatik hatten, die von den Lehrern nicht beantwortet werden konnten. In der Oberstufe der Mittelschule hatte ich drei weitere Englischlehrer. Frau Wang Lian war eine im „Peking Foreign Language Institute" ausgebildete Dolmetscherin des Außenministeriums, die wegen ihres Rechtsabweichlertums nach Xuzhou strafversetzt worden war. Ich war oft bei ihr zu Hause, aber ihren Mann bekam ich nie zu Gesicht, weil er im Arbeitslager war. Sie sprach ausgezeichnet Englisch, war jedoch wegen jahrelanger Quälerei geistig verwirrt und konnte ohne Psychopharmaka nicht unterrichten. Oft musste ich für sie einspringen, selbst wenn sie im Klassenzimmer war. Sie hatte eine Tochter, die zwei Jahre jünger war als wir. Mit ihr war ich befreundet und behandelte sie wie eine jüngere Schwester. Dass wir uns auf Anhieb blendend verstanden, lag vermutlich an der gemeinsamen Erfahrung, den eigenen Vater in Zwangshaft zu erleben, vielleicht aber auch an der geteilten Liebe für Poesie und dem gemeinsamen Hass auf das Proletarische. Sie war ein schönes, graziöses Mädchen mit einem starken Hang zur Melancholie und schon mit vierzehn Jahren eine einsam Suchende. So bleibt sie mir auch in der Erinnerung, die kleine Ente, die quakend hinter mir her lief. Frau Wang verließ Xuzhou sehr bald, als der große Führer Mao starb. Wohin sie damals ging, habe ich nie erfahren. Einem Gerücht zufolge war sie aus Freude über Maos Tod endgültig verrückt und in die geschlossene Psychiatrie eingewiesen worden. Ich vermisse sie und ihre Tochter Mengmeng, wann immer ich an unsere gemeinsame Schulzeit denke.

Frau Gu Li war eine junge, engagierte Lehrerin, ungefähr so alt wie Frau Fu. Von ihr lernte ich, dass die Würde einer Lehrerin auch dann unantastbar bleiben konnte, wenn sie fachlich nicht die Beste war. Sie beschämte mich oft, indem sie mit Fragen zu mir kam und mich um Hilfe bat. Sie war unglaublich fleißig, machte schnell Fortschritte und gewann schließlich den „Siegespreis für den besten Englischlehrer" der Stadt Xuzhou, weil viele ihrer Schüler bei der Aufnahmeprüfung der Universität sehr gute Noten in Englisch hatten.

Herr Ma war unter all meinen Lehrern der kumpelhafteste. Er war Absolvent der Pädagogischen Hochschule von Yangzhou, hatte noch vor der Kulturrevolution Anglistik studiert und war in der englischen Linguistik unübertrefflich. Dabei war er ein bescheidener Mann von Mitte 40, zu niemandem streng und von einer Nachsichtigkeit, die ihm oft Nachteile bescherte. Er faszinierte mich durch sein Wissen, seine Fürsorge und seine Einfachheit. Er war mit einer wesentlich jüngeren Frau verheiratet, die nicht sonderlich gut lesen und schreiben konnte. Mit ihr hatte er einen kleinen Sohn. Herr Ma betrachtete mich nicht nur als einen Schüler und einen Angehörigen der nachfolgenden Generation, sondern auch als Freund und Partner. Er gab mir das Gefühl, wertvoll und ihm ebenbürtig zu sein. Nächtelang hockten wir in seinem Treppenhaus-Büro, wo das Audio-visuelle Labor untergebracht war und hörten „The Voice of America". VOA bot damals ein „Learning English"-Programm an, dem wir fleißig folgten. Streng genommen war es verboten, was wir beide da machten, und er riskierte eine harte Strafe, wenn jemand davon Wind bekam. Aber offensichtlich hatte er ein unerschütterliches Vertrauen zu mir. Über „VOA" erfuhr ich auch, dass die Amerikaner genauestens Buch führten über die Verbrechen der Kommunisten in China.

Nach Maos Tod 1976 begann ein geistiger Frühling in China, der bis zur Niederschlagung der Demokratiebewegung 1989 andauerte. In diesen Jahren legte der „Commercial Press Verlag" in Shanghai alle von Mao verbotenen Bücher der westlichen Klassiker neu auf. Unter meiner Lektüre befanden sich zahlreiche Romane wie *Krieg und Frieden*, *Wuthering Heights*, *Jane Eyre*, *David Copperfield*, *Les Misérables*, *Madame Bovary* und dergleichen mehr. Das waren Bücher, die mich charakterlich und weltanschaulich prägten. In jeder Geschichte fand ich Figuren, mit denen ich mich identifizieren und deren Schicksale ich in meinen Tagträumen lebhaft nachempfinden konnte. Ich las auch viele kunsthistorische und philosophische Bücher wie *Die Kultur der Renaissance in Italien* von Jacob Burckhardt, *Die Philosophie der Kunst* von Hippolyte A. Taine, *Die Kunst* von Auguste Rodin. Ich hatte eigenmächtig eine Zeitschrift namens *Malerei der Welt* abonniert, die von der Kunstakademie der Provinz Zhejian herausgegeben wurde. Darin sah ich zum ersten Mal nackte Frauen, etwa in Dominique Ingres′ Gemälden „Das türkische Bad", „Odaliske und Sklavin" oder „Quelle". Ingres hatte viele Anhänger in Xuzhou. Und viele meiner späteren Malerfreunde haben ihn kopiert. „Das türkische Bad" vermittelte mir ein bleibendes Gefühl der Muse, die später mit Goethes Gedichtsammlung *Westöstlicher Divan* und Mozarts *Entführung aus dem Serail* mein Bild vom Morgenland bestimmte. Auch die Bilder von Gustave Courbet, Henri Matisse, Edgar Degas, Pierre-Auguste Renoir, Claude Monet und anderen Impressionisten aus Frankreich faszinierten mich. Sie lehrten mich, die Natur nicht objektiv zu kopieren, sondern subjektiv zu interpretieren. Die französischen Impressionisten hatten auch mein Interesse für Kunstgeschichte und Kunsttheorie geweckt. Nun suchte ich nach Zusammenhängen zwischen der Malerei und der Lyrik. In der Malerei des Impressionismus entdeckte ich viele Verse von Charles Baudelaire und Arthur Rimbaud, viele Melodien von Claude Débussy und Maurice Ravel. Las ich die Verse von Rimbaud, dachte ich augenblicklich an die pointilistischen Landschaftsbilder von George Seurat und die einsamen Wasserlandschaften von Alfred Sisley.

„Sie ist wieder gefunden.
Was? Die Ewigkeit.
Es ist das Meer verbunden,
Mit der Sonne in eins."

Maos Tod

1976 war für China ein Schicksalsjahr. In diesem Jahr starben im Januar Zhou Enlai, im Juli Marschall Zhu De und schließlich im September Mao Zedong, drei Vertreter der proletarischen Revolutionäre der alten Generation. Der Tod von Mao Zedong war ein Melodram sondergleichen, das uns zunächst in eine Art Schockstarre versetzte. Es war der neunte September nachmittags um vier. Wir saßen gerade im Unterricht, als plötzlich die Sirenen losheulten. Der Unterricht wurde augenblicklich abgebrochen und Lehrer und Schüler wurden über eine Lautsprecherdurchsage zusammengerufen. Wir versammelten uns unter viel Gejohle und gegenseitigen Rempeleien auf dem Platz vor dem Lehrergebäude, ohne auch nur im Entferntesten zu ahnen, was passiert war. Dann rief uns der Schuldirektor über den Lautsprecher zur Ruhe und las mit gedämpfter Stimme von einem Blatt, dass unser „Großer Lehrer, Weiser Führer, Ruhmreicher Steuermann – der Vorsitzende Mao" uns verlassen hatte...

Schlagartig wurde es mucksmäuschenstill. Die Zeit schien stehenzubleiben. Und niemand rührte sich. Als hätte uns ein unsichtbarer Zauberer mit seinem Stab zur Reglosigkeit verdammt. Von Geburt an hatten wir gelernt: „ Der Himmel ist groß, die Erde ist groß, die Güte (Fürsorge) des Vorsitzenden Mao ist größer; der Vater ist lieb, die Mutter ist lieb, die Liebe des Vorsitzenden Mao ist weitaus inniger!" Bereits in der Kinderkrippe hatten wir gesungen: „Der Osten ist rot, die Sonne geht auf, China hat jetzt den Retter Mao Zedong!" Nie im Traum hatten wir je daran gedacht, dass der Große Führer einmal sterben könnte; nie im Traum hatten wir damit gerechnet, eines Tages ohne ihn leben zu müssen. Er besaß unsere Herzen, Köpfe und Körper und verfügte uneingeschränkt über unsere Liebe, unseren Glauben und unsere Kraft. Wir waren jederzeit bereit, seinen Befehlen zu gehorchen, uns aufzuopfern und die Welt niederzureißen...

Langsam kehrte das Bewusstsein zurück, jemand fing an zu wimmern und zu weinen. Es wurde stärker und lauter, immer mehr Schüler weinten mit, und auch Lehrer schlossen sich den Weinenden an. Einige schlugen sich an die Brust, andere stampften mit den Füßen auf und heulten ganz verzweifelt. Einige erlitten Schwächeanfälle und gingen zu Boden. Andere klagten über Atemnot und wurden kreidebleich. Schmerzerfüllt begann auch ich zu weinen. Heulen, Wehklagen und Schluchzen, ein weithin erschallendes Trauerlied kreiste über dem Platz, an dem wir normalerweise Lobpreisungslieder vortrugen. Die Tränen strömten, die Trauer war echt.

Alle waren schockiert und bestürzt, der Kopf war leer. Staatstrauer wurde angeordnet. Nationale Trauermusik schallte über Wochen und Monate allerorts aus den Lautsprechern, und die Nationalflaggen wehten allenthalben auf Halbmast. Unser Sportplatz wurde zum Trauerplatz umgewandelt, die Bühne zur Trauerhalle umgebaut. Sämtliche Bäume, Laternen und Geländer wurden mit weißen Papierblumen geschmückt, und rings um das Schulgebäude wurden Slogans angebracht. „In tief empfundener Trauer gedenken wir des Großen Führers und Vorsitzenden Mao!" und „Unser Großer Führer und Lehrer möge ewigen Ruhm genießen!" Uns wurde befohlen, einheitlich weiße Hemden mit einer schwarzen Armbinde und dunkle Hosen anzuziehen und die Anstecknadel mit Maos Porträt zu tragen. Die Mädchen durften keine farbigen Haarbänder und keinen

Schmuck tragen. Wir sollten keine lustigen und unterhaltsamen Spiele spielen, nicht singen oder laut reden. Auch zu Hause, wo die Atmosphäre im Allgemeinen lockerer war, durften wir in diesen Wochen nicht laut werden. Mein Vater und ich hörten im abgedichteten Treppenhaus heimlich Schostakowitsch und die Requiems von Brahms und Mozart. Meinen Vater beschäftigte in diesen Tagen vor allem die Frage, ob die unendliche Revolution unter der proletarischen Diktatur mit dem Tod von Mao beendet werden konnte. Ich dagegen genoss die Schweigsamkeit der Menschen, die fromme Bedachtsamkeit und ehrerbietige Ruhe, las meine Lieblingsgedichte von Michail Lermontow und suchte darin Trost und Ablenkung.

Gebet *von Michail Jurjewitsch Lermontow*

> *In Stunden der Entmutigung,*
> *Wenn´s gar zu trübe geht,*
> *Gibt Trost mir und Ermutigung*
> *Ein Wundersüß Gebet.*

> *Sein heilig Wort so weihevoll,*
> *So voll von Leben tönt, −*
> *Es fühlt mein Herz sich reuevoll*
> *beseligt und versöhnt.*

> *Aus meiner Brust der Zweifel scheu*
> *Wie eine Last entweicht .*
> *Ich wein´ auf´s Neu, ich glaub´ auf´s Neu,*
> *Mir wird so leicht, so leicht.*
> *(Übersetzt von Friedrich von Bodenstedt)*

Am 18. September 1976 war der Tag des Staatstraueraktes. Wir mussten uns vor dem Denkmal für die revolutionären Märtyrer der Huaihai-Schlacht versammeln. Im 790 000 Quadratmeter großen Mausoleumspark standen die Menschen nach Einheiten geordnet in Reih und Glied und schlängelten sich um das Denkmal. Nationale Trauermusik erfüllte die Luft, und das herzzerreißende Heulen der Massen vermischte sich mit der Musik und erzeugte eine eigenartig wehmütige Melodie, die ich wohl nie vergessen werde. Das war keine gespielte Trauer, wie oft berichtet wurde. Niemand war zum Weinen gezwungen worden. Auch das Gerücht, dass viele sich nicht trauten, mit dem Weinen aufzuhören, war falsch.

Die ganze Stadt war auf den Beinen, 1,86 Millionen Menschen wurden gezählt, die mehrere Stunden Schlange standen, um vor dem Denkmal ihre tiefe Trauer zu bekunden. Die Armeen traten in Kampfbereitschaft ersten Grades, und Jagdflugzeuge rasten im Minutentakt über die Köpfe der Menschenmassen hinweg. Uns wurde an diesem Tag ein neuer Führer präsentiert: Hua Guofeng wurde zum Nachfolger von Mao Zedong erklärt, der diesen angeblich in seinem letzten geschriebenen Satz dazu auserkoren hatte: „Wenn du die Sache in der Hand hast, bin ich beruhigt!"

Hua Guofeng, der nun an der Spitze der Führung stand, ließ bereits vier Wochen später die sogenannte Vierer-Bande verhaften – Zhang Chunqiao, Chefideologe der Kulturrevolution und Erfinder der fortgesetzten Revolution unter proletarischer Diktatur, Yao Wenyuan, Maos Schriftführer, Wang Hongwen, Rebellenführer aus Shanghai und Vize-Ministerpräsident und Maos Witwe – und anschließend zu lebenslangen Freiheitsstrafen verurteilen. Hua Guofeng regierte das Land unter dem Motto: „Alle

Entscheidungen des Vorsitzenden Mao müssen wir entschieden verteidigen. Alle Anweisungen des Vorsitzenden Mao müssen wir konsequent befolgen."

Nach dieser Logik mussten wir ihm als Nachfolger des Vorsitzenden Mao genauso huldigen und ihn ebenso anbeten und lieben wie Mao selbst. Im Klassenzimmer wurde neben Maos Porträt nun das Porträt von Hua Guofeng an die Wand gehängt, und überall in der Stadt wurden Propaganda-Wandgemälde von Hua als neuem Führer angefertigt. Unser Klassenlehrer Wang Zhiyuan gab mir ein neues Lied, das ich zum Neujahrsfest 1977 vorsingen sollte. Übersetzt ins Deutsche lautet es folgendermaßen:

Tausend Berge und zehntausend Hügel versinken im Blumenmeer,
Alle Blumen neigen sich zur Sonne hin;
Herzen aller Nationalitäten im Land schlagen füreinander,
Rings um den Vorsitzenden Hua vereinen wir uns eng!
...

Das war das vorletzte Lied, das ich im Auftrag von Herrn Wang in der Öffentlichkeit vorsingen sollte. Das letzte Lied folgte im Mai 1977, das zugleich mein ganz persönliches Abschiedslied von den Lehrern und von der Bühne war – sehr zum Missfallen von Herrn Wang, der es mir übel nahm, dass ich nicht Musik studieren wollte.

Neuer Schlüssel zum Glück

Nach Maos Tod gab es einen Paradigmenwechsel: Das Land brauchte fähige und wissenschaftlich ausgebildete Leute für den Wiederaufbau. Die seit zehn Jahren eingestellte Aufnahmeprüfung für die Universität wurde wieder eingeführt. Gelehrsamkeit und Bildung galten nun nicht mehr automatisch als „konterrevolutionär", und Wissenschaftler wurden wieder geachtet. Das Lernen wurde zu einer neuen Massenkampagne, die allerdings nicht von der Regierung gesteuert wurde. Die Universität war von nun an der einzige Weg zu einer besseren Zukunft und die einzige Möglichkeit, sich vom trostlosen Alltag zu befreien. 1977 wurden 5,7 Millionen von ungefähr 20 Millionen Absolventen der gesamten Kulturrevolutionsperiode zur Prüfung zugelassen. Die meisten von ihnen waren vom Großen Führer aufs Land geschickt worden, um zu sozialistischen Neubauern zu werden. Sie waren vom Führer belogen und um ihre Jugend betrogen worden, und nur wenn sie die Aufnahmeprüfung für die Universität bestanden, durften sie das erbärmliche Elend verlassen, zu dem sie bis dahin verdammt waren. Nur klägliche 270 000 Prüflinge schafften die Aufnahmeprüfung und konnten an der Universität studieren und sich so aus dem Elend befreien. 1981, in dem Jahr, in dem ich an die Uni kam, durften nur 2,59 Millionen von 90 Millionen Bewerbern an der Prüfung teilnehmen, von denen nur knapp elf Prozent, also 280 000 die Prüfung bestanden. Der Studentenstatus wurde zur Auszeichnung, Lernen und Büffeln die neue Lieblingsbeschäftigung. Haudegen, Sprösslinge der Roten wie der Rebellen fanden in Büchern einen neuen Schlüssel zum Glück. Brillen kamen in Mode. Die Universität erlangte wieder die Bedeutung des „Drachentors". Über die Schwelle springen zu können, bedeutete wieder, edel zu sein und eine ruhmreiche Zukunft zu haben.

Das letzte Lied, das ich auf der Bühne vorsang, hieß: „Lehrer, was für fleißige Gärtner sie doch sind!" In dem Lied werden Lehrer metaphorisch als Gärtner gepriesen und Schüler mit Blumen und Pflänzchen verglichen. Ich fasse hier den Inhalt zusammen:

... Gärtner scheuen keine Mühe, trotzen Wind und Wetter, überwinden alle Widrigkeiten, beackern den Boden fleißig. Lehrer verwenden die Strahlen und den Glanz der Gedanken Mao Zedongs, erhellen unsere Herzen und Seelen. Sie lehren uns Liebe zu kommunistischen Idealen, motivieren uns, die Gipfel der Wissenschaften zu erklimmen. Sie arbeiten für die Revolution, stehen unendlich treu zu dem pädagogischen Programm der Partei. Sie beherzigen fest Wunsch und Auftrag der Partei, scheuen keine schwere Last auf den Schultern! Wir lernen für die Revolution, schwören und geloben entschlossen, Fortführer des proletarischen revolutionären Unternehmens zu sein...

Dass ich vom Inhalt des Lieds absolut nicht überzeugt war, ist nicht weiter verwunderlich. Hatten wir dergleichen doch jahrelang tagtäglich zu hören bekommen und uns darum bemüht, solche Parolen zu ignorieren, weil sie uns Schwielen in den Ohren verursacht hatten. Dennoch fand ich die Melodie eigentlich ganz schön. Und so sang ich das Lied aus echter, herzlicher Dankbarkeit. Zurückblickend auf die zehn Schuljahre in Xuzhou, bin ich auch heute selten frei von Rührung. Das Aussehen und die Stimmen einzelner Lehrer sind mir immer noch so gegenwärtig, als ob ich sie tatsächlich sehen und hören könnte. Das lächelnde Gesicht des Geografielehrers Herrn Zhang, die kindlich-freundliche Miene von Frau Gu, die leicht pedantische und

gütige Mimik der Frau Ma, der träumerisch ernste Blick der Frau
Fu, das Kettenrauchen von Frau Xie ... Trotz aller berechtigten
wie unberechtigten Kritik erweckt die Erinnerung an sie alle bei
mir ein starkes Gefühl der Dankbarkeit und der Wehmut. Egal
welche Klassenzugehörigkeit die Lehrer hatten, egal welche Ver-
leumdung und Diffamierung sie erlitten, egal wie sehr ihre Arbeit von den maoistischen Rebellen und Rotgardisten mit Füßen
getreten wurde, und egal wie oft sie ihr Leben und ihre Freiheit
riskieren mussten, sie hatten ihre Leistung alle hingebungsvoll,
leidenschaftlich und selbstlos für uns erbracht. Sie hatten uns
alles, was sie konnten und durften, gegeben und oft auch etwas
mehr. Neben den obligatorischen maoistischen Gedanken hatten
sie uns, oft nur versteckt und zwischen den Zeilen, jene univer-
salen Werte gelehrt, von den wir heute noch zehren.

Hua Guofeng beendete die zehnjährige Kulturrevolution. Offiziell wurde sie nun als zehnjährige Katastrophe bezeichnet.
Deng Xiaoping kehrte nach Peking zurück und brachte die Arbeit auf allen Gebieten wieder aufs rechte Gleis. Zwei Jahre später, im Jahre 1978, wurde Deng der Vorsitzende der KPCh. Er
setzte mithilfe der alten Garde Hua Guofeng ab. Als ideologische Grundlage dafür führte er an, dass „Praxis das einzige Kri-
terium für die Wahrheitsprüfung ist". In der ganzen Welt wurde
seine Devise gefeiert: „Egal ob die Katze weiß ist oder schwarz,
fängt sie die Maus, ist sie eine gute Katze!" Mit seinem ihm eigenen Pragmatismus widersprach Deng vehement der politischen
Linie von Hua Guofeng, alle Entscheidungen von Mao zu verteidigen und alle Anweisungen strikt zu befolgen. In Dengs Augen war Mao ein Despot, der das Land mit seiner Gewaltherrschaft an den Rand des Abgrunds geführt hatte. Typisch für
Deng war auch, dass er „alle Klassen und Klassenzugehörigkeiten" mit einem Wort eliminierte: „Wir sind doch ein neues Chi-

na, im neuen China gibt es nur eine werktätige Klasse!" Millionen und Abermillionen von Menschen wurden rehabilitiert, konnten das Haupt wieder erheben; Millionen und Abermillionen von Familien wurden wieder vereint und konnten die durch Unrecht und Rechtsbeugung umgekommenen Angehörigen betrauern. Die Entscheidung des sogenannten „Hut-Abnehmens" ermöglichte Großgrundbesitzern, Rechtsabweichlern und Konterrevolutionären ein neues Leben und gab ihnen ihre Würde und ihre Rechte zurück, die ihnen von Mao genommen worden waren.

Ab 1977 wurden wir in der Schule streng benotet. Nach zahlreichen Prüfungen wurde aus 16 Klassen eine Eliteklasse gebildet, und aus zahlreichen Schulen eine oder zwei Eliteschulen zusammengestellt. Nur die Schüler der Eliteklassen durften an der Aufnahmeprüfung der Universität teilnehmen. In meiner Schule waren das weniger als einhundert Auserwählte. Unsere sechzehnte Klasse für Musik und Theater wurde aufgelöst, und ich wurde in die Vorbereitungseliteklasse für Geisteswissenschaften aufgenommen. Viele meiner Freunde und Kommilitonen gingen nun auf die Eliteschule der Ersten Mittelschule von Xuzhou. Ich jedoch hatte keinerlei Interesse an einem Wechsel, weil ich ohnehin selten in der Schule erschien und meistens allein zu Hause lernte. Die besten Lehrkräfte wurden beauftragt, uns auf die Aufnahmeprüfung der Universität vorzubereiten, wobei die Prüfungsfragen der letzten Jahre als Test dienten und wir diese immer wieder gemeinsam mit den Lehrern durchgingen. Man spürte förmlich den Stress in der Luft. Der Sinn des Lebens wurde einzig und allein auf das Bestehen dieser Aufnahmeprüfung reduziert. Alle Familienmitglieder und alle Beteiligten in den Arbeitseinheiten mussten Rücksicht auf diejenigen nehmen, die dieses Ziel verfolgten. Ich war zuversichtlich und sah mein Ziel zum Greifen nah, meine Mutter mit eigenem Auto abholen zu können und mit ihr durch Paris zu fahren und all die Gemälde der französischen Impressionisten endlich im Original zu bewundern – endlich frei zu sein! Dazu musste ich es nur schaffen, an eine der Eliteuniversitäten zu kommen. Und so war meine Grundstimmung in den Jahren 1980 und 1981 von dem Entschluss geprägt, die Schwelle des Drachentors zu überspringen, egal wie hoch diese sein würde. Diese Entschlossenheit verlieh mir eine fast unmenschliche Kraft. Und der Wille, besser und edler zu werden und das Ziel auf keinen Fall aufzugeben, bevor es erreicht war, bestimmte meinen Geist.

„Gestern Nacht verwehte der Westwind den Bäumen das Grün,
Bestieg ich den hohen Turm, oben erkundete ich allein,
Sehnsüchtig den Weg zum Ende der Welt."

Dieser melancholische Vers des Dichters Yan Shu aus der Song-Dynastie beschrieb meine Sehnsüchte nach der Zukunft, und ähnlich, wie der Dichter sich nach seiner in der fernen Heimat auf ihn wartenden Geliebten sehnt, sehnte ich fiebrig die von mir erträumte Zukunft herbei.

„Der Gürtel löst sich allmählich,
Zu bedauern hätte ich mein Ziel vor seinem Erreichen,
Für die Liebe schmachte ich matt und welk."

Dieser den Liebeskummer ausdrückende Vers des Dichters Liu Yong, ebenfalls aus der Song-Dynastie, spiegelte meine Gemütsbewegung jener Zeit wider, die sich schließlich in meiner Strebsamkeit, Unnachgiebigkeit und meinem Fleiß zeigte.

„Vergeblich tausendmal läßt sich der Eiferer suchen,
Ungeahnt im Handumdrehen erstaunen die Ahnungslosen,
Der Held glänzt im Rampenlicht und Strom des Lichts!"

Wer von uns träumte damals nicht vom Glanz der Erfolgreichen? Wer träumte nicht davon, auf der goldenen Tafel mit vol-
lem Namen zu erscheinen? In jenen Tagen hörte man überall den
Spruch: „Wenn ein Mann das Dao (Erleuchtung und Unsterb-
lichkeit) erlangt hat, kommen auch seine Haustiere in den Himmel; wenn ein Mann die kaiserliche Prüfung besteht, zieht er alle
seine Verwandten und Bekannten mit nach oben!" Ja, es stimmte! Die kaiserliche Prüfung von damals wurde jetzt durch die
Aufnahmeprüfung für die Universität ersetzt. Schaffte man diese, so bekleidete man nach dem Studium automatisch ein hohes
Amt. Ich habe den Vers von Xin Qiji modifiziert und so umge-
schrieben, dass meine Gefühle, meine Emotionen darin die voll-
kommene Resonanz fanden. Ja, ich schaffte es, im Glanz zu stehen. Das hatte ich im Traum immer wieder visualisiert, und ich
hörte die Leute mir applaudieren.

Die drei Gedichte von drei verschiedenen Dichtern der Song-
Zeit hatte ich aus Professor Wang Guoweis „Ren Jian Ci Hua"
entnommen. Die ursprünglichen drei Gedichte, mit denen Wang
Guowei die drei Lebensphasen eines Gelehrten beschreibt, pass-
ten perfekt zu meiner Lebenssituation der Postkulturrevoluti-
onszeit. Von einem starken Willen gequält und mich völlig von
der Welt abschottend suchte ich in den Büchern den Weg, der zu
Erfolg und Ruhm führte. Der Song-Kaiser Zhenzong lehrte seine
jüngeren Untertanen einst sehr bildlich: „In Büchern findest du
Paläste aus Gold; in Büchern findest du schöne Frauen wie kostbare Juwelen!" Der seit Jahrtausenden praktizierte Utilitarismus
hatte auch durch den Großen Führer nicht vernichtet werden
können, sondern existierte weiterhin. Das entsprach dem nationalen Geist der postkulturrevolutionären Zeit. Ich fand die Gedichte sehr schön formuliert, schrieb sie ab und klebte sie an die
Wand neben meinem Schreibtisch. Ich betrachtete sie, sann über

die einzelnen Worte nach und nutzte sie zu meiner persönlichen Motivation. Ja, die Zukunft war ungewiss, das Herz war voller Sehnsucht. Mit Tatendrang, Entschlossenheit und eisernem Willen lernte ich wie ein Verrückter und arbeitete den Stoff der gesamten Oberstufe der Mittelschule, für den man in der Regel drei Jahre brauchte, innerhalb von acht Monaten durch.

1980 nahmen meine Schwester und ich gleichzeitig an der Prüfung teil, nachdem ich eine Klasse übersprungen hatte. Meine Eltern waren der Meinung, dass es ein Testlauf für mich sein sollte, machten sich aber keine großen Hoffnungen, was mich anbelangte. Sie hofften vielmehr, dass meine Schwester die Prüfung schaffen würde. Entgegen aller Erwartungen bestand ich die Aufnahmeprüfung doch, allerdings reichte meine Punktzahl nur für eine Fachhochschule, so dass mein Traum von einem Studium an einer Eliteuniversität wieder ein Stück in die Ferne rückte und mich vor die Wahl zwischen folgenden Optionen stellte: Entweder korrigierte ich mein Ideal nach unten und nahm das Angebot einer drittklassigen Hochschule an, oder ich wiederholte die Abschlussklasse, zu der ich ursprünglich ohnehin gehörte. Ich entschied mich für Letzteres, was meine Eltern an den Rand der Verzweiflung brachte. Denn auch die drittklassige Universität garantierte eine sorglose Zukunft. Ich hätte mit einem Abschluss dort Lehrer in einer Mittelschule oder Beamte in irgendeinem Rathaus werden können. Das garantierte ein sicheres Einkommen und ein sorgloses Leben in der Heimat. Aber nein, ich wollte weiter weg, hinaus in die große Welt, wollte fremde Länder bereisen und mich in Paris niederlassen. Die Heimat konnte mir gestohlen bleiben. Doch in die Ferne kam ich nur über eine Eliteuniversität. Niemand in der Familie und in der Schule verstand mich und gab mir die notwendige moralische Unterstützung. Denn niemand konnte wissen, wie das kommende Jahr aussehen würde. Auch ich selber konnte nicht vorhersehen, ob ich die Aufnahmeprüfung im folgenden Jahr tatsächlich schaffen würde. Nur mein Großvater sagte zu mir, dass ich auf meine innere Stimme hören und auf meine eigene Leistung vertrauen solle. So wiederholte ich das Abschlussjahr.

Meine Schwester ging in die örtliche Berufsfachhochschule für die Zementindustrie und studierte dort Management und Verwaltung. Die Xuzhou Huaihai Zement Corporation war einst die größte Zementfabrik Chinas gewesen. Sie war von Chinesen, Rumänen und Deutschen gemeinsam aufgebaut worden und hatte ihre eigene Berufshochschule, wo sie Fachkräfte in Technik und Management für die gesamte Zementindustrie Chinas ausbildete. Hätte ich das Angebot dieser Hochschule angenommen, hätte ich mit meiner Schwester zusammen studiert. Meine Schwester war von der ersten Klasse in der Grundschule an Klassensprecherin gewesen und später auch Sekretärin des Jugendverbands der KPCh. Sie hatte ein ausgesprochenes Talent als Führungskraft und konnte Hunderte von Leuten zusammenhalten. Zu Hause, in der Schule und bei der Arbeit gelang es ihr, auf sehr demokratische Weise verschiedene Ansichten aufzugreifen, nützliche Ratschläge zu beherzigen und gleichzeitig ihren Führungsanspruch durchzusetzen. Sie zog die Menschen sprichwörtlich an und war täglich von vielen Kindern umringt. Ich dagegen wollte von klein auf immer lieber allein sein und beobachten, wie die Stäubchen im Sonnenstrahl tanzten. Meine Schwester war sensibel, aber nicht empfindlich, stolz, aber nicht abweisend, freundlich zu Mitmenschen, aber immer mit der nötigen Distanz. In der Hochschule und später im Leben war sie immer die Chefin. Während des Studiums durfte sie überall hinreisen, die Zementfabriken anderer Provinzen besichtigen und Praktika absolvieren. So war sie in Tangshan stationiert, dem

Epizentrum des Erdbebens von 1976, dann in Zhenjiang und Shanghai. In Tangshan hatte sie mir ein 40-teiliges Porzellan-Service gekauft, das wir bis heute noch benützen. Als sie in Zhenjiang war, konnte ich sie dort öfter besuchen, weil ich in der vierzig Kilometer entfernten Provinzhauptstadt Nanking studierte. Im Herbst gingen wir auf dem Qixia-Berg wandern und bewunderten die feuerroten Ahornblätter der Bäume rings umher. Nie vergaß meine Schwester, ein Weihrauchstäbchen vor dem Buddha im Qixia-Tempel anzuzünden und für die Eltern und Brüder in der Heimat zu beten. Ich lachte sie immer aus, weil sie auch als Chefin der Jungkommunisten immer noch so gläubig war. In Shanghai gingen wir zusammen zu Ballettaufführungen und ließen uns von der unendlich gefühlvollen, äußerst rührenden und sehr anmutigen Tanzkunst der Ballerinen aus London, Paris oder Brüssel verzaubern. Nach der Gründung eigener Familien wurde unsere früher so enge Verbindung etwas lockerer. Doch trotz der großen Entfernung schaffen wir es jedes Jahr, uns mindestens einmal zu sehen. Nach dem Studium arbeitete meine Schwester in der Huaihai Zement Corporation, dann in der China Construction Bank in Xuzhou. Heute ist sie zweifache Großmutter und lebt als glückliche Pensionärin mit ihrer Familie in Shanghai.

Die Aufnahmeprüfung für die Universität war zwar zentral, doch die Aufnahme selbst erfolgte regional, nach der sogenannten Hukou-Zugehörigkeit. Das bedeutete, dass die Zentralregierung nicht nur bestimmte, wie viele Studenten insgesamt, sondern auch wie viele aus welchen Provinzen aufgenommen werden sollten. Sie erhob also Quoten für die einzelnen Provinzen, um für einen gewissen Ausgleich in den unterschiedlichen Provinzen und Städten mit unterschiedlichem Bildungsniveau zu sorgen. Das führte für jene Absolventen zu erheblichen Ungerechtigkeiten, die, landesweit betrachtet, zwar überdurchschnittliche Noten hatten, dennoch nicht studieren durften, weil die Quoten der Heimatprovinzen bereits ausgeschöpft waren. In meiner Heimatprovinz Jiangsu mit dem höchsten Bildungsniveau Chinas wurden viele Träume durch dieses Quotensystem zunichte gemacht. Für Studenten, die den nötigen Notenschnitt nicht erreichten, gab es noch die Nationale Rundfunkuniversität, auf der man einen akademischen Abschluss machen konnte, während die zahlreichen berufsbegleitenden Hochschulen und Arbeiteruniversitäten die Möglichkeit zur Weiterbildung und zu Fachhochschulabschlüssen ohne akademischen Titel boten. Durch diese berufsbegleitenden Hochschulen gelang es China, den immensen Fachkräftemangel für die eigene Modernisierung etwas zu lindern.

Die Prüfungen fanden landeseinheitlich am siebten, achten und neunten Juli 1981 statt. Wir waren etwa zwölf Millionen Mittelschulabsolventen in ganz China. Nach den unterschiedlichen Auswahlverfahren wurden lediglich zwei Millionen zur Aufnahmeprüfung zugelassen. Zusammen mit Absolventen früherer Jahrgänge, die das fünfundzwanzigste Lebensjahr noch nicht überschritten hatten, waren wir 2,59 Millionen Prüflinge. Die Aufnahmequote lag zwischen zehn und elf Prozent. Lediglich 280 000 durften an der Universität studieren. Von diesen Glücklichen bekamen nur ungefähr 20 000 Zugang zu den sieben Eliteuniversitäten. Das war der Ausgangspunkt für uns alle. Ende Juli wurde das Prüfungsergebnis veröffentlicht. Jede Provinz musste der zentralen Quotenverteilung entsprechend einen eigenen Notenschnitt festlegen. Prüflinge, die diesen Notenschnitt erreichten, durften studieren. Den höchsten Notenschnitt hatte erwartungsgemäß meine Heimatprovinz Jiangsu. Sie lag bei 395 Punkten für geisteswissenschaftliche und 425 Punkten für naturwissenschaftliche Fächer. Zum Vergleich: In der Hauptstadt Peking lag der geforderte Notenschnitt bei 370 bzw. 397 Punkten und in Shanghai nur bei 358 bzw. 368 Punkten. Der niedrigste Notenschnitt lag in den nordwestlichen Provinzen – im tibetischen Qinghai, im uigurischen Xinjiang und im muslimischen Ningxia – bei 270 bzw. 280 Punkten. Das bedeutete, dass Millionen Studenten aus der Provinz Jiangsu nicht an der Universität studieren durften, weil sie in Jiangsu ihren Hukou hatten. Das war eine von der Zentralregierung in Peking durchaus gewollte Ungerechtigkeit. Denn die nationalen Minderheiten von Muslimen, Tibetern und Uiguren wären stark benachteiligt gewesen und hätten bei einem landeseinheitlichen Notenschnitt nie studieren können, schon allein deshalb, weil sie neben ihrer jeweiligen Muttersprache Chinesisch erst in der Schule lernten. Eine Nebenwirkung dieser Politik war der Prüfungstourismus. Familien wanderten aus den Provinzen Jiangsu und Zhejiang aus oder siedelten ihre prüfungsreifen Kinder dorthin um, wo der erforderliche Notenschnitt niedriger war.

Reifeprüfung

An den drei Prüfungstagen herrschte ein schönes sommerliches Wetter, und mein Vater hatte sich beurlauben lassen und bekochte mich mit Eiern und Fisch. Die schriftlichen Prüfungen fanden in der Dritten Mittelschule von Xuzhou statt. Ich fuhr, zusammen mit meinen Schulkameraden, mit dem Fahrrad dorthin. Nachdem wir unsere Prüfungszulassungsausweise vorgezeigt hatten, durften wir das Gelände betreten. Die Prüfungsbögen wurden unter dem Schutz einer Polizeieskorte geliefert und erst nach dem Ertönen der Schulglocke verteilt. Jeder hatte einen Tisch für sich. Ins Klassenzimmer durfte man nur Schreibgeräte mitnehmen. Jeden Tag wurden zwei Fächer geprüft, eines vormittags und eines nachmittags. Meine größte Stärke zeigte sich in der Geschichtsprüfung. Darin wurde gefragt, welche territorialen Grenzen in dem Vertrag von Kars vom 13. Oktober 1921 geregelt wurden. Diese Frage war für mich wie ein Lottogewinn, denn ich hatte just am Abend zuvor noch einmal etwas über die Bedeutung dieses Vertrags für die UdSSR gelesen und konnte daher problemlos die in der chinesischen Übersetzung sehr holprig klingenden Namen der sozialistischen Sowjetrepubliken Georgien, Armenien und Aserbaidschan sowie die Türkei benennen. In Geschichte wurden oft Fragen gestellt, die man nur durch mechanisches Auswendiglernen beantworten konnte. So speicherten wir einen Haufen unnützes Wissen ab, das man heute problemlos im Internet nachlesen kann, anstatt unsere analytischen Fähigkeiten zu entwickeln und auszubauen. Noch eine Geschichte ist mir in lebhafter Erinnerung geblieben. Es war die mündliche Prüfung in Englisch. Der Prüfer war ein Professor für englische Linguistik von der Normal University von Xuzhou, und ich war einer der letzten Prüflinge, die er benoten musste. Er gab mir zunächst einen Text, der das Genre des Science-Fiction der 70er-Jahre zum Inhalt hatte: „An einem Tag in der Zukunft entdecken zwei Kinder ein gebundenes Papierheft voller Buchstaben auf dem Dachboden. Der eine fragt den anderen, was das sei; der ältere antwortet, dass es ein Buch sei. Die Menschen in der Vergangenheit lasen solche aus bedrucktem Papier zusammengebundene Hefte und nannten es Buch ..." Die beiden kannten in ihrem Leben also nur Tablets und Displays – ein erstaunlich weitsichtiger Text. Ich erkannte sofort den Science-Fiction-Charakter und konnte die Fragen dazu flüssig beantworten. Allerdings redete der Professor, vermutlich ein Hörer von „The Voice of America", mit einem Akzent, den ich nicht leicht verstand, und er war sichtlich verärgert, als ich ihn in meinem Linguaphone-Slang auf seinen Akzent hinwies. Es wundert mich heute noch, wie ungerecht Prüfer sein können, wenn sie ihre eigene Schwäche durch die schlechtere Benotung eines Schülers kompensieren wollen. Trotz seiner Boshaftigkeit hatte ich nach der Prüfung ein sehr sicheres Gefühl und wusste, dass ich bestanden hatte. Denn es war nicht eine einzige Frage dabei gewesen, die ich ihm nicht korrekt hatte beantworten können.

Am Morgen des 22. Juli 1981 waren alle Teilnehmer der Prüfung und alle Lehrer vor dem Rektoratsgebäude der Schule versammelt. Denn an diesem Tag wurde bekanntgegeben, wer die Prüfung geschafft hatte und wer nicht. Wir warteten und warteten. Unter dem großen Schnurbaum, auch Pagodenbaum genannt, wo wir uns vor der Sonne schützten, hatten wir noch die Worte unseres Studiendirektors im Ohr, welche Universität welche Studienschwerpunkte hatte, und in welcher Stadt welches Klima vorherrschte, während wir nun da standen und uns nicht nur die Hitze, sondern auch die Nervosität den Schweiß aus den Poren trieb. Alle möglichen Gedanken schossen mir wie Tausende ineinander verknäuelte Fäden durch den Kopf, meist drehten sie sich ums Scheitern. Endlich, es war schon beinahe elf Uhr, kam der Schuldirektor mit seinem alten Fahrrad zur Schule gehetzt und wurde sofort von uns umringt. Allerdings traute sich keiner, als Erster zu fragen, ob er es geschafft hätte. Hunderte Blicke richteten sich gespannt auf den Direktor, der die Ergebnisse mit der Namensliste soeben vom Erziehungsamt der Stadt abgeholt hatte. Er lächelte uns an – und schwieg. Wohl ein Zeichen, dass er uns absichtlich auf die Folter spannen wollte. Seinem lächelnden Gesicht war jedoch auch anzusehen, dass etwas passiert sein musste, was ihn sehr stolz machte. Da schaute er mich mit freundlicher Miene an und rief: „Chen Zhaoyang!" Aus einem antrainierten Reflex heraus schrie ich laut: „Hier bin ich!" Da schrie er noch lauter: „Sie sind der Zhuangyuan – Examensbester der ganzen Stadt!" „Was?!" Wie von Sinnen vor lauter Freude wurde mir augenblicklich so schwindelig, dass ich mich an dem Pagodenbaum festhalten musste. Alle meine Kommilitonen und Lehrer applaudierten nach einer Schrecksekunde, und selbst der Schuldirektor applaudierte, schaute mich aufmunternd an und wiederholte: „Sie sind Zhuangyuan!" Er bedankte sich vor allen Kommilitonen und Lehrern herzlich bei mir für die Ehre, die ich der Schule damit erwiesen hatte, und nur ganz allmählich realisierte ich, dass alles wahr war, was da soeben geschah. Wie oft hatte ich mit ihm gestritten, weil er immer etwas an mir zu bemängeln gehabt hatte, insbesondere mein häufiges Fernbleiben vom Unterricht. Auch hatte er in seinem Ärger über mich oft behauptet, dass ich die Aufnahmeprüfung niemals schaffen würde, während ich, ihn noch mehr provozierend, gekontert hatte, dass niemand aus der Stadt es schaffen würde, wenn nicht ich. Als er mich jetzt zum Zhuangyuan ausrief, dachte ich zuallererst an seine hämischen Sprüche von damals – und nun zogen wir beide mit einem herzlichen Lachen einen Schlussstrich unter all diese Streitereien. Wir waren damals alle schon erfahrene Prüflinge, weil wir Woche für Woche Probetests absolviert hatten und konnten daher ziemlich gut voraussagen, welche Noten wir bekommen würden. Dass ich das Gefühl, sie bestanden zu haben, gleich nach den Prüfungen gehabt hatte, wurde nun von der Tatsache übertroffen, dass ich jetzt Examensbester war. Ich verspürte eine tiefe Genugtuung und schrie: „Ich habe es geschafft!", und dankte dem Direktor und der Schule. Wie schwer die Prüfung gewesen war, ließ sich daran ermessen, dass von den 130 Mitschülern lediglich acht den nötigen Notenschnitt erreicht hatten. Drei davon schafften den Zugang zu den Eliteuniversitäten, der Rest die Aufnahme an den Universitäten zweiten und dritten Ranges. Ich hatte vierhundertdreizehn von insgesamt fünfhundert Punkten bekommen, die beste Leistung für die geisteswissenschaftlichen Fächer in diesem Jahr unter allen Prüflingen der Stadt Xuzhou, gefolgt von meiner Schulfreundin Hiruko mit vierhundertzehn Punkten.

Ohne abzuwarten, wie die Liste der Erfolgreichen aufgehängt wurde, lief ich in Windseile nach Hause. Meine Mutter war gerade zur Mittagspause nach Hause gekommen und nahm die Nachricht mit großer Freude und Erleichterung entgegen. „Ach, mein Sohn! Du hast so ein großes Herz, du hast so viel gelitten!" Das wiederholte sie immer wieder und drückte mich fest an sich. Dann schickte sie mich los, um die frohe Botschaft sofort meinem Vater mitzuteilen. Damals Ende der 70er- und Anfang der 80er-Jahre gab es noch kein privates Telefon in China, und so musste man immer persönlich zu demjenigen gehen, dem man etwas sagen wollte. Eine frühkindliche Erfahrung, die bei mir immer noch nachwirkt. Ich kann bis heute nicht mit anderen telefonieren und schreibe deshalb lieber Briefe, SMS oder E-Mails. Ich schnappte mir also das Fahrrad und fuhr in Windeseile die zwölf Kilometer zu meinem Vater in die Firma, wo ich ihn im Büro unter seinen Kollegen antraf und ihm voller Stolz lauthals verkündete, dass ich die Universitätsaufnahmeprüfung als Zhuangyuan bestanden hatte. Die Reaktion meines Vaters fiel vollkommen anders als erwartet aus. Er schaute mich aus traurigen Augen an und fragte noch einmal nach, ob ich Zhuangyuan gesagt hätte. Dann verschwand er für eine ganze Weile aus dem Büro. Ich bin heute absolut sicher, dass er vor Freude weinen musste, was er allein in der Abgeschiedenheit tat, während ich nun in seinem Büro stand und die Glückwünsche seiner Kollegen entgegennahm. Dann verspürte ich auf einmal einen unbändigen Hunger und ging in die Fabrikkantine, wo ich mir diverse Gerichte bestellte. Nun erst realisierte ich, dass mir seit Längerem kein Essen mehr geschmeckt hatte...

Kaum hatte ich angefangen zu essen, hörte ich die Lautsprecherdurchsage, dass der Sohn vom Kamerad Chen Jianqiang als Zhuangyuan die diesjährige Aufnahmeprüfung für die Universität bestanden hatte. Die Nachricht verbreitete sich wie ein Lauffeuer, und die Menschen freuten sich darüber, dass es einer von ihnen war, der einen Zhuangyuan aufgezogen hatte. Was für eine Genugtuung für meinen Vater!

Nach dem Essen radelte ich wieder in die Stadt zurück. Unterwegs traf ich meinen Neffen, der auf der Suche nach mir war und mir die Nachricht übermittelte, dass mein Großvater mich sprechen wollte. Ich eilte also zu diesem weiter und fand ihn im Wohnzimmer, wo er die Zeitung las. Aus der Zeitung, in der die

Prüfungsergebnisse offiziell bekanntgegeben wurden, hatte er erfahren, dass ich Zhuangyuan war, und er war ganz ergriffen vor Glück. An seinen feuchten Augen konnte ich sehen, dass er geweint hatte, und seine Stimme zitterte. Er sagte mir, wie sehr er sich freue, erleben zu dürfen, dass ich das geschafft hatte; wie sehr er sich darüber freue, dass das Land wieder zu einer Art Normalität zurückgekehrt sei; wie dankbar er Deng Xiaoping sei, der die Kulturrevolution beendet hatte und das Land nun modernisieren wollte. Er erzählte mir, wie sehr er geistig und moralisch darunter gelitten habe, uns, der Weisung Maos folgend, zu „dummen Kulis" ohne Kultur und Wissen erziehen zu müssen. Dann fragte er mich, ob ich schon wüsste, an welcher Universität ich studieren wolle. Er sagte mir jedenfalls, dass Nanking nicht sehr weit weg von zu Hause sei und die dortige Universität als ehemalige Zentraluniversität die berühmteste und die beste wäre. Außerdem wären im Süden der Provinz die Bäume immer grün. Vor allem betonte er, dass auch mein Vater in Nanking studiert hatte, was für mich das ausschlaggebende Argument war, mich für Nanking als Studienort zu entscheiden.

Großvaters Totengeld

Es sollte die letzte Begegnung und das letzte Gespräch mit meinem Großvater sein. Drei Wochen später starb er an einem Hirnschlag. Im Jahr zuvor hatte er einen Schlaganfall erlitten und war seitdem halbseitig gelähmt. Er konnte sich zwar einigermaßen gut bewegen, wollte jedoch die eigenen vier Wände nicht mehr verlassen und lebte weiterhin allein in der großen Wohnung in der Fenghua-Straße. Monatelang ging das gut. Die Familien seiner drei Söhne kümmerten sich um seinen Alltag und die nötigen Krankenhausbesuche, bis er einen zweiten Schlaganfall erlitt. Er erwachte nicht wieder aus dem Koma und starb gegen Mittag am 20. August 1981. Mein Großvater hatte Zeit seines Lebens immer wieder den Wunsch nach einer Feuerbestattung geäußert und wollte, dass seine Asche ohne Urnengrab auf dem Familienfriedhof neben dem Grab seiner Eltern verstreut wurde. Doch das war seinen Söhnen nicht pietätvoll genug. Sie entschieden sich für ein Urnengrab.

Am Tag der Einäscherung und Beisetzung ging ich mit meinem Onkel ins Krematorium, wo mein Großvater ohne Sarg auf einen Holzträger gebettet wurde. In der Leichenhalle waren bereits einige Leichname vor dem Ofen platziert. Angehörige hatten dort keinen Zutritt, konnten aber von oben durch ein Glasdach dem Vorgang beiwohnen. Ich sah, dass das „Totengeld" meines Großvaters, das meine Mutter zuvor liebevoll aus Brotteig gebacken und auf eine Schnur gefädelt hatte, unter den Holzträger gerutscht war und konnte nicht akzeptieren, dass mein Großvater seine Reise in die neue Welt eventuell ohne „Geld" antreten würde. Also stieg ich die Treppe hinunter, hob die Geldschnur auf, öffnete seine Finger und drückte sie ihm fest in die Hand. Es war bezeichnend, dass Geld ihm zeitlebens wenig bis gar nichts bedeutet hatte. Er hatte sein gesamtes Vermögen dem kommunistischen Staat geschenkt, auch auf die berechtigten Zinszahlungen verzichtet und dem Staat den größeren Teil seiner Rente überlassen. Selbst im Tod wollte er das Geld für die Reise ins Paradies offensichtlich nicht mitnehmen, deshalb flüsterte ich ihm zu, dass er auch auf dieser Reise Geld für seinen geliebten Schnaps und Gebäck bräuchte und hatte dabei das Gefühl, dass noch ein Hauch Wärme in seiner Hand zu spüren war. Ich zupfte sein Gewand aus blauer Seide zurecht, schnürte seine Schuhe fest zu, säuberte seinen Gehstock mit meinem Taschentuch und machte ihn auf diese Weise reisefertig. So nahm ich persönlich, allein im Krematorium, Abschied von meinem Großvater, der zeitlebens von all seinen zwölf Enkelkindern mit mir am engsten verbunden gewesen war. Nach dem Tod meiner Großmutter hatte ich jahrelang mit ihm zusammengewohnt, hatte von ihm gelernt, mit kühlem Blick auf die Welt zu schauen und immer Abstand zu den Menschen zu halten. Und so begleitete ich ihn nun bis vor den Ofen und überwachte mit eigenen Augen die Einäscherung, während mein Onkel vor lauter Angst das Gebäude längst verlassen hatte. Warum er die Kremation seines Vaters nicht mit ansehen wollte – ich konnte es nicht verstehen.

Wunsch und Wirklichkeit

Ich weiß heute nicht mehr, ob es vor oder nach der Prüfung war, dass jeder Prüfling einen Wunschzettel abgeben musste, auf dem die gewünschten Studienfächer und der bevorzugte Studienort angegeben werden sollten. Dabei durfte man drei Wünsche äußern. Ich hatte als erste Wahl Anglistik an der Universität Nanking und Romanistik als zweite Wahl an der gleichen Universität angegeben. Als Alternative hatte ich Anglistik an der Universität Xiamen und Romanistik an der Peking-Universität ausgesucht. Dabei hatte mir der Studiendirektor der Schule zur Seite gestanden und mir Auskunft über die unterschiedlichen Universitäten in den verschiedenen Städten und Provinzen gegeben. Letztendlich waren sich alle einig, dass Nanking die beste Universität für uns „Erstrangige" sei. Wir hatten die Wahl zwischen allen Eliteuniversitäten des Landes und mussten nicht mit einer Absage rechnen. Dass ich Anglistik studieren wollte, war längst entschieden. Romanistik war mir erst zum Begriff geworden, nachdem ich einige Bücher von Hugo, Balzac, Zola, Flaubert und Stendhal gelesen und die Gemälde der französischen Impressionisten kennengelernt hatte. Der in China von uns allen sehr bewunderte Übersetzer für französische Literatur, Fu Lei, hatte mich stark beeinflusst. All die Romanübersetzungen von französischen Autoren, die ich in meiner Jugend gelesen hatte, stammten aus seiner Feder. Auch die kunsthistorischen und kunstphilosophischen Schriften französischer Herkunft kannte ich nur aus seiner Übersetzung. Seine Briefe an seinen Sohn, den großen Pianisten Fu Tsong, waren geistige Nahrung erster Güte zur damaligen Zeit. Durch Fu Lei lernte ich die Brillanz und

Größe der französischen Literatur und Philosophie kennen. Seine Übersetzung von *Emile oder über die Erziehung* von Jean-Jacques Rousseau hatte den Grundstein für mein lebenslanges Interesse an Bildungsphilosophie und Bildungsromanen gelegt. Ein Französischstudium hätte auch meinem Traum entsprochen, einmal in Paris leben zu können. So war Romanistik mein zweiter Studienwunsch.

Wochen vergingen. Nichts geschah. Als die Zulassungsbescheide der drittrangigen Universitäten fast abgeschlossen waren, wurde ich unruhig, weil ich als Zhuangyuan immer noch keine Zulassung bekommen hatte. Also ging meine Mutter zum Erziehungsamt der Stadt und fragte mehrmals nach. Denn die Aufnahmefrist an den Eliteuniversitäten war längst überschritten. Doch wir wurden um Geduld gebeten. Es war mir schleierhaft, was die Leute hinter meinem Rücken über mich entschieden. In China war es üblich, dass man tat, was das Vaterland von einem erwartete. Mit anderen Worten bedeutete es, dass man tun musste, was Partei und Regierung befahlen. Wir hatten wirklich Angst davor, dass ich wegen der inzwischen zwar veralteten, aber immer noch in manchen Köpfen verankerten Klassenzugehörigkeit doch noch benachteiligt werden könnte. Das war aber insofern unwahrscheinlich, als mein Leumundszeugnis von der Schule die höchste Bewertung AAA hatte. Im Klartext war ich ein Musterschüler, ein Musterpionier des Kommunistischen Jugendverbands. Lag es an der Gesundheitsprüfung? Einem meiner Kommilitonen wurde der Zugang zur Universität verweigert, weil er einen Herzfehler hatte. Nein, ich war kerngesund. Auch eine Freundin hatte zwischenzeitlich ihren Bescheid bekommen: Sie musste nun an der Militärakademie der Volksbefreiungsarmee für Fremdsprachen zu Luoyang Japanologie und Mathematik studieren, obwohl sie ursprünglich wie ich an der

Nanking-Universität Anglistik studieren wollte. Bei ihr war es immerhin transparent zugegangen: Die Verantwortlichen der Militärakademie waren mehrmals bei ihr zu Hause gewesen und hatten sie und ihre Eltern zu diesem Studium überredet. Aber bei uns war niemand gewesen. Es war einfach deprimierend.

Eines Morgens kam endlich der Briefträger an die Haustür und rief laut meinen Namen. Er hatte ein Einschreiben von der Universität Nanking für mich. Der Umschlag war aus braunem Packpapier mit den vier in Rot kalligrafierten Schriftzeichen „Nan Jing Da Xue", die noch vom Großen Führer Mao Zedong stammten. In China ist es üblich, von führenden Politikern oder großen Persönlichkeiten Kalligrafien zu erbitten, womit man gern die eigenen Institutionen schmückt. Mao war damals zwar schon seit fünf Jahren tot, doch seine Kalligrafie war und ist in China immer noch überall gegenwärtig. Auf diesen Brief hatte ich sehnsüchtig gewartet, Tag und Nacht hatte ich von ihm geträumt. Und endlich kam nun die Nachricht von der Universität, die auf meinem Wunschzettel ganz oben gestanden hatte! Meine Mutter machte den Umschlag auf und las vor: „Aufnahmebescheid und Immatrikulationsmitteilung der Universität Nanking. Kamerad Chen Zhaoyang wird hiermit von der Abteilung für Germanistik der Fakultät für Fremdsprachen und ausländische Literatur an unserer Universität aufgenommen ..."

Was!?

Germanistik!?

Warum?

Haben die einen Fehler gemacht?

Haben sie mich mit jemand anderem verwechselt?

Warum ausgerechnet Deutsch?

Was hatte ich mit Deutschland zu schaffen?

214

Deutsch ist mein Schicksal

Die Überraschung war perfekt, die ganze Familie ratlos. Vier Studenten aus Xuzhou wurden von der Fakultät für Fremdsprachen und Literatur an der Nanking-Universität aufgenommen. Die anderen drei, die weit weniger gute Noten hatten als ich, durften das studieren, was sie gewählt hatten. Nur ich nicht. Niemand konnte mir erklären, warum mir ein Studienplatz in Germanistik zugeteilt worden war. Wozu hatten sie mich dann gefragt, was ich studieren wollte, wenn sie schon vorher wussten, was ich studieren sollte? Auf Unverständnis folgten Wut und Enttäuschung. Ich kannte die deutsche Sprache nicht, und ich wollte nicht Germanistik studieren. Doch es war nicht mehr zu ändern, weil die Aufnahmefrist der Eliteuniversitäten bereits abgelaufen war. Hätte ich dieses Angebot abgelehnt, hätte ich nur noch an einer drittrangigen Universität studieren können. Hinter diesem undurchsichtig scheinenden Manöver steckte natürlich eine ganz gezielte Absicht: Die Universitätsleitung konnte fest damit rechnen, dass Leute wie ich in so einer Situation keine andere Wahl hatten, als das Angebot zu akzeptieren. Da half kein Protest, kein Widerspruch, kein Klärungsversuch. Tatsache blieb, dass ich Germanistik studieren sollte, auch wenn ich Zhuangyuan war und Anglistik und Romanistik als Wunschfächer angegeben hatte. Meine Eltern gingen mehrmals zum Erziehungsamt und baten um Aufklärung, weil sie sahen, wie verunsichert, wütend und traurig ich war. Aber es half nichts. Weinend nahm ich Abschied von meinem Traum, Shakespeare, Wordsworth, Shelley und Lord Byron aus dem Englischen ins Chinesische zu übersetzen...

Ich bin mir nicht sicher, wer diese Entscheidung getroffen hatte. Aber es scheint da wohl eine unsichtbare Hand in meinem Leben zu geben, die mein Schicksal führt und lenkt. Der Dekan unserer Fakultät, Professor Liu Hongshen, hatte mir einmal gesagt, dass ich deshalb Germanistik studieren sollte, weil ich als Examensbester ein kluger Kopf war und daher für die schwierige deutsche Sprache bestens geeignet. Ich weiß bis heute nicht, ob das sein Ernst war. Vielleicht wollte er mich auch nur trösten, nachdem ich ihm meine Enttäuschung offenbart hatte. Jedenfalls bin ich seit September 1981 mit Deutsch auf Gedeih und Verderb verbunden. Deutsch ist mein Schicksal, mein Leben geworden, es hat denjenigen aus mir gemacht, der ich heute bin.

Nachts versuchte ich meine Gedanken zu sammeln und dachte darüber nach, was ich bisher von Deutschland und der deutschen Sprache wusste. Es war klar, dass Karl Marx und Friedrich Engels Deutsche gewesen waren. Das wusste jeder von uns. Doch niemand in China hat die beiden je als Deutsche oder Ausländer angesehen, weil sie zumindest für meine Generation feste Bestandteile unserer Kultur darstellten. Für uns waren Marx und Engels mehr oder weniger Chinesen. Sogar ihre Namen – Ma Kesi und En Gesi, die so gewöhnlich wie alle chinesische Namen sind, konnte ich bis dahin nur chinesisch aussprechen. Von Deutschland kannten wir eigentlich nur die Weltkriege, das Dritte Reich unter Hitler sowie die Judenverfolgung. Das war der Stoff, den wir in den Geschichtsstunden gelernt hatten. In allen Filmen aus den sozialistischen Bruderländern Europas wurden die Deutschen stets als uniformierte und laut brüllende Bestien dargestellt. So eine schreckliche Sprache, wie sie Hitler, Himmler und Goebbels in Filmen sprachen, wollte ich nun wirklich nicht lernen. Nein, das war geradezu eine Horrorvorstellung. Als Kind hatte ich mich vor lauter Angst immer unter dem Kinositz verkrochen, wenn deutsche Soldaten im Film auftraten und mit ihren Maschinengewehren Menschen wie Vogelscheuchen niedermähten. Es war einfach eine Katastrophe!

Da erinnerte mich mein kluger Vater an Heinrich Heine, über dessen Gedichte ich mich immer gefreut hatte. Ja, ich hatte Heine wirklich sehr gerne gelesen. Wir besaßen eine Sammlung von Heines Gedichten, die in den 1950er-Jahren von dem chinesischen Dichter und Germanisten Feng Zhi übersetzt worden war, einem Mann, der für seine kulturellen Verdienste sogar die höchste deutsche Auszeichnung, das Bundesverdienstkreuz, verliehen bekommen hatte. Das Buch hatte einen blauen Umschlag mit einem sehr schönen Porträt des jungen Heine, das so weiblich anmutete, dass ich schwer erkennen konnte, ob es sich bei Heine um einen Mann oder um eine Frau handelte. Viele Gedichte wie die folgenden konnte ich sogar auswendig:

„Wenn ich in deine Augen seh,
So schwindet all mein Leid und Weh;
Doch wenn ich küsse deinen Mund,
So werd ich ganz und gar gesund."

Oder

„Auf Flügeln des Gesanges,
Herzliebchen, trage ich dich fort,
Fort nach den Fluren des Ganges,
Dort weiß ich den schönsten Ort."

Heinrich Heine war tatsächlich ein Lieblingsdichter in meiner Kindheit gewesen, ohne dass mir damals bewusst gewesen wäre, dass er Deutscher war. Auch die Lieder von Schumann und Schubert, die wir heimlich so gerne gehört hatten, waren oft vertonte Gedichte von Heine. Weil die Überlieferung seiner Schriften nach China über die UdSSR erfolgte, hatte ich lange geglaubt, dass Heine ein Russe sei. Auch mein erstes Gedicht, das ich an ein Mädchen in meiner Klasse schrieb, war stark von Heine inspiriert. Doch in den zehn Jahren nach 1966 war ausländische Literatur in China verboten und das ganze Land geistig und kulturell völlig abgeschnitten von der Welt. Auch die sowjetische Literatur wurde nach dem Abbruch der diplomatischen Beziehungen zur UdSSR verboten.

Nun saß ich also da und versuchte, in der Stadtbibliothek alle Bücher über Deutschland zusammenzutragen, um mich auf diese Weise über dieses mir so gänzlich unbekannte Land zu informieren. Doch die wenigen Bücher, die ich fand, waren allesamt marxistische Schriften, die nichts über das Land und die Menschen dort verrieten. Aktuelles oder Literarisches über Deutschland gab es nicht. Mein Klassenfreund David Xie, dessen vermutlich jüdische Eltern in Nürnberg Verwandte hatten, lieh mir ein für damalige Verhältnisse sehr großes, farbig gedrucktes und aufwendig gebundenes Buch über Deutschland. Es handelte sich um einen Bildband, der vermutlich in jeder deutschen Botschaft auslag. Für mich war das quasi meine erste Begegnung mit West-Deutschland. Mich beeindruckten neben den schönen Autos und Motorrädern hauptsächlich die langen und offenen Haare der Männer, die ihre Körper zur Schau stellten. Auch die jungen Frauen darin waren sehr körperbetont gekleidet und trugen wie die Männer Schlaghosen oder Jeans. Kleidungsstücke, die ich nie zuvor gesehen hatte. Die darin abgebildeten Landschaften, Gebäude und Straßenszenen fand ich schön, aber irgendwie auch schrill. Die Bauten waren anders als diejenigen von Rom, London oder Paris. Die Sprache hatte das gleiche Alphabet wie im Englischen, aber drei Buchstaben mehr: „ä", „ö" und „ü". Ich versuchte, mithilfe meines englischen Wörterbuchs den Text in dem Buch zu verstehen, doch das war unmöglich. Also fragte ich alle meine Bekannten und Freunde nach übersetzten Büchern über Deutsche und Deutschland. Meine Lehrerin, Frau Ma, die einigermaßen mit ausländischer Literatur vertraut war, lieh mir daraufhin *Die Leiden des jungen Werther* und den *Faust* von Goethe aus. Beide Bücher waren von Guo Moruo aus dem Japanischen ins Chinesische übersetzt worden. Und natürlich war ich vom Werther augenblicklich hingerissen. Ich habe das Büchlein wohl an die zwanzig Mal gelesen und konnte es fast auswendig rezitieren, auf Chinesisch, versteht sich.

Sowohl die Figur des Werther als auch die Figur von Henrik Ibsens Nora aus dessen Theaterstück *Nora oder Ein Puppenheim*, in dem die Protagonistin zugunsten der eigenen Freiheit Ehemann und Kinder verlässt, übten in China einen enormen Einfluss aus. Insbesondere von der chinesischen Jugend wurden sie als Helden im Kampf gegen den Feudalismus und die traditionelle Sittenlehre sowie die hinsichtlich Liebe und Freiheit sehr restriktive konfuzianische Ethik gefeiert und fleißig imitiert. Madame Mao, die Frau des Großen Führers, hatte sich als Schauspielerin in den 1930er-Jahren mit ihrer Rolle der Nora ewigen Ruhm erworben. Goethes Einfluss zeigte sich auch insofern, als die Form des Briefromans in China zahlreiche Nacheiferer fand. Er ist der einzige Dichter Deutschlands, der auch heute noch eine magische Anziehungskraft auf die jungen Chinesen ausübt. Ansonsten ist die deutsche Literatur für chinesische Verhältnisse wohl zu kopflastig. Ihr fehlt die Lautlosigkeit der Verstoffwechslung von Bildungskraft. Im Vergleich zur russischen, französischen und englischen Literatur war die deutsche in China weitgehend unbekannt. Frau Ma konnte mir allerdings einige Namen nennen, die mit Deutschland verbunden waren: Gerhart Hauptmann, Hermann Hesse, Thomas Mann und Franz

Kafka, Namen, die mir jedoch bei Weitem nicht so gegenwärtig waren wie Nikolai Gogol, Fjodor Dostojewski, William Butler Yeats, Ezra Pound, T. S. Eliot, Charles Baudelaire, Arthur Rimbaud oder James Joyce.

Doch nein, auch der liebenswerte Werther konnte mir in dieser Situation nicht helfen. Ich war und blieb zu Tode betrübt. Meine Eltern rieten mir jedoch dazu, das Studium aufzunehmen und später zu Anglistik zu wechseln. Der Immatrikulationstermin war der 10. September 1981. Sehr viel Zeit zum Überlegen hatte ich ohnehin nicht mehr. Resigniert fügte ich mich dem Schicksal, nach Nanking zu reisen und zunächst einmal Germanistik zu studieren.

Xiao Shun – liebe deine Ahnen

Es kam der Tag, an dem ich Abschied von der Familie, von Freunden und von meiner Heimat nehmen musste. Noch nie war ich in den vergangenen siebzehn Jahren von meiner Familie getrennt gewesen. Und so gingen mir tausend Gedanken durch den Kopf. Ich spürte wohl, dass diese Trennung nicht nur räumlicher Natur sein würde, sondern auch einen inneren Abnabelungsprozess erforderte, und das, obwohl ich noch keine achtzehn Jahre alt war. Meine Familie war für mich stets eine Art von Mutterkuchen gewesen, der mich siebzehn Jahre lang genährt und gewissermaßen alle Schadstoffe und Krankheitserreger von mir ferngehalten hatte. Dabei kann ich nicht einmal behaupten, dass mein Verhältnis zu meinen Eltern sehr gut gewesen wäre. Es war eine Beziehung, die sowohl von Gehorsam und Disziplin als auch vom Zeitgeist des maoistischen Rebellentums geprägt war. In der chinesischen Kultur wurden Kinder vor allem zur Befolgung von Verhaltensregeln erzogen, die seit Jahrtausenden als Kindespflichten galten und von Generation zu Generation weitergegeben wurden. Das Ziel dieser Erziehung war stets das sogenannte Xiao Shun, ein 2800 Jahre alter Begriff aus der Zeit des Konfuzius, der nicht nur in China, sondern auch in Japan, Korea und Vietnam bis heute als Bildungsideal gilt. Ins Deutsche übertragen wird Xiao Shun mit dem Begriff der Pietät, dem in der chinesischen Bedeutung allerdings kein religiöser Beigeschmack anhaftet. Gemeint ist damit vielmehr, dass man sich Eltern, Großeltern sowie den Ahnen und dem Clan gegenüber äußerst ehrerbietig und respektvoll verhält. Der Begriff des Xiao Shun, nach Konfuzius die Grundlage der Tugend und der

Ursprung aller geistigen Kultur, ist sogar im chinesischen Familiengesetz verankert, wonach Kinder gesetzlich verpflichtet sind, ihre Eltern alle drei Monate zu besuchen, sie zu ehren und zu pflegen. Im Xiao beruht der kindliche Gehorsam auf Liebe, Respekt und Erbarmen den Älteren gegenüber und beinhaltet keinerlei Zwang. Aus westlicher Sicht ist diese Art der freiwilligen Unterwürfigkeit vermutlich nur schwer zu verstehen. Doch chinesische Eltern wünschen sich nichts sehnlicher als Xiao-Shun-Kinder, die in ihrem Verhalten den strengen konfuzianischen Maßstäben gerecht wurden.

Nun war damals in der Mao-Zeit jedoch das „Niederreißen der Vier Alten" – Gedanken, Gebräuche, Kulturen und Gewohnheiten – " angesagt, die auf höchsten Befehl des Großen Führers durch neue antiautoritäre Verhaltensregeln ersetzt werden sollten. Die Erziehung zur Pietät und Loyalität wurde durch die Erziehung zur Klassenliebe beziehungsweise zum Hass auf Klassenfeinde ersetzt. Es kam nicht selten vor, dass Kinder aus lauter Begeisterung für Mao ihre Eltern und Großeltern schlugen, verrieten oder gar ermordeten, weil diese nach Maos Definition Konterrevolutionäre waren. Innerhalb der Familie wurden wir von Eltern und Großeltern allerdings streng nach dem Disziplin- und Gehorsamkeitsprinzip erzogen. Uns wurde aber von unseren Eltern auch die Freiheit eingeräumt, das zu tun, was uns interessierte.

Meine Mutter war immer gütig gewesen und hatte nie die Meinung vertreten, dass Kinder ihren Eltern gehorchen müssten. Sie fand es dumm, dass die Pietät der Kinder gegenüber ihren Eltern durch Strenge entstehen sollte. Dementsprechend hatte sie für Sprüche wie die folgenden nichts übrig: „Mit dem Prügelstock werden pietätvolle Söhne erzogen!" oder „Züchtigung ist

Geborgenheit, Beschimpfung ist Liebesbeweis. Ohne Züchtigung und Beschimpfung verwahrlosen die Kinder." Das war ein ewiges Streitthema zwischen meinen Eltern gewesen. Mein Vater hatte uns drei Jungen tatsächlich des Öfteren verprügelt, was zu den Dingen zählt, die ich in meinem Leben nie hatte erleben wollen. In meinen Augen sind Kinder in allererster Linie als Menschen zu betrachten. Ihre allseitige Entwicklung zu befördern war und ist die einzige Aufgabe von Eltern. So sehe ich das trotz meiner andersartigen Erziehung bis heute. Solche Erkenntnisse aber waren damals vielen in der Generation meiner Eltern völlig fremd.

Mein Vater war in der Erziehung tonangebend gewesen. Er hatte dafür gesorgt, dass wir von der Außenwelt abgeschirmt aufwuchsen, weil er die Umgebung und die Gesellschaft während der Kulturrevolution als schädlich für uns Kinder angesehen hatte. Das hatte immer wieder zu Konflikten zwischen ihm und uns drei Brüdern geführt. So wollten wir, wie wohl alle Kinder auf der Welt, Spielkameraden haben, mit denen wir nach Herzenslust zusammen sein konnten, doch unser Vater untersagte uns Kontakte zu den Nachbarskindern, die in seinen Augen lauter „Wildwuchs" des Philistertums, lauter kleine Spießbürger waren. Er hatte insofern recht, als die Kinder in der Nachbarschaft eher zur Gewalt bereit waren und für Literatur und Musik kein Interesse zeigten. Und Kinder von Akademikereltern waren in unserer nächsten Umgebung rar gesät. Selbst wenn die Eltern früher Akademiker gewesen waren, waren sie nach Maos Umerziehung so weit proletarisiert, dass kaum Unterschiede zu den tatsächlich körperlich arbeitenden Proletariern auszumachen waren. Mit meinem Freund Wang Supu durfte ich aber doch verkehren, da Wangs Vater mit meinem Vater zur Schule gegangen war und sie ihre Freundschaft sozusagen an uns vererbt hatten. Mein Vater erschuf durch Verbote und Vorschriften eine kleine, seiner Meinung nach heile Welt, in der wir von klein auf immer viel Hausaufgaben zu erledigen hatten. Denn die Freizeit musste seinem Lehrplan entsprechend vernünftig und gestalterisch verbracht werden. So gab er uns seine eigenen Hausaufgaben, die meistens schwerer und viel umfangreicher waren als diejenigen von der Schule. Mein Vater musizierte mit uns zu Hause, brachte uns Malen, Zeichnen, Singen und Fotografieren bei und ging mit uns regelmäßig nach draußen, um nach der Natur zu malen und zeichnen. Nach jedem gemeinsamen Kinobesuch musste ich einen Aufsatz schreiben und berichten, was mich berührt hatte und inwiefern der jeweilige Film erzähltechnisch bemerkenswert gewesen war. Es gab zwar nicht viele guten Filme damals, dennoch wurde durch die Aufsätze meine kritische Betrachtungsweise und mein Verständnis für den Zusammenhang von Handlung und Erzähltechnik geschult. Die Filme, die ich als Kind sehen durfte, finde ich heute nicht mehr erwähnenswert, weil sie zu meiner Bildung nichts beigetragen haben. Ihr einziger Inhalt war die Ideologie vom Hass auf den Klassenfeind und der Liebe zur Partei. Allerdings durfte ich auch die nach Maos Tod gezeigten Klassiker-Verfilmungen aus der UdSSR immer wieder ansehen, selbst wenn ich dafür die Schule schwänzen musste. Insofern billigte mein Vater mir die Freiheit zu, Dinge zu tun, die meinem Naturell entsprachen. Er bewunderte mein zunehmendes Auffassungsvermögen und meine stichhaltigen Argumente. Schöngeistige Beschäftigung war in seinen Augen die richtige Beschäftigung; alle anderen Bemühungen im Leben waren in seinen Augen nur ein Mittel zu diesem Zweck. So ging ich jeden Abend zwischen sieben und neun mit meinem Bruder zu Herrn Wang Fei, einem berühmten Maler und Lehrer für westliche Ölmalerei, der in Xuzhou gleich hinter dem Zhongshantang-Kino sein Atelier hatte, wo wir unter professioneller Anleitung das Zeichnen und Malen erlernten.

Rückblickend kann ich heute sagen, dass ich als Kind doch sehr isoliert war. Andererseits aber geht all das, wovon ich bis heute zehre, auf diese kulturell geprägte väterliche Erziehung zurück. Er ist derjenige, der es geschafft hat, uns mit seiner Euphorie für die westliche Poesie und Musik anzustecken. Aber damals habe ich ihn dafür gehasst, dass er mir Kontakte zu anderen Menschen verbot und finde das auch nicht empfehlenswert, weil Kinder nun mal die Umwelt brauchen, um das Verhältnis zwischen Alter und Ego zu begreifen. Kinder, die nie mit anderen Kindern gespielt haben, werden auch im Erwachsenenalter Schwierigkeiten im Umgang mit Menschen haben. Außerdem sind sie meistens naiver und blauäugiger als die bereits im Kindesalter Sozialisierten. So wirkt mein sehr selektives Verhältnis, das ich damals zu meiner Umwelt entwickelt habe, bis heute nach.

Für meine Eltern war ich das sensibelste ihrer vier Kinder, und sie wollten mir meine Empfindlichkeit und Sensibilität abtrainieren, weil sie glaubten, dass Sensibilität etwas Bürgerliches und Distinguiertes verkörpere, was im proletarischen Arbeiterstaat unzüchtig und befremdlich wirkte. In einer Gesellschaft, in der plumpe Gefühllosigkeit im Reden, ungeschliffenes Benehmen, ja sogar Rohheit im Handeln und kumpelhafte Grobheiten im Umgang miteinander als progressive Merkmale der Arbeiterklasse gepriesen wurden, hätte mein sensibler Charakter möglicherweise zu Irritationen führen, Antipathie hervorrufen und Anfeindungen verursachen können. Der innerfamiliäre Konflikt spitzte sich oft deshalb zu, weil wir Kinder unsere eigene Vorstellung vom Leben und unsere eigene Ästhetik in Sachen Kleidung und Mode hatten. Ich weigerte mich zum Beispiel beharrlich, die grünen Gummischuhe chinesischer Soldaten zu tragen. Ich wollte immer Lederschuhe haben. Doch Lederschuhe galten während der Kulturrevolution als dekadent. Das war mir aber egal, weil mein Klassenlehrer auch immer Lederschuhe trug. Meine Sensibilität ist mir zum Glücke erhalten geblieben, trotz aller Versuche meiner Eltern, mich für das Leben im proletarischen Arbeiterstaat tauglich zu machen. Ich war definitiv nicht geschaffen für den Arbeiterstaat. Ich verachtete das Unvermögen meiner Mitmenschen zutiefst, Poesie zu verstehen und sich von Kunst berühren zu lassen. Und heute wie damals verabscheue ich kulturelle Unempfänglichkeit und Banausentum.

Zum Funktionieren im Arbeiter- und Bauernstaat gehörte damals auch zweifelsohne das proletarische Denken. So verbot mein Vater mir beispielsweise, über schlechte Luft zu klagen, Schmutz und Dreck zu kritisieren und Körpergeruch zu monieren. Auch verbot er mir, eine Handcreme und Haarwachs zu benutzen, weil das in seinen Augen zur bürgerlichen Lebensweise gehörte. Seine diesbezüglichen Verbote sprach er immer derart vehement und beleidigend aus, dass ich oft Monate brauchte, um mich davon zu erholen.

Abschied von Xuzhou

Auch wenn die Beziehung zwischen mir und meinen Eltern nicht immer die beste war, war das Elternhaus doch ein warmes Nest gewesen, in dem ich wohlbehütet aufgewachsen war. Nach meiner Abmeldung auf dem Hukou-Amt war mir klar, dass ich von diesem Nest nun Abschied nehmen und ab sofort den Weg ohne meine Eltern weitergehen musste. Die Tage davor waren von Aufregung und leichter Traurigkeit bestimmt. Mein Vater hatte mir einen grauen Reisekoffer aus hartem PVC gekauft. Innen war der Koffer gefüttert und außen mit gemustertem Plastik überzogen. Vollgepackt wog der Koffer bestimmt mehr als dreißig Kilo. Allein die Decken und Kissen und die anderen Schlafsachen füllten den Koffer schon fast aus. Ich weiß gar nicht mehr, wie mein Vater es überhaupt geschafft hat, all die Gebrauchsgegenstände wie Waschschüssel, Essnapf, Suppenterrine und Bücher und Wäsche in dem Koffer unterzubringen, den ich allein kaum tragen konnte. Beim Packen verspürte ich eine Mischung aus Glück und Trauer, aus Sehnsucht nach der Zukunft und aus Angst vor der Abnabelung von meinem bisherigen Leben. Eine dominante innere Stimme sagte mir aber klar und deutlich, dass die glänzenden Zukunftsperspektiven die kindlichen Schmerzen kompensieren würden. Die Trennung, das wusste ich, war eine Trennung für immer. Ich würde nur noch als Besucher oder, wie meine Mutter sagte, als Gast wieder nach Hause kommen. Meine Zeit in Xuzhou war beendet. Von nun an würde ich allein durch die Welt segeln.

Meine Eltern hatten einen Nachtzug für mich gebucht. Um sieben Uhr abends verließen wir das Haus und fuhren mit dem

Bus zum Ostbahnhof der Stadt. Meine Mutter litt schon seit dem frühen Morgen unter Abschiedsschmerzen, und ihre Augen waren vom Weinen schon ganz geschwollen. „Kind, geh schon! Hab kein Heimweh! Du bist ab jetzt auf dich allein gestellt!" Oder „bleib stark und pass auf dich auf!", wiederholte sie den ganzen Tag immer wieder, während sie ihre Tränen trocknete. Als der Zug sich in Gang setzte, ließ ich meine Kindheit Revue passieren: Ich spürte die Wärme wieder, mit der meine Großmutter mir im eiskalten Winter die Füße in ihrem Schoß unter ihrer Jacke gewärmt hatte; ich dachte an den Gefängnisbesuch bei meinem Vater und den langen schmerzvollen Marsch, den Großmutter mit ihren Lotusfüßen zurückgelegt hatte. Ich hörte die Stimme meines Großvaters, wie er mir das Gedicht vom „Beharken des Setzlingsfelds unter der Mittagssonne" vorgelesen hatte und dachte an den täglichen Spaziergang mit ihm durch die halbe Stadt. Ich sah förmlich vor mir, wie mein armer Vater die hohe Mauer erklomm und in seine Gefängniszelle zurückkroch. Ich roch seinen starken Körpergeruch wieder, spürte seinen Bart an meiner Wange ... Natürlich dachte ich auch an die sich regelmäßig wiederholenden Streitereien mit den Eltern und Geschwistern, die mir auf einmal so herzerwärmend und so bedeutsam vorkamen. Es gab auf einmal so viele Sachen, die mir so leid taten, weil wir die kostbare Zeit des Zusammenseins nicht hoch genug geschätzt hätten ... Vor meinem inneren Auge sah ich die Straßenverkäufer und hörte ihr wunderschönes melodiöses Marktgeschrei. Auch die Sterne am Himmel und die Pfiffe der Dampflokomotive, die den nächtlichen Himmel durchdrangen, erzeugten jetzt Wehmut in mir. Vor allem sah ich meine Mutter weinend am Bettrand sitzen und unsere Kleider flicken, hörte sie wieder in den frühen Morgenstunden die Wäsche mit dem Waschknüppel schlagen. Das erste Lied, das meine Mutter für uns sang, klang wieder in meinen Ohren:

„Der Mond stößt durch Wolken weiß wie Lotosblumen,
hierüber weht die Abendbrise Freude in Gesängen.
Wir sitzen neben den hohen Türmen des Getreides,
Hören Mama die vergangenen Geschichten erzählen ..."

Mein bisheriges Leben war verbunden mit dieser Stadt und dieser Familie. Jetzt entfernten sie sich langsam von mir. Ich wollte sie alle am liebsten festhalten und mit aller Kraft umarmen. So wurde ich von einem heftigen Schmerz gepackt und konnte meine Tränen nicht mehr zurückhalten. In meinem Kopf hallte sanft das Lied der Polowetzer Tänzer von Alexander Borodin wider, das meine Schmerzen auf wunderbare Weise besänftigte:

„Auf den Flügeln linden Zephyrs,
Du, trautes Lied, flieg' fort zum Heimatlande,
Dahin, wo heimatliche Töne klangen
So lieb und süß dem Ohr der freien Mädchen.
Im Laub der Wälder, wo die Vögel singen
Wo Sonne die Berge umzieht in lichten Streifen glüh'n.
Auf den Flügel linden Zephyrs
Du trauriges Lied,
Fliegt fort zum Heimatland!"
...

Der Zug war wie immer komplett überfüllt. Es war in den 1970er- und 1980er- Jahren völlig normal, dass Züge und Busse aus allen Nähten platzten. Von Xuzhou nach Nanking sind es nicht einmal dreihundert Kilometer, eine Strecke, für die man heute genau eine Stunde mit der Harmony- oder Renaissance-Hochgeschwindigkeitsbahn braucht. Damals war es eine Reise von sieben bis zehn Stunden. Es war die Zeit des Semesterbeginns, also Hauptreisesaison. Menschen, die vom Norden und Westen nach Nanking, Wuxi, Suzhou, Shanghai oder Hangzhou fahren wollten, mussten in Xuzhou umsteigen. Der Zug war so voll, dass keine Stecknadel mehr hineingepasst hätte, und auf den für drei Personen gedachten Sitzbänken saß man mindestens zu fünft. Auch die Gepäckfächer, die Handgepäckablagen und die Unterseiten der Sitzbänke waren vollgepfropft mit Leuten. Am schlimmsten jedoch war, dass der Gang mit Koffern und Gepäckstücken vollgestopft war. Nun dämmerte mir auch, weshalb mein Vater mir so eindringlich davon abgeraten hatte, während der Zugfahrt etwas zu trinken. Denn ich hätte es nicht geschafft, mich durch diese Menschenmenge und das ganz Gepäck hindurch bis zum Ende des Waggons durchzuschlagen, wo sich die Toilette befand, selbst wenn ich die Kraft von neun Ochsen und zwei Tigern gehabt hätte, wie wir Chinesen sagen. Der Zug fuhr mit vierzig Stundenkilometern und hielt in ungefähr fünfzehn Städten. Und an jeder Station stiegen mehr Leute ein als aus. Diejenigen, die es schafften, in den Zug einzusteigen, mussten durch die offenen Fenster über die Köpfe anderer Passagieren hinweg kriechen. Das Gepäck wurde ihnen hinterhergeworfen. Dabei kam es jedes Mal zu Streitigkeiten, Beschimpfungen und lauten Entschuldigungen. Es roch bestialisch nach ungewaschenen Füßen, Schweiß, Fäkalien und vor allem nach Tabak. Ich hatte nun eine dunkle Ahnung, warum mein Vater mir meine Empfindsamkeit hatte abtrainieren wollen, warum er mich kritisiert hatte, wenn ich Schmutz und Körpergeruch bemängelte. Er hatte mich für die Realität dieses Landes starkmachen wollen.

Nach siebeneinhalb Stunden schlängelte sich der Zug langsam über die 6772 Meter lange Yangtse-Brücke, die erste von

Chinesen eigenständig gebaute zweigeschossige Brücke und damit ein Prestige-Objekt der 1960er-Jahre, auf das alle Chinesen mächtig stolz waren. Unten sah ich den unendlich breiten Yangtse-Fluss, der am Horizont in den Himmel überzugehen schien. Nun war es nicht mehr weit bis Nanking.

Nanking

Nanking ist die Hauptstadt meiner Heimat-Provinz Jiangsu. Ich kannte die Stadt bereits ein wenig, weil ich als 13-Jähriger einmal mit einer Gruppe jugendlicher Fans der Malerei hierhergekommen war, um die jährliche Kunstausstellung der Provinz zu bewundern – für uns damals ein kulturelles Ereignis wie für Kunstliebhaber in Europa die Biennale in Venedig. Wir, sieben Jungen aus besser situierten Familien, waren damals zusammen unterwegs gewesen, und meine Eltern hatten uns ausreichend Lebensmittelbezugsscheine und ein wenig Geld gegeben und sich keine Gedanken darüber gemacht, wie wir zu der 270 Kilometer weit entfernten Stadt kamen und wo wir dort schlafen sollten. Natürlich fuhren wir mit dem Bummelzug, und natürlich fuhren wir schwarz. Es war nicht üblich, Fahrkarten zu kaufen, weil die Menschen in Xuzhou die Vorteile als Eisenbahnknotenpunkt zu nutzen wussten und ihre Beziehungsnetzwerke als Währung einsetzten. Heute ist das unvorstellbar. Mit hundertprozentiger Treffsicherheit fand man immer einen Verwandten, Freund oder Bekannten, der irgendwie für die Eisenbahn arbeitete; und alle „Familienangehörigen" konnten kostenfrei mit der Bahn reisen, wenn einer in der sehr weitläufig definierten Familie in einer Einheit der Eisenbahn arbeitete, selbst wenn er nur für die Reinigung eines Warteraums zuständig war. Das Prinzip von der einen Hand, die die andere wäscht, machte im sozialistischen Wirtschaftssystem jede soziale Beziehung zur baren Münze. Schwarzfahren war die absolute Normalität, wenn man einen Eisenbahner namentlich benennen konnte. Sicher gab es auch Dienstbeflissene, die ihre Aufgabe sehr ernst nahmen und uns kontrollierten und aus dem Waggon warfen – ebenso sicher, wie wir den nächsten Zug bestiegen und mit vielen Unterbrechungen letztendlich doch in Nanking ankamen. Der älteste von uns hatte angeblich Verwandte in Nanking und uns Jüngeren versprochen, dass wir dort übernachten könnten. Dafür verlangte er von uns unsere Lebensmittelbezugsscheine. Die nahm er ganz ungeniert, ohne uns jedoch den versprochenen Schlafplatz zu besorgen. Ich bin heute noch sauer, wenn ich an dieses schamlose Verhalten denke. So schliefen wir vier Nächte lang im Wartesaal des Bahnhofs in Xiaguan, an einer Bushaltestelle oder auf den Bänken der öffentlichen Parks, wo es trotz des Hochsommers in der Nacht sehr kalt war. Morgens suchten wir uns eine abgelegene Stelle für die Notdurft und wuschen uns im Xuanwu-See. Auf diese Weise hatte Nanking bei mir keinen guten Eindruck hinterlassen. Wie auch, wenn man nur auf der Straße lebte und außerdem die Menschen kaum verstand. Ich kann mir heute gut vorstellen, was für einen Eindruck wir auf die Einheimischen gemacht hatten, die uns aus den Restaurants vertrieben, statt uns Essen gegen unsere Bezugsscheine zu servieren. Und ihre Aussprache, die immer mit dem zweiten Ton nach oben endet, als ob sie permanent Fragen stellen würden. Und das in einem Sprechrhythmus, der deutlich schneller war als im Xuzhou-Dialekt. Nanking war auch die Hauptstadt von sechs Dynastien gewesen und zuletzt die Hauptstadt der Republik China, die heute nur noch aus der Insel Taiwan besteht. Und die Universität Nanking ist eine der ältesten Universitäten Chinas und war bis 1949 die Zentraluniversität der Republik. Sie wurde nach dem Vorbild der Berliner Humboldt-Universität aufgebaut. Drei von den zahlreichen Rektoren hatten vor 1945 noch an der Friedrich-Wilhelms-Universität in Berlin studiert und das Humboldtsche Bildungsideal mit seinem Anspruch auf Allgemeinbildung und seiner Einheit von Forschung und Lehre in Nanking eingeführt. Der berühmteste Rektor war der langjährige Staatspräsident der Republik China, Generalissimo Chiang Kai-shek, gewesen. Zu meiner Zeit galt die Institution als eine der National Key Universities in China. Dort wurden die Eliten und Technokraten der Republik ausgebildet, denen man nachsagte, dezidiert unpolitisch zu sein: willig und fleißig in der Ausführung ihrer Aufgaben, aber selten an sozialen Umwälzungen und schicksalsträchtigen Kämpfen interessiert. Das ist auch der Grund, warum die Universität während der Kulturrevolution als Brutstätte der bürgerlichen Intelligenz, der konterrevolutionären Gelehrten und der rückwärtsgewandten Volksfeinde von den Rotgardisten und maoistischen Rebellen stark zerstört worden war. Insgesamt zwölf Jahre lang, von 1966 bis 1977, wurde die reguläre Aufnahme von neuen Studenten blockiert. 1976 war es dort zur sogenannten Nanking-Affäre gekommen: Studenten und Dozenten der Universität hatten in aller Öffentlichkeit gegen die Kulturrevolution protestiert und deren sofortiges Ende gefordert. Sie wollten in Ruhe gelassen werden und den Lehr- und Forschungsbetrieb wieder in Gang setzen. Doch das Aufbegehren der „Brillenträger" wurde lediglich herzhaft belacht und schließlich „so leicht wie man Staub wegpustet", niedergeschlagen.

Von den berühmten Absolventen der Universität Nanking, die zu Vorträgen und Diskussionen an die Elitehochschule kamen, konnte ich noch einige kennenlernen, unter anderen Madame Chien-Shiung Wu, „the first lady of Physics", der mit dem nach ihr benannten Wu-Experiment eine wichtige Entdeckung in der Elementarteilchenphysik gelungen war. Was sie über die sogenannte Paritätsverletzung referierte, ist bei mir nicht hängen geblieben; was ich aber nicht vergessen sollte, war ihre klare und angenehme Stimme und ihre zierliche Gestalt. Auch ihr Mann, der Physiker Yuan Jialiu, hielt des Öfteren Vorträge an der Universität, ebenso wie der Geologe und Meteorologe Coching Chu und der Architekt und Bauingenieur einiger berühmter Bauwerke in China, Mao Yisheng. Natürlich beeindruckten mich vor allem Vorträge von Persönlichkeiten, deren Werke ich schon als Schüler und später als Student oft gelesen hatte. Das waren Männer wie Chen Baichen[xxv], Chen Jia[xxvi], Fan Cunzhong[xxvii], Shang Chengzu[xxviii], Zhang Weilian[xxix], Zong Baihua[xxx], die der Nachwelt wahre Schätze hinterlassen haben. Einer der prominentesten Absolventen ist Staatspräsident Jiang Zemin, der China nach dem Tiananmen-Massaker bis 2002 regierte.

Die Universität von Nanking liegt mitten in der Stadt zwischen Trommelturm und Xinjiekou und wird auf der Ost-West-Achse von der Zhujiang- und der Yunnan-Straße und in der Nord-Südrichtung von der Zhongshan- und der Shanghai-Straße begrenzt. Das ehemalige Präsidialamt sowie die Sitze zahlreicher Ministerien lagen in unmittelbarer Nähe. Die Universität war der größte von einer Mauer umgebene Campus, den ich je gesehen hatte. Auch heute noch wirkt er riesig, da die Universität sich in den vergangenen dreißig Jahren erheblich vergrößert hat. Heute studieren dort mehr als 30 000 Studenten, während wir damals nicht einmal 3000 waren. Der Campus war zweigeteilt: Im Norden befanden sich die Lehrgebäude, im Süden lagen unsere Wohnkomplexe. Dazwischen verlief die Hankou-Straße. Auf dem Campus gab es insgesamt 16 Wohnheime, ein Krankenhaus, ein Badehaus, zwei Restaurants und drei Kantinen, die die Infrastruktur unseres von der übrigen Gesellschaft relativ abgeschotteten Studentenlebens bildeten.

Als der Zug in Nanking ankam, brach gerade die Morgen-
dämmerung an. Die berühmten Nankinger Platanen mit ihren
Stämmen so dick wie menschliche Taillen säumten die Alleen
und Straßen. Ein Bild, wie ich es von Nanking noch in meiner
Erinnerung hatte. Daher bereitete mir das Wiedersehen mit den
Platanen große Freude. Nanking ist auch bekannt als einer der
drei „Feueröfen" Chinas, wo der Sommer unerträglich heiß ist.
Die Sonne ging sehr schnell auf, und die riesigen Blätter der
Bäume spendeten viel Schatten und schienen die Stadt flächendeckend zu klimatisieren. In meiner Erinnerung gibt es keine
zweite Stadt in China, die auch nur annähernd so grün gewesen
wäre. Die Platanen wirkten zugleich wie ein Deckel, unter dem
die Luftfeuchtigkeit gerade in der sogenannten Pflaumenregen-
zeit sehr schnell anstieg. Sie dufteten in der Feuchtigkeit stark
nach Essig und Limonen, einen Geruch, den ich nur in Nanking
einfangen konnte. In Nanking nannten wir die Bäume fälschli-
cherweise französische Platanen, obwohl die Franzosen den
Baum aus Yunnan entführt hatten. Seine haarigen Fruchtstände
hängen wie Glocken in den Ästen, weshalb sie auch Bäume der
hängenden Glocken genannt werden. Überall in der ganzen
Stadt lief man durch solche von Platanen beschatteten Alleen,
vom Bahnhof Xiaguan im Norden am Yangtse bis zum Konfuzi-
us-Tempel im Süden am Qinhuai-Fluss, vom Hanzhong-Tor im
Westen bis zum Zhongshan-Tor am Fuß des Zijin-Berges im Osten.

Damals gab es neben dem Xiaguan-Bahnhof, der 1905 nach
englischem Vorbild erbaut worden war, auch schon die neue
Zentralhaltestelle, die direkt mit der 1968 eröffneten Yangtse-
Brücke verbunden war. Doch die Züge aus Xuzhou hielten am
alten Bahnhof in Xiaguan mit seinem nach heutigem Maßstab zu
klein geratenen Bahnhofsplatz. Der Platz war fast immer voll

von Reisenden. Sowohl drinnen wie draußen konnte man sich nur mühsam fortbewegen. Das Wort „Ji" – Drängeln – ist ein ständiges Attribut für Aktivitäten aller Art, die mit Bus- und Bahnfahren zusammenhängen. Die feuchte, warme Luft mischte sich mit dem Schweiß, machte das Atmen schwer und die Haut klebrig. Überhaupt war „feucht" und „laut" mein bleibender Eindruck von Nanking. Die Stadt erwachte täglich um fünf Uhr früh, und das Heer aus Fahrrädern war um ein Vielfaches größer als in Xuzhou, ein förmlicher Strom von Radfahrern, den man nicht durchqueren konnte, ohne beschimpft oder grob behandelt zu werden. Die Geräuschkulisse aus Fahrradklingeln, vermischt mit Hupen von Bussen und Autos, verursachte mir oftmals richtige Kopfschmerzen.

Ich weiß heute nicht mehr, wie ich es damals allein vom Bahnhof bis zum Campus geschafft habe. Das war, nach meiner Einschätzung, eine Entfernung von mindestens zehn Kilometern. Vermutlich wurde ich dort von eigens dazu abgeordneten Studenten der Universität mit dem Bus abgeholt. Als ich dort ankam, war die Empfangsschlange schon sehr lang. Eine große Losung hing am Eingangsportal der südlichen Einfahrt, mit der die neuen Studenten des Jahrgangs 1981 herzlich willkommen geheißen wurden. Jede Fakultät hatte einen oder mehrere Empfangstische aufgestellt, die zusammen eine Art Empfangsstraße für die Studienanfänger bildeten. Ich fand die Fakultät für Fremdsprachen und fremdsprachige Literatur direkt am Eingang beim dritten Tisch. Die älteren Semester halfen dabei, die Neuankömmlinge einzuweisen. Ich sah darunter auch viele Studenten aus sehr entlegenen Provinzen, von denen es keine Eisenbahnverbindung nach Nanking gab. Sie alle waren tagelang über Berg und Tal gewandert und von der jeweils nächsten Kreisstadt aus mit dem Fernbus nach Nanking gefahren. Einer kam tatsächlich barfuß an, weil er es nicht übers Herz gebracht hatte, seine neuen Schuhe auf dieser strapaziösen Reise zu ruinieren. Manche waren mit ihren Eltern angereist, weil sie sich offensichtlich schwer von diesen trennen konnten. Einige erzählten mir, dass sie in ihren Dörfern nicht einmal Elektrizität kannten, geschweige denn Telefone oder Automobile. Die beiden älteren Semester, die mich empfingen, waren sehr freundliche Mädchen, die mir auf einer selbstgemalten Karte zeigten, wo ich auf dem Campus was fand. Meine dringliche Frage, wo ich mich denn baden könne, machte die beiden etwas verlegen. Sie antworteten, dass man sich nur mit kaltem Wasser im Waschraum des Wohnheims duschen oder waschen könne. Heißes Wasser gab es nicht. Das Badehaus war erst im November geöffnet, wenn es draußen kalt genug war. Tatsächlich konnten wir uns in Nanking nur mit kaltem Wasser waschen. Auch im Winter wuschen wir uns kalt, wenn wir nicht ins städtische Badehaus gehen wollten. Im Badehaus auf dem Campus herrschte immer ein dichtes Gedränge, und weil mir davor grauste, wenn die Leute sich im großen gemeinsamen Badebecken einseiften und ihre Haare dort auswuschen, hatte ich insgesamt nur einmal in den vier Jahren dort gebadet, nein, geduscht.

Mir wurde ein Schlafplatz im Zimmer 402 vom elften Wohnheim zugewiesen. Dabei handelte es sich um ein altes vierstöckiges Gebäude aus grauen Ziegeln. Fast alle Gebäude dort waren in diesem republikanischen Baustil aus grauen Ziegelmauern, Sprossenfenstern und chinesisch geschwungenen Dächern errichtet. Mein Zimmer lag am Anfang der vierten Etage mit einem Fenster nach Osten. Von meinem Bett aus konnte ich ungehindert den Zijin-Berg bewundern, dessen Gipfel zur Regenzeit fast immer in Wolken gehüllt war. In den wärmeren Monaten war der Blick auf die Landschaft mit ihren rosafarbenen Wolken in der Dämmerung ein wahrer Genuss. Im Winter war es selbstverständlich bitterkalt, weil Nanking geografisch zur südlichen Hälfte Chinas gehörte, wo im Winter nach dem Prinzip der Planwirtschaft nicht geheizt werden durfte, obwohl es klimatisch eher dem Norden angehörte. Es war immer feucht und kalt. Die Luftfeuchtigkeit betrug über 90 Prozent, und die Temperatur lag im Winter meistens zwischen 0 und 5 Grad. Meine Decke aus Watte sog so viel Feuchtigkeit auf, dass sie richtiggehend nass und sehr schwer wurde. Noch heute bekomme ich Gänsehaut, wenn ich daran denke, wie ich im Winter in Nanking in mein Bett stieg.

Wir wohnten zu acht in einem Zimmer mit Etagenbetten. Jeder hatte einen Schlafplatz, einen kleinen Tisch und einen Stuhl, Möbel, die vom Staat kostenlos zur Verfügung gestellt wurden. Weitere Utensilien, die für den Alltag unverzichtbar waren, kaufte sich jeder selbst aus eigener Tasche. Die wichtigste Anschaffung waren eine Thermosflasche und ein Moskitonetz gegen die berühmt-berüchtigten schwarz-weiß gestreiften Tigermücken. Diese Stechmücken sind extrem aggressiv und stechen im Vorbeifliegen blitzschnell zu, ohne sich dabei lange auf ihrem jeweiligen Opfer niederzulassen. Ihre Stiche verursachen große schmerzhafte Schwellungen, die samt Juckreiz oft erst nach Wochen verschwinden.

Abends um 21 Uhr wurde überall bis auf zwei Wohnheime, in denen die ausländischen Studenten wohnten, der Strom abgestellt. Wer danach noch lesen wollte, musste dies mit Kerzen oder Taschenlampe tun. Privatsphäre gab es nur innerhalb des Moskitonetzes. Im Wohnheim waren beinahe 200 männliche Studenten zusammengepfercht. Das Zusammenleben auf engstem Raum hat uns dahingehend geprägt, dass wir sehr bewusst und freiwillig aufeinander Rücksicht nahmen. Alles musste so eingeteilt und geregelt werden, dass niemand benachteiligt wurde. Morgens nach dem Aufstehen hatte jeder genau zwei Minuten Zeit für den Gang zur Toilette und die Morgenwäsche, da es pro Etage nur zwei Toiletten und zwei Waschbecken gab. Rätselhafterweise schafften wir es alle, uns in diesen zwei Minuten zu erleichtern, zu waschen und zu frisieren. Gegenüber war das Fernsehzimmer, in dem die Studenten abends fernsehen oder auch singen und tanzen konnten. Die schnulzigen Fernsehserien mit Yamaguchi Momoi, die sanftmütigen Liebeslieder von der taiwanesischen Popsängerin Deng Lijun, die amerikanischen Serien „Garrison's Gorillas" im staatlichen Fernsehen waren unsere Unterhaltung.

Unser Wohnheim lag neben der Villa von John Rabe, dem „Schindler von Nanking", der viele Menschenleben gerettet hatte, indem er eine riesige Flagge Nazi-Deutschlands über seinem Wohnhof hissen ließ. Denn es war allgemein bekannt, dass die Japaner im Zweiten Weltkrieg das Eigentum ihrer Verbündeten verschonten, was auch der Fall war, als sie Nanking bombardierten. Nach 1949 war das Haus verstaatlicht worden, und nun waren dort mehrere Familien untergebracht. Wir wussten damals allerdings noch nicht, wer John Rabe gewesen war und was er für Nanking getan hatte. Erst in den 1990er-Jahren wurde die Geschichte John Rabes von einer amerikanischen Journalistin entdeckt. Unser Lehrer, Professor Zheng Shoukang, war der maßgebliche Übersetzer und Herausgeber der achtbändigen Tagebücher des „guten Deutschen von Nanking". Heute ist die Villa eine Gedenkstätte mit einem Museum für patriotische Jugenderziehung, die nach ihrer Renovierung 2003 vom damaligen deutschen Bundespräsidenten Johannes Rau eingeweiht wurde.

Unsere Mensen befanden sich in der Mitte des Campus-Geländes in drei quer zur Hauptstraße liegenden Gebäuden. Dort wurden täglich drei Mahlzeiten angeboten: zum Frühstück Reissuppe und ein Mantou, dazu eingelegtes Gemüse. Ei und Joghurt bekam man nur gegen Zuzahlung. Das Frühstück war nicht besonders nahrhaft, so dass ich oft um zehn schon wieder richtig Hunger hatte. Mittags gab es abwechselnd Gerichte mit Fleisch, Fisch und viel Gemüse. Hauptnahrungsmittel blieb der Reis. Mir blieb vor allem ein Gericht namens „Löwenkopf" im Gedächtnis. Es bestand aus einem faustgroßen Kloß aus Hackfleisch und Gemüse, der zuerst frittiert und dann mit grünem Gemüse in Fleischbrühe gekocht wurde. Das war das Lieblingsgericht der meisten Studenten. Ich aß es auch sehr gern, obwohl ich normalerweise nur Fisch aß. Abends gab es jeweils dasselbe Gericht wie mittags. Dabei musste man mit dem eigenen Geschirr zuerst vor der Essensausgabe Schlange stehen, dann suchte man sich einen Platz an den zahlreichen langen schmierigen Esstischen, die man erst einmal abwischen musste, bevor man Platz nehmen konnte. Mit der Zeit hatten die Reinlichkeitsliebenden unter uns eine Essgruppe gebildet, deren Mitglieder reihum den Essplatz für alle anderen mit saubermachten. Diese Initiative wurde schließlich von allen Studenten übernommen. Heißes Wasser holte man an der Ausgabe für gekochtes Wasser. Das war kostenlos, und jeder von uns hatte mindestens eine Zwei-Liter-Thermosflasche, die zu allen möglichen Zwecken gefüllt wurde. Aus Hygienegründen trank man nur gekochtes Wasser und nutzte es auch abends für das Gesicht und die Füße, bevor man ins Bett ging. Oft nahmen die „Fortschrittlichen", die die Anweisung des Großen Führers „Diene dem Volk" sehr beherzigten, die Thermosflaschen der Zimmerkameraden mit, wenn sie Wasser holen gingen. Solche kleinen Dienste waren

allerdings riesige Bausteine für den kommunistischen Karriere-
weg, da die Parteiführung immer schon der Meinung war, dass
derartige Kleinigkeiten viel über den Charakter der Einzelnen
verrieten.

Die ausländischen Studenten hatten eine eigene Mensa, deren
Angebot viel besser, dafür aber auch um einiges teurer war. Insbesondere musste das Essen dort mit FEC (Foreign Exchange
Certificate) bezahlt werden. Deshalb kamen viele Überseestudenten zu uns in die Mensa und aßen zum Normalpreis mit uns
zusammen. Im Restaurant „Südgarten", das hinter der Villa des
Kommunistischen Jugendverbandes lag und wegen seiner gelb
gestrichenen Fassade von uns Studenten in das „Restaurant des
kleinen gelben Gebäudes" umbenannt worden war, ging ich ab
und zu essen. Das Essen dort war köstlich, sowohl in qualitativer
wie quantitativer Hinsicht. Selbstverständlich musste man über
das Geschirr dort geflissentlich hinwegsehen, weil dieses in der
Zeit der Postkulturrevolution des Proletariats immer noch aus
Blech bestand und die Teller wie Fressnäpfe aussahen, ein Zeichen dafür, dass die Chinesen ihren Sinn für Ästhetik immer
noch nicht wiedergefunden hatten und die proletarische Kultur
nach wie vor noch überall hoch im Kurs stand. Ich gehe heute
noch jedes Mal dorthin, wenn ich in Nanking bin, obwohl der
Betreiber längst nicht mehr derselbe ist und die Qualität des Essens bei Weitem nicht mehr so gut. Meine Besuche dort beruhen
also auf reiner Nostalgie – in Erinnerung an meine Studententa-
ge.

Die ersten Wochen habe ich nur noch in sehr verschwomme-
ner Erinnerung. Ich litt unter einer Magen-Darm-Verstimmung,
einer Erkältung und einer Lebensmittelvergiftung und musste
wochenlang im Gulou-Krankenhaus behandelt werden. Es war

242

wohl eine psychosomatische Reaktion von Körper und Geist. Weil das Klima sehr heiß und schwül war, das Essen von der Großküche ohne Kühleinrichtung viel Schmalz enthielt und oft auch ranzig schmeckte, und weil mein Magen das Essen in Nanking nicht gewohnt war, hatte ich ständig Durchfall. Auch die Tatsache, dass wir acht Kommilitonen in unserem Zimmer aus unterschiedlichsten Teilen des Landes kamen und neben unterschiedlichsten Lebensgewohnheiten oft ganz gegensätzliche Wertvorstellungen hatten, war für mich sehr gewöhnungsbedürftig. Ein Merkmal des Sozialismus bestand darin, dass Menschen in eine Einheit gesteckt wurden und zum Gemeinschaftsgeist gezwungen wurden. Individualität galt als Laster und musste als bösartige Gewohnheiten bekämpft werden. Doch wir gewöhnten uns nur sehr langsam aneinander, und obwohl wir mit der Zeit zumindest nach außen hin als Einheit auftraten, funktionierte unsere kleine Gemeinschaft eher schlecht als recht. Dieser Zwangs-Kollektivismus, in dem weder Persönlichkeit, noch Individualität, Menschenwürde oder Privatsphäre geduldet wurden, war mir ein Gräuel. Und ich hatte nicht mehr die Möglichkeit, mich wie früher im Elternhaus mit meinen Büchern und meiner Musik zurückzuziehen. Und das Zusammenleben mit sieben anderen in einem kaum 20 Quadratmeter großen Raum war insofern verhängnisvoll, als man unter ständiger gegenseitiger Beobachtung stand und von zwielichtigen Gestalten bespitzelt wurde, die teils aus Neid und teils aus echtem Gehorsam gegenüber der Partei eigene Kommilitonen observierten und verpetzten. Der unbedingte Kollektivismus und die Ausmerzung von Individualität und Meinungs- sowie Unternehmensfreiheit waren unter anderem auch die Gründe dafür, warum Chinas Universitäten seit 1949 keine weltbewegenden Errungenschaften mehr auf wissenschaftlichem und künstlerischem Gebiet hervorgebracht hatten. Da das Denken in ein Korsett gesteckt wurde, konnte der Erfindungsgeist sich nicht frei entfalten.

Offene Konflikte zwischen uns Kommilitonen gab es immer wieder, meist wegen unüberbrückbarer Differenzen hinsichtlich Lebenserfahrung und Weltanschauung. Die meisten Studenten hatten außer Lehrbüchern nicht viel gelesen, wussten nichts von *The Literary Mind and the Carving of Dragons* 文心雕龍 von Liu Xie oder der *Kritik der Poesie* 诗品 von Zhong Rong, hatten noch nie von der Musik eines Bach, Mozart oder Beethoven gehört und auch keine Ahnung von Da Vinci, Michelangelo oder den Impressionisten und Expressionisten. Viele meiner Kommilitonen wurden in der Stadt zum ersten Mal mit Telefonen, Fernsehapparaten und AM- und FM-Radio konfrontiert. Wer im Leben noch nie von Henri Toulouse-Lautrec gehört hatte, konnte dessen Bilder nur als Pornographie betrachten. Und wenn man nicht wusste, wer Antonín Dvořák war, konnte man sich auch nicht für dessen Symphonie *Aus der Neuen Welt* begeistern. Das Bildungsniveau des ganzen Landes war damals niedriger, dafür waren die Menschen durch die jahrzehntelange Proletarisierung bodenständiger und unbefleckter von all den Raffinessen des kapitalistischen Lebens. Diese geistige Beschränktheit raubte mir den Atem, ebenso wie die unangenehmen Gerüche, das laute Schnarchen, der Sauerstoffmangel und die Unmöglichkeit, für mich sein zu können. Dadurch war ich mental ernsthaft gefährdet und bereute es sehr, mich nicht für Peking entschieden zu haben. Eine latente Depression sollte mich vier Jahre lang in Nanking begleiten.

Neue Gesichter, neue Freunde

Die Studenten der vorhergehenden Jahrgänge 1977 und 1978 waren immer noch auf dem Campus. Bei diesen beiden Jahrgängen handelte es sich um die kampferprobten Rotgardisten und Rebellen der Kulturrevolution, die wegen ihrer Mao-Begeisterung tatkräftig an der Zerstörung des Landes beteiligt gewesen waren und schließlich von Mao entmündigt und zur Umschulung durch Anpassung und Gleichschaltung mit den sogenannten „armen Bauern und unteren Mittelbauern" aufs Land geschickt worden waren und sich nun nach der Feuertaufe im Sumpf der armen Bauern und unteren Mittelbauern ganz allein und hilflos wiederfanden. Viele von ihnen waren schon jenseits des konfuzianischen Standhaftigkeitsalters von dreißig Jahren, ab dem man über eine gefestigte Weltanschauung verfügen, selbstständig sein Leben bestreiten und mehr für die Gesellschaft tun sollte, anstatt ihr Almosen abzuverlangen. Viele von ihnen hatten bereits Familie und Kinder. Sie studierten sehr fleißig, um die verlorenen Jahre aufzuholen und ihre von Mao indoktrinierten Köpfe mithilfe der Wissenschaften neu zu formatieren. Es war ein Glück, diese „Daddys and Oncles" auf dem Campus zu haben, die die mit ihrer Jugend bezahlten Erfahrungen und ihre Enttäuschung von Mao offen, ehrlich und ungeschönt an uns Jüngere weitergaben und es mit den Wissenschaften wirklich ernst meinten. Von ihnen lernte ich, dass das Leben Prosa und nicht Poesie ist. So erzählte mir Zhu Jiaqiang, ein Romanistikstudent des Jahrgangs 1977, der bereits 28 Jahre alt war, wie er als Sechzehnjähriger aufs Land geschickt worden war, nachdem die Schule den Lehrbetrieb eingestellt hatte, als er gerade eben mal die zweite Klasse der Mittelschule absolvierte. Er und andere Studenten aus den Städten, im Jargon der Mao-Ära „intellektuelle Jugendliche" genannt, mussten täglich 16 Stunden mit den armen Bauern zusammen das Meer auffüllen, um aus den Untiefen Marschland und fruchtbare Ackerflächen zu gewinnen. In seiner Freizeit lernte er Französisch von einem Rechtsabweichler, der früher im Außenministerium als Übersetzer gearbeitet hatte. Acht kostbare Jahre hatte er aufgeopfert, um, wie er selbst ebenso ernst wie ironisch meinte, „die Erde zu reparieren". Er war bereits ein in China nicht ganz unbekannter Übersetzer, der schon die Werke von vielen französischen Autoren übersetzt hatte. Wenn er wieder einmal ein Autorenhonorar bekommen hatte, lud er uns zum Essen ein. Ich sah ihn täglich in unserem Allzweckraum der künstlerisch-literarischen Gruppe des Kommunistischen Jugendverbandes in der Villa an der südlichen Einfahrt am Schreibtisch sitzen und in Büchern blättern. Da saß er immer, ganz gleich, zu welcher Tages- und Nachtzeit ich dorthin kam. Er suchte zwar keinen Kontakt zu uns den Jüngeren, freute sich jedoch sehr, wenn wir ihn ansprachen. Da er ein großer Geschichtenerzähler war er, konnte er uns immer von den Romanen berichten, die er gerade übersetzte. Seine Beschreibung von Paris, das er wie seine Westentasche zu kennen schien, war so lebendig, dass man den Eindruck bekam, er habe schon immer dort gelebt. Er kannte sämtliche Straßennamen, gute Geschäfte und wusste sogar, in welchen Restaurants man besonders gut aß. Er war derart vertraut mit der französischen Hauptstadt, dass viele Fachverbände ihn einluden, Vorträge über Paris zu halten.

Ein anderer „Oldie", der schweigsame und fleißige Gao Lijing, mit dem ich eng befreundet war, hatte zehn Jahre lang in Heilongjiang als Bauernsoldat im Produktions- und Aufbaukorps gearbeitet. Oft sah ich ihn allein in der Bibliothek arbeiten. Sein Notizbuch war randvoll mit Schlagwörtern und Zitaten in äußerst schöner Schrift, und ich war als Achtzehnjähriger fasziniert von seinem aufrichtigen Charakter und seinen Überlegungen, wie das Land politisch reformiert werden konnte und von seiner Zuversicht, dass das chinesische Volk aus seinen leidvollen Erfahrungen und der zehnjährigen Katastrophe der Kulturrevolution schon seine Lehren ziehen würde. Des Öfteren ging ich mit ihm abends aus, um andere Studenten seines Alters von den anderen Universitäten zu treffen. Mit großen Ohren lauschte ich ihren mitunter sehr laut und leidenschaftlich geführten Diskussionen über Vergangenheit, Gegenwart und Zukunft, wobei wir oft auf das Thema der Wahrheit und möglicher Überprüfungskriterien derselben zu sprechen kamen. Der Hintergrund war ein brisanter Aufsatz des Politik-Professors Hu Fuming mit dem Titel „Praxis ist das einzige Überprüfungskriterium der Wahrheit", der in allen wichtigen Tageszeitungen auf der Titelseite gelandet war. Die Reaktion auf diesen Artikel glich einem Tsunami, der das Land förmlich mit einer Diskussionswelle überschwemmte. Seine Gegner beharrten darauf, dass alles, was der verstorbene Führer Mao angeordnet hatte, befolgt werden müsse und nicht in Frage gestellt werden dürfe und betrachteten den Aufsatz als absurd, revisionistisch und abtrünnig. Die Tatsache, dass dieser Artikel überhaupt veröffentlicht werden durfte, war bereits ein Zeichen der einsetzenden politischen Liberalisierung. Der damalige Generalsekretär der KPCh, Hu Yaobang, hatte sich persönlich dafür ausgesprochen, die Ketten der Geistes- und Gedankenfreiheit endlich zu sprengen. Der Generaldesigner der chinesischen Reformpolitik, Deng Xiaoping, hatte diesen Aufsatz sehr gelobt und ihm das historische Verdienst zugesprochen, die Partei und das Volk vom Dogmatismus und politisch-ideologischen Bandagen befreit zu haben. Einige wenige Disputanten, die ihre Rotgardistenmentalität offensichtlich immer noch nicht abgelegt hatten, in allen Andersdenkenden Feinde sahen und ihren Großen Führer auch nach dessen Tod noch verteidigen wollten, gingen mir unsäglich auf die Nerven. Ironischerweise sollten ausgerechnet diese Wenigen später nach dem *Tian'anmen*-Massaker als Nutznießer des Systems und Parasiten der Partei eine steile Karriere im In- und Ausland hinlegen. Die meisten älteren Studenten aber waren politisch Engagierte, die in ihrem Studium die Vergangenheit verarbeiten und einen Ausweg aus dem Maoismus suchen wollten und sich aufrichtige Sorgen um die Nation und das Volk machten.

Mein Oldie-Freund verriet mir, wie sein Bruder während der Kulturrevolution aufgrund seines in Ungnade gefallenen Vaters, der zuerst leitender Funktionär gewesen und dann wegen seiner Kritik am zu früh erfolgten Großen Sprung nach vorn selbst von den Rotgardisten öffentlich diffamiert und geschlagen worden war, zu Tode geprügelt wurde, als er nicht mehr aufhören wollte, „Lang lebe der Vorsitzende Mao" zu rufen. Denn die Rotgardisten hielten es für unwürdig und majestätsbeleidigend, dass der Sohn eines Konterrevolutionärs und Anhänger der Liu-Deng-Clique dem Großen Führer Mao huldigte. Deswegen fühlte sich mein Oldie-Freund auch dazu verpflichtet, das Land vor einer Wiederholung solcher Katastrophen zu bewahren. Von ihm lernte ich nicht nur, politisch wachsam zu sein, sondern auch zu argumentieren. Er ermahnte mich immer, Quellenangaben zu machen, wenn ich einen wissenschaftlichen Beitrag verfasste. Er war damals längst verheiratet und hatte ein Kind. Interessanterweise nannte er seine Frau, wie es das gemeine Volk gewöhnlich tat, stets „mein altes Weib", wenn er von ihr sprach, obwohl sie einer Fotografie nach eine unglaublich schöne, grazile Tänzerin war. Sie hatte mit dem Kind in ihrer Heimat in der äußerst nordöstlichen Provinz Chinas bleiben müssen. Dass er 1983 zum Studium nach London geschickt wurde, gönnte ich ihm von ganzem Herzen, aber ich beneidete ihn auch sehr darum.

Japanisches Intermezzo

Die allgemeine Sorge um die Nation und das Volk fand auch in antijapanischen Hetzkampagnen ihren Niederschlag. Im Juli und August 1982 hatte Japans „Ministry of Education, Culture, Sports, Science and Technology" die Lehrbücher einiger privater Verlagshäuser zur Publikation freigegeben, in denen die Aggressionspolitik Japans gegenüber seinen Nachbarn im Zweiten Weltkrieg verharmlosend dargestellt worden war. Dabei hatten japanische Soldaten am 13. Dezember 1937 nach der Eroberung von Nanking mehr als 200 000 Zivilisten und Gefangene an Ort und Stelle massakriert und über 20 000 Mädchen und Frauen vergewaltigt – Gräueltaten der kaiserlichen japanischen Armee, die John Rabe in seinen Tagebüchern eindrucksvoll dokumentiert hatte. Die wiederholte Verharmlosung der Kriegsverbrechen in den meisten japanischen Schulbüchern führte in China immer wieder zu antijapanischen Demonstrationen und Protestversammlungen. Auf dem Campus wussten wir damals so gut wie nichts von der Protestbewegung einiger Aktivisten in der Hauptstadt, die die japanische Botschaft mit Brechstangen und Pflastersteinen angriffen und japanische Studenten verprügelten. Ein besonders patriotischer Kommilitone, der als Soldat in Vietnam gekämpft hatte, verachtete uns für unsere diesbezügliche Ignoranz und beschimpfte uns als gefühlskalte „Sklaven". Ich verstehe bis heute nicht, warum die Regierung es damals nicht für notwendig erachtete, uns darüber zu informieren und aufzuklären. So tappten wir völlig ahnungslos in eine Stimmung hinein, die ganz schnell in Gewaltexzesse ausarten konnte. Einmal gelang es mir nur mit großer Mühe, einen japanischen Kommilitonen vor einer Prügelei zu bewahren, der sich im Stadtzentrum von Nanking plötzlich von einer Gruppe von Männern verschiedenen Alters umzingelt sah und heftig darum bemüht war, sich auf Chinesisch zu verteidigen. Er wollte eigentlich nur sagen, dass er völlig unpolitisch und auch nicht einverstanden sei mit der Verharmlosung der damaligen Gräueltaten, dass aber in Japan Pressefreiheit herrsche und jeder Verlag eigene Lehrbücher herausgeben und jede Schule sich ihren eigenen Lernstoff zusammenstellen könne. Selbst wenn sein Chinesisch besser und er in der Lage gewesen wäre, ihnen dies mitzuteilen, hätten die Chinesen ihm nicht geglaubt, weil sie ganz einfach keine Pressefreiheit kannten. Er aber erkannte die Gefahr nicht, schätzte die Situation falsch ein und wollte immer weiterdiskutieren. Die Männer um ihn herum dagegen wollten sich eigentlich nur über ihn lustig machen, randalieren und ihn verprügeln. Ich drängte mich zwischen ihn und die Angreifer und erklärte diesen, dass er ein Kommilitone von uns an der Universität Nanking und bestimmt kein Feind des chinesischen Volkes sei. Dann zog ich ihn aus der Gruppe der Umstehenden und flehte ihn auf Englisch an, zu schweigen. Hätte er noch weitergemacht und die japanische Regierung verteidigt, hätten die Leute wahrscheinlich uns beide verprügelt.

Die gewaltsamen antijapanischen Demonstrationen wiederholten sich in den Jahren 2005 und 2014, weil das japanische Ministerium erneut Schulbücher abgesegnet hatte, die die japanische Aggression immer noch verharmlosten. Davon abgesehen erlebten wir in den 1980er-Jahren die beste Zeit der chinesisch-japanischen Freundschaft.

Mit eigenen Augen sehen

Unser Parteisekretär war Herr Pan, ein fleißiger und ehrlicher Mann, der seine Disziplin und Loyalität gegenüber der Partei in der Armee gelernt hatte. In der ersten Versammlung nach Semesterbeginn bat uns Herr Pan, auf die vier Punkte der politischen Folgsamkeit zu schwören:

1) Liebe dein Vaterland, glaube fest an der Führung der KP.
2) Studiere fleißig.
3) Arbeite hart und lebe einfach.
4) Achte auf deine Gesundheit und körperliche Stärkung.

Diese Parolen waren für uns nicht neu. Wir kannten sie bereits seit frühester Kindheit. Neu war die Art des Vortrags von Herrn Pan. Er lächelte, wenn er redete, und seine stark vom Wu-Dialekt gefärbte Aussprache sowie seine häufig falsch ausgesprochenen Redewendungen und Zitate machten ihn unter uns Studenten zu einer Witzfigur. Meiner Empfindung nach war es damals allerdings nicht in Ordnung, ihn wegen seiner falschen Aussprache zu verspotten. Denn nicht jeder seiner Generation hatte die Schule besuchen können, nur wenige beherrschten Hochchinesisch und noch weniger hatten den Zugang zu einer Hochschule geschafft. Sie waren als Soldaten daran gewöhnt, ein Gewehr statt eines Federhalters in der Hand zu halten. Und viele hatten sich durch kommunistische Zwangslehrverfahren innerhalb von wenigen Jahren von Analphabeten zu Hochschullehrern hochgearbeitet. Grund genug, über eine falsche Aussprache höflich hinwegzusehen.

Der Chef des Kommunistischen Jugendverbandes war Lu Zhenkang, der sich sehr fleißig um die Organisationsarbeit und die ideologische Erziehung kümmerte. Er tat mir außerordentlich leid, weil er so viel Zeit in die Maßregelung unserer „Gedanken" investierte, dass er kaum noch Zeit für sein eigenes Fach der russischen Literatur fand. Auch er kam aus dem Süden der Provinz und sprach einen starken Dialekt. Menschen wie Pan und Lu, die sich für die Parteiarbeit aufopferten und sich ununterbrochen der Herausforderung stellten, junge Menschen nach den Parteidogmen zu erziehen, bewunderte und bedauerte ich gleichermaßen. Rätselhaft blieb mir, wie sie es schafften, sich stets an unsere Fersen zu heften und wie gut sie immer über uns informiert waren. Ihrer vollkommenen Selbstlosigkeit und ihrem Arbeitsethos schien tiefste Überzeugung zugrunde zu liegen. Unser politischer Tutor war Yin Xiaohuang, ebenfalls ein Parteigänger, der als ABS-Student Anglistik studiert hatte. Mit ihm hatte ich öfter Probleme. Yin war eigentlich ein gutmütiger Mensch, fleißig und strebsam. Weil er ABS-Student war, verspürte er einen gewissen Druck, besonders korrekt sein zu müssen. Denn die ABS-Studenten waren mangels Qualifikation nach 1978 reihenweise aus dem Lehrbetrieb ausgemustert worden. So hatte er beispielsweise kein Verständnis dafür, wenn ich ohne Erlaubnis den Campus verließ, obwohl dies zu unserer Zeit ziemlich locker gehandhabt wurde.

1982 fand in Peking eine Gemäldeausstellung über 250 Jahre französischer Malerei statt. Es war die erste bedeutende Gemäldeausstellung dieser Art seit der Gründung der Volksrepublik China 1949. Ich konnte nicht anders, als mir die Gemälde, die ich nur aus Abbildungen in Büchern kannte und nach denen ich mich selbst im Traum noch sehnte, endlich mit eigenen Augen anzuschauen. Also fuhr ich nach Peking, damals eine Reise von

24 Stunden, obwohl die Entfernung nur knapp 1000 Kilometer betrug. Als ich von dort zurückkam, hatte Yin eine Kritikversammlung anberaumt. Er hatte tatsächlich in der Firma meines Vaters angerufen und sich bestätigen lassen, dass mein Vater definitiv nicht krank war. So wurde ich der (Not-)Lüge überführt und musste vor der Klasse öffentlich Selbstkritik üben, was ich jedoch beharrlich verweigerte. Ich wollte Yin einfach nicht gehorchen und verließ auch in den folgenden Monaten und Jahren des Öfteren unerlaubt den Campus. Der Klassenspitzel verpetzte mich allerdings jedes Mal bei ihm, nachdem ich mir beispielsweise die Picasso-Ausstellung 1983 in Shanghai und 1984 die deutsche Malerei des 19. und 20. Jahrhunderts in Peking angesehen hatte. Seine Versuche, mich deswegen öffentlich zu kritisieren, scheiterten aber immer daran, dass die Klasse sich weigerte, in meinem Verhalten was Kritikwürdiges zu sehen, und niemand meldete sich, um mich öffentlich dafür zu kritisieren. Und jedes Mal erwartete Yin von mir vergeblich eine Selbstkritik. Vielleicht war er tatsächlich der Meinung, dass meine Vorliebe für die bürgerliche Kunst meine Begeisterung für die bourgeoise Lebensweise widerspiegle. Ironie der Geschichte: Er selbst lebt heute in den USA und ist ein Spezialist für amerikanische Literatur geworden.

Es machte mich damals depressiv, dass meine Umgebung einfach nicht verstand, was ich so innig liebte. Ich war verzweifelt und wusste nicht, ob mein innerer Kompass noch richtig arbeitete oder ob ich tatsächlich ein Sonderling war, der von der proletarischen Gesellschaft nicht akzeptiert werden konnte. Ich erkannte in der italienischen Renaissance viele Parallelen zum damaligen China, als ich *Die Kultur der Renaissance in Italien* von Jacob Burckhardt las, ein Buch, in dem er den Strukturwandel von Staat und Kirche am Ende des Mittelalters und die Entstehung des modernen Individuums beschreibt. Burckhardt sah im Individualismus die Voraussetzung zum Humanismus, in der Befreiung des Menschen aus dem religiösen (Aber-)Glauben die unendliche Schaffenskraft der Italiener, die in vielerlei Hinsicht wahre Wunderwerke vollbracht hatten. Ein Land wie China, das die Kunst ausschließlich ideologisch betrachtet, kann die wahre Kunst auch gar nicht verstehen; in einem Land, in dem die Kunst nicht frei geschaffen, sondern zu Propagandazwecken missbraucht wird, dort sucht man vergeblich nach Humanismus und Menschenwürde. Ideologien verblenden die Menschen, machen sie unfähig, Menschen als Individuen zu betrachten und Kunst als Kunst zu genießen. Menschen wie Yin, die ständig von Vaterlandsliebe, Parteitreue und politischem Gehorsam sprachen, egal ob aus Überzeugung oder aus Opportunismus, repräsentierten die Mehrheit im China meiner Jugend. Sie verstanden meine Liebe zur Kunst nicht und konnten nicht begreifen, dass ich so viel Geld ausgab und so viel Verfemung riskierte, nur um eine Ausstellung oder ein Konzert zu besuchen.

Ich war zeitweise so erschöpft und seelisch wie körperlich so krank, dass ich mich ernsthaft vom Studium befreien lassen wollte. Ein halbes Jahr lang sprach ich kein einziges Wort mehr mit meinen Zimmergenossen, so sehr hatte sich die Wut in meine Psyche eingefressen. Ich fühlte mich schwach und ausgeliefert und hatte manchmal das Gefühl, ein Taugenichts zu sein. Und es gab niemanden in meiner engsten Umgebung, der mich hätte relativieren können. Zu meinem großen Glück hatte ich Freunde an der Kunstakademie, die mir unendlich viel Wärme und Verständnis entgegenbrachten. So oft, wie ich konnte, ging ich zu ihnen, redete und lachte mit ihnen, aß und trank mit ihnen zusammen, saß als Gasthörer mit ihnen in den Vorlesungen und hörte mir ihre Orchesterproben an. Und ich war felsenfest davon überzeugt, dass NICHTS falsch daran war, die bürgerliche Lebensweise schön und erstrebenswert zu finden. Durch intensive Lektüre und den regen Austausch mit meinen Freunden an der Kunstakademie gelang es mir, meine Depression bald wieder in den Griff zu bekommen.

Zu Beginn des Studiums wurde ich in das Komitee des kommunistischen Jugendverbandes der Abteilung für Germanistik gewählt und war für kulturelle und sportliche Veranstaltungen verantwortlich. Die kulturellen Veranstaltungen bestanden aus wöchentlichen Tanz-Partys, die leicht zu organisieren waren. Dafür brauchte man nur einen Kassettenrekorder, ein paar Lautsprecher und einen freien Raum wie etwa die Mensa nach dem Abendessen. Das Sportfestival, jeweils eines im Frühling und eines im Herbst, war schon deutlich schwieriger zu organisieren. Denn die Bereitschaft der Studenten, an einem der zahlreichen athletischen Wettbewerbe teilzunehmen, war sehr gering. Daher musste ich jedes Mal viel Zeit darauf verwenden, Kommilitonen mit Potential zu rekrutieren und davon zu überzeugen, für die Fakultät zum Wettbewerb anzutreten. Oft musste ich selber die Lücken füllen und machte bei diesem und jenem mit, wobei ich immer der Letzte war, wenn es um Geschwindigkeit ging, aber fast immer einer der Besten, wenn es um Ausdauersportarten ging. Ich war auch für die Verteilung der Bezugsscheine an die Stipendiaten verantwortlich und verwaltete die Essensmarken im Wert von einigen hundert Yuan, was damals ein Vermögen war. Diese Aufgabe erforderte viel Geduld. Denn die Essensmarken waren quasi die Währung an der Universität und hatten dieselbe Bedeutung wie Bargeld. Einmal im Monat ging ich zur Universitätsbuchhaltung, holte die Marken ab und überreichte sie den Empfängern persönlich. Für eventuelle Fehler musste ich selbst haften und Fehlbeträge aus eigener Kasse begleichen, was zum Glück nie vorkam. So wurde ich mit der Zeit zur Vertrauensperson der Stipendiaten. Gleichzeitig arbeitete ich in der künstlerisch-literarischen Gruppe des kommunistischen Jugendverbandes der Universität und war, zusammen mit Yang Xiaoshi, Zhu Jiaqiang und Zhu Yanling mitverantwortlich für die Wandzeitung, die wöchentlich mit weißen und bunten Kreiden an die schwarzen Tafeln der zwei Plakatwände am Eingang zum südlichen Campus geschrieben wurden. Der Leitartikel stammte abwechselnd von uns Komitee-Mitgliedern des KJV. Das war eine ziemlich einflussreiche Tätigkeit, die ich sehr gerne übernahm und gewissenhaft ausführte. Einflussreich insofern, als wir damals noch kein Internet hatten und fast nur über Radio und Wandzeitungen erfuhren, was das Zentralkomitee der KPCh in Peking gerade beschäftigte.

Das politische Klima innerhalb der Universität Nanking wurde zusehends entspannter und liberaler. Im ersten Semester hatten wir uns mit dem wichtigsten politischen Dokument nach Maos Tod beschäftigt – dem „Beschluss über die historischen Probleme der KPCh seit der Gründung der VR China". In diesem Beschluss wurde die Kulturrevolution offiziell als „Katastrophe" und „inneres Chaos" der chinesischen Geschichte bezeichnet und die maoistische „Theorie der fortsetzenden Revolution unter der proletarischen Diktatur" als Unsinn kritisiert. Außerdem wurde Mao darin offiziell für die Kulturrevolution und die daraus resultierende Zerstörung des Landes verantwortlich gemacht. Dieser Beschluss gab uns die Gewissheit und Orientierung, dass die Zeit von Mao tatsächlich zu Ende war; er legitimierte zugleich die neue Führung, nachdem der noch von Mao bestimmte Nachfolger Hua Guofeng als Staatspräsident und Chairman der KP verfassungskonform abgewählt worden war.

Wir sollten wieder Vertrauen zur Partei fassen, indem wir dazu aufgefordert wurden, jeglichen Personenkult und jegliche Machtkonzentration bei Einzelpersonen entschieden abzulehnen und uns kritisch mit der jüngeren Geschichte der Volksrepublik auseinanderzusetzen. Das Land war immer noch sehr arm und rückständig und der Bedarf des Aufholens immens. So fußte die Wirtschaft immer noch auf dem Prinzip der sozialistischen Planwirtschaft, der Überbau war immer noch stark maoistisch geprägt und von Ideologien und Denkverboten bestimmt. Der Zickzackkurs der anfänglichen 1980er-Jahre verriet auch den Konflikt und die Interessengegensätze innerhalb des Machtzirkels in Peking. Die einen wollten den aufkommenden bürgerlichen Liberalismus bekämpfen, die anderen alles Ideologische auf dessen Wahrheitsgehalt überprüfen und gegebenenfalls korrigieren. Der neue Generalsekretär der KPCh, Hu Yaobang, wollte politische Reformen in Richtung Demokratie, Deng Xiaoping aber wollte nur die Privatisierung der Wirtschaft und eine Reform der staatseigenen Betriebe. Ein anderes Schwergewicht im Politbetrieb, Chen Yun, wollte dagegen die Planwirtschaft reformieren, indem er gewisse Zugeständnisse an kapitalistische Wirtschaftsmethoden einräumte. Das Politbüro sah in dem politischen Reformversuch jedoch die Gefahr einer geistigen Verschmutzung durch den Westen. Die politisch Verantwortlichen der Universitätsleitung selbst waren unsicher, welche Linie sie verfolgen sollten, eine Unsicherheit, die sich auch in unserer Wandzeitung widerspiegelte. Wir hatten aber zum Glück den alten liberalen Parteitheoretiker und Pädagogen Kuang Yaming zum Rektor. Er sympathisierte eindeutig mit der politischen Reform von Hu Yaobang und Yu Guangyuan, schaffte die allwöchentliche politische Versammlung ab und führte die „Universitäre Philologie" ein, nach der jeder Student egal welchen Faches die konfuzianischen Schriften statt der Mao-Bibel studieren musste. Er legte Wert auf die charakterliche Bildung von uns Studenten, nicht jedoch auf ideologischen Gehorsam, und er bestand darauf, dass die sogenannten konterrevolutionären und bis dahin noch nicht rehabilitierten Gelehrten wie Chen Baichen, Cheng Qianfan, Ding Guangxun und Sun Shuping Vorlesungen hielten. Auf diese Weise kamen wir in den Genuss, vom Wissen und vom Charisma dieser nationalen Berühmtheiten zu profitieren. Rektor Kuang war ein sehr berühmter Pädagoge in China, der – völlig frei von ideologischen Grenzen – die besten Gelehrten an die Universität holte, ohne etwas auf deren jeweilige Klassenzugehörigkeit zu geben. Er war schon viele Jahre zuvor so berühmt gewesen, dass Mao ihn 1966 sogar höchstpersönlich angegriffen hatte. Er musste daraufhin zehn Jahre lang das Schicksal aller damals entmachteten und vom Lehrbetrieb ausgeschlossenen Lehrer und Führungspersönlichkeiten erdulden, das in der Regel aus Arbeitslager und Gefängnis bestand. Um die Demütigung noch perfekt zu machen, musste Kuang am Ende Zwangsarbeit auf dem Universitätsgelände verrichten, die unter anderem darin bestand, täglich die Toiletten zu säubern. Dieser Mann forderte nun Menschlichkeit in der Erziehung ein. In einem Artikel des Chefideologen und Hardliners Hu Qiaomu über „Antibürgerlichen Liberalismus" sah er die wirkliche Gefahr der maoistischen Indoktrination auferstehen und rief uns dazu auf, mehr „Mimi-Musik"[xxxi] zu hören und mehr Tanzpartys zu besuchen. Ich erinnere mich an die taiwanesische Sängerin Deng Lijun, die damals bei uns auf dem Festland extrem beliebt war, von der Partei dagegen abgelehnt wurde. Wohl deshalb, weil es in all ihren Liedern einzig und allein um Liebe ging. „Frag mich nicht, wie sehr ich dich liebe", „Süß ist dein Lächeln" und ähnliche Lieder waren bei der Zentralpropagandaabteilung der KPCh verpönt, weil sie angeblich den Kampfgeist aufweichten. Doch unser Rektor war ein mutiger Mann, der sich mit seinem Dickschädel durchsetzte. Mit seiner Unterstützung verweigerten wir die von oben verordnete Kampagne der antibürgerlichen Liberalisierung in unseren Wandzeitungen. So konnten wir politisch weitgehend ungestört unserem Studium nachgehen. Doch die Angst, dass der Mao-Terror sich wiederholen könnte, schwebte gleichwohl wie eine dunkle Gewitterwolke über uns.

Deutschstunde

Unser Unterrichtsgebäude lag in der nordwestlichen Ecke des Campus und bestand aus grauen Ziegelbauten der 20er- und 30er-Jahre, einer perfekten Mischung aus östlichem und westlichem Baustil, der in der chinesischen Dachform gipfelte. Anfang der 80er-Jahre kannten wir weder Heizung noch Klimaanlage. Eine Zimmertemperatur von bis zu 38 Grad im Sommer und um die vier Grad im Winter war völlig normal, und nie wäre jemand deshalb dem Unterricht ferngeblieben. Interessant waren die vertikalen Schiebefenster mit Messingriegeln, die diese Gebäude zierten, und es grenzte an ein Wunder, dass die Rotgardisten die Türen und Fenster nicht zerstört hatten, die made in USA, eindeutig aus dem kapitalistischen Ausland stammten. Wir Germanisten und Japanologen teilten uns ein Gebäude, in einem anderen waren die Romanisten (Spanisch und Französisch) und Slawisten untergebracht. Nur die Anglisten hatten für sich allein ein eigenes und zugleich das größte Gebäude, weil es dort die meisten Studenten gab. In den Fachkursen wurden wir getrennt unterrichtet, in Fächern wie Philologie, Politik, Philosophie und Linguistik gemeinsam. Alles in allem saßen meistens über 100 Studenten im Hörsaal.

Der Tag der Immatrikulation war ein außergewöhnlich schöner Herbsttag. Die Sonne erwärmte unser Quartier im Erdgeschoss des nagelneuen Wohnheims, das wir allerdings nur vorübergehend belegen durften. Der Tag glich einem Fest. Jeder hatte sich schön herausgeputzt und seine besten Sachen angezogen. Für viele, die vom Land kamen, war es zunächst noch ungewohnt, sich auf Hochchinesisch auszudrücken. Sehr schnell wurden Landsmannschaften gebildet. Leute aus dem gleichen Ort fühlten sich auf einmal wie Blutsverwandte, verbunden durch ihren Dialekt. Wir waren ungefähr 150 Studenten für Fremdsprachen und ausländische Literatur, darunter zunächst noch 15 für Germanistik. Zwei schieden während des Studiums aus gesundheitlichen Gründen aus, so dass wir am Ende nur 13 Absolventen waren. Unter uns war ein ehrenhaft entlassener Soldat, der auf den Schlachtfeldern Vietnams gekämpft hatte und immer noch Parteimitglied war. Er stammte aus einer Militärfamilie in Nanking, war acht Jahre älter als wir und hatte kaum Kontakt zu uns Jüngeren. Vermutlich traumatisiert von seinen Kriegserlebnissen, war er nicht in der Lage, gesunde zwischenmenschliche Beziehungen einzugehen. Seine uns unerklärlichen Minderwertigkeitskomplexe und seine Eifersucht kompensierte er, indem er Mitstudenten latent oder manifest diskriminierte und sie für seinesgleichen unwürdig hielt. Ich hatte ein relativ gutes Verhältnis zu ihm, weil mir bis zu einem gewissen Grad klar war, worunter er litt. Als wohlbehütet aufgewachsenes Stadtkind konnte er mit den Bauernkindern aus der Provinz wenig anfangen. „Was verstehst du schon von ...!" war eine seiner Lieblingsphrasen. In mir sah er einen Verbündeten und brauchte meine Meinung als Absicherung dafür, dass er recht hatte, auch wenn er mit seinen Behauptungen oft ziemlich daneben lag. Er hatte eine Freundin, die an der Kunstakademie Malerei studierte. Als dezidierter Kunstbanause, der er war, schaffte er es jedoch, sie mit seiner fortlaufenden Kritik dermaßen zu verletzen, dass sie sich von ihm trennen wollte. Er reagierte darauf, indem er das Mädchen krankenhausreif schlug. Die Eltern des Mädchens erstatteten Anzeige und wollten ihn ins Gefängnis bringen. Unter dem Schutz des Netzwerks seines Vaters wurde er jedoch nie strafrechtlich verfolgt.

Von uns fünfzehn Studenten waren neun Frauen und sechs Männer. Dass Frauen in China damals tatsächlich „die Hälfte des Himmels" ausmachten, wie Mao gefordert hatte, war keine hohle Phrase geblieben. In den zweiundzwanzig Jahren, in denen ich in China lebte, waren Leistungsträger im positiven wie negativen Sinne meistens Frauen. Und sie wurden genauso behandelt wie Männer und genauso geachtet und respektiert. So waren wir erzogen worden. Als ich nach Deutschland kam und sah, wie rückständig die Deutschen in Sachen Gleichberechtigung waren und die Grünen 1986 die Gleichberechtigung zum Wahlkampfthema machten, konnte ich mich nur darüber freuen, dass China zumindest in diesem Punkt viel fortschrittlicher als der Westen war. Von den zwölf Absolventen in Germanistik, die 1985 ihren Abschluss machten, waren sieben Frauen und fünf Männer. Die Frauen blieben also bis zum Schluss in der Überzahl.

Am Nachmittag sollten wir unseren „Klassenlehrer" kennenlernen, der ein Semester lang für uns zuständig war. Herr Gao kam dazu eigens zu uns ins Wohnheim. Er war etwa 45 Jahre alt, 1,60 groß und hatte trotz seiner zierlichen Statur eine kräftige Stimme. Er trug stets eine grau-beige Mao-Jacke mit vier sichtbaren Jackentaschen. Oben links in der Brusttasche steckte ein schwarzer Füller mit einem metallischen Clip. Sein ordentliches Erscheinungsbild wurde noch zusätzlich durch seine stets zugeknöpften Taschen verstärkt. Seine schwarzen, auf Hochglanz polierten Lederschuhe waren ihm offensichtlich zu groß, so dass er sie mit selbst angefertigten Fersenpolstern ausgekleidet hatte. Auch sein Seitenscheitel war immer akkurat gezogen. Jedes Mal, bevor er anfing zu reden, glitt seine Hand zuerst in seine Jackentasche und holte Zigaretten heraus, die ordentlich in einem silbernen Etui verstaut waren. Dann hielt er in leicht grollendem

Tonfall seine Unterrichtsstunde mit zusammengezogenen Augenbrauen und gekräuselter Nase, um danach auf seinem sauber geputzten Fahrrad so schnell wieder zu verschwinden, wie er gekommen war.

Unsere erste Deutschstunde begann am 16. September 1981 um acht Uhr. Diese allererste Begegnung mit der deutschen Sprache war für mich gleichermaßen befremdlich wie einprägsam: Die deutschen Buchstaben, so stellte ich fest, waren identisch mit den englischen. Hinzu kamen noch die Umlaute und der Konsonant „ß". Die Phonetik war dagegen anders. Herr Gao lehrte uns die Buchstaben auszusprechen, deren Aussprache wir bis dahin nur vom Englischen kannten. Mir war sofort aufgefallen, dass die Aussprache des Deutschen dem chinesischen Pin Yin ähnelt, so dass man das internationale phonetische Alphabet als Hilfsmittel eigentlich gar nicht benötigte, weil Pin Yin deutlich einfacher und leichter zu merken war. Denn wie im Deutschen werden auch im Pin Yin die Zeichen genauso ausgesprochen, wie sie geschrieben werden.

Herr Gao war ein humorvoller und energischer Mann, der mich während des Unterrichts immer an den großen Komiker Charlie Chaplin erinnerte. Er stand wohl unter großer Spannung und wirkte dadurch steif und ernst mit seinem strengen, stechenden Blick. Sekunden später jedoch konnte er völlig entspannt, milde und freundlich dreinschauen – als ob es sich hier um zwei unterschiedliche Personen handelte. Dass er während des Unterrichts brüllte, war möglicherweise auf den fatalen Einfluss der 30-Jahre in Deutschland zurückzuführen. Denn er war nicht der einzige Lehrer, der wie der Reichspropagandaminister von damals redete.

Ich musste oft lachen, wenn Herr Gao uns dramatisch und eindrucksvoll das „rollende R" vorführte. Ja, wir Chinesen haben das mit Gaumenzäpfchen ausgesprochene R in unserer Sprache nicht, und es war für uns genauso schwierig wie die Aussprache des chinesischen R für ausländische Sprachschüler. Viele meiner Kommilitonen können das Gaumenzäpfchen bis heute nicht einsetzen, um ein R auszusprechen. Herr Gao konnte das hingegen sehr gut. Hätte man nicht gewusst, dass er gerade Deutsch unterrichtete, hätte man ihn vermutlich für geisteskrank erklärt. Minutenlang konnte er „gurgeln". Ja, richtig gurgeln sollte man, um das R zu lernen. Er empfahl uns tatsächlich, das Gurgeln mit einem Schluck Wasser zu üben. So gurgelten wir mit ihm die ersten beiden Wochen lang das R. Er war der Meinung, wenn man es schaffte, das R auszusprechen, dann wäre schon viel erreicht. Einige von uns hatten allerdings sehr schnell begriffen, dass es mit dem Gurgeln allein nicht getan war. Vielmehr musste auch der Gaumen ganz entspannt sein, um das R auszusprechen. Allerdings schnarchen wir nicht, wenn wir wach sind, sondern nur im Schlaf, wenn die Gaumenmuskulatur entspannt ist. Je angestrengter man also versuchte, das R zu rollen, desto unbeweglicher wurde das Gaumensegel. Manche schafften es nach zweiwöchigem Gurgeln, manche schafften es nie und sprachen das R fortan mit der Zunge aus, wie es Opernsänger tun.

Der Unterricht sah anders als in der Mittelschule aus. Wir hatten keine Tische mehr, die Stühle mit einklappbarer Schreibfläche wurden in einem Halbkreis angeordnet, und die Dozentinnen und Dozenten standen nicht mehr frontal vor uns, sondern in unserer Mitte. Am Anfang hatten wir noch keine Bücher. Alle Lernmaterialien mussten die Professoren auf eine Wachsmatrize tippen und dann mit einem Vervielfältigungsapparat kopieren.

So musste unser Professor für Deutsche Literatur, Professor Li Qinghua, beispielsweise sämtliche Gedichte, Novellen und Romane der Weimarer Klassiker abtippen, die er mit uns durchnahm. Einen Austausch von Textbüchern und Lernmaterialien zwischen China und den beiden deutschen Staaten gab es damals nicht. Wenn wir in der germanistischen Bibliothek deutsche Bücher fanden, waren dies allenfalls sprachwissenschaftliche Publikationen ohne politischen, ideologischen oder literarischen Gehalt. Deutschsprachige Bücher waren meistens Geschenke der Botschaft und des Generalkonsulats der BRD und der Republik Österreich. Diese durften wir ausleihen und lesen. Tageszeitungen und Zeitschriften wie *Der Spiegel* durften jedoch nur von Professoren gelesen werden. Später gab es Raubkopien von Heinrich Böll, Günter Grass, Siegfried Lenz oder Martin Walser im Foreign Language Book Store in der Gegend von Da Xing Gong zu kaufen. Publikationen aus dem Westen durften aus Zensurgründen nicht ohne weiteres verwendet werden, und aus der DDR waren keine erhältlich. So waren die Abzüge von der Wachsmatrize, von denen man schwarze, fettige Finger bekam, unsere ständigen Begleiter. Zwischen der DDR und China gab es kaum noch Beziehungen, seit der Botschafter der DDR in den 60er-Jahren mit einer heftigen Ohrfeige und lauter Beschimpfung als Revisionist und Anhänger Chruschtschows verabschiedet worden war. Dabei wäre es doch nur normal und natürlicher gewesen, wenn es unter den sozialistischen Bruderstaaten einen Austausch gegeben hätte. Aber nein, wir kannten keine Publikationen aus der DDR. Unser Dozent für DDR-Literatur kam aus Ost-Berlin und war ein sehr guter Germanist der Arbeiter- und Bauern-Fraktion. Doch auch er musste die Auszüge aus den zahlreichen literarischen Werken, über die er dozierte, abtippen und vervielfältigt an uns verteilen. Dabei wären die Reclam-Heftchen bestimmt viel billiger gewesen...

An der Fakultät für Fremdsprachen und fremdsprachige Literatur zu sein, bedeutete, dass wir direkte Kontakte zu ausländischen Lehrkräften oder Austauschstudenten hatten und Zugang zu ausländischen Kulturgütern wie Bücher, Zeitungen, Magazine und audiovisuelle Publikationen. Und darum wurden wir beneidet. Auch deshalb, weil wir im Sprachlabor in der Regel verbotene Filme und Radiomitschnitte aus dem Ausland offiziell sehen und hören durften. Denn Kontakte zu Ausländern waren damals, wie im heutigen Nordkorea, weitgehend verboten. Ausländer, vor allem die blondhaarigen und blauäugigen, waren Raritäten in China und wurden bestaunt wie seltene Tiere im Zoo. Uns war es zwar erlaubt, mit Ausländern Kontakt zu haben, doch mussten wir nach jedem Gespräch berichten, was wir erfahren und gesprochen hatten. Die meisten von uns hielten sich nicht an diese Vereinbarung. Auch ich fand es verräterisch und widerlich, dem politischen Tutor zu berichten, was mir ein freundlicher Mensch in freundschaftlicher Absicht anvertraut hatte. Außerdem gab es inhaltlich nichts Weltbewegendes, was berichtenswert gewesen wäre.

West-östliche Betrachtungen

Meine erste Freundschaft mit einem Ausländer war diejenige mit Robert aus den USA, ein großer schlanker Mann Mitte zwanzig mit einer Langhaarfrisur mit Mittelscheitel und einer randlosen Brille, wie ich sie noch nie gesehen hatte. Wie alle amerikanischen Studenten hatte auch er den ganzen Sommer über nur ein T-Shirt und Blue Jeans an und ein kurzärmeliges Hemd nur sonntags, wenn er in die Kirche ging. Was für eine Freude für mich, mit einem native speaker englisch reden zu können! So wurden wir Freunde, obwohl er viel älter war als ich. Wir redeten meistens über Musik, Kung Fu und die Spiritualität im Daoismus, die er gerade studierte. Er spielte in seiner Freizeit schottische Musik mit seinem Dudelsack, der an sich schon eine Sensation für uns Chinesen war. Wir übersetzten auch Zen-buddhistische Texte und Gedichte aus der Tang-Dynastie gemeinsam ins Englische. Interessant war für mich, wie unterschiedlich die ästhetische Wahrnehmung im Osten und im Westen war, was mir anhand des Gedichts „Abschied inmitten des Berglandes" von Wang Wei (701 -761) auffiel, das wir gemeinsam übersetzten:

> „Nach dem Abschied inmitten des tiefen Berglandes,
> Schloss ich das Gartentor aus Reisig, während es dämmerte.
> Nächstes Jahr, wenn sich das Grün der Frühlingswiese erneuert,
> Ob ihr, teure Freunde, wieder kommet?"

Das Gedicht beschreibt Trennungsschmerz und Einsamkeit nach der Verabschiedung von teuren Freunden. Der Dichter führt darin ein Selbstgespräch in der Abenddämmerung und fragt sich selbst, ob die Freunde im nächsten Jahr wohl wiederkommen werden, wenn die Gräser wieder grün sind. Für mich glich das Gedicht einer wunderschönen Tuschezeichnung: Der Dichter kehrt zu seinem Haus im tiefen Bergland zurück, nachdem er die Freunde ein Stück begleitet und sich schweren Herzens verabschiedet hatte. Er schließt sein einfaches, aus Reisig gebundenes Tor und schaut der untergehenden Sonne hinter der Bergkulisse nach. In der Ästhetik des Ostens stehen das Reisigtor und die untergehende Sonne für Melancholie und Einsamkeit, es ist die Ästhetik des Einsiedlertums unter den Gelehrten seit Tao Yuanming (372 – 427). Robert dagegen fand es überhaupt nicht schön, allein in einer hinterwäldlerischen Gegend im Bergland zu wohnen, ohne Freunde und Familie um sich zu haben. Er fand es furchtbar, die eigene Einsamkeit auf diese Weise zu kultivieren und damit Mitleid zu erregen. Er hätte nie danach gefragt, ob die Freunde im nächsten Jahr nochmal zu Besuch kommen würden, er wäre stattdessen gleich zu den Freunden gezogen...

Wir redeten über seine Heimat, und er zeigte mir viele Farbfotos (damals in China gab es diese nur in Schwarz-Weiß) von seinem Wohnort, seiner Universität und seinen Eltern. Er klagte darüber, dass die Chinesinnen, die er flüchtig kennengelernt hatte, ihm gleich Heiratsanträge machten und letztendlich doch nur seinen Pass heiraten wollten, um auswandern zu können. Auch fand er es falsch, alle Ausländer als reiche Leute zu betrachten. Er wäre überhaupt nicht reich und hätte auch kein Interesse daran, reich zu werden. Sein Lebensziel wäre es, ein studierter Landwirt zu werden. Bauer war damals ein Schimpfwort in meinen Ohren. Niemand in China wollte freiwillig Bauer werden. So lernte ich durch meine Gespräche mit Robert, wie unterschiedlich die Wertschätzung des Lebens sein konnte. Entbehrung und Schlichtheit, vielleicht auch Bodenständigkeit im

Sinne von Stillstand und Originalität waren damals aber keine Option für uns, weil wir viel zu arm waren, um darin etwas Schönes oder Romantisches zu sehen. Robert hat letztendlich aber doch eine ABC-(American Born Chinese) Chinesin geheiratet und ist mit seiner Familie als Bauer in Minnesota glücklich geworden.

Am Wochenende waren wir oft mit unseren Fahrrädern unterwegs und besichtigten Dörfer und entlegene Vororte von Nanking. Robert fragte mich, warum ein kommunistisches Land die Landwirtschaft nicht kommunistisch-industriell betrieb, sondern die Flure in lauter kleine Tofuwürfel zerstückelte und dadurch äußerst ineffizient nutzte. Ich erwiderte ihm, dass China fast 850 Millionen Bauern hatte. Wenn das ganze Land flurbereinigt und nur noch von Maschinen bearbeitet worden wäre, dann hätten die meisten Bauern keine Arbeit mehr gehabt. Er negierte diese Sichtweise ganz entschieden und bestand vehement darauf, dass die Arbeitskräfte zuerst von dieser mittelalterlich betriebenen Landwirtschaft befreit werden müssten, bevor man wertvollere Arbeitsplätze in der Industrie und in den Städten schaffen könne. Wie richtig er damals die Marschrichtung eines Entwicklungslandes erkannt hatte: Die zahlreichen Wanderarbeiter, die in den 90er-Jahren vom Land in die Fabriken und auf die Baustellen der Großstädte gezogen waren, hatten die Modernisierung Chinas überhaupt erst möglich gemacht.

Ein guter Freund von Robert war Peter, ein amerikanischer Politik-Professor, der nicht nur stundenlang über Nachkriegsdeutschland dozieren konnte, sondern auch in literarischer Hinsicht sehr bewandert war. Und wir hatten denselben Lieblingsdichter: Heinrich Heine. Allerdings waren unsere Interpretationen desselben völlig konträr. Während ich Heine eher als einen lieblichen Romantiker konsumierte, sah Peter in ihm einen Satiriker. Er zeigte mir eindrucksvoll, wie politisch und widersprüchlich Heine doch gewesen war: ein Sympathisant und Freund von Karl Marx und Friedrich Engels, und ein dezidierter Antikommunist. In Heines Augen wären die Kommunisten nichts anderes als Banausen und Ikonoklasten gewesen, die alle Kunstschätze und geistigen Errungenschaften der Menschheit zerstören würden. „Mit ihren rohen Fäusten zerschlagen sie als dann alle Marmorbilder meiner geliebten Kunstwelt, sie zertrümmern alle jene phantastischen Schnurpfeifereien, die dem Poeten so lieb waren; sie hacken mir meine Lorbeerwälder um und pflanzen darauf Kartoffeln [...] und ach! mein Buch der Lieder wird der Krautkrämer zu Düten verwenden um Kaffee oder Schnupftabak darin zu schütten für die alten Weiber der Zukunft!" Trefflicher als Heine hätte kein Dichter die Kulturrevolution in China beschreiben können.

Verrat

Eine weitere interessante Erfahrung machte ich mit Robert in Nanking: Robert war ein sehr frommer Christ und ging jede Woche zum Gottesdienst. Die Ausübung von Religion war gerade erst wieder erlaubt worden, und die meisten Kirchenvorsteher waren alte Männer über sechzig, die noch vor der Gründung der Volksrepublik in den 1940er-Jahren Theologie studiert hatten. Sie waren in den vergangenen 30 Jahren und insbesondere während der Kulturrevolution als „Rinderteufel" und „Schlangengeister" gänzlich aus dem öffentlichen Leben vertrieben und zur Umschulung durch körperliche Arbeit gezwungen worden. Jetzt wurden sie wieder rehabilitiert und damit beauftragt, die auf der Basis der „drei Selbst-Prinzipien" gegründeten katholischen wie evangelischen Kirchen wieder zu organisieren. Die drei Selbst-Prinzipien sind die Selbsterhaltung der Finanzen, die Selbstverkündung des Evangeliums und die Selbstverwaltung der Religionsangelegenheiten, im Klartext: Selbstständigkeit ohne ausländischen Kontakte. Die evangelische Kirche von Nanking lag in der Mochou-Straße. Das Bauwerk aus grauen Ziegeln hatte einen spitzen Turm und viele schmale, hohe Fenster, die mit ihren Glasmalereien einst von den Rotgardisten komplett zerstört und nun durch Klarsichtglas ersetzt worden waren. Die Fensterrahmen waren ebenso wie die Tür aus rostrot lackiertem Holz. Am Eingang hing ein hölzerner Opferstock mit goldenen Schriftzeichen. Daneben saß sonntags eine ältere Dame und verteilte Bibeltexte. Die Gottesdienstbesucher waren meistens ältere Frauen, die aufmerksam der Predigt lauschten und während der Messe unermüdlich mitsangen. Männer und Jugendliche waren eher die Ausnahme. Die Atmosphäre in der Kirche war eine gänzlich andere als in einem buddhistischen Tempel: Sie war ernster, unmittelbarer und gewissermaßen erhabener.

Robert bat mich immer, ihn zum Gottesdienst zu begleiten und ihm die Predigt zu übersetzen. Denn sein Chinesisch reichte noch nicht aus, um alles zu verstehen. Ich war am Anfang sehr neugierig und wollte wissen, wie die Kirche von innen aussah. Bischof Xu Dingxin, ein sehr gelehrter Mann, der das Alte Testament aus dem Hebräischen ins Chinesische übersetzt hatte, lehrte an der Universität Nanking christliche Theologie und war sehr erfreut, einen waschechten Ausländer mit blonden Haaren und blauen Augen zu sehen, der dazu noch richtig gläubig war. Jeden Sonntag verwickelte er uns in ein theologisches Gespräch und wollte viel über die USA und das dortige Leben wissen. Robert, ein bodenständiger Bauernjunge, war dagegen überhaupt nicht philosophisch angehaucht und beantwortete all seine Fragen sehr gewissenhaft und ehrlich, ohne irgendetwas zu beschönigen. Solche von Grund auf ehrlichen Menschen wie ihn kannte ich in der chinesischen Gesellschaft so gut wie gar nicht. Denn die Chinesen waren immer sehr vorsichtig in allem, was sie sagten. Im schlimmsten Fall konnte ja jede Frage eine Falle sein, daher musste jede Antwort auch politisch korrekt und unanfechtbar sein. Mit der Zeit wurde ich auch ein Freund von Bischof Xu, der kein Wort Englisch sprach, obwohl er so viel auf Englisch schrieb und las und ohne meine Übersetzung angeblich nicht kommunizieren konnte. Robert schlug immer wieder vor, dass Bischof Xu mich taufen sollte, doch dieser schien befangen. Dennoch gab er mir eine Bibel auf Chinesisch mit, die ich während der Sommerferien 1982 sorgfältig studierte. Das Christentum war mir nicht fremd, ich hatte es ja bereits als kleiner Junge von Grandpa Hu kennengelernt und später von meinem Klassenlehrer Gu Yadong in Xuzhou, der nach der Kulturrevolution zum Bischof der evangelischen Kirche in Xuzhou berufen worden war. Er war auch der Lehrer in der achten Mittelschule zu Xuzhou gewesen, der mir und meinen Brüdern zum Theologiestudium geraten hatte. Damals war die theologische Hochschule zu Nanking die erste wiedereröffnete Lehranstalt Chinas, an der man Theologie studieren konnte. Jedenfalls war ich begeistert davon, Christ zu sein, weil die Christen, anders als die Klassenkämpfer und proletarischen Revolutionäre, gute und barmherzige Menschen waren. Am 15. August 1982 taufte Bischof Xu mich auf den Namen des Vaters und des Sohnes und des Heiligen Geistes zum Christ. Ich war damals noch 18 Jahre alt. Am nächsten Tag kam ein Herr in Begleitung der Herren Lu und Yin zu mir, den ich noch nie zuvor gesehen hatte und wollte mit mir über meine Taufe und meine Freundschaft zu Robert und Bischof Xu sprechen. Er war ein freundlicher Herr, lächelte mild, redete langsam und besänftigend und machte überhaupt nicht den Eindruck eines „Unterdrückers". Er erzählte mir, dass Karl Marx die Religion als Opium fürs Volk bezeichnet hatte und nur Leute, die Aussteiger und unzufrieden mit der Realität wären, in der Religion Trost suchten. Er fragte mich, ob ich unzufrieden sei mit der Führung der KPCh und der sozialistischen Realität. „Geistesklempner" dieser Sorte waren in der Regel psychologisch bestens geschult. Zuerst redeten sie einem ins Gewissen, und dann ließen sie die Falle zuschnappen. Ich war überrascht, wie schnell und umfassend die Staatssicherheitsbehörde informiert worden war. Selbstverständlich war ich nicht unzufrieden mit der Führung der KPCh und der sozialistischen Realität. Woher hätte ich als Achtzehnjähriger solche Ressentiments haben sollen? Sie wussten so ziemlich alles über die Gespräche zwischen Robert und Bischof Xu, die ich übersetzt hatte, sie wussten von meiner Bibellektüre und dem wöchentlichen Gottesdienstbesuch. Sie wussten auch, wo Robert und ich überall unterwegs gewesen waren. Mit all diesen Details wollten sie mir auch beweisen, dass Vater Staat alles über uns wusste. Letztendlich wollten sie mir sagen, dass Kommunismus und Religion unvereinbar waren. Ich hatte sehr gemischte Gefühle aus Angst, Wut, Reue und Sorge. Ich verdächtigte den Bischof persönlich des Verrats und fühlte mich so schlecht, dass ich augenblicklich vor dem Stasi-Mann dem Christentum abschwor.

Heil Hitler

Unsere erste Deutschlehrerin aus Deutschland, Frau Weiß, war eine Frau Mitte dreißig mit zauberhaft blonden Haaren und blauen Augen. Sie kam aus Hamburg und war zusammen mit ihrem Mann und ihren beiden Kindern nach Nanking gekommen. Ihre beiden drei und fünf Jahre alten Kinder waren unglaublich hübsch und süß. Wir konnten die beiden nie genug liebkosen, wenn wir Gelegenheit dazu hatten. Ihre Mutter war in meinen Augen eine sehr hübsche und liebenswürdige Frau, die mich stets an Thomas Hardys Figur Tess erinnerte. Sie war die erste Ausländerin, der wir in unserem bisherigen Leben begegneten, und sie löste bei uns 13 Studenten die unterschiedlichsten Reaktionen aus. Sie gehörte der Generation an, die „Die Grünen" starkgemacht hatten. Sie war Gegnerin von Atomkraftwerken, Wettrüsten, Umweltverschmutzung, Waldsterben und Diskriminierung. Die Kultur der Umweltverbände, der Friedens- und Anti-Atom-Bewegung hielt gerade Einzug in das bürgerliche Leben West-Deutschlands. Und sie hatte diese Kultur nach Nanking mitgebracht. Ihre alternative Kleidung aus Baumwolle mit Batikmuster, Hanfschuhen und Schals aus roher Seide, also der Dritte-Welt-Look war es, der in mir die literarische Assoziation an Tess auslöste. Darüber hinaus wirkte sie sehr feminin und hatte eine wunderschöne Singstimme. Was ich an ihr faszinierend fand, war ihr sehr menschlicher Umgang ohne jegliche politische und ideologische Ausprägung, ihr betont weiblicher Charme und ihre Schönheit, wie sie nur jungen Müttern zu eigen ist. Ihr bezaubernd-naiver Blick, ihr ehrliches Lächeln und ihre auf Respekt gegründete, gleichermaßen distanzierte wie zuvorkommende Art des Miteinanders machte sie zum Menschen einer Sonderklasse, wie wir sie bei uns im Land vergeblich suchten. Klar war, dass sie sich aufgrund ihres vorübergehenden Aufenthalts nicht in die einheimische Ideologie und Gedankenwelt einmischen wollte. Und so blieb die Beziehung zu ihr vorurteilsfrei, unpolitisch und von rein persönlicher Natur. Natürlich musste sie nicht mit politischen Folgen rechnen, wenn sie ihre Meinung klar und direkt äußerte. Doch sie war eine höfliche Frau, die nie auf die Idee gekommen wäre, China und die Chinesen öffentlich zu kritisieren. Da ich sie in Nanking kennengelernt hatte, ist für mich jede Erinnerung an sie mit dieser Stadt verbunden, und ich kann noch heute kaum glauben, dass sie Deutsche ist. Das war bestimmt der Einfluss der englischen Literatur. Damals sah ich in allen Ausländern vielleicht nur Engländer, sofern sie Englisch sprachen. Auch ihr Mann mit seiner schlanken, athletischen Figur, seinem rötlichen Vollbart und seinem rostroten Cordanzug machte eher einen britischen Eindruck auf mich. Er unterrichtete damals die Studenten höherer Jahrgänge. Während seine Frau nach dem Unterricht immer schnell nach Hause zu ihren Kindern musste und überhaupt keine Zeit für Small Talk mit uns Studenten hatte, pflegte er gerne während der Pause oder nachmittags nach dem Unterricht mit uns zu plaudern, immer mit einer parfümierten Phönix-Zigarette in der Hand, einer Marke aus Shanghai in einer zitronengelben Packung, die für damalige chinesische Verhältnisse relativ teuer war. Als Lehrer war er für uns selbstverständlich eine Autorität, die wir sehr respektvoll behandelten. Ihm war unser distanziertes Verhalten aber unangenehm. Er suchte vielmehr unsere Nähe und bemühte sich darum, die starre, gespannte Atmosphäre aufzulockern. Mit der Zeit wurde uns auch klar, dass er anders als die übrigen Professoren war, die stets eine bitterernste Miene zur Schau trugen. Einmal wies er mich zurecht, als ich ihn, völlig naiv und ahnungslos, mit „Heil Hitler" grüßte wie alle anderen Studenten auch. Deutschland war so weit weg und bis dahin so irrelevant in unserem Leben gewesen, dass uns überhaupt nicht klar war, wie verletzend dieser Gruß für die Deutschen war. Peinlich berührt und hochrot im Gesicht, sagte er auf Chinesisch zu mir: „Die Chinesen mögen Chiang Kai-shek nicht, und wir Deutschen hassen Hitler!" Dies war der einzige chinesische Satz, den ich je von ihm gehört hatte, ein Zeichen dafür, wie sehr ihm daran lag, das chinesische Bild von Deutschland und den Deutschen zu korrigieren. Dabei war er nicht einmal wütend auf mich und fühlte sich von meiner Ignoranz auch nicht beleidigt. Ganz freundlich, aber entschieden erklärte er mir, dass man in Deutschland mit „Guten Tag", „Guten Morgen" oder „Guten Abend" grüßte und die Deutschen heute in einer parlamentarischen Demokratie lebten. Er wusste von den zahlreichen Filmen, die in China gezeigt wurden, in denen die Deutschen sich gegenseitig immer mit „Heil Hitler" grüßten. Ihm war aber auch klar, wie unwissend wir waren. Deshalb hielt er uns eines Tages einen Vortrag über das Dritte Reich und führte uns mit Zahlen und Fakten eindrucksvoll vor Augen, dass es sich dabei um das dunkelste Kapitel in der deutschen Geschichte handelte und die Deutschen keineswegs stolz auf Hitler und die NSDAP waren. Von ihm lernte ich den Begriff der parlamentarischen Demokratie kennen, erfuhr, wie eine Parlamentswahl vonstattenging und wie die politische Macht in der BRD aufgebaut war.

Denkmalschutz statt Zerstörung

Herr Weiß war auch sehr an Kunst interessiert. So berichtete er uns von seiner Reise in die ehemalige Kaiserstadt Xi`an, wo sieben Jahre zuvor die legendäre Terrakotta-Armee des ersten Kaisers der Qin-Dynastie entdeckt worden war. Und wir erfuhren zum ersten Mal von naturwissenschaftlichen Methoden aus dem Westen, mit denen man alte Gemälde und Skulpturen analysieren konnte, ohne diese zu zerstören. Mithilfe von Ultraviolett- und Röntgenuntersuchungen oder der Infrarotspektroskopie, so erfuhren wir, konnten sogar präzise Aussagen über das Alter, den Zustand und die Beschaffenheit der über 2000 Jahre alten Terrakottafiguren gemacht werden. Er schärfte unseren Sinn für die Schutzwürdigkeit der antiken Kunst, indem er uns Dias zeigte, auf denen er die Verschandelung dieser antiken Stätte durch hässliche Zweckbauten festgehalten hatte. Dass ein Ausländer sich so viele Gedanken über die Bewahrung unserer Kunstschätze machte, fanden wir, die wir damals noch nichts von der Notwendigkeit gehört hatten, alte Kunstschätze vor Zerstörung und Verfall zu bewahren, über alle Maßen herzerfrischend. Hatte uns der Große Führer Mao doch gelehrt, alles Altes zu zerstören, um Platz für die Errichtung einer neuen, proletarischen und revolutionären Kultur zu schaffen. Von diesem Dozenten erfuhren wir, dass der Denkmalschutz in Deutschland ein wesentlicher Bestandteil der Kulturpflege war, um ein Gleichgewicht von Tradition und Moderne zu bewahren, Kunst von Kitsch zu unterscheiden, Stadtplanung und Stadtzerstörung zu erkennen und zu verhindern. Von ihm lernten wir den Standpunkt kennen, dass die Modernisierung eines Landes auch immer Kulturpflege beinhaltete. Kultur müsse gepflegt und nicht zerstört werden. Je reicher ein Land, so lernten wir, desto mehr Geld wurde in die Kulturpflege investiert.

Seine Frau, die uns Deutsch für Anfänger lehrte, hat eine Engelsgeduld. Weil sie mit uns nicht Englisch sprechen durfte und selber kein Chinesisch konnte, war der Unterricht am Anfang sowohl für sie als auch für uns Studenten sehr schwierig. Die Schwierigkeit bestand hauptsächlich darin, dass sie nicht verstand, dass wir sie nicht verstanden. Während des Unterrichts saßen wir um sie herum, und sie stellte uns Fragen, ohne zu begreifen, dass wir die Fragen nicht verstanden. Weil sie uns aus Höflichkeit nicht zu Antworten drängte, herrschte oft ratloses Schweigen im Raum. Es war grauenhaft, auf diese Weise kostbare Zeit zu verlieren. Doch ihr fehlte einfach die richtige Methode, um uns in ein Gespräch zu verwickeln und uns zum Reden zu bringen. Sprachvermittlung hat ja durchaus gewisse Gemeinsamkeiten mit der Schauspielerei. Der Lehrer musste wie ein Regisseur den teilnehmenden Studenten ihre „Rollen" erklären und was für ein Stück man gerade gemeinsam spielte. Und wenn man sich nun mal nicht verbal verständigen konnte, dann musste man eben mit Händen und Füßen gestikulieren.

Unsere nächste Lehrerin konnte das. Sie war mit ihrem Mann aus Peru nach Nanking gekommen, der spanische Literatur in der Abteilung für Romanistik unterrichtete. Sie hätte auch eine gute Regisseurin und Schauspielerin abgegeben, denn sie gestikulierte so lange, bis wir sie endlich begriffen. Sie schaute einem in die Augen, wenn sie mit einem sprach und war erst zufrieden, wenn jeder von uns wenigstens einmal den Mund aufgemacht und etwas zum Thema beigetragen hatte. Dabei stellte sie nie harmlose Fragen, die man leicht beantworten konnte, sondern provozierte uns ganz gezielt zum Gespräch. Man musste also sprechen und argumentieren. Sie verstand auch, was wir verstanden und was nicht. Bei ihr konnte man nicht einfach nach Hause gehen, ohne etwas verstanden zu haben. Einmal besprachen wir gemeinsam einen Artikel aus dem *Spiegel* über moderne Musik in Deutschland. Darin ging es unter anderem um Schlager. Keiner von uns wusste, was ein Schlager war, und sie erklärte uns, dass es eine deutsche Erscheinungsform von Pop-Musik sei. Aber was war Pop-Musik? Auch davon hatten wir keine Ahnung. Also durchforsteten wir gemeinsam alle Audiomaterialien im Sprachlabor und fanden ein paar Radiomitschnitte von entsprechenden Liedern. Sie spielte uns diese vor und brachte uns auch das Singen von Schlagern bei. So sangen wir gemeinsam „Dsching-Dsching-Dschingis-Khan", einen Hit, mit dem die Deutschen zwei Jahre zuvor zum Eurovision Song Contest angetreten waren. Die ganze Fakultät horchte auf und wollte wissen, ob wir diesen erfrischend anders klingenden Song nicht öffentlich vortragen wollten. Diese Lehrerin, die im Gegensatz zu den meisten chinesischen Professoren nicht nur einseitig auf Grammatik Wert legte, sondern vielmehr auf unsere Sprach- und Kommunikationsfähigkeit, brachte uns tatsächlich zum Reden. Und hätten wir sie noch länger gehabt, wäre unser Deutsch noch viel besser geworden.

Sie war im krassen Gegensatz zu ihrer Vorgängerin immer sehr korrekt gekleidet. Nie kam sie lässig und leger in einem Baumwollkleid und Sandalen mit einem Weidenkorb zum Unterricht. Sie war stets elegant und farblich abgestimmt gekleidet. Auch ihre drei Kinder waren immer sehr herausgeputzt. Neugierig standen sie jeden Mittag am Eingang zu den Wohnheimen und schauten zu, wie wir Hungrigen uns Punkt zwölf zum Essen formierten. Wenn sie dann ihren Vater unter uns entdeckten, liefen sie ihm laut rufend mit offenen Armen entgegen. Wie beneidete ich die Kinder um ihr waschechtes Deutsch, das unsere Professoren uns niemals hätten beibringen können! Auf die Frage, ob sie den Mochou-Park schon kenne, antwortete das dreijährige Töchterchen mit einem lapidaren „Da war ich schon!", während von uns ein gestelztes „Ich bin schon dort gewesen" erwartet wurde. Alles andere hätte als „ungehobelt und unangemessen" gegolten.

Viel Lärm um nichts

In den Winterferien 1982/83 sollte Familie Weiß uns Zuhause in Xuzhou besuchen. Ich wusste natürlich von dem Verbot, mit Ausländern privat zu verkehren, nahm es jedoch wie viele meiner Mitstudenten nicht so ernst. Als Herr Weiß mir in einer Pause, während wir alle vor einer schief gewachsenen Zypresse standen und Zigaretten rauchten, sagte, dass sie in den Ferien nach Xuzhou reisen und die historischen Grabstätten der Han-Dynastie besichtigen wollten, hatte ich sie spontan eingeladen, uns zu Hause zu besuchen. Ich sagte ihm einfach, dass er mir und meinen Eltern damit eine sehr große Freude machen würde. Den Skandal, der daraus folgte, konnte ich als 19-Jähriger damals überhaupt nicht verstehen. Familie Weiß wurde auf ihrer Reise von einem unserer Professoren begleitet, der modernes Deutsch unterrichtete. Wenn Ausländer in China reisten, wurden deren Reise-Routen und Programme von einer Anti-Spionage-Abteilung innerhalb der Polizei festgelegt. Zumindest damals war das noch so. 1983 wurde daraus die eigenständige Behörde des MSS – Ministry of State Security –, auf gut Deutsch: die chinesische Stasi. In dem bereits genehmigten Reise-Programm der Familie Weiß war der private Besuch bei meiner Familie nicht enthalten. Als sie eines Nachmittags ihrem Reiseführer sagten, dass sie am Abend zu uns nach Hause kommen wollten, war die Stasi in heller Aufregung. Das war nicht geplant, nicht beantragt und nicht genehmigt. Ein Skandal, weil es damals in Xuzhou keine Ausländer gab. Es war zwar gesetzlich nicht verboten, aber praktisch ausgeschlossen, dass Ausländer eine chinesische Familie besuchen durften. Das Ehepaar bestand jedoch darauf, die zugesagte Einladung auch tatsächlich wahrzunehmen. Zuerst wurden sie sanft bedrängt, die Einladung auszuschlagen. Dann wurden sie hart kritisiert, weil sie keinen Antrag dafür gestellt hatten. Als Ausländer genossen sie selbstverständlich so etwas wie Narrenfreiheit und beharrten darauf, als freie Menschen und Gäste der chinesischen Regierung doch nicht um Erlaubnis bitten zu müssen, wenn sie die Familie eines befreundeten Studenten besuchen wollten. Nachdem sie sich beharrlich weigerten, dem Wunsch der Stasi zu entsprechen und die Einladung auszuschlagen, wurde der Reisebegleiter beauftragt, sie zu uns zu begleiten. Familie Weiß wollte jedoch nicht, dass ein Stasi-Offizier dem privaten Treffen beiwohnte. Und so stimmte die Stasi letztendlich doch zu, dass die deutsche Familie zum Abendessen zu uns nach Hause kommen durfte. Innerhalb von kürzester Zeit war unser Wohnblock von Geheimdienstlern umzingelt. Die Nachbarn wurden beauftragt, die Korridore und das Treppenhaus zu säubern und Fenster und Türen am Abend geschlossen zu halten. Meine Eltern wurden von einem Stasi-Mann instruiert, worüber auf keinen Fall gesprochen werden durfte. Und mein Vater musste der Stasi mitteilen, was für Speisen und alkoholische Getränke er den deutschen Gästen zum Verzehr anzubieten gedachte. Der Stasi-Offizier war überaus freundlich und gab Tipps, was auf keinen Fall gemacht werden sollte, etwa die Gäste zum reichlichen Genuss des hochprozentigen Xuzhou-Schnapses zu überreden, was ansonsten in China als Gastfreundschaft interpretiert wurde. Ich wurde beauftragt, die Familie vom Hotel abzuholen und ohne Umwege direkt zu uns nach Hause zu bringen. Ich lief zu Fuß zu dem Hotel und fuhr zusammen mit unseren Gästen in einer Shanghai-Limousine zu meinem Elternhaus. Das war meine erste Fahrt in einem solchen Gefährt. Wir kannten ansonsten nur Jeeps und

Omnibusse. Limousinen namens „Rote Fahne" und „Shanghai", die in China hergestellt wurden, waren nur für den Großen Führer Mao und Ehrengäste aus dem Ausland reserviert. Alle Funktionäre dagegen fuhren damals nur einen Jeep namens „Peking". So fuhren wir durch Straßen, die ich bis dahin nur aus der Radfahrer-Perspektive kannte. Es war beeindruckend, so tief, fast am Boden zu sitzen und sich gleichzeitig fortzubewegen. Ein tolles Gefühl!

Wenig später sollte ich erfahren, dass die Fakultätsleitung sehr böse auf mich war, weil ich ohne vorherige Absprache eine Ausländerfamilie eingeladen hatte. Nichtsdestotrotz hatten wir fast sechs Stunden lang einen schönen gemeinsamen Abend. Wir redeten über Musik, Sprachen, Gemälde und Kalligraphie, weil mein Onkel da war, der als Kunstmaler dem „Verband der Literatur und schönen Kunst", der CFLAC (China Federation of Literary and Art Circles), angehörte. Es war ein überaus nettes, freundliches Gespräch, wie es auch Chinesen untereinander hätten führen können. Die ganze Aufregung der Stasi und das Verbot der Kontakte mit Ausländern waren einfach nur lächerlich und vollkommen unbegründet.

Wind of Change

Im Allgemeinen wurde die gegenwärtige Kultur des Westens in China als dekadent bezeichnet. Sie galt als vulgär und niveaulos. Trotzdem waren wir Jugendliche vom aufkommenden „Westwind" begeistert. Wir sparten für amerikanische Blue Jeans, die meistens über Hongkong und Shenzhen zu uns in den Norden kamen, und anstelle der Mao-Anzüge wollten wir westliche Anzüge mit Krawatten tragen. Bücher aus dem Westen wie *Die Pest* von Albert Camus, *Das Schloss* von Franz Kafka, *Hundert Jahre Einsamkeit* von Gabriel García Márquez, *Schall und Wahn* von William Faulkner, Isaac B. Singers *Der Zauberer von Lublin* und Milan Kunderas *Entdeckung der Langsamkeit*, das bereits kurz nach seinem Erscheinen als Raubkopie kursierte, waren unsere „Panikkäufe", weil wir nicht wussten, wie lang diese noch erhältlich sein würden. Im Sprachlabor konnten wir auch Videos aus dem Ausland anschauen. Wie aufregend, amerikanische und britische Filme zu sehen, die den liberalen, freizügigen Lebensstil des Westens widerspiegelten – und außerdem sehr oft nackte Haut und Bettszenen zeigten. War doch unsere Kindheit von Liebesverbot und sexueller Entmündigung bestimmt gewesen. Jede Beschreibung und Darstellung einer Liebesbeziehung und sexueller Intimität waren bei uns in der Kunst und Literatur verboten. Dass Männer und Frauen sich in aller Öffentlichkeit liebkosten, küssten oder gar einen Liebesakt zur Schau stellten, wäre in China bis 1986, als ich das Land verließ, ein undenkbarer Tabubruch gewesen. Auch hatten wir in der Schule keinen Sexualkundeunterricht gehabt. Mein Vater hatte mir lediglich zwei Bücher besorgt, in denen es um das Erwachsenwerden ging, eines zur Physiognomie des Körpers und Eduard Sprangers *Die Psychologie des Jugendalters*, erschienen im Jahr 1924. Doch es war mein älterer Studienfreund Shen Qin aus der Philosophischen Fakultät, der mich schließlich darüber aufklärte, wie Kinder gezeugt und geboren werden. Die damals herrschende Ignoranz und Prüderie führte dazu, dass alles, was mit Liebe und Sexualität zu tun hatte, als schändlich und schmutzig angesehen wurde und etwas war, wofür man sich einfach nur schämte. Meine erste Reaktion auf eine Bettszene in einem Film aus Hollywood war ein starker Gefühlsmix aus absoluter Irritation, abgrundtiefer Scham – und einer Erektion. Es war unglaublich peinlich, im Kino oder im Hörsaal jenen Sexualtrieb zu empfinden, der in unserer Erziehung als schmutzig verteufelt worden war.

In der Universitätsbibliothek gab es eine Abteilung für fremdsprachige Literatur. Dort im Lesesaal konnten wir sowohl uralte als auch moderne Klassiker sowie politisch neutrale Publikationen philosophischer und populär-wissenschaftlicher Art aus dem Westen lesen. Manche damals als politisch korrekt angesehene Standardwerke konnten wir auch ausleihen und im Wohnheim weiterlesen. Mich faszinierte nicht nur der Inhalt der Bücher, sondern auch deren Machart. Die Qualität der westlichen Bücher war um einiges besser und hochwertiger als diejenige der chinesischen. Alle Bücher aus dem Westen, egal ob Taschenbuch oder gebundene Ausgabe, waren sehr stabil, strapazierfähig und außerdem sehr ästhetisch und edel gestaltet. Im Vergleich dazu waren die chinesischen Bücher von unglaublich miserabler Qualität. Sie fielen meistens schon bei der ersten Lektüre auseinander. Ich liebte damals die Taschenbücher von Bantam Books aus den USA, die ich in der Hosentasche überallhin mitschleppen konnte. Unverwüstliche Taschenbücher, die mir ein geballtes Wissen über viele große Denker, Schriftsteller und Wissenschaftler vermittelten.

Mein erstes Buch, das ich von der Universitätsbibliothek auslieh, war eine uralte Ausgabe von Boccaccios *Decamerone* in einer englischen Übersetzung. Das Buch hinterließ bei mir einen tiefen Eindruck. Zehn junge Edelmänner und Frauen treffen sich in einer ländlichen Villa, um dem schwarzen Tod zu entfliehen. Dort vertreiben sie sich die Zeit, indem sie sich gegenseitig Geschichten erzählen. Boccaccios Figuren stammten aus allen Bereichen des Lebens und standen mitten im Leben. Und mit großem Vergnügen lasen wir die von ihm geschilderten Banalitäten und ergötzten uns daran, wie er darin das menschliche Handeln und Denken karikierte.

Geplatzter Traum

Natürlich war ich schon in der ersten Woche beim Studiendekan vorstellig geworden und hatte ihn darum gebeten, zur Anglistik wechseln zu dürfen. Vier Wochen später überbrachte er mir die Mitteilung des Parteikomitees, dass ich doch bitte für das Vaterland und für die Partei Germanistik studieren möge, weil China damals dringend Leute suchte, die Deutsch konnten. Eine Entscheidung, die mir vorkam wie ein Faustschlag ins Gesicht, der all meine bereits seit meiner Kindheit gehegten Träume, eines Tages Anglist und Übersetzer englischer Literatur zu werden, zunichte machte. Ich hatte nur dem zu folgen, was die Partei entschied. Obwohl mein Versuch gescheitert war, das Studienfach zu wechseln, konnte ich meine Vorliebe fürs Englische einfach nicht aufgeben. So betrieb ich neben der Germanistik eine Art Selbststudium der Anglistik. Mein Englisch war damals erheblich besser als mein Deutsch. Es machte mir auch viel mehr Spaß, englischsprachige Literatur zu lesen, während ich überhaupt nicht in der Lage war, deutsche Bücher auch nur ansatzweise zu verstehen. Nach Boccaccio hatte ich Chaucer's *Canterbury Tales* gelesen, weil Herr Yin, der politische Tutor, mir diesen freundlicherweise mit den Worten empfohlen hatte, dass Chaucer ohne Boccaccio undenkbar wäre. Wie recht er hatte! Ich war ihm für diesen Hinweis unendlich dankbar und musste mein Bild von ihm, der mich wegen meiner unerlaubten Ausflüge so oft öffentlich diffamiert hatte, revidieren. Die Menschen, so lehrten mich meine Begegnungen mit ihm, waren wohl nie eindeutig böse oder gut, sondern eben immer auch Produkte ihrer Zeit und Umgebung. Da die öffentlichen Diffamierungen mich letztendlich stärker und unbeirrbarer gemacht hatten, konnte ich ihn als Lehrer auch durchaus akzeptieren.

Ich lernte allerdings nur sehr widerwillig Deutsch und hoffte darauf, es eines Tages doch nicht mehr lernen zu müssen. Teils lag es an meinem Widerwillen, teils, wie schon geschildert, an der falschen Lehrmethode, dass ich in den schriftlichen Prüfungen ziemlich schlecht abschnitt. Obwohl ich den Eindruck hatte, alles verstanden und richtig beantwortet zu haben, schrieb ich einfach keine guten Noten. Mein Widerwillen war stark, mein Ehrgeiz aber war stärker. Also setzte ich alles daran, meinen Missmut zu besiegen und zu beweisen, dass ich nicht umsonst „Zhuangyuan" geworden war.

Im Deutschunterricht ging es ziemlich flott voran. Bereits nach vier Wochen hatten wir angefangen, deutsche Grammatik zu lernen, die an sich nicht schwer war, wenn es da nicht die vielen Ausnahmen gegeben hätte, die man sich zu fast allen Regeln zusätzlich merken musste. Schwer fiel mir vor allem das Lernen von Vokabeln. Denn jedes Hauptwort musste im Deutschen mit den vier Fällen zusammen gelernt werden – und schlimmer noch: mit dem jeweiligen Geschlecht. Auch die ungefähr 200 starken Verben bereiteten uns mit ihrer Unregelmäßigkeit am Anfang große Schwierigkeiten. In der Germanistik-Bibliothek unserer Fakultät gab es eine ganze Wand voller Bücher über Sprachtheorien. Auch waren unsere Professoren meistens Sprachwissenschaftler, die viel über deutsche Grammatik und deren Didaktik publiziert hatten und vorzugsweise auch darüber ihre Vorlesungen hielten. Sie brachten uns Deutsch daher hauptsächlich auf eine wissenschaftlich analytische Weise bei, die mir persönlich überhaupt nicht lag. Ich sah einfach keinen Sinn darin, eine Fremdsprache, die ich noch nicht einmal verstand, linguistisch und wissenschaftlich zu analysieren. So fing ich an, mit Frau Wu Zhu darüber zu diskutieren, wie sinnlos es mir vorkam, eine Sprache wissenschaftlich auseinanderzunehmen und ihr so jede Lebendigkeit auszutreiben, anstatt sie ganz pragmatisch erst einmal zu erlernen. Ich jedenfalls, so erklärte ich ihr, müsste eine Sprache erst einmal sprechen, lesen und schreiben können, bevor ich sie wissenschaftlich auseinandernehmen konnte. Sobald wir über Genus, Kasus und Tempus nachdenken sollten, verlor die Sprache ihre Funktion eines Werkzeugs, mit dem man sich verständigen konnte. Das gelähmte Schweigen, das im Unterrichtsraum herrschte, weil jeder Angst davor hatte, Fehler zu machen und sich zu blamieren, bestätigte mir eindrucksvoll meine Ansicht, dass diese Lernmethode vollkommen falsch war. Aus lauter Angst vor Sanktionen trauten wir uns überhaupt nicht mehr, Deutsch zu sprechen. Frau Wu war jedoch nicht bereit, sich auf solche Diskussionen einzulassen. Sie hatte ihren Lehrplan innerhalb einer vorgegebenen Zeit zu erfüllen und wollte die überlieferte Methodik nicht in Frage stellen. Als ich ihr zu erklären versuchte, dass diese Art des Deutschlernens uns in eine psychologische Krise stürzte, war sie fassungslos. Doch ich beharrte auf meinem Standpunkt, dass wenn wir schon etwas lernen sollten, wir dies dann auch können sollten. Denn am Können würde sich letztendlich doch zeigen, dass das Lernen nicht umsonst gewesen war. Im Gespräch mit den Deutschen würde sich erweisen, ob wir sie verstehen und sie umgekehrt uns verstehen würden. Bedauerlicherweise scheiterten wir darin jedes Mal, auch wenn die meisten von uns dies aus Scham und Verlegenheit nicht zugaben. In puncto Können und Erfolg lag die Messlatte in Germanistik ziemlich hoch, und ich war froh zu erleben, dass unsere Lehrer auch nicht in der Lage waren, ein fehlerfreies Deutsch zu sprechen. Warum sollte ich mich also unermüdlich quälen, um perfekt zu sein? Mich machte, wohl auch wegen meines Ehrgeizes, die Tatsache krank und depressiv, dass wir als Erwachsene eine fremde Sprache lernen sollten, die wir im Leben nie so perfekt wie ein Muttersprachler beherrschen würden. Doch wir Germanistikstudenten wurden immer nur dahingehend geprüft, ob und wie viele Fehler wir machten. Niemand konnte sich dieser Prüfung entziehen und ignorieren, dass wir von wildfremden Leuten stets nach unserer Sprechfähigkeit beurteilt wurden. Schlimmer noch, dass wir uns selber mit der Zeit genauso beurteilten. Wir waren, gefangen in diesem Verblödungssystem, nicht in der Lage, Verständnis für uns selbst aufzubringen und zu akzeptieren, dass wir nicht perfekt waren. Schon das Lob – „Sie sprechen aber sehr gutes Deutsch!" – macht mich bis heute noch oft sehr aggressiv, weil es eine Beurteilung ist, um die ich niemanden gebeten habe. Was soll es bedeuten, dass ich ein gutes Deutsch spreche? Warum achten die Leute nicht darauf, was ich sage, sondern immer darauf, wie ich es sage? Wäre ich kein studierter Germanist, würde mir das nichts ausmachen, denn ich kann mich ja mit Deutschen verständigen, und das ist es doch, was zählt. Jahre später in München erlebte ich oft, dass chinesische Kommilitonen zu ordentlichen Professoren wurden, obwohl sie nach germanistischen Kriterien ein katastrophales Deutsch sprachen. Es war offensichtlich nicht wichtig, dass Chemiker, Physiker oder sonstige Natur- und Wirtschaftswissenschaftler auch gutes Deutsch beherrschten. Dagegen erlebte ich während der Studienjahre in der bayerischen Landeshauptstadt viele Gastarbeiter, die Deutsch an ihrem Arbeitsplatz gelernt und noch nie etwas von Grammatik gehört hatten. Sie sprachen meines Erachtens ausgezeichnet Deutsch und konnten sich problemlos mit Arbeitskollegen und Einheimischen verständigen. Gleichzeitig erlebte ich viele hochdotierte Germanisten aus verschiedenen fernöstlichen Universitäten, die sich außerordentlich schwer damit taten, „Das literarische Quartett" im Fernsehen inhaltlich zu verfolgen. Und mir war klar, dass auch ihnen noch die Traumatisierung durch ihr Germanistikstudium in den Knochen steckte. Ein Physiker wird nach seiner Leistung in seinem Fach Physik beurteilt, ein Biologe nach seinen Verdiensten in Biologie, ein Germanist dagegen beweist sein Können in Deutsch. Ich litt, ohne Übertreibung, permanent unter der Tatsache, dass ich ein fehlerhaftes Deutsch wie einen Schandfleck mit mir herumschleppte und ich niemals so perfekt sein würde wie ein Muttersprachler, obwohl ich so eifrig studiert hatte. Auch wenn ich mich mit der Zeit irgendwie mit meinem Deutsch arrangieren konnte, bin ich immer noch weit davon entfernt, damit zufrieden zu sein – und folglich glücklich zu sein. Deshalb verschweige ich in aller Regel, dass ich Germanistik studiert habe. Tatsächlich hatte ich ja auch nicht Germanistik studiert, sondern vier Jahre lang gegen die sprachwissenschaftliche Germanistik angekämpft. Nach meinem eigenen Verständnis habe ich Deutsche Philologie und Philosophie studiert. Was meine eigene wie die fremde Aufmerksamkeit mehr auf die Quintessenz des Inhalts und weniger auf meine Sprachkenntnisse lenkt.

Nachdem die Universitätsleitung meinen Antrag auf einen Fachwechsel abgelehnt hatte, war ich ziemlich entmutigt. Ich fühlte mich um mein Glück betrogen und glaubte fest daran, dass irgendwelche Leute im Hintergrund mir schaden wollten, indem sie meinen Studienwunsch absichtlich missachteten. Mit einer Mischung aus Resignation und Wut im Bauch ging ich widerwillig zum Unterricht und nutzte jede Gelegenheit, mich mit der Deutschlehrerin aus Hamburg, Frau Weiß, auf Englisch zu unterhalten. Die Abteilungsleitung war nicht damit einverstanden, dass die teuer mit Devisen bezahlten Dozenten Englisch sprachen und hatte ausdrücklich verboten, dass während des Unterrichts Englisch gesprochen wurde. Auch Frau Weiß musste dem Verbot Folge leisten und weigerte sich von nun an, sich mit mir auf Englisch zu unterhalten. Mehr schlecht als recht fügte ich mich in die Stunden ein, die sich langweilig und schleppend hinzogen.

Jede Sprache hat ihre Achillesferse. Wenn ich heute an mein Germanistikstudium in Nanking denke, wäre Traumatisierung die treffende Zusammenfassung. Traumatisiert vom Genus. Kommilitonen der Slawistik und Romanistik sagten mir zwar, dass es beim Russischen und Französischen genauso schlimm sei, aber das tröstete mich nicht wirklich. Ich jedenfalls wollte definitiv keine Sprache mehr lernen, deren Nomen bar jeder Logik drei unterschiedliche Geschlechter hatten. Ich wusste nicht, warum mir das Gespür dafür fehlte und fand einfach den Schlüssel zum Genuss nicht. Der Stuhl und die Sitzbank, das Fenster und die Tür, das Glas und die Tasse, das Buch und die Zeitschrift, das Meer, der Ozean und die See ... Es machte mich wahnsinnig, weil es keine Logik dahinter gab. Warum muss der Mond männlich sein, während die Sonne weiblich ist? Nach meinem kulturellen Empfinden müsste die Sonne männlich und der Mond weiblich sein. Zumindest in der chinesischen Philosophie des Yin und Yang ist die Sonne stets etwas Maskulines.

Unsere Deutschlehrerin Frau Wu war eine nette und freundliche Dame, die unheimlich gern und sehr viel redete. Sie achtete pflichtgemäß nur auf Grammatik und Satzbau, auch wenn wir darüber das Sprechen verlernten. Auf meine Frage, wie man sich die Logik des Genus der deutschen Nomina erschließen könne, antwortete sie schlicht und einfach: „Es gibt keine Logik. Du musst deinen Geist dafür öffnen und es dir merken und so lange üben, bis du ohne Nachdenken mit dem richtigen Genus herausplatzst! Denk nicht so viel darüber nach, sei einfach Papagei!"

Ich hatte damals herzlich wenig Lust, ein Papagei zu sein und meine kostbare Jugend an ein Nachplappern ohne Logik und Verstand zu verschwenden. Frau Wu ärgerte mich umso mehr, als sie bei jeder Prüfung nur nach solchen Kriterien wie den Genera der Substantive fragte. Darin war sie gnadenlos. Sie hatte mir einmal 20 Punkte wegen falscher Artikel abgezogen und auf meine Proteste nicht einmal reagiert. Das wäre halb so schlimm gewesen, wenn die Prüfungen sich nicht ausschließlich auf derartige Spitzfindigkeiten kapriziert hätten. Ich war 18 Jahre alt und bestens darauf vorbereitet, Wissen aufzunehmen. Was uns dagegen abverlangt wurde, waren nur Regeln, deren Sinnhaftigkeit sich uns nicht erschloss. Furchtbar langweilig war das Erlernen einer neuen Sprache, anhand einer Methode, deren intellektuelles Niveau auf die Wiederholung von Sätzen wie „Das ist ein Tisch, das ist ein Fenster" reduziert wurde. Das erinnerte mich an die Merkverse, mit denen mir im Alter von drei Jahren das Rechnen beigebracht worden war. Ich war nun aber achtzehn Jahre alt und nicht mehr bereit, etwas auswendig zu lernen, das mir nicht sofort an Ort und Stelle weltanschauliche, wissenschaftliche oder ästhetische Bedeutsamkeit vermittelte. Gleichzeitig kotzte es mich richtiggehend an, so viel Zeit darauf zu verschwenden, eine derart unbedeutende Sprache zu erlernen, die jemand anders für mich ausgesucht hatte. So sehr liebte ich mein Vaterland nicht, um dafür meinen Kindheitstraum aufzugeben.

Dass die meisten unseres Jahrgangs die Sprache umsonst gelernt hatten, zeigte sich auch daran, dass nur drei von uns heute
das Deutsche noch benutzen. Ein Kommilitone, der bei VW in
Peking arbeitet, redet es kaum noch, weil selbst in den chinesischen Niederlassungen deutscher Firmen ausschließlich Englisch gesprochen wird. Zwei andere haben seit 1985 nie wieder
Deutsch gesprochen, und zwei weitere, die heute in Nordameri-
ka leben, haben unseren inzwischen mehrheitlich verstorbenen
Lehrern das Deutsche „kostenfrei zurückgegeben", wie man im
Chinesischen sagt, wenn man etwas verlernt hat. Von den Frau-
en unseres Jahrgangs arbeitet eine als Touristenführerin in
Shanghai, wo sie deutsche Gruppen begleitet, und die andere
unterrichtet Deutsch an der Universität von Nanking. Die meisten meiner Kommilitonen mussten nach dem Abschluss ihres
Studiums ihr inzwischen verlerntes Englisch wieder auffrischen.
Denn die Arbeitgeber in China beschäftigen in der Regel nur
Leute, die Englisch können. Ich bin wohl der einzige, der
Deutsch heute als eine Art zweiter „Muttersprache" spricht. Und
bis heute bin ich tunlichst darauf bedacht, keine Fehler zu machen, aber meine Neurose, die ich vom Deutschlernen bekommen habe, werde ich wohl nie mehr los.

Offenbar haben auch all unsere Professoren Deutsch nach der
Papageienmethode gelernt. So lernte Professor Dong zunächst
einmal Goethes *Faust* auswendig, noch bevor er richtig Deutsch
konnte. Erst als er diesen rezitieren konnte, begann er, ihn tatsächlich zu verstehen. Uns beeindruckte es sehr, wenn er bei
Studentenpartys ganze Passagen daraus zum Besten gab, aber
zum Vorbild nehmen wollte ich ihn mir nicht. Und seine Kost-
proben aus dem *Faust* waren für mich eher Beispiele dafür, wie
erschreckend schwierig diese Sprache doch ist.

Der Mann von Frau Wu, Herr Ni Renfu, war Professor für deutsche Didaktik, ein Fach, dem die Universität von Nanking zum Teil ihr Renommee zu verdanken hatte. Mit diesem Fach beschäftigten sich die meisten Angehörigen unserer Fakultät. Professoren wie Liu Hongshen, Wu Yongnian und Hua Zhongde waren berühmte und verdienstvolle Germanisten in China. Ich als an Literatur Interessierter war daher in Nanking eher fehl am Platz. Für Didaktik und Linguistik war mein Kopf einfach nicht geschaffen.

Schicksalssprache

Nach einem ganzen Jahr vergeblichen Protests ergab ich mich schließlich der deutschen Sprache, die fernerhin so entscheidend für mein Schicksal werden sollte. Ich fing an, die Sprache auf meine Art zu lernen, indem ich alle Regeln außer Acht ließ. Ich lernte wie ein Kleinkind zuerst das Sprechen, ohne mich um die Grammatik zu scheren. Das kostete mich freilich sehr viele Punkte, weil in den Prüfungen keine Rücksicht darauf genommen wurde, wie gut jemand die Sprache sprach. Mir war letztendlich egal, welche Noten Frau Wu mir gab, mit der ich mich ohnehin nie richtig verstanden hatte. Mir lag mehr daran, mir die Sprache als einen Teil von meiner Persönlichkeit anzueignen. Trotz schlechter Noten blieb ich ganz gelassen und lernte Deutsch durch meine Gespräche mit den Muttersprachlern. Hartnäckig ignorierte ich das Verbot, mit Ausländern Freundschaften zu pflegen und machte die Bekanntschaft von vielen Studenten aus der BRD. Mit einigen bin ich heute noch sehr freundschaftlich verbunden. Diese Freundschaften gründeten auf dem Sprachaustausch: Sie lernten von mir Chinesisch, ich von ihnen Deutsch. Das war für mich der einzige gangbare Weg, die Sprache auf eine vernünftige und lebendige Art und Weise zu erlernen.

Ende 1983 sollte ich ein wahres Wunder erleben, das mir eine große Genugtuung verschaffte: Als uns der Antikriegsfilm *Im Westen Nichts Neues* in der deutschen Fassung gezeigt wurde, verstand ich ihn zu 100 Prozent, während die Prüfer, die mich immer so schlecht benotet hatten, gerade mal zu 30 Prozent verstanden hatten, worum es da ging. Dass sie so offen zugaben, kaum etwas verstanden zu haben, rechnete ich ihnen hoch an. Zugleich ermutigte mich dieses Erlebnis dazu, meinen eigenen Weg weiterzugehen.

Ich lieh von den deutschen Kommilitonen alle möglichen Bücher der Kategorie Trivialliteratur aus und las sie mithilfe eines deutsch-englischen Wörterbuchs. Dabei handelte es sich um spannend erzählte und unterhaltsame Geschichten. Ich las auch Raubkopien der neueren deutschen Literatur etwa von Stefan Zweig, Heinrich Mann, Heinrich Böll, Ingeborg Bachmann und Friedrich Dürrenmatt und war plötzlich verzaubert von der schönen Sprache, der melancholischen Satzmelodie und der leicht süßlichen Bitterkeit der deutschen Autoren. Ich hatte auch versucht, Thomas Mann zu lesen, war daran aber kläglich gescheitert, weil seine Sprache für mich der Grammatiktheorie gleichkam, die ich so schrecklich fand. Doch am liebsten las ich die Werke von Heinrich von Kleist, dessen Sätze zwar verschachtelt waren, aber dramatisch und spannend strukturiert, eine Sprache voller Präzision, Brillanz und Empfindsamkeit. Fasziniert war ich auch von den philosophischen Schriften des Immanuel Kant, die nicht nur inhaltlich einen Nerv bei mir trafen, sondern auch in schönster und edelster Sprache formuliert waren.

Alles in allem war ich doch zufrieden mit meiner Art des Studiums, obwohl ich nur mittelmäßige Noten bekam. Doch ich wollte mich einfach nicht mehr verbiegen lassen und mich auch nicht mehr kleiner machen, als ich tatsächlich war.

Wie fatal das Herumreiten auf der Grammatik war, anstatt uns einfach die Sprache beizubringen, zeigte sich in den höheren Semestern, in denen es um die deutsche Kultur und um Landeskunde ging. Die Vorlesungen dazu erfolgten auf Deutsch, doch das wenigste davon konnten wir tatsächlich auch verstehen. So dämmerte mir erst später, dass wir beispielsweise nichts über das Dritte Reich und die Nachkriegsgeschichte der beiden deutschen Staaten wussten. Auch war uns nicht klar, welche Haltung die Deutschen inzwischen zur Zeit des Nationalsozialismus hatten, die sie wohl eine geraume Weile lang ebenso verdrängten wie wir die Kulturrevolution, zumindest bis zu den Auschwitz-Prozessen Mitte der Sechzigerjahre. Doch auch davon hatten wir nie etwas gehört. Und so war uns natürlich auch entgangen, dass Hitler in Deutschland längst kein gefeierter Held mehr war. Wir wussten lediglich, dass Deutschland den Zweiten Weltkrieg verloren hatte und folglich auch als Verlierer behandelt werden sollte.

Ab dem dritten Jahr wurde das Studium in Sprachwissenschaften und Literaturwissenschaften unterteilt. Während die Sprachwissenschaftler sich ausschließlich mit Grammatik, Linguistik und Didaktik beschäftigten, studierten die Literaturwissenschaftler die Literaturtheorie und Literaturgeschichte von Deutschland, Österreich und der Schweiz. Für die Bachelorstudenten war diese Trennung unwesentlich, weil sie alle Fächer besuchen mussten; erst im Magisterstudium musste man sich für eine der beiden Fachrichtungen entscheiden.

Allwissende Gelehrte wurden wir in den vier Jahren von 1981 bis 1985 sicherlich nicht. Allein für das Erlernen der Sprache hatten wir zwei kostbare Jahre gebraucht, um überhaupt deutsche Texte im Original lesen zu können. Doch konnten wir uns am Ende des Studiums immerhin mit Menschen aus Deutschland verständigen. Auch hatten wir durchaus einen Überblick über die deutsche Literatur von Walther von der Vogelweide bis zu Friedrich Dürrenmatt gewonnen. Wir konnten die deutschen

Denker und Dichter einigermaßen den unterschiedlichen Epochen zuordnen und neben Goethe und Schiller auch Poeten wie Mörike, Grillparzer, Eichendorff, Rilke und Hesse zitieren.

Diejenigen von uns, die nichts für schöngeistige Literatur und Ästhetik übrig hatten, spezialisierten sich auf die Sprachwissenschaften. Doch was machte man als Sprachwissenschaftler nach dem Studium? Wir hatten damals glücklicherweise kein Problem mit der Arbeitssuche. Denn der Staat war für die Zuweisung unseres späteren Arbeitsplatzes zuständig. Jeder bekam damals einen Arbeitsplatz in den sozialistischen Betrieben und oder in der Verwaltung. „Diene deinem Volk!", lautete die oberste Devise, was implizierte, dass jeder die Zuweisung eines Arbeitsplatzes klaglos zu akzeptieren hatte. Die wenigen Kommilitonen, die Parteimitglieder waren, bekamen natürlich die besseren Arbeitsplätze an begehrteren Orten.

Die meisten Germanisten wurden nach dem Studium zu Stubenhockern, die ihre Lebenszeit mit dem Übersetzen von Gebrauchsanweisungen verbrachten, die den technischen Geräten aus Deutschland beilagen. West-Deutschland war immerhin eine der ersten Nationen, die nach der Kulturrevolution wieder Handelsbeziehungen zu China aufnahm und Direktinvestitionen tätigte. Also brauchte China viele Germanisten, die diese neuerdings stark zunehmenden wirtschaftlichen Beziehungen sprachlich begleiten konnten. Ironischerweise war es in der Realität gar nicht erforderlich, Deutsch zu können, da fast alle Deutschen Englisch konnten. Aus dieser Perspektive betrachtet, war das Studium der Germanistik eigentlich eine völlig sinnlose Verschwendung von Talenten. Und ich wage zu bezweifeln, dass VW oder Liebherr ihre Joint Ventures mit chinesischen Firmen deshalb eingingen, weil ein paar Germanisten aus Nanking einigermaßen Deutsch sprachen. In den wenigen Verhandlungen mit Liebherr in Peking, denen ich beiwohnen durfte, war die Verhandlungssprache durchwegs Englisch. Als ich die deutschen Manager auf Deutsch ansprach, waren sie weder positiv überrascht, noch freundlicher gestimmt, sondern überhaupt nicht daran interessiert, wer welche Sprache sprach. Sie wollten eigentlich nur einen guten Preis für ihre Technologie erzielen, die sie nach China verkauften.

Ich studierte jedenfalls Literaturwissenschaften und war entschlossen, nach dem Bachelor-Studium die akademische Laufbahn weiterzuverfolgen. Denn nur als Berufsakademiker hatte man die Möglichkeit, Literatur als Passion, als Beruf und als Sinnstiftung fürs Leben zu betreiben und trotzdem Geld damit zu verdienen. Meine Berufswahl war also zu damaliger Zeit schon klar: Ich wollte Professor oder Forscher für Literaturwissenschaften werden.

Die Voraussetzungen für ein Studium der Literaturwissenschaften waren damals in Nanking optimal: In die Fakultät für die ausländischen Literaturwissenschaften war damals ein Literaturforschungsinstitut integriert, das in ganz China sehr anerkannt war, weil es eine Reihe von literarischen Werken aus dem Westen – hauptsächlich aus Europa und den USA – ins Chinesische übersetzt und herausgegeben hatte, und Serien wie „Nobelpreisträger für Literatur", „Theorien und Kontroversen", „Übernationaler Horizont" beflügelten eine ganze Generation von Literaturliebhabern. Die Forschungsergebnisse wurden in dem Periodikum „Gegenwärtige Fremdsprachige Literatur" publiziert. Aspiranten, die ihre Magister-Diplome in Literatur machten, arbeiteten im Institut fleißig mit. Die Professoren des Instituts waren nationale und internationale Berühmtheiten und forschten und übersetzten unter der Leitung von Professor Chen Jia, einem der besten Anglisten Chinas, Literatur aus dem Englischen, Französischen, Spanischen, Deutschen, Russischen und anderen Sprachen ins Chinesische. Neben der Forschungs- und Übersetzungstätigkeit hielten sie auch Vorlesungen und beantworteten unsere Fragen aller Art und zu jeder Tageszeit. Sie hatten fundierte Kenntnisse über die Anfänge, Entwicklungen und spezifischen Ausprägungen der deutschen Literatur und konnten mir wertvolle Lektüretipps geben. Auch war die Atmosphäre im Institut sehr liberal und angenehm.

Angesichts der wirtschaftlichen Zusammenarbeit mit Deutschland und dem Bedarf an Übersetzern und Dolmetschern in den Betrieben musste die Abteilungsleitung dafür sorgen, dass die vom Deutschen Akademischen Austauschdienst vermittelten Dozenten aus Westdeutschland schwerpunktmäßig die moderne Sprache vermittelten. Für die Auswahl und Beschaffung deutschsprachiger Literatur war damals eine aus Wien stammende Germanistin zuständig, deren Faible die Weimarer Klassik war. Die Institutsleitung hielt es jedoch für falsch und unzeitgemäß, uns die Sprache von Goethe und Schiller beizubringen, da diese für die Alltagskommunikation denkbar ungeeignet war. Die Sprache der Dichter und Denker verlieh einem zwar Kenntnisse und Wissen, befähigte einen jedoch nicht dazu, technische Dokumentationen zu übersetzen und geschäftliche Verhandlungen zu dolmetschen. Also dozierte Professor Hua Zongde über die technische Terminologie, die im Grunde genommen nichts mit Flexion, Deklination und Konjugation zu tun hatte und noch weniger mit Philologen wie den Gebrüdern Grimm oder Konrad Duden.

Ich war fasziniert von der Klarheit und Genauigkeit der deutschen Sprache in der Technik. Für jede Industrie, jedes Verfahren und jeden Arbeitsvorgang gab es passgenaue Fachausdrücke, die man sofort kapierte. Oft bewunderte ich die Beschaffenheit solcher Fachausdrücke wie ein Kunstwerk und ließ sie mir wie ein Stück Schokolade genüsslich auf der Zunge zergehen. Was mir viele Freude machte, war die starke Verbindung der Technikausdrücke mit der philosophischen und wissenschaftlichen Terminologie: Axialbeanspruchung, Biospektroskopie, stufenloses Getriebe, Kugellager, Universal-Fräs- und Bohrmaschine, Zentrifugalpumpe, Spritzgusstechnologie, CO_2-Extraktion und Thermo-Elastizitätstoleranz. Köstlich!

Oft kamen Besucher aus Deutschland, der Schweiz und Österreich, die als Touristengruppen unsere Universität besichtigten. Und wir sollten ihnen die Uni zeigen. Wir waren einigermaßen verwundert, dass die meisten dieser Besucher so gut wie nichts über Gottsched, Lessing, Goethe oder Schiller wussten, Literaten, deren Werke wohl nur für uns nach jahrzehntelanger geistiger Isolation von Bedeutung waren. Die Touristen lebten dagegen in der kapitalistischen Gegenwart und kannten weder Gottscheds *Versuch einer critischen Dichtkunst vor die Deutschen*, noch Lessings *Hamburgische Dramaturgie* oder Schillers Abhandlung *Über die ästhetische Erziehung des Menschen*, die damals in China von unerhörter Aktualität und epochemachender Bedeutung war. So wie uns das einerseits überraschte, bestätigte uns dies andererseits darin, dass das Studium der Germanistik wohl doch überflüssig war. Durch die Begegnung mit den vielen Touristen lernten wir auch zahlreiche deutsche Dialekte kennen. Das Schwyzerdütsch war mir persönlich am sympathischsten, wohl weil es durch seine Gutturallaute und seine Sprachmelodie dem Chinesischen in gewisser Weise ähnlich ist.

Vom Empfinden der Schönheit

Ich empfand es als großes Glück, als ich im Sommer 1983 mein Idol, Professor Zhu Guangqian (1897 – 1986) von der Universität Peking in seinem Wohnhaus auf dem Universitätsgelände unweit des Weiming-Sees besuchen durfte, um mit ihm über Lessings *Laokoon* zu sprechen. Professor Zhu war einer der von uns Studenten der Literaturwissenschaften erster Generation nach der Kulturrevolution am meisten verehrten Gelehrten, Philosophen und Vordenker Chinas. Er hatte zuerst in Hongkong und Edinburgh Anglistik, dann in Paris und Straßburg Philosophie studiert und dort mit einer Dissertation über die Psychologie der Tragödie promoviert. Seine Übersetzungen von Lessings *Laokoon*, Eckermanns *Gespräche mit Goethe* und Hegels *Ästhetik* sind wahre Meisterwerke. Ich kenne keinen zweiten Übersetzer, der Herrn Zhu das Wasser reichen könnte. Seine philosophischen und literaturwissenschaftlichen Übersetzungen und seine Schriften über Ästhetik und Literaturtheorie sind wegweisende und Leistungen eines Pioniers, die, in mehr als sechs Millionen Schriftzeichen zusammengefasst, uns wie Leitsterne in die Zukunft führten. Professor Zhu hatte die Einfühlungstheorie von Friedrich Theodor Viecher und dessen Sohn Robert, die Psychologie der Kunst von Hans und Islamit Kreiere sowie die ästhetische Bildungsphilosophie von John KaDeWe nach China eingeführt und auf der Grundlage der *Philosophie des Geistes* von Benedetto Croce seine eigene ästhetische Theorie der Vereinheitlichung von Objekt und Subjekt entwickelt, in der er darlegte, dass Schönheit nur dort entsteht, wo das betrachtete Objekt sich mit dem betrachtenden Subjekt vermählt. Schönheit könne nie allein objektiv sein, weil sie die Reflektion des Objektes, jedoch nicht das Objekt selber sei; sie könne aber auch nie einseitig subjektiv sein, weil Reflektion immer eines Objekts bedürfe. Wegen dieser Theorie hatte er während der Kulturrevolution viel Leid erfahren. Ihretwegen war er in einem Arbeitslager für „Rinderteufel und Schlangengeister" gefangen gehalten und einer marxistischen Umerziehung unterzogen worden. Professor Zhu beherrschte Englisch, Französisch, Deutsch, Italienisch und hatte noch während seiner Gefangenschaft Russisch gelernt. Er war ein echter Gelehrter, der sich nicht nur auf eine einzige Sprache verließ, wenn er etwas übersetzte. Er verglich immer die verschiedensprachigen Ausgaben des jeweiligen Werks, bevor er es ins Chinesische übersetzte. Sein Deutsch war so phänomenal, dass ich nicht den leisesten Hauch einer Fehlinterpretation entdeckte, als ich 1986/87 die Originale von Lessing und Goethe Zeile für Zeile mit seinen Übersetzungen verglich.

Als ich ihn antraf, war er gerade dabei, Qigong-Übungen zu machen. Er hatte seinen dunkelblauen Mao-Anzug an und trug eine Arbeitermütze, obwohl es relativ heiß war, und stand mitten im Dickicht einem Baum zugewandt, hob seine beiden Arme zu einer Umarmungshaltung hoch und atmete tief ein und aus ... Ich wartete so lange, bis er mit seiner Übung fertig war. Erst dann sprach ich ihn an und sagte ihm, dass ich ihm ein paar Fragen stellen wolle. Der 85 Jahre alte Greis, diese von mir so sehr verehrte Kapazität, war unheimlich freundlich zu mir, dem 20-jährigen Studenten und schenkte mir mehrere Stunden seiner Zeit. Unser Gespräch führten wir abwechslungsweise auf Chinesisch, Englisch und Deutsch. Ich war maßlos beeindruckt von seiner Präzision, mit der er jeden Schlüsselbegriff sowohl auf Deutsch als auch auf Chinesisch benennen konnte. Er war damals gerade dabei, seine Übersetzung von Giambattista Vicos

Scienza Nuova herauszugeben und riet mir wiederholt, dieses Werk unbedingt zu lesen. Nur so, meinte er, könne ich die moderne Literatur- und Kunsttheorie sowie die neuhumanistische Bildungsphilosophie der Goethe-Zeit besser verstehen. Dann sagte er mir, dass er nicht einmal mehr ein einfaches Gespräch auf Deutsch führen könne, weil er 40 Jahre lang keine Gelegenheit mehr dazu gehabt hätte. Er könne nur noch lesen und schreiben.

Professor Zhus Bücher waren die wichtigsten Bausteine auf meinem Weg zu einer eigenen Weltanschauung. Er nannte sich selbst einen Marxisten und sah im historischen Materialismus die universal gültige Erklärung für die Entwicklung der menschlichen Zivilisation. Er stritt nicht ab, dass das subjektive Wahrnehmungsvermögen von den Produktionsverhältnissen der Gesellschaft beeinflusst wurde, gab sich jedoch nicht zufrieden mit dieser Feststellung, sondern ging noch einen Schritt weiter. Er behauptete, dass die Einfühlung in das Objekt erst dessen ästhetische Wahrnehmung ermögliche. Im Empfinden von Schönheit reagiere der Geist auf das Material, der Überbau auf die Basis. Diesen Kurs verfolgte er unbeirrt weiter, obwohl er immer wieder als reaktionäre Fachautorität kritisiert, körperlich gepeinigt und seelisch erniedrigt worden war. Er wollte einfach nicht zugeben, dass das Schöne reine Veräußerlichung des Materials sei, sondern vielmehr die Reaktion des Geistes darauf, wobei er nie leugnete, dass der Geist selber Ergebnis der gesellschaftlichen Produktionsverhältnisse ist. Ich lernte durch das Studium seiner Bücher, diesen Standpunkt zu vertreten und bin heute noch der Meinung, dass das Schöne für mich allein und einzig meine subjektive Wahrnehmung ist. Mit anderen Worten, die dem antiken Historiker Thukydides zugeschrieben werden: Die Schönheit liegt im Auge des Betrachters, und ohne sie, so möchte ich ergänzen, kann es keinen zivilisatorischen Fortschritt geben.

Von ihm lernte ich auch, die klassische Dichtung Chinas mit
den Augen eines Germanisten und Literaturkritikers zu betrachten und in ihr eine Synthese von Malerei und Dichtung zu sehen.
Chinesische Malerei ist visuelle Dichtung, Dichtung ist abstrakte
Malerei. In beiden ist Yijing 意境 – der Umfang bzw. die Umfanglosigkeit und die Tiefe, die Grenzenlosigkeit des Gehalts –
das Ausschlaggebende. Der ursprünglich buddhistische Begriff
bedeutet die absolute Vergeistigung durch die Aufgabe der Körperlichkeit und beschreibt die unendliche Bedeutungserweiterung und grenzenlose Raumausdehnung durch die Imagination
in der Kunst. Ein Gedicht ist ein aus Gefühl und Vorstellung
extrahiertes Gebilde, das wiederum ein Gefühl und eine Vorstellungskraft hervorruft, indem es berührt und begeistert. Beeinflusst von seinen Schriften las ich das 1300 Seiten umfassende
Sammelwerk der *Theorien des Altertums über die Malerei in China*
von Yu Jianhua und war überrascht von der Tatsache, dass die
Gelehrten und Intellektuellen Chinas bereits vor 2000 Jahren
angefangen hatten, sich über den Zusammenhang von Poesie
und Malerei Gedanken zu machen und in der Kalligraphie die
höchste Vereinigung von Bild und Text sahen. Chinesisch ist die
einzige Sprache des analogen Zeichens. Jedem Schriftzeichen
liegt ein Bild zugrunde; jede Kalligraphie ist zugleich Gemälde
und Text. Ob eine Kalligraphie ein Kunstwerk ist, hängt nicht
nur von dem schön gepinselten Schriftzeichen ab, sondern auch
von der Harmonie zwischen Text und Bild.

Lessing und die chinesische Realität

Professor Li Qinghua, von dem bereits die Rede war, stammte aus der Provinz Fujian und war im Gegensatz zu den meisten seiner Landsleute ungewöhnlich groß. Mit ihm lasen wir die herzhaften und lehrreichen Schelmengeschichten von *Till Eulenspiegel* und den Schwänken über die *Schildbürger*. Zu den Schildbürgern entdeckten wir zahlreiche Parallelen in der chinesischen Literatur der sogenannten Frühling-Herbst-Zeit (770 – 446 v. Chr.) und zur Zeit der Streitenden Reiche (475 – 221 v. Chr.). Es ist wohl kein Zufall, dass die Menschen weltweit doch mehr oder weniger dieselben Reifeprozesse und mehr oder weniger dieselben Geschichten erfinden, ganz unabhängig davon, wo und wann sie leben. So suchen die Schildbürger ihre im Wasser versenkte Glocke dort, wo sie am Bootsrand eine Kerbe angebracht haben; der Chu-Mann im Jahr 241 v. Chr. sucht sein ins Wasser gefallenes Schwert ebenfalls dort, wo er eine Markierung ins Holz geschnitzt hatte, nachdem er das Boot am Ufer verankert hatte. Die Schildbürger bauen einen Teil ihrer Stadtmauer ab, um gefällte Stämme quer in die Stadt zu bringen; der Zheng-Mann schneidet seine Füße zurecht, damit sie in die neuen Schuhe passen. Für jede Geschichte der Schildbürger fanden wir eine entsprechende Erzählung in der 2500 Jahre alten chinesischen Literatur. Interessant fanden wir, dass die Deutschen sich fast 2000 Jahre später ganz ähnliche Geschichten ausdachten.

Neben dem *Hildebrandslied*, der Lyrik Walthers von der Vogelweide und den Schriften Ulrichs von Hutten studierten wir bei Herrn Li hauptsächlich die Werke der Weimarer Klassik von Gottsched, Lessing, Herder, Goethe und Schiller. Zur Vorbereitung der Vorlesung musste er sämtliche Auszüge Satz für Satz, Seite für Seite abtippen und mit einem Matrizendrucker vervielfältigen. Dabei handelte es sich um mehrere hundert Seiten Lektüre. Allein aus diesem Grund empfanden wir Herrn Li gegenüber tiefe Dankbarkeit und hatten großen Respekt vor dieser Leistung. Natürlich waren viele Tippfehler in den Kopien, aber wenn man bedenkt, dass man auf der Wachsmatrize nichts korrigieren konnte und man sich auf das Tippen enorm konzentrieren musste, so wirkten die wenigen Tippfehler fast wie die Auszeichnungen einer Glanzleistung. Mit Professor Li lasen wir ein Semester lang seinen Lieblingsdichter Lessing. Mit den Dramen von Lessing lernten wir den Aufbau des klassischen Trauerspiels kennen. Es beginnt immer mit der Exposition, in der die Protagonisten nacheinander oder gleichzeitig eingeführt werden. Danach wird der Konflikt angedeutet und herausgebildet, der sich schließlich in der Peripetie zuspitzt. In der Peripetie wird das Schicksal der Protagonisten entschieden, das in einem retardierenden Moment diese oder jene Wendung nehmen kann und deshalb voller Spannung ist. Am Ende erfolgt die Katastrophe, die beim Publikum Furcht und Mitleid hervorruft und in der Katharsis zur sittlichen Läuterung führt. Herr Li erklärte uns in seiner bedächtigen Art, dass allen großen literarischen Werken dieser Welt das gleiche Muster innewohne. Wir lernten auch, dass Lessing der erste Vordenker des aufklärerischen Deutschlands war, der im Theater ein Mittel sah, um eine neue bürgerliche Gesellschaft heranzubilden. Anknüpfend an *Die Erziehung des Menschengeschlechts* sollten wir die Poesie des „Sturm und Drang" und die Bildungsromane lesen. Ohne Lessing hätte es vermutlich keinen deutschen „Sonderweg" des Neuhumanismus geben können.

Was mich damals beeindruckte, war die Feststellung, dass das China des 20. Jahrhunderts traurigerweise immer noch den sozialen Verhältnissen im Deutschland des 18. Jahrhunderts entsprach, wie sie Lessing beschrieben hatte. Kein Wunder also, dass uns diese uralten Klassiker von Lessing, Schiller und Goethe derart in ihren Bann zogen. Kam es uns doch so vor, als ob sie die chinesische Realität beschrieben hätten. Dass *Nathan der Weise* mit seiner Ringparabel keine der drei monotheistischen Religionen bevorzugt und eine friedliche Koexistenz der Konfessionen und Toleranz predigt, entlarvte in unseren Augen auch das wahre Gesicht und die intoleranten Absichten der Parteiideologen in Peking, die die immerwährende Forderung der Studenten nach politischen Reformen, das zunehmende Verlangen der Intellektuellen nach einer Befreiung des Geistes und einer Liberalisierung des Denkens als „geistige Verschmutzung und bürgerliche Liberalisierung" im Keim ersticken wollten. In den empfindsamen bürgerlichen Dramen *Miss Sara Sampson* und *Emilia Galotti* sahen wir Parallelen zu unserer eigenen Gesellschaft der Zwänge und Verbote. Im China meiner Jugend standen empfindsame Liebe und sinnliches Verlangen im unüberbrückbaren Gegensatz zu den überlieferten Konventionen und den Ideen des Klassenkampfs. Empfindsamkeit setzte Individualismus und Humanismus voraus; in der Empfindsamkeit wurde die Menschenwürde geachtet. Dementsprechend erkannte Lessing in der Gefühlsbetontheit das Potential zur sittlichen Läuterung und in der Katharsis die Möglichkeit zur bürgerlichen Moralerziehung. Das von Lessing angeprangerte menschenverachtende System des Feudalismus empfand ich tatsächlich als schallende Ohrfeige für die Bewegung der „Antibürgerlichen Liberalisierung" in China. Das Studium von Lessings Werken hat wahrlich unseren geistigen Horizont erweitert, unseren Blick für die sozialen Missstände geschärft und unser Verantwortungsbewusstsein gegenüber der Reformpolitik gestärkt. Es ist Lessing somit durchaus gelungen, uns als Publikum erfolgreich zu erziehen.

Zu Herrn Li hatte ich ein sehr gutes Verhältnis. Seine Bescheidenheit, seine abwägende Art und seine Bereitschaft, unsere kontroversen Ansichten nicht nur zu akzeptieren, sondern auch herauszufordern, machten die Stunden bei ihm zu einem wahren Vergnügen. Unter seiner Ägide schrieb ich auch meine Abschlussarbeit über Heinrich Heines *Buch der Lieder*, in der ich die Gedichte des jungen Heine mittels einer marxistischen Hermeneutik als Antisemitismus-, Gesellschafts- und Kapitalismuskritik interpretierte. Selbst nach meiner Übersiedlung nach München hielt ich den Kontakt zu Professor Li noch eine Zeitlang aufrecht und half ihm bei der Übersetzung von Patrick Süskinds Roman *Das Parfum*.

Thomas Mann auf Chinesisch

Bei Professor Zheng Shoukang lernten wir die Übersetzung vom Deutschen ins Chinesische und umgekehrt. Als Person war er ein wahres Wunderwerk des kommunistischen Erziehungssystems. Nach der Gründung der Volksrepublik hatte die Kommunistische Partei festgestellt, dass es an Talenten und Fachkräften mangelte, um das Land aufzubauen und den Sozialismus in die Tat umzusetzen. In den 1950er-Jahren hatte es deshalb eine umfangreiche Erziehungskampagne gegeben, in der aus den roten Klassen Nachwuchs rekrutiert und so ausgebildet wurde, dass dieser später in allen Bereichen des sozialen Lebens Verantwortung übernehmen konnte. Herr Zheng war so ein Talent aus dieser damals noch jungen Kaderschmiede. Er stammte aus einem armen Bauerndorf im Süden der Provinz Jiangsu und wurde von der Partei zum Deutschstudium abkommandiert, obwohl er, wie er mir selbst versicherte, nicht einmal Hochchinesisch beherrschte und nur einen Grundschulabschluss hatte. Völlig entgeistert, aber von der Ehre auch sehr gerührt, trat er das Studium an und war fest entschlossen, die Partei nicht zu enttäuschen. Er studierte sehr fleißig, meisterte alle Schwierigkeiten und wurde der Beste seines Jahrgangs. Ich empfand es als große Ehre, von so einem „Bauerntölpel" unterrichtet zu werden. Herr Zheng hatte bereits einen zirka zwei Meter hohen Bücherstapel aus dem Deutschen übersetzt. Sein wohl wichtigstes Werk ist die Übersetzung der Tagebücher von John Rabe, dem „guten Deutschen von Nanking", der durch die Hakenkreuzbeflaggung seines Hauses zahlreiche Menschen vor den Bomben der Japaner bewahrt hatte.

Professor Zheng war damals eine Berühmtheit in China. Dabei trat er so bodenständig und bescheiden auf und kümmerte sich derart rührend um uns Studenten, dass er überhaupt nicht den Eindruck einer berühmten Persönlichkeit erweckte. Er hatte immer ein Lächeln im Gesicht. Die Gläser seiner ungewöhnlich dicken, altmodischen Brille waren stets so verschmiert und trübe, dass ich immer vermutete, sein ständiges Lächeln wäre eine Verlegenheitsgeste, um zu kaschieren, dass er einen eigentlich überhaupt nicht erkannte. Er kleidete sich betont lässig, und außer im Winter trug er stets grün-beige Nylonsocken und Ledersandalen. Unterwegs war er immer mit seinem alten Fahrrad, von dem er herzlich grüßte. Professor Zheng war vielseitig interessiert und sehr belesen, hatte auch einige sprachwissenschaftliche Bücher verfasst und war Mitautor vieler bedeutender Deutsch-Chinesischer Wörterbücher. Dass Germanistik ein beliebtes Studienfach in Nanking wurde, ist mit Sicherheit auch auf ihn zurückzuführen.

Sein Übersetzungsseminar war immer eine spannende Diskussionsrunde, in der es um alle möglichen Spielarten der Übersetzungstätigkeit ging. Technische Texte und Gebrauchsanweisungen von Geräten und Maschinen waren relativ leicht zu übersetzen. Darüber waren wir uns alle einig. Wenn es aber um literarische Texte ging, dann kamen am Ende immer völlig unterschiedliche Übersetzungen heraus, die mitunter so stark voneinander abwichen, dass man sich nicht vorstellen konnte, dieselbe Geschichte eines Autors vor sich zu haben. Ich erinnere mich an eine Stunde, in der wir Thomas Manns Novelle *Der Tod in Venedig* übersetzten. Der erste Absatz des ersten Kapitels besteht aus drei Sätzen, die zusammen etwa 150 Wörter umfassen und mehrfach verschachtelt sind:

Gustav Aschenbach oder von Aschenbach, wie seit seinem fünfzigs-
ten Geburtstag amtlich sein Name lautete, hatte an einem Frühlings-
nachmittag des Jahres 19--, das unserem Kontinent monatelang eine so
gefahrdrohende Miene zeigte, von seiner Wohnung in der Prinzregen-
tenstraße zu München aus allein einen weiteren Spaziergang unter-
nommen. Überreizt von der schwierigen und gefährlichen, eben jetzt
eine höchste Behutsamkeit, Umsicht, Eindringlichkeit und Genauigkeit
des Willens erfordernden Arbeit der Vormittagsstunden, hatte der
Schriftsteller dem Fortschwingen des produzierenden Triebwerks in
seinem Innern, jenem »motus animi continuus«, worin nach Cicero
das Wesen der Beredsamkeit besteht, auch nach der Mittagsmahlzeit
nicht Einhalt zu tun vermocht und den entlastenden Schlummer nicht
gefunden, der ihm, bei zunehmender Abnutzbarkeit seiner Kräfte, ein-
mal untertags so nötig war. So hatte er bald nach dem Tee das Freie
gesucht, in der Hoffnung, dass Luft und Bewegung ihn wieder herstel-
len und ihm zu einem ersprießlichen Abend verhelfen würden.

In diesem ersten Absatz sind alle wichtigen Informationen
über Person, Zeit und Ort enthalten. Wie aber sollten wir diese
drei Sätze so übersetzen, dass die chinesischen Leser diese ihrer
Kultur und Lesegewohnheit entsprechend auch verstehen konnten? Und wie sollte die Übersetzung stilistisch aussehen, damit
Thomas Mann noch Thomas Mann blieb und nicht verfremdet
wurde? Die Antwort von Professor Zheng lautete: „Nicht möglich!" Kein Chinese würde so schreiben, wie Thomas Mann es
tat. Keine chinesische Übersetzung könne stilistisch so verschachtelt sein, dass sie dem Deutsch von Thomas Mann entsprechen würde. In China hätte man den ersten Absatz etwa
folgendermaßen formuliert:

„In dem monatelang von Gefahren bedrohten Jahr 19xx an einem
Frühlingsnachmittag machte Herr Aschenbach allein einen Spazier-

gang. Er (wurde zwischenzeitlich geadelt) hieß seit seinem fünfzigsten Geburtstag amtlich von Aschenbach und wohnte in der Prinzregentenstraße zu München. Der Schriftsteller war überreizt von der schwierigen und gefährlichen Arbeit der Vormittagsstunden, obwohl diese seinen Willen zur höchsten Behutsamkeit, Umsicht, Eindringlichkeit und Genauigkeit erforderte. Er konnte das Fortschwingen des Triebwerks im Innern auch nach dem Mittagessen nicht stoppen, das nach Cicero mit dem Wort „motus animi continuus" das Wesen der Beredsamkeit ausmachen würde. Der mit zunehmendem Alter Verschleißerscheinungen zeigende Mann konnte auch nicht den ihn entlastenden und nötigen Tagesschlummer finden. So hatte er bald nach dem Tee das Freie gesucht. Er hoffte, dass Luft und Bewegung ihn wiederherstellen und ihm zu einem ersprießlichen Abend verhelfen würden."

So ungefähr musste die chinesische Übersetzung lauten. Inhaltlich wird darin alles wiedergegeben. Dass der Protagonist erst ab dem fünfzigsten Geburtstag das ihn adelnde „von" vor seinem Namen trug, impliziert, dass er nachträglich geadelt worden war. Ohne die Erläuterung in Klammern verstünde kein Chinese, was Thomas Mann damit sagen wollte. Stilistisch entspricht die Übersetzung in keiner Weise dem deutschen Original. Thomas Mann wäre für Chinesen ungenießbar, wenn der Übersetzer dessen verschachteltes und sehr eigenwilliges Deutsch nicht „sinisieren" würde. Das Sinisieren ist immer auch eine Frage des Stils. Thomas Mann ist deshalb Thomas Mann, gerade weil er so schreibt, wie er schreibt. Sinisiert man sein Deutsch, wäre sein Stil sofort relativiert. Umschreibt man es nicht, wäre Thomas Mann für die chinesischen Leser unverständlich. Professor Zheng wollte keineswegs die Größe Thomas Manns in Frage stellen, sondern nur darauf hinweisen, wie unmöglich und undankbar die literarische Übersetzung sein konnte. Die chinesische Übersetzung von *Der Tod in Venedig*, die man heute in China bekommen kann, ist lediglich eine inhaltliche Wiedergabe des Romans. Dennoch bewundere ich den Übersetzer, der es auf sich nahm, das Deutsch von Thomas Mann zu entschlüsseln und in reines Chinesisch zu bringen. Ganz nüchtern betrachtet, ist der chinesische Text für die Leser viel interessanter und spannender als das deutsche Original. Das gleiche gilt auch für die chinesische Übersetzung von beinahe 170 Büchern aus dem Englischen und Französischen von Lin Shu(林紓, 1852-1924), der keine einzige Fremdsprache sprach oder verstehen konnte und dennoch zahlreiche Romane und Erzählungen aus dem Westen für die chinesischen Leser in schönstem literarischen Chinesisch „nacherzählen" konnte. Seine Arbeitsmethode war sehr einfach: Er ließ sich die Bücher von Fremdsprachenkundigen mündlich Satz für Satz erklären und formulierte die Sätze sinngemäß nach. Stilistisch entsprach keine seiner zahlreichen „Übersetzungen" den Originalen. Auch in den Geschichten selber gab es immer wieder Modifikationen, die Herr Lin eigenmächtig vorgenommen hatte. Dennoch hat er Generationen von Lesern in China beeinflusst, die erst durch seine „Übersetzung" die westliche Literatur überhaupt kennengelernt haben. Das berühmteste Werk von Herrn Lin Shu war die Nacherzählung von Alexandre Dumas´ *La Dame aux Camélias*, die er ebenfalls nach der oben beschriebenen Methode erstellt hatte. Wenn man ein Buch liest, lernt man unweigerlich auch den Menschen kennen, der es geschrieben hat. Die Werke von Thomas Mann auf Chinesisch zu lesen war mir ein Vergnügen, während ich das genüssliche Gefühl beim Lesen des deutschen Originals völlig vermisse. Man hat einfach nicht den Eindruck, dass es sich um denselben Verfasser handelt. Ich gebe zu, dass ich auch heute noch *Angst* vor Thomas Mann habe, weil seine Schriften mich so *dumm und ungebildet* aussehen lassen. An diesem Autor entzweit sich die ästhetische Wahrnehmung von West und Ost am schärfsten. Während ich die chinesischen Nacherzählungen von Thomas Manns Geschichten immer genüsslich verschlungen hatte, lese ich die Originaltexte selbst heute noch äußerst ungern. Möge mir die Fan-Gemeinde von Thomas Mann das verzeihen, aber das sind nun mal die Probleme eines Nichtmuttersprachlers. Im Übrigen war Professor Zheng der Meinung, wer so schreibe wie Thomas Mann, der wolle nur eines: beweisen, dass er schreiben kann.

Deutsch-deutsche Geschichte

China war in den Jahren von 1979 bis 1989 deutlich liberaler als alle osteuropäischen Länder vor Glasnost und Perestroika. Die Aufarbeitung der Mao-Vergangenheit ließ in gewisser Weise eine Art von politischem Liberalismus zu. Und wirtschaftlich ging es aufwärts. So fühlten wir uns anderen sozialistischen Ländern gegenüber durchaus überlegen. Herr Altenburg, der uns mit der DDR-Literatur und der marxistischen Literaturkritik bekannt machte, war allerdings ein untypischer Repräsentant des Arbeiter- und Bauernstaates und hatte keinerlei Interesse daran, sein Land ideologisch und außenpolitisch zu vertreten und ließ jede Gelegenheit ungenutzt verstreichen, Propaganda für seine Heimat zu betreiben. Er vermied es im Hörsaal, mit uns über Politik zu reden, obwohl er ansonsten sehr gesprächig war. Wir waren freilich nicht in der Lage, zu beurteilen, warum er sich so distanziert verhielt. Er suchte keinerlei privaten Kontakt zu uns Studenten, und ich war wohl der einzige, der mit ihm nach dem Unterricht ab und zu ein wenig plauderte. Doch all meine Fragen nach dem Leben in der DDR ignorierte er ganz hartnäckig. Aber er war ein guter Lehrer, obwohl die DDR-Literatur vielen so nebensächlich und unbedeutend erschien, dass er an der Universität gar nicht richtig wahrgenommen wurde.

Er wohnte mit seiner Familie auf dem Areal für ausländische Lehrkräfte und pflegte einen sehr bescheidenen Lebensstil, obwohl er sowohl von der Regierung der DDR als auch der Volksrepublik China finanzielle Zuwendungen bekam. Die Devisen, die die Familie von der Universität erhielt, sparte sie eisern an, um sich damit nach ihrer Rückkehr in die Heimat im Intershop mit Waren eindecken zu können. Die typischen DDR-Textilien aus Nylon und ähnlichem Kunststoff, die Familie trug, waren so auffällig, dass wir uns über den sozialistischen „Wohlstand" des Bruderstaates herzlich amüsierten. Und die westdeutschen Studenten machten sich über Altenburgs Vokabular lustig und äfften seine sozialistisch derbe Ausdrucksweise nach. Seine Frau und seine beiden kleinen Töchter hatten so gut wie keine Kontakte zu uns Germanisten. Gelegentlich wurde ich von der Abteilungsleitung dazu abkommandiert, seine Frau und die Kinder ins Krankenhaus oder zum Einkaufen zu begleiten. Obwohl sie aus einem sozialistischen Bruderstaat kamen, begegneten wir ihnen längst nicht so brüderlich und warmherzig wie den Westdeutschen. Sie wurden im Allgemeinen auch weniger als Vertreter der deutschen Kultur, sondern eher als Repräsentanten des sowjetischen Kulturkreises angesehen und nach meinem Empfinden ziemlich kühl und distanziert behandelt. Vielleicht, weil wir in ihnen so eine Art armer Verwandten sahen, deren Heimat wirtschaftlich nicht besser gestellt war als China und die DDR in politischer und ideologischer Hinsicht dem China der 80er-Jahre sehr ähnelte. Altenburg verdiente jedenfalls sehr viel weniger als die westdeutschen DAAD-Dozenten. Und seine Familie verkehrte auch nicht mit den Landsleuten aus dem Westen, sondern pflegte sorgsam, zusammen mit dem einzigen Studenten aus der DDR, ihre freiwillige Isolation.

Die Lehrveranstaltung über die DDR-Literatur erschien uns wenig attraktiv. Die marxistisch-leninistische Hermeneutik war uns einerseits sehr vertraut und leicht verständlich, andererseits wirkte sie gerade deswegen auch sehr dogmatisch, ideologisch und langweilig. Andauernd wurden wir mit Kapitalismuskritik konfrontiert, und jede Analyse gipfelte darin, wieder einmal die

Überlegenheit des Sozialismus anerkennen zu müssen. Wie hatten wir das satt! Literatur im Arbeiter- und Bauernstaat war keine reine Sprachkunst, sondern Instrument des sozialistischen Aufbaus. Dieselbe Melodie, die auch in China jahrzehntelang gespielt worden war.

DDR-Literatur bedeutete antifaschistische, antikapitalistische Literatur. Dabei gab es auch ein paar echte Juwelen darunter wie *Das siebte Kreuz* von Anna Seghers, *Der geteilte Himmel* von Christa Wolf und *Die neuen Leiden des jungen W* von Ulrich Plenzdorf.

Zusammen mit dem *Siebten Kreuz* lernten wir auch das *Moorlied* in einer Aufnahme von Hannes Wader kennen, und die überwiegend kommunistischen Moorsoldaten aus dem Konzentrationslager Börgermoor erinnerten mich stark an die zahlreichen Opfer der Arbeitslager unter Mao. Auch mein Großvater hatte in der Wüstenprovinz Gansu mit Zigtausenden „Konterrevolutionären" fern von der Heimat und mit bloßen Händen die Wüste kultivieren müssen. In seinem letzten Brief an meine Mutter hatte er nur einen Wunsch geäußert: in der Heimat bestattet zu werden ... Wie ähnlich sich die Schicksale der Menschen in Unfreiheit doch waren. Auch das „Solidaritätslied" von Bertolt Brecht und Hanns Eisler lernten wir. Wir verstanden durchaus die Notwendigkeit, gegen Faschismus und Nationalsozialismus zu kämpfen. Doch gerade die Literatur ohne Dogmen und Predigten bewirkte genau das, was tausend Belehrungen nicht schafften.

Christa Wolf war sehr beliebt bei uns Studenten. *Der geteilte Himmel*, die Geschichte von Rita und Manfred gab uns allerdings reichlich Anlass zu Kontroversen. Ich fand es richtig, dass Manfred sich in den Westen absetzte, weil seine Erfindung von der Parteiführung abgelehnt und sein Talent nicht respektiert worden war. Dass der begabte junge Mann sein Glück im kapitalistischen Westberlin suchte, war eine handfeste Kritik an der damaligen DDR-Regierung, die die Menschen letztlich scharenweise zur Flucht getrieben hatte. Und ich konnte Rita überhaupt nicht verstehen, die in der DDR blieb und letztendlich um des Staates Willen ihre Liebe aufgab. Zwei Kommilitonen, die sich völlig der Parteidisziplin unterwarfen, waren mit meiner Sichtweise überhaupt nicht einverstanden. Sie fanden es vorbildlich, dass Rita der Liebe entsagte und sich stattdessen für den Sozialismus, also die DDR entschied. Die Thematik des Romans war mir nicht fremd. In vielen zeitgenössischen chinesischen Romanen wurden ähnliche Geschichten erzählt, deren Ende immer in den Verzicht auf persönliche Interessen zugunsten des sozialistischen Aufbaus mündete. Zeitgleich sorgte in China ein Roman namens *Seele und Fleisch* von Zhang Xianliang für Furore, in dem die leidvolle Geschichte eines *Rechtsabweichlers* erzählt wird, der nach seiner Rehabilitation aus Liebe zur Partei und dem Vaterland die Möglichkeit ausschlägt, mit seinem in den USA lebenden Vater zusammen auszureisen und dort seine Erbe anzutreten. „Du bist nichts, dein Volk ist alles!" Diese nationalsozialistische Ideologie lebte in allen sozialistischen Ländern einschließlich der DDR und der VR China fort, wo Kollektivismus keinen Individualismus duldete. *Der geteilte Himmel* war in meinen Augen ein Stück dogmatischer, ideologisch angehauchter Literatur, und Ritas freiwillige Rückkehr in die DDR empfand ich als ziemlich unmenschlich. Aber vielleicht war das triste Ende ja damals auch ein Muss.

Einerseits war ich froh zu erfahren, dass die Sozialisten in der DDR an den gleichen Blödsinn wie in China glaubten und parteipolitische Korrektheit über die Humanität stellten, andererseits war ich sehr verärgert darüber, dass die Kommilitonen trotz der jüngsten Erfahrung der Kulturrevolution offensichtlich nichts begriffen hatten und mir vorwarfen, geistige Verschmutzung nach westlichem Vorbild zu betreiben. Christa Wolf war eine große Schriftstellerin des Ostens gewesen. Sie hatte in Romanform indirekt Kritik an der Staatsführung und der gesellschaftlichen Misere geübt. Dass Herr Meternagel am Ende des Romans nach seiner Rehabilitation schwer krank wurde, war eine in Watte verpackte Nadel, mit der sie den Lesern zu verstehen gab, dass ein guter Mensch auch in der sozialistischen Gesellschaft nicht immer gutes Ende nahm, während der Nazi Herrfurth offensichtlich mühelos zu Ruhm, Ehre und Macht gelangte. Trotzdem fand ich es absolut scheinheilig, dass Rita sich im vom Konsum beherrschten Westberlin nicht wohlfühlte und in die DDR zurückkehrte, obwohl sie damit die Liebe ihres Lebens aufgeben musste. Ich hätte mir gewünscht, dass sie mit Manfred zusammen in Westberlin geblieben, geheiratet und den westlichen Wohlstand genossen hätte, der in der DDR gar nicht beziehungsweise nur gegen harte D-Mark im Intershop zu haben war. Dann wäre es eine richtige Gesellschaftskritik gewesen.

Überhaupt hatte die DDR-Literatur mit der chinesischen der VR China viel gemeinsam. In beiden Ländern, so erfuhr man aus der Literatur, lebte und überlebte man nur in den sehr begrenzten Nischen zwischen Freiheit und Parteidisziplin. In beiden Ländern versuchte man, sich mit dem sozialistischen Alltag zu arrangieren und den Sozialismus zu reformieren, indem man soziale Missstände anprangerte. Weil es unerwünscht war, die alltäglichen „Banalitäten", die natürlichen Bedürfnisse und die Nöte der Menschen zu thematisieren, weil Literatur fortwährend eine sozialistisch-erzieherische Funktion erfüllen musste, blieb die Literatur der DDR und der VR China für den gesunden

Menschenverstand oft unfassbar und las sich fast immer wie erdichtete Partei-Propaganda.

Auch Edgar Wibeau, die Titelfigur in Plenzdorfs *Die Neuen Leiden des jungen W,* hatte viele Leidensgenossen in China, die von Mao einst zur Umschulung durch Drecksarbeit aufs Land geschickt worden und, zurück in den Städten, orientierungslos gestrandet waren. Wie Edgar Wibeau waren sie MusterschülerInnen und Vorzeigepioniere ganz im revolutionären Sinne gewesen. Sie wurden von ihren Vätern respektive dem Staat instrumentalisiert, ausgebeutet und schließlich verlassen, als die Jahre voller Eifer und Hingabe vorbei waren. Ein talentierter Junge wie Edgar Wibeau, der sich unglücklich in die Verlobte eines anderen verliebt und von der Kunsthochschule abgelehnt wird, hat eigentlich gar kein anderes Schicksal zu erwarten als Goethes Werther und ist zum Tode verurteilt, sobald er versucht, sich in den banalen sozialistischen Alltag zu integrieren. Plenzdorf hat mit diesem jugendlichen Protagonisten, der seine Irrungen und Wirrungen mit denjenigen von Goethes „Old Werther" vergleicht und immer wieder an Selbstmord denkt, eine Figur geschaffen, die – vom Leben zuerst geprellt und dann überrollt – förmlich einlädt zur Identifikation. Waren wir nicht alle ein wenig Edgar, orientierungslos in einer verwirrenden Zeit gesellschaftlicher Transformation? Wir diskutierten und stritten heftig darüber, wie der Protagonist zu beurteilen sei. Ist er ein Vorbild oder ein Versager? Wir waren mehrheitlich der Meinung, dass Edgar seine Vorbildfunktion erfüllte, indem er sich letztendlich in die Arbeitswelt integrieren ließ. Daran änderte auch sein Tod nichts, ganz gleich, ob es ein Unfall oder Selbstmord war...

Altenburg hielt sich zurück, sobald unsere Diskussion die vorgegebene Linie verließ und den offiziellen Deutungsrahmen sprengte, und ich hatte nie den Eindruck, dass bei ihm die freie Meinungsäußerung erwünscht war. In den Prüfungsbögen standen meistens auch nur die Antworten zur Auswahl, die der offiziellen Parteilinie entsprachen. Wagte man es, einen eigenen Kommentar abzugeben, riskierte man eine schlechte Note. Ein durchaus gängiges Mittel, um selbstständig denkende Studenten zu bestrafen.

Im Vergleich zu Altenburgs Seminaren waren die Kurse von Herrn Possberger frei von ideologischen Dogmen. Auch hielt er keinen Frontalunterricht ab, sondern Diskussionen im runden Kreis. Mitarbeiten, mitreden und mitdiskutieren waren der Sinn des Seminars. Für uns eine äußerst interessante Erfahrung war, dass wir ihn herausfordern und ihm unpopuläre Fragen stellen sollten. Das war höchst ungewöhnlich. Waren wir doch daran gewöhnt, den Lehrer als Autorität zu betrachten und ihn keinesfalls infrage zu stellen. Herr Possberger, ein Münchner, der mit seiner Frau nach Nanking gekommen war, hatte eine sehr sportliche Figur und trug einen sorgsam getrimmten, leicht ergrauten Vollbart. Aufregend fanden wir seine getönte Brille, die sich automatisch den Lichtverhältnissen anpasste. Im Winter, wenn es bitter kalt war in den ungeheizten Unterrichtsräumen, kam er in Ski-Kleidung mit Schneeschuhen aus einem uns gänzlich unbekannten Material und in ziemlich ausgefallenen Farben. Ski-Kleidung, wie wir sie noch nie gesehen hatten: leicht mit viel Bewegungsfreiheit und warm und modisch zugleich. Darin konnte der Wintersport nur ein Riesenspaß sein. Possberger redete Hochdeutsch mit bayrischem Akzent und ist mir in zwiespältiger Erinnerung geblieben: Einerseits war er sehr gesprächig und auch lustig, wenn er unterrichtete und etwas Wichtiges erklärte, andererseits war er völlig distanziert, desinteressiert und teilnahmslos, wenn es um persönliche Kontakte ging. Hatte er Angst davor, verfolgt zu werden oder war er einfach nur kontaktscheu?

Auf diese Frage sollte ich nie eine Antwort bekommen, doch die erste Stunde bei ihm grenzte an eine Erleuchtung. Denn Herr Possberger schrieb ein Gedicht von Günter Wallraff an die Tafel:

HIER UND DORT

I	II
hier freiheit	hier gleichheit
dort knechtschaft	dort ausbeutung
hier wohlstand	hier aufbau
dort armut	dort zerfall
hier friedfertigkeit	hier friedensheer
dort kriegslüsternheit	dort kriegstreiber
hier liebe	hier leben
dort haß	dort tod
dort satan	dort böse
hier gott	hier gut

III

jenseits von   und   Fernab von
hier   dort

Such ich mir
´nen fetzen land
Wo ich mich ansiedle
Ohne feste begriffe

Possberger musste nichts erklären. Wir wussten sofort, dass es hier um die Teilung Deutschlands ging. Die Vokabeln waren uns aus der Propaganda und aus Leitartikeln sehr geläufig. Sie dienten der Diffamierung des Gegners. Possberger war ein exzellenter Repräsentant der Intellektuellen aus der BRD, der sich von keiner politischen Partei vereinnahmen ließ, sich seine geistige Unabhängigkeit bewahrt hatte und die gesellschaftliche Entwicklung kritisch begleitete. Diese Geisteshaltung hinterließ bei uns Studenten großen Eindruck. Um die deutsche Teilung verständlich zu machen, holte er das *Deutschlandlied* von Hoffmann von Fallersleben hervor und präsentierte uns dessen leidvolle Rezeptionsgeschichte mit ihren zahlreichen Pros und Contras, immer im historischen Kontext. Wir erkannten das nationalistische Übertreibungspotenzial darin und verstanden sehr wohl, warum es bekämpft wurde. Die nationale Einheit überwindet die Kleinstaaterei. Letztendlich könne Deutschland nur unter der Bedingung „über alles in der Welt sein", dass Recht und Freiheit in der nationalen Einheit gewährleistet werden. Recht und Freiheit verkörpern Werte, die über alles in der Welt stehen möchten. Der Anspruch auf nationale Einigung ist auch immer Anspruch auf Rechtsstaatlichkeit und Freiheit. Gleichzeitig zeigte Possberger uns Johannes R. Bechers Gedicht *Auferstanden aus Ruinen*, das der Nationalhymne der DDR zugrunde liegt und stellte uns die Frage, auf welche historische Situation das Gedicht sich beziehe und wie die Zeile „Alte Not gilt es zu zwingen" zu verstehen sei. Ferner wollte er von uns wissen, wer gemeint sei mit den Zeilen „Wenn wir brüderlich uns einen, schlagen wir des Volkes Feind". Es war nicht schwer zu erkennen, dass die DDR als antifaschistisches Deutschland aus den Kriegsruinen erstanden war. Sie war ein sozialistischer Staat der Arbeiter und Bauern, dessen Feind diejenigen waren, die sie nicht anerkannten und die nicht zu den Werktätigen gehörten. Possberger war kein politischer „Seelsorger", der uns politisch beeinflussen wollte, er wollte nur verständlich machen, wie es um Deutschland damals bestellt war. Wir sollten unsere eigene Meinung darüber entwickeln, was Günter Wallraff mit „Hier" und „Dort" meinte und welche Konsequenz er in Strophe III daraus zog.

Neben Sprachkenntnissen vermittelte uns Possberger vor allem die gegenwärtige Kultur in Deutschland anhand der *Süddeutschen Zeitung*, der *Frankfurter Allgemeinen* und dem Nachrichtenmagazin *Der Spiegel*. Der Unterricht mit ihm war immer ein Dialog, in dem er Fragen stellte und mit uns gemeinsam Antworten suchte. Seine Frage: „ Was ist der Unterschied zwischen sozial und sozialistisch?" zeigte uns sehr geschickt und eindrucksvoll den Unterschied von BRD und DDR. Im Unterricht musste man immer aktiv mitarbeiten und eigene Gedanken beisteuern. Wie wir über die beiden deutschen Staaten urteilten, überließ er uns, was ein hohes Maß an Konzentration, Mitdenken und Dialektik erforderte. Ich bin mir nicht sicher, ob es eine Zensur gab hinsichtlich dessen, was Possberger uns sagen durfte. Wenn ja, hätte der Abteilungsleiter Professor Liu, ein sehr weiser Mann, es sicherlich verstanden, solche intellektuelle Einlassungen zu tolerieren.

Die Aufarbeitung der jüngeren deutschen Geschichte seit 1945 war zwangsläufig der Gegenstand des Germanistikstudiums. Man konnte leicht ein falsches Bild von Deutschland bekommen, wenn man sich die heutige geografische Lage von Maas, Memel, Etsch und Belt anschaut und über die erste Strophe des Deutschlandlieds nachdenkt. Wie die Deutschen dazu kamen, Hitler und seine Nazis aktiv zu unterstützen, die so viel

Hass und Leid in Europa verbreiteten, war die am häufigsten gestellte Frage. Frau Heidi Pirchner, eine Professorin aus Wien, zeigte uns den von der österreichischen Botschaft zur Verfügung gestellten Spielfilm *Der Bockerer* und suchte mit uns gemeinsam nach Antworten. Es war mein erster österreichischer Spielfilm und zugleich ein unvergessliches Erlebnis. Der Film erzählt die Geschichte des Metzgermeisters Karl Bockerer, der sich weigert, den neuen Machthabern der Herrenrasse zu huldigen und dem Führerkult der NS-Zeit Beachtung zu schenken. Seine menschliche Größe zeigt sich darin, dass er seinen Freunden, dem jüdischen Rechtsanwalt Rosenblatt und dem Kommunisten Hermann, treu ergeben bleibt, obwohl die Nazis dies missbilligen. Die Szene, in der eine Gruppe Juden unter der Aufsicht seines Sohnes Hansi in SA-Uniform in einem Park kniend den Boden mit bloßen Händen sauberwischen und der Metzgermeister Bockerer, als er einem der Juden beim Aufstehen helfen will, von einem Polizisten daran gehindert wird, erinnerte mich sofort an Szenen aus meiner Kindheit, als Menschen aufgrund ihrer Klassenzugehörigkeit und politischen Überzeugung öffentlich verfemt und misshandelt wurden. Sie wurden bespuckt und erniedrigt, und zwar von ganz normalen Menschen. Eines war mir nach dem Film klar geworden: dass Diktatoren weltweit nach dem gleichen Muster handelten. Ein totalitäres System konnte nur totalitär sein, indem es jeglichen Pluralismus im politischen Denken und Handeln unterdrückte, ganz gleich, auf welchem Kontinent der Erde. Deutschland als Nation der Denker, Dichter und Musiker wurde zu einer Nation der Mörder. Ich konnte die Nazis unmöglich mit Mozart und Beethoven, Lessing, Goethe und Schiller in Verbindung bringen, weil sie mit dem aufklärerischen Bildungsideal des autonomen Individuums und des offenen, toleranten Weltbürgertums nicht vereinbar waren. Ji Xianlin, der zehn Jahre lang im Dritten Reich gelebt und als wissenschaftlicher Assistent an der Universität Göttingen gearbeitet hatte, beschrieb in seiner Biografie, wie liebenswürdig Menschen wie die Boehnckes, Meyers und Oppels waren, wie bodenständig und grundehrlich dieses Volk sei, wie gefühlsbetont und aufrichtig die Kollegen, Nachbarn und Freunde mit ihm umgingen, obwohl er einem Volk angehörte, das Hitler ebenso als minderwertig ansah wie die Juden. Er konnte allerdings nicht erklären, warum ausgerechnet diese Menschen Hitler so sehr unterstützten. Ihm war es ein Rätsel, warum die Deutschen mehrheitlich über Politik schwiegen und mehr oder weniger absichtlich nicht sehen wollten, was in Dachau, in Buchenwald oder in Auschwitz passierte. Dass die Deutschen sechs Millionen Juden ermordeten, erklärte er sich durch ihre rationale Mentalität und ihre mathematisch-wissenschaftliche Gründlichkeit, mit der sie ihre Arbeit erledigten. Auch sah er im Holocaust keine Erfindung der Deutschen und im Antisemitismus keine deutsche Tradition. Er konnte uns auch nicht sagen, warum die von ihm so geschätzten und geliebten Kollegen, Freunde und Nachbarn die Katastrophe nicht verhindern konnten; noch weniger konnte er sich erklären, warum eine bildschöne junge Freundin davon träumte, von so einem alten Mann wie Hitler bestiegen zu werden und ihm ein Kind zu gebären. Für mich persönlich war und ist dieses *politisch inkorrekte* Buch so interessant, weil es vom unspektakulären Alltag eines Fremden in Nazideutschland erzählt, voller persönlicher, lebendiger Geschichten steckt und damit einen unverstellten Blick auf das Leben unterm Hakenkreuz wirft. Seine Beschreibung der Deutschen in den 30er- und 40er-Jahren stimmt vielfach mit meinen eigenen späteren Erfahrungen im Deutschland der 80er-Jahre überein. Auch ich liebe dieses Land und seine Menschen mit all ihren Makeln.

Wir hatten an der Universität zwölf Lehrer und Lehrerinnen gehabt, die sich alle sehr um uns bemühten und uns mehr oder weniger geprägt haben. Einer davon war Professor Liu Hongshen. Obwohl er Dekan unserer Germanistik-Abteilung war, war er kein autoritärer Typ, sondern eher sanftmütig und bedächtig. Ihm zuzuhören war eine Freude, und ich hatte in den vier Jahren nie erlebt, dass er Studenten wegen Fehlverhaltens öffentlich kritisiert hätte. Auch war mir nie zu Ohren gekommen, dass er während des Terror-Regimes Leute politisch verfolgt und übel behandelt hätte. Sein Auftreten war freundlich und zugewandt, und er trug, wie alle Lehrer seiner Generation, einen Mao-Anzug in dunkleren Farben; alle Knöpfe einschließlich der Kragenhäkchen waren immer ordentlich geschlossen. Nichts an ihm war betont anders als bei anderen außer der Tatsache, dass sein Anzug und sein weißes Hemd immer sorgfältig gebügelt waren. Professor Liu unterrichtete uns deutsche Textlinguistik, war Leiter des Kooperationsprogramms mit der Universität Göttingen, verantwortlich für die Entwicklung neuer Studiengänge und Herausgeber zahlreicher Lehrbücher. Ich bin mir nicht sicher, ob er Parteimitglied war, hatte jedoch den Eindruck, dass er ein sehr pragmatisches und unorthodoxes Verhältnis zur Parteilinie hatte. Seine Frau war Professorin für Romanistik an derselben Fakultät, und die beiden galten für damalige Verhältnisse als glamouröses Ehepaar, das einer Lotosblüte gleich unbefleckt aus dem Schmutz und Schlamm des Proletariats emporragte, an dem der Schlick des Klassenkampfs säuberlich abgeperlt war. Oft war ich bei ihnen in der Wohnung an der Peking-Xilu und hörte mit ihnen zusammen klassische Musik auf einem alten Grammofon. Sie hatten selbst zwei Kinder in unserem Alter und immer ein offenes Ohr für unsere Probleme. Mit ihnen konnte ich auch über meine ganz persönlichen Probleme reden. Ich war mir absolut sicher, dass sie unsere Gespräche wie die Geheimnisse ihrer eigenen Kinder unter Verschluss hielten. Auch in der wohl größten Krise meines Lebens, von der weiter unten noch die Rede sein wird, sprach Professor Liu mir Mut zu und erzählte mir von seiner eigenen Erfahrung und davon, wie einen Schicksalsschläge im positiven Sinn stärker machen konnten. In den 90er-Jahren besuchte er uns zweimal in München und schenkte Yumi zu unserer Verlobung ein Cloisonné-Armband. Er ermahnte mich, sanftmütig und verständnisvoll im Umgang mit meiner damaligen Freundin und heutigen Ehefrau zu sein und lobte mich, nachdem Yumi ihm versichert hatte, dass ich trotz gelegentlicher Ungeduld ein sehr fürsorglicher Gentleman sei. Als wir 1998 in München von seinem Tod erfuhren, holten wir das Emaille-Armband hervor und legten es auf den Tisch. Yumi zündete ein Kerzenlicht an und spielte auf dem Flügel eines seiner Lieblingsstücke, *Mondscheinsonate* von Beethoven. Wir hatten einen guten Lehrer und Freund verloren und werden ihm immer ein ehrendes Andenken bewahren.

Chinesisches Studentenleben

Wenn ich mein studentisches Leben in Nanking mit den späteren Jahren in Deutschland vergleiche, fällt mir sofort das Wort Sorglosigkeit ein. Zwar gab es in Nanking Regeln zu befolgen wie etwa abends um 22 Uhr ins Bett zu gehen und um sechs Uhr morgens wieder aufstehen zu müssen. Im großen Ganzen waren wir aber versorgt, bekamen Essen und Unterkunft umsonst und wussten, dass wir nach dem Studium einen Arbeitsplatz zugewiesen bekommen würden. Man musste sich also um nichts Sorgen machen und konnte sich vollkommen dem Studium widmen.

Die von der Universität organisierten Freizeitaktivitäten bestanden meistens aus Vorträgen und Ringvorlesungen. Die Johns Hopkins University in Baltimore und die Waseda University in Tokio waren Partneruniversitäten, und regelmäßig kamen Gelehrte von internationalem Rang zu Vorträgen nach Nanking. Drei Reden hatten bei mir einen bleibenden Eindruck hinterlassen: eine Rede des damaligen französischen Präsidenten François Mitterrand, ein Vortrag von Professor Wen Yuankai, einem Absolventen unserer Universität, der die Bildungsreformpolitik von Deng Xiaoping maßgeblich beeinflusst hatte und der Vortrag eines chinesisch sprechenden Marxisten aus den USA, dessen Name ich vergessen habe, der die in China und anderen sozialistischen Ländern praktizierte Ideologie als „Beleidigung" der marxistischen Philosophie anprangerte. Diese einmal wöchentlich stattfindenden internationalen Vorlesungen, bei denen jeder Redner ungeschönt seine Meinung äußern durfte, legten Zeugnis davon ab, wie liberal die wissenschaftliche

Atmosphäre in Nanking damals war. Auch die Ringvorlesungen über westliche klassische Musik und Malerei, über moderne Wissenschaften wie Psycho-Linguistik, Anthropologie, Wissenschaftstheorie und Literaturkritik waren immer sehr gut besucht.

Unsere Uni lag, wie schon erwähnt, mitten in der Stadt. So hatten wir Gelegenheit, am städtischen Leben teilzunehmen, das in den 80er-Jahren allerdings noch sehr einfach und überschaubar war. Sonntagmorgens ging ich nach dem Frühstück ganz gerne zusammen mit Freunden ins Badehaus an der Zhujiang-Straße. Dort konnte man sich zu einem erschwinglichen Preis für den ganzen Vormittag eine eigene Kabine mieten. Zuerst reinigte man sich gründlich, dann legte man sich gemütlich in die Badewanne und ließ die Seele baumeln. Danach gingen wir oft in die Jiangsu-Galerie in der Changjiang- Straße, eine der größten Kunst- und Gemäldegalerien Chinas, wo viele Werke des sozialistischen Realismus ausgestellt wurden. Abends speisten wir im Hunan-Restaurant an der Zhongshan-Straße oder in einer der staatlichen kleinen Imbissbuden, wo Nanking-Spezialitäten wie Nudeln und Hundun, eine Art Maultaschen aus sehr dünnem Teig mit einer würzigen Füllung, Guo Tie, knusprig gebratene Maultaschen, sowie Entenblutsuppe oder Salzenten angeboten wurden. Wenn man Geld und Lust hatte, konnte man auch im russisch geprägten „Westlichen Restaurant" neben dem Jinling-Hotel am Xinjiekou Steak essen. Im Department Store ganz in der Nähe konnten wir alles kaufen, was die sozialistische Planwirtschaft damals hergab. Zwei Kinos, das Shengli-Kino am Xinjiekou und das Shuguang am Trommelplatz, waren beliebte Treffpunkte, wo das „Nachtleben" seinen Ausgang nahm. Doch nach 22 Uhr war die Stadt in der Regel tot, denn Bars oder Nachtklubs gab es nicht. Das einzige, was man danach noch unternehmen konnte: mit einer Freundin die Bürgersteige „niederwalzen", wie das im Volksmund hieß.

Vom Staat hatte ich ein Stipendium erster Klasse und bekam monatlich 16 Yuan ausgezahlt. Gleichzeitig erhielt ich monatlich 15 oder 20 Yuan von meinen Eltern. Das Leben war in den 80er-Jahren sozialistisch billig, und teure Vergnügungen oder Hobbys gab es nicht. Das Essen in der Mensa kostete kaum mehr als 10 Yuan pro Monat, und so konnte ich mit den restlichen 20 Yuan relativ oft ins Badehaus oder in Restaurants gehen. Mein kostspieligstes Vergnügen waren Bücher, aber auch diese waren sehr billig. Auch war es zum Glück nicht mehr so, dass die Verlage nur Klassiker und politisch neutrale Werke publizieren durften. China Commercial Press hatte beispielsweise eine Reihe der bedeutendsten Werke aus Ost und West neu herausgegeben. Es gab jede Menge Neuübersetzungen von moderner Literatur aus dem Westen, und die Neuauflagen von klassischen chinesischen Philosophien, Literatur- und Kunsttheorien folgten immer schneller aufeinander. Uns fehlte nur leider die nötige Zeit, um all diese Bücher zu lesen. Dabei waren wir alle sehr ehrgeizig und konkurrierten förmlich darum, wer zuerst was gelesen hatte. Abends im Bett erzählten wir uns dann gegenseitig von unseren neu gewonnenen Erkenntnissen. Ich hatte drei jeweils vier Kubikmeter große Holzkisten voller Bücher, als ich 1985 die Universität verließ. Sie mussten mit einem Kran verladen und auf einem LKW abtransportiert werden.

Als Student trug man damals ein Universitätsabzeichen aus emailliertem Blech mit weißem Untergrund und den rot kalligraphierten Schriftzeichen vom Vorsitzenden Mao an der Brust. Student zu sein bedeutete Ehre und Ruhm. Träger dieses Abzeichens waren Vorbilder der Gesellschaft und insbesondere Idole der Jugendlichen, wurden mit Respekt behandelt und durften überall mit einer Vorzugsbehandlung rechnen. Das Abzeichen der Universität Nanking war besonders ehrenhaft, weil es zeigte, dass man zur chinesischen Elite gehörte. Der Träger dieses Abzeichens war einer von 3000 Auserwählten unter 79 Millionen Einwohnern der reichsten Provinz Chinas. Männliche Träger dieses Abzeichens wurden von Mädchen scharenweise verfolgt und umworben. In den notorisch überfüllten Bussen und Zügen bekam man einen Sitzplatz angeboten, und wildfremde Leute baten auf der Straße um Ratschläge und Hilfe in familiären oder kommunalen Angelegenheiten. Einmal musste ich während einer zweistündigen Busfahrt eine Gruppe von Frauen betreuen, denen während der Fahrt schlecht geworden war, nur weil ich das Abzeichen der Universität Nanking trug. Noch ein Privileg hatte man als Student: Man musste nicht Schlange stehen, um Bahntickets zu kaufen. Im China der 80er-Jahre waren Fahrkarten nicht leicht zu bekommen. Man musste schon Tage vorher dafür Schlange stehen. Wir bekamen die Fahrkarten dagegen immer vor den Ferien auf dem Campus ausgehändigt, Fahrkarten für die zweite Klasse mit Liegeplatz. Fahrten erster Klasse waren ein Privileg, das Generälen und Funktionären ab der vierzehnten Klasse vorbehalten war – ganz normal in einem sozialistischen Land.

Neue Welt

Was mein studentisches Leben in Nanking bereicherte, war 1982 die Eröffnung des Jinling-Hotels, des damals höchsten Gebäudes in ganz China. Das von dem in Hongkong residierenden britischen Architektenbüro Palmer & Turner gebaute Hotel befindet sich in der Stadtmitte, etwa 1000 Meter von der Universität entfernt, hat 36 Stockwerke mit einem Dreh-Restaurant im obersten Stockwerk, von dem aus man innerhalb von 60 Minuten das wunderbare Panorama der schönen Landschaft von Nanking genießen konnte. Ins Hotel eingelassen zu werden, war jedoch immer mit einem Theater sondergleichen verbunden, weil es Chinesen nicht erlaubt war, das Hotel zu betreten. Nur Ausländer durften dort gegen FEC (Foreign Exchange Certificate), bis 1994 die parallele Devisenwährung in China, speisen und übernachten. Nur in Begleitung oder als Begleiter eines Ausländers hatten wir dort Zugang. Das von der eigenen Regierung verhängte Zutrittsverbot für Chinesen in eigenem Land finde ich bis heute ziemlich erniedrigend und deprimierend. Und da ich schon damals auf keinen Fall einen Ausländer als Besuchsgrund vorschieben wollte, drohte ich dem Wachpersonal bei jedem meiner Besuche damit, dass ich drinnen erwartet werde und sie die Verantwortung für meine Verspätung oder mein Nichterscheinen übernehmen müssten. Jedes Mal folgte daraufhin ein minutenlanges Warten vor der Zufahrt, während der Wachdienst telefonierte und meine Identität überprüfte. Geblieben ist mir von dieser schäbigen Behandlung eine regelrechte Allergie gegenüber Zugangs- und Sicherheitskontrollen bei öffentlichen Veranstaltungen und auf Flughäfen. Meine Tochter rätselt heute noch, warum ihr Vater am Flughafen jedes Mal schlechte Laune hat. Wenn sie nur ein einziges Mal miterlebt hätte, wie erniedrigend Chinesen von den eigenen Leuten behandelt wurden, würde sie meine schroffe Haltung gegenüber Kontrolleuren sofort verstehen. Man musste damals in China tatsächlich ein Ausländer sein, um als Mensch behandelt zu werden.

Draußen vor der Hotelzufahrt standen in der Regel viele Männer mittleren Alters, die nur einen einzigen englischen Satz konnten: „Change Money!" Das waren Leute, die FEC oder Devisen gegen einen Aufpreis kaufen wollten. Mit FEC konnte man systembedingte Mangelwaren wie Kühlschränke, Fahrräder oder Farbfernseher im Friendship-Store kaufen. Im Hotel begegnete man fast nur Ausländern, die sich nicht nur in ihrem Aussehen, sondern auch in ihrer Haltung stark von Chinesen unterschieden. Wir Studenten hatten aber keine Devisen. Und so war das Einzige, was wir uns dort leisten konnten, unendliches Staunen. Ich kannte bis dahin kein einziges Gebäude, das so großzügig, so schön und so luxuriös eingerichtet war. Selbst das Präsidentenamt von Chiang Kai-shek konnte sich mit einem derartigen Luxus nicht messen. Die Lobby war großzügig und herrlich eingerichtet, der Boden aus sandfarbenem hochglänzendem Granit, die Wände aus hellem Holz. Die gesamte Frontseite war vom Boden bis zur Decke verglast, und die indirekte Beleuchtung tat ihr Übriges, um aus der Lobby einen wohlig warmen Ort zu machen. Trotz des erschwerten Zutritts war ich ziemlich oft in dem Hotel, weil ich oft als Dolmetscher für Touristengruppen eingesetzt wurde. Dort aß ich zum ersten Mal in meinem Leben einen Salat, was etwas ganz anderes war als unsere Gemüsegerichte. Und zum ersten Mal trank ich dort Orangensaft, Mineralwasser, Rotwein und Heineken-Bier. Zum ersten Mal benutzte ich Messer und Gabel zum Essen. Zum ersten Mal erlebte ich dort eine Klimaanlage, die die Raumtemperatur trotz der draußen herrschenden Hochsommerhitze angenehm kühl hielt. Zum ersten, natürlich auch zum letzten Mal sah ich dort in der Lobby den großen Steuermann Chinas nach Mao, Herrn Deng Xiaoping persönlich ... Ohne Übertreibung kann ich heute sagen, dass ich die Welt außerhalb Chinas durch dieses Hotel kennengelernt habe. Und das Jinling ist bis heute mein Lieblingshotel in Nanking geblieben.

Ein Jahr nach mir bestand mein Bruder Tianjun die Aufnahmeprüfung für die Universität und begann 1982 in Zhenjiang an der heutigen Jiangsu-Universität sein Medizinstudium. Nun konnten wir uns öfter, wenn auch nicht regelmäßig sehen. Mein Bruder, anderthalb Jahre jünger als ich, stand mir von klein auf ziemlich nahe und war mir stets wie mein eigener Schatten überallhin hinterhergelaufen. Wir hatten dieselbe Kinderkrippe, dieselbe Grundschule und dieselbe Mittelschule besucht. Nun folgte er mir also auch in den Süden der Provinz, wo er Zhenjiang, eine etwa 40 Kilometer von Nanking entfernte Satellitenstadt, als Studienort gewählt hatte. Als wir noch klein waren, lernte mein Bruder immer das gleich mit, was ich gerade lernte: Wir gingen zusammen zu Meister Wang Fei, wo wir die Malerei und das Zeichnen übten; wir lernten Erhu spielen – ein traditionelles, zweisaitiges Musikinstrument, wir sangen gemeinsam moderne Peking-Opern und machten täglich stundenlang nebeneinander hockend Hausaufgaben. Mein Bruder hatte einen leichteren Zugang zu den naturwissenschaftlichen Fächern und war daher auch viel besser in Mathematik, Physik und Chemie als ich. Allerdings hatte er für Poesie und Musik nicht viel übrig und auch nicht die Geduld, einen 500-Seiten-Roman zu lesen. 1988 sollte er mir nach Deutschland nachfolgen, wo er an der Universität Ulm seinen Doktor machte. Wie bei allen Geschwistern herrschte auch zwischen uns eine gewisse brüderliche Rivalität, in der es für ihn darum ging, sich aus meinem Schatten zu befreien. Wie in allen chinesischen Familien waren auch wir nach dem konfuzianischen Prinzip „Ti" erzogen worden, wonach der Ältere freundlich, liebevoll und rücksichtsvoll mit dem Jüngeren umgehen musste; der Jüngere dagegen sollte sich dem Älteren gegenüber immer respektvoll verhalten und diesem gehorchen. Bei den zahlreichen alltäglichen Streitereien hatten die Eltern immer zuerst gefragt: „Hast du Rücksicht auf deinen jüngeren Bruder genommen? Hast du dem Älteren gegenüber Respekt gezeigt?"

Wenn mein Bruder mich in Nanking besuchte, gingen wir zusammen essen, baden und fotografieren. Letzteres hatten wir von unserem Vater gelernt. Wir konnten mit unserer uralten mechanischen Kamera ziemlich gute Fotos machen, wussten, bei welchem Licht oder welchem Wetter wir die Blende entsprechend öffnen mussten und welche Geschwindigkeit wir für den Auslöser einstellen mussten. Eines meiner Fotos wurde sogar in der Uni-Zeitschrift abgedruckt, es war die erste Veröffentlichung von mir. Wir besuchten zusammen die zahlreichen historischen Sehenswürdigkeiten der Gegend und bestiegen immer wieder den Zijin-Berg, fuhren im Herbst mit dem Fernbus nach Qixia zu jenem berühmten Tempel, der dort eingebettet in einem Farbenmeer aus Ahornblättern liegt. Natürlich hatten wir auch viel miteinander zu reden. Ich wusste, dass sein Lehrer, Professor Gu Keliang, halb Chinese, halb Deutscher war. Die Mutter von Herrn Gu stammte aus Darmstadt und war 1933 mit ihrem Mann nach China ausgewandert. Ich erzählte ihm von meinen täglichen Erfahrungen mit dem Deutsch und den Deutschen. Deutschland war bis zum Beginn meines Germanistikstudiums ein vollkommen unbekanntes Land für uns gewesen, und nun war dieses Land der Grimm'schen Märchen zum Fokus der ganzen Familie geworden. Alle lasen nun Bücher über Deutschland und sammelten alle möglichen Informationen über dieses Land und seine Menschen. Natürlich gingen wir beide auch oft in den „Foreign Language Bookstore", wo wir nach neuen Büchern über Deutschland suchten. Und schon bald las sogar mein Bruder zeitgenössische deutsche Romane und schwärmte irgendwann von Heinrich Böll und Friedrich Dürrenmatt.

Unser Vater hatte uns immer gelehrt, über Politik den Mund zu halten. Er wollte unbedingt vermeiden, dass wir das gleiche Schicksal wie er und andere Intellektuelle erlitten. Und er konnte es einfach nicht glauben, dass die Öffnungspolitik China verändert hatte. Um unsere Eltern nicht zu beunruhigen, redeten wir daher in der Öffentlichkeit nie über Politik. Wenn wir aber unter uns waren, machten wir uns schon Gedanken darüber, ob es sinnvoll war, die kommunistische Idee hochzuhalten und zum Beispiel Parteimitglied zu werden. Unser Vater wollte nie Parteimitglied sein und hatte uns auch mehr oder weniger dahingehend beeinflusst, Distanz zu Leuten zu halten, die in der Kommunistischen Partei Karriere machten. Wir hatten eher einen Hang zum Bürgerlichen, Freiheitlichen und unterstützten die Reformpolitik von Deng Xiaoping, worin wir unsere Chancen und eine Zukunftsperspektive sahen. Ab Mitte der 80er-Jahre entstand die von der Politik initiierte und gelenkte Bewegung des Fremdsprachenlernens – und die damit verbundene „Emigrationswelle". Eine ganze Generation von jungen Chinesen wollte mit dem Staat der Volksrepublik einfach nichts mehr zu tun haben und suchte den Weg ins Ausland. Die Mao-Diktatur und die Terrorherrschaft hatten den Menschen jegliche Hoffnung und jegliches Vertrauen ausgetrieben. Und jeder wollte die Öffnungspolitik von Deng dazu nutzen, um sich ins Ausland zu retten. Und jeder hatte Angst vor einer erneuten Schließung der Grenzen und einer erneuten Isolation. Auch wir beide hatten innerlich schon längst beschlossen, dem kommunistischen China den Rücken zu kehren.

Von der Abschaffung der menschlichen Natur

Wenn vom Schicksal die Rede ist, dann meist im Zusammenhang mit Ereignissen, die entgegen jeder Erwartung eine böse Wendung nehmen, mit Ereignissen, deren Folgen äußerst schmerzlich sind, unsere Biografien ganz gewaltig beeinflussen und nicht selten einen tödlichen Ausgang nehmen. Dabei hat das Wort Schicksal an sich gar keine negative Konnotation. Dennoch verwenden wir es meist in einem negativen Sinn. Schicksal wird dann als das Gegenteil von Glück angesehen.

In der chinesischen Gedankenwelt hat Schicksal etwas mit dem Karma und dem Vorleben eines Menschen zu tun. Es bedarf offensichtlich keiner vernünftigen, gar epigenetisch-wissenschaftlichen Begründung, keiner historischen Untersuchung, wenn ein Ereignis als Schicksalsschlag definiert wird. Es kommt, wie es kommt, bleibt in der Seele stecken und wütet dort. Man akzeptiert es, weil es ebenso vorherbestimmt ist, man darauf keinen Einfluss hat und nichts daran ändern kann. Ob die Unabdingbarkeit von Schicksalsschlägen wissenschaftlich erforscht werden kann, darf bezweifelt werden. Als Betroffener frage ich mich aber natürlich doch, warum ausgerechnet mir so etwas Tragisches passieren musste. Eine zufriedenstellende Antwort auf jenes zwangsläufige und unausweichliche Ereignis, das meinen weiteren Lebensweg mitbestimmen sollte, habe ich letztlich nicht gefunden. Ich konnte und kann immer noch nicht sagen, warum diese Geschichte mich ausgesucht hatte. Im Nachhinein betrachtet war das Schicksal in meinem Fall eine Verkettung von Ereignissen, die ich weder zuvor erahnen, noch im Nachhinein verstehen konnte. Ich war dazu verdammt, sie vollkommen ohnmächtig zu erleiden, obwohl ich gar nichts dafür konnte. Dabei ist hier nicht von einer klassischen Tragödie die Rede, sondern von der schicksalhaften Begegnung mit einem Mädchen, das seinerseits vom Schicksal auf eine harte Probe gestellt worden war.

Um die Wucht zu verstehen, mit der mich meine erste ganz persönliche Liebesgeschichte treffen sollte, muss ich notwendigerweise vorausschicken, wie wir damals in Sachen Liebe erzogen wurden.

Li Yinhe, Soziologin und Sexualforscherin an der Akademie der Sozialwissenschaften in Peking, sagte einmal, dass die Generation der Jugendlichen der 1960er-Jahre, in denen das Leben vollständig politisiert und alle Fragen des Lebens letztendlich nur noch Fragen von politischen Entscheidungen waren, keinerlei Liebe erfahren hatte. Es war die Zeit der Kulturrevolution, als der große Führer Mao befahl, die "Vier Alten" (Denkweisen, Kulturen, Gewohnheiten und Sitten) zu zerstören und an deren Stelle die Vier Neuen zu etablieren. Ich weiß, wie verrückt und unverständlich derartiges in den Ohren westlicher Leser klingt, kann aber nicht oft genug wiederholen, dass man das moderne China nur verstehen kann, wenn man die Indoktrinierung und die Umsetzung dieser Ideologie der Zerstörung einigermaßen begreift. Der „rote Terror", der seinerzeit Blut, Gewalt und Erneuerung durch Zerstörung in sich vereinte, kennzeichnete die Jugend in den Jahren zwischen 1966 und 1976. Wir alle waren quasi verhext vom Personenkult um Mao und reagierten unheimlich empfänglich für Blutrünstigkeiten, die damals geradezu romantisch verklärt wurden und eine wahre Faszination für Gewalt auslösten. Unsere Liebe war blutrot und galt nur unserem Führer Mao Zedong. Sie bestand aus einer Mischung von

Verehrung, Dankbarkeit und Opferbereitschaft, war also weit entfernt von dem, was man im Allgemeinen unter Liebe versteht. Liebesbeziehungen der rosaroten und auch erotischen Art, die Sinnlichkeit und körperliches Verlangen beinhalten, waren damals in China, wenn nicht direkt verboten, so doch äußerst verpönt. Eros, das ewige Thema der Poesie und Literatur, wurde zur Mao-Zeit tabuisiert. Die Liebe wurde besudelt, indem Liebende als Kriminelle behandelt und entehrt wurden. Die Liebe wurde unter Mao genauso aus dem öffentlichen Leben entfernt wie die Bildung, die Kultur und jeder Ansatz eines intellektuellen Zusammenlebens. Das Verbot machte Intimität zum Politikum, verhinderte eine individuelle Lebensgestaltung und führte zur Verkümmerung der Seele. Den Begriff Humanität kannten wir nur im Zusammenhang mit der Kritik an der Bourgeoisie, Humanität war also ein Verhalten, das aufs Schärfste missbilligt und verunglimpft wurde. Die systematische Eliminierung von Liebe und Zärtlichkeit war ein fester Bestandteil unserer Erziehung. Ich weiß, wie hohl das klingt, doch besser beschreiben kann es nicht. Junge Menschen sollten unter der blutroten Fahne des Klassenkampfes „gesund" im Sinne von schlagkräftig und todesmutig erzogen werden. Liebe, Höflichkeit und kultiviertes Benehmen gehörten nicht zu dieser Erziehung und wurden strikt ausgeklammert. Erziehung bedeutete Proletarisierung. Darunter verstand man die Glorifizierung des Arbeiter- und Bauernseins, das sich naturgemäß in einer ungepflegten Frisur, schmutzigen Händen und verdreckten Klamotten, also fehlender Hygiene sowohl im geistigen wie im körperlichen Sinne manifestierte. Wir kannten weder Schönheit, noch Sinnlichkeit oder, besser gesagt, Geschlechtlichkeit, weil diese unter dem Deckmantel der kulturfeindlichen „Naturbelassenheit" des Proletariats verschwand. Und die damals systematisch betriebene Verrohung der Gesellschaft wirkt bis heute nach: Wir rotzen, spucken, schreien, wann, wo und wie wir wollen und würden am liebsten alles beschmutzen, was wir uns nicht gleich unter den Nagel reißen können und so ruinieren und beschädigen, damit ja kein anderer davon profitieren kann. Das Liebesverbot zeigte sich auch darin, dass Liebesszenen und Liebesgeschichten, die als bürgerliche Sentimentalität betrachtet wurden, aus allen literarischen und künstlerischen Werken – soweit sie denn überhaupt noch gezeigt werden durften – radikal herausgeschnitten wurden. Es gab keine Romane, Filme oder Theaterstücke, in denen es um die Liebe junger Menschen ging. Es wurde auch nicht gerne gesehen, wenn Mädchen als Schönheiten bewundert oder als ästhetisch anmutigeres Geschlecht betrachtet wurden. Ganz zu schweigen davon, sie instinktiv beschützen oder gar liebkosen zu wollen. Denn Frauen waren ja nach Maos Worten „die Hälfte des Himmels" und sollten nach den Prinzipien der absoluten Ebenbürtigkeit behandelt werden, also genauso wie die Männer. Schließlich mussten sie ja auch ganz genauso schuften und kämpfen wie die Männer auch. Wenn es jemand wagte, Frauen wegen ihrer Schönheit und nicht wegen ihrer Arbeitskraft zu verehren und sie wegen ihrer weiblichen Reize und nicht wegen ihrer Leistung zu begehren, dann wurde er wegen bürgerlicher Dekadenz politisch verfolgt.

Ich weiß bis heute nicht, wie meine Kommilitonen den Konflikt zwischen sinnlichem Begehren und staatlich verordneter Triebunterdrückung meisterten. Ich jedenfalls hatte große Probleme mit jenen maskulinen Genossinnen, die ihre Weiblichkeit zugunsten der gesellschaftlich geforderten Härte aufgegeben oder unterdrückt hatten. Allein schon der Gedanke an ein Liebesverhältnis mit so einer beinharten Genossin erstickte in mir jeden Anflug von Begehren. Auf dieser Grundlage gab es keine

Möglichkeit zu einer echten Liebesbeziehung, sondern nur die Möglichkeit, sich zu liieren und zu heiraten. Wer wen heiratete, hing nicht zuletzt von der familiären Herkunft und der politischen Klassenzugehörigkeit ab. Die Eheschließung zwischen einem analphabetischen alten Bauern und einer jungen High-School-Absolventin aus der Stadt war damals keine Seltenheit, allerdings gingen nach der Kulturrevolution in den 80er-Jahren derartige Verbindungen aufgrund des Paradigmenwechsels reihenweise in Brüche.

Was die Maoisten tatsächlich abschaffen wollten, das war nichts Geringeres als die ureigene menschliche Natur. Denn diese war es, die ihrem Bestreben nach einer völligen Gleichschaltung aller Menschen im Wege stand. So grotesk und unverständlich das heute klingt, genauso menschenfeindlich, ja unmenschlich war die Zeit der Kulturrevolution. Die Maoisten wollten doch tatsächlich die chinesische Tradition, in der ein ideales Paar aus einem talentierten Mann und einer schönen Frau bestand, vollkommen ausrotten und durch eine barbarische „Proletariatskultur" ersetzen. Vor diesem Hintergrund musste jeder in den Untergrund abtauchen, wenn das erste zarte Verlangen nach Liebe aufkam. Wie auch immer das Verlangen nach Liebe aussehen mag: Es ist einfach unausrottbar, solange es Menschen gibt.

Heute wissen wir, wie sich Verbote und Tabus auf Kinder und Jugendliche auswirken: Verbote provozieren den Wunsch, sie zu unterlaufen, notfalls im Verborgenen. Wenn die Liebe nicht in der Öffentlichkeit ausgelebt werden darf, so existiert sie doch im Privaten weiter. Ich hatte mir jedenfalls eine Parallelwelt aufgebaut, in der ich mich der Liebe widmen konnte. Dort beschäftigte ich mich vorzugsweise mit verpönten bürgerlichen

Begrifflichkeiten wie „Wind-Blumen-Schnee-Mondschein", versank in der Poesie und genoss klassische Musik. In meiner Welt konnte ich buchstäblich völlig ungezügelt lieben. Wie erhaben war doch meine Reise mit dem „Herzliebchen" von Heinrich Heine „auf dem Flügel des Gesanges". Wie aufregend das allabendliche Eintauchen in die Verse von Puschkin, Byron, Shelley, Lermontow, Whitman, Longfellow – und immer wieder Heine. Wie verzweifelt litt ich mit der armen Cosette aus Victor Hugos *Les Misérables* oder mit *Tess von den d´Urbervilles*, der tragischen Romanfigur von Thomas Hardy. Wie überaus wohltuend waren die Gespräche mit Jane Austens Elizabeth Bennet, mit Charlotte Brontës Jane Eyre und Alexandre Dumas` Marguerite Gautier ... Vollkommen „bürgerlich dekadent" und „ästhetisch verwerflich" war meine heimliche Kommunikation mit den damals streng verbotenen Dichtern der „Mandarinenten-und-Schmetterlings-Schule" der 1930er-Jahre Chinas, die in wunderschöner Sprache und traumhaften Versen Liebe, Trennung und Melancholie besingen. Ich hatte im Alter von vierzehn Jahren zahlreiche Gedichte geschrieben, die alle an meine fiktive Liebe Tonia, eine Romanfigur von Ostrowski, gerichtet waren. Es waren Verse, die ich nach dem Vorbild von Heines „Buch der Lieder" geschrieben hatte. Als mein Vater diese Gedichtsammlung eines Tages entdeckte, war er sehr verdutzt, reagierte aber weise, indem er mir ganz beiläufig sagte, dass die von mir erträumte Liebe zwar wunderschön sei, aber in der Realität nicht existiere und ich mir diese besser aus dem Kopf schlagen möge. Dabei sah er mir lange in die Augen und betonte, dass die einzig erfahrbare Liebe die elterliche Fürsorge wäre...

Die Unterdrückung von Liebe und Humanität führte in meinem Innern zu einer eigenwilligen Idealisierung der Liebe, die mit meiner Umwelt und dem Wahnsinn des revolutionären Alltags nicht das Geringste zu tun hatte. Dort waren inzwischen nicht nur die traditionellen Denkweisen und Sitten zerstört worden, sondern auch jeglicher Kompass fürs Leben verloren gegangen. Wir alle litten mehr oder weniger an einer immensen Orientierungslosigkeit, hervorgerufen von der proletarischen Glücksverweigerung. Ein Mädchen zu begehren oder umgekehrt einem Jungen seine Liebe zu offenbaren, wurde als unzüchtige Handlung und vielerorts auch als Straftat angesehen. „Brüder" und „Schwestern" der älteren Semester in der Nachbarschaft wurden eingesperrt, misshandelt und diskriminiert, weil sie Händchen gehalten und sich geküsst hatten. Sowohl in der Schule als auch zu Hause wurde uns der Wahnsinn eingeimpft, dass Liebe etwas ganz Ekliges sei und der Vergewaltigung und anderen kriminellen Straftaten gleichkäme. „Liu Mang" war die gängige Bezeichnung für alle Handlungen, die mit Liebe zusammenhingen. Das Wort wird in allen Wörterbüchern stets mit „Rowdy, Gauner, Schurke, Gangster" übersetzt, was viel zu harmlos, fast lieblich, auf jeden Fall unpolitisch klingt. „Liu Mang" waren alle, die andersgeschlechtliche Liebe begehrten, diese heimlich betrieben und nach ihrer Entdeckung als Kriminelle gebrandmarkt wurden. Das konnten sowohl Männer als auch Frauen sein. In den Zeiten der revolutionären Willkür konnte ein oder eine „Liu Mang" im schlimmsten Fall sogar hingerichtet werden. Der Kunstlehrer an einer Fachschule für Gesundheitspflege, bei dem ich eine Zeitlang anatomisches Zeichnen gelernt hatte, wurde 1978 als Liu Mang hingerichtet, weil er eine Liebesbeziehung zu einer (volljährigen) Studentin unterhalten hatte. In unserem engsten Umfeld wurde die Schwester eines Schulkameraden verhaftet und ins Arbeitslager gesteckt, weil sie mit ihrem Freund aus der Nachbarschaft geschlafen hatte. Ich hatte damals heimlich versucht, aus dieser hautnah erlebten Geschichte eine Tragödie in der Form einer chinesischen Variante von *Romeo und Julia* zu schreiben, scheiterte jedoch an der Furcht vor der Sozialkritik und der daraus resultierenden Verfolgung.

Welche Vorstellung von Liebe hat also meine Generation unter diesen Umständen entwickelt? Ein lohnendes Thema für Soziologen und Psychologen. Liebe war damals etwas Verbotenes. Weil sie verboten war, wurde sie begehrt; weil Liebende mit Strafe rechnen mussten, war Liebe auch angstbesetzt, denn wer ein Liebesverhältnis pflegte, musste mit Repressalien rechnen. Wollte man einer möglichen Freiheitsstrafe und einer öffentlichen Verfemung entgehen, musste man heiraten. Paare, die sich, ganz gleich, ob im Guten oder im Schlechten, voneinander trennten, mussten mit Stigmatisierung und Entwürdigung rechnen. Eine Frau, die sich von ihrem Mann getrennt hatte, wurde als „Po Xie" bezeichnet, was auf Deutsch „abgenützte Schuhe", also Flittchen, Schlampe oder gar Nutte bedeutete.

Ich weiß nicht, ob mein Verhalten hinsichtlich der Liebe die Regel oder die Ausnahme darstellt, doch vermochten all diese Erziehungs- und Unterdrückungsmaßnahmen meine Vorstellung von der idealen Liebe nicht zu zerstören. Vielmehr kam die Begegnung mit dem Mädchen meiner Träume einem Dammbruch gleich, der alles hinwegspülte, was unserer Liebe im Wege stand und alle Verbote vollständig verdrängte. Als ich mich verliebte, explodierten meine in all den Jahren aufgestauten Sehnsüchte nach schwärmerischer Zärtlichkeit, nach Zweisamkeit und Aufopferung förmlich wie ein unter Hochdruck stehender Dampfkessel. Die Leidenschaft, ja, das brennende Verlangen, das durch meinen Konsum von „giftigen Gräsern" (verbotene Bücher und Musik) beständig angefacht wurde, machte es mir unmöglich, irgendwelche Grenzen oder meinen politischen Ruf zu wahren. Das Verliebtsein, das an sich ja durchaus etwas Irrationales hat, machte mich völlig angstfrei. Zum Teufel mit all den Verboten! Scheiß auf Disziplinarstrafen und politische Verfolgung! Alle Kritik und Verfemung wurde zu Schall und Rauch. Das einzige, was in meinem Kopf immer präsent war, war der Zwang, dieses Mädchen zu lieben und aus dieser Liebe einen Bund fürs Leben zu schmieden.

Das wäre nun nichts Besonderes gewesen, wenn das Mädchen Chinesin gewesen wäre. Doch wie vom Schicksal vorherbestimmt stammte das Mädchen aus dem fernen Märchenland Heinrich Heines und hatte außerdem noch helle Haare und helle Augen. Die Zeiten aber waren einfach noch nicht reif dafür, eine solche Beziehung zu akzeptieren. Unter solchen Bedingungen konnte die Liebe nur ins Unglück und Verderben führen.

Eine deutsch-chinesische Liebesgeschichte

Es war das Sommersemester 1984. An einem Spätsommertag ging ich, wie so oft nach dem Mittagessen, in den kleinen Park neben dem Eingang zur Zhujiang-Straße. Dort standen neben Kirschlorbeeren, Buchsbäumen und Magnolien einige hohe Platanen, deren verschlungene Äste um diese Zeit viel Schatten spendeten. Ich liebte die Mittagsstunde an diesem Platz, saß oft alleine dort, starrte in die Wipfel der Bäume und vernahm den entfernten Verkehrslärm der Zhujiang-Straße, während ich vor mich hinträumte. Der Platz war auch bei den ausländischen Studenten sehr beliebt, darunter viele DAAD-Stipendiaten aus West-Deutschland, die allesamt sehr hilfsbereit waren, wenn wir mit Grammatikproblemen ankamen. Und abends spielten wir dort Gitarre, Erhu oder Mundharmonika, sangen lauthals die Schmachtfetzen aus Hongkong und Taiwan und tranken Bier, ja, sehr viel Bier. Es war alles in allem ein beliebter Platz für internationale Begegnungen, der für uns männliche Studenten auch deshalb so attraktiv war, weil das achte Wohnheim der Studentinnen, auch „Wohnheim der Göttinnen" genannt, direkt an den Park grenzte. Abends nach der Studierzeit, wenn das Licht abgedreht wurde, trafen sich dort gerne Liebespaare, tauschten im Mondschein Küsse aus und ließen ihrer tagsüber zurückgehaltenen Zuneigung freien Lauf. Dabei machte es vielen nicht einmal etwas aus, dass die heimtückischen Tigermücken in den Abendstunden besonders aggressiv waren und man Stiche riskierte, die einem wochenlang schmerzhaft zusetzten. Ich konnte jedoch weder die Mücken noch die scheußlich riechende Anti-Mückensalbe ertragen und ging deshalb lieber mittags in den

Park, wo ich mich gelegentlich auf eine Sitzbank oder auf eine Treppenstufe legte, und mir, begleitet vom Gesang der Zikaden und dem Lichtspiel der sich im Wind wiegenden Blätter, ein Nickerchen leistete.

Es war an einem Freitag im Jahr 1984, was ich deshalb noch so genau weiß, weil es mein 21. Geburtstag war. Ich ging an diesem sonnigen und spätsommerlich heißen Tag durch den ungewöhnlich leeren Park und steuerte auf ein Stufenpodest zu, wo ich mich in den Schatten der Bäume legen wollte. Da sah ich dort zu meiner großen Überraschung ein Mädchen allein auf einer der Stufen sitzen. Sie las, mit einem Strickzeug in den Händen, in einem Buch, das zu ihren Füßen lag, und ihr blondes Haar glänzte wie Gold im Sonnenschein. Zumindest kam es mir damals so vor. Was für ein holdes weibliches Wesen, dachte ich, wie von einem anderen Stern. Dabei trug sie eine blaue Allzweckjacke chinesischer Machart, die mit zwei selbst gemachten Schmetterlingsknoten aus Plastikschnüren zugebunden war. Besonders auffällig war ihre grasgrüne Militärhose von der Volksbefreiungsarmee, weil diese synthetischen Hosen selbst für Chinesen ein Relikt aus der bereits vergangenen Mao-Ära waren. Sie hatte alte Schuhe aus Sattelleder an, und an den abgelaufenen Absätzen und dem abgewetzten Leder konnte man sehen, dass sie wohl viel zu Fuß unterwegs war. Ihre weich fließende weiße Bluse stand halb offen, und ein verwaschenes weiß-rotes Halstuch harmonisierte mit einem ebenfalls weiß-roten Band in ihrem Haar. Neben ihr stand eine leere Joghurtflasche, vermutlich ihr Mittagessen. Ich kannte dieses Mädchen nicht, hatte sie vorher noch nie gesehen. Sie kam mir dennoch sehr vertraut vor, und ich spürte sofort eine Art von Wahlverwandtschaft zwischen uns, die ich wohl meinem Germanistikstudium zu verdanken hatte. „Die besondere Beschaffenheit des Wassers und des Bodens prägt die regionale Eigenart der Menschen", sagt der Volksmund in China. Doch die Eigenart einer Volksgruppe manifestiert sich wohl am deutlichsten in seiner jeweiligen Sprache. Erlernt man diese, so adaptiert man unbewusst auch ein Stück weit die andere Mentalität und Eigenart. Das war wohl auch bei mir der Fall gewesen. Jedenfalls stellte mein Vater, als er mich eines Tages in Nanking besuchte, ganz nüchtern fest, dass ich so sympathisch offen und direkt und etwas kopflastig geworden sei. Und als ich das Mädchen da sitzen sah, war ich mir ziemlich sicher, dass sie aus Deutschland kam.

Als ich an ihr vorbeiging, hob sie den Kopf und schaute mich neugierig und interessiert mit leicht zusammengekniffenen Augen an. Das war ein Blick, wie man ihn von einem chinesisch erzogenen Mädchen nie bekommen hätte: unbefangen, sympathisch und sehr direkt. Mich machte das ein wenig verlegen. Ganz instinktiv grüßte ich sie auf Deutsch. „Ni Hao!", erwiderte sie lächelnd und fügte sichtlich erfreut hinzu: „Ah, Sie sprechen Deutsch!" So hatte mein Gefühl mich also nicht getäuscht.

Deutsche Mädchen wirken im Allgemeinen Fremden gegenüber sehr reserviert. Doch dieses Mädchen war mir auf Anhieb sympathisch, und ich hatte augenblicklich das Gefühl, sie schon seit Langem zu kennen. Das beruhte wohl auf Gegenseitigkeit, denn plötzlich waren wir ins Gespräch vertieft, vergaßen vollkommen die Zeit und die Umgebung und redeten miteinander, bis es dunkel wurde. Mir fiel auf, dass sie ein ungewöhnlich schönes, korrektes und gehobenes Chinesisch sprach. Es fiel ihr erstaunlich leicht, diese an sich schwierige, aber sehr melodiöse Sprache mit ihren vier unterschiedlichen Tonlagen auszusprechen, an denen viele Ausländer trotz immenser Anstrengung scheitern. Es war mir ein Rätsel, warum sie so gut, ja so perfekt

Chinesisch konnte, obwohl sie diese Sprache nur zwei Jahre lang gelernt hatte. Gleichzeitig war ich auch etwas deprimiert, weil mein Deutsch nach dreijährigem Studium mit ihrem Chinesisch nicht zu vergleichen war.

Sie hieß Sophia, liebte Wälder und Bäume, wollte am liebsten „Königin der Wälder" sein und all die „göttlichen Weisheiten" hernehmen, um die Umwelt und die Natur dauerhaft zu schützen, wie sie mir erklärte, und als sie mir von ihrer Vorliebe für die Natur und fürs Reiten erzählte, begannen ihre Augen förmlich zu strahlen. Tatsächlich war sie keine ostentative Schönheit, sondern machte eher einen ländlichen und naturverbundenen Eindruck.

Ihre Mutter, so erzählte sie mir, stammte aus Italien, und ihr Vater war Universitätsprofessor und hatte früher im englischen Cambridge gelehrt. So war sie mit drei Sprachen aufgewachsen und hatte an der Münchner Ludwig-Maximilians-Universität Chinesisch gelernt. Sie war als DAAD-Stipendiatin nach Nanking gekommen, wo sie an der Fakultät für Sinologie chinesische Literaturwissenschaften studierte. Ich war so von ihr und ihrem Chinesisch beeindruckt, dass ich vollkommen vergessen habe, was ich ihr damals eigentlich erzählte. Alles, was ich an diesem Tag in mein Tagebuch geschrieben hatte, war, dass ich die „Poesie in Person" getroffen hätte, wie berührt ich von ihrer unheimlich reizvollen und wohltuenden Stimme war, und dass wir beim Abschied unsere Adressen ausgetauscht hatten.

Zwei Wochen sollten vergehen, bis wir uns wiedersahen. So lange hatte ich gezögert, sie zu besuchen, weil ich bei aller Sympathie doch auch eine Spur von Distanziertheit und Unnahbarkeit an ihr bemerkt hatte und mir einfach nicht sicher war, ob sie mich wirklich wiedersehen wollte. Doch eines Abends gab ich mir endlich einen Ruck und machte mich auf den Weg zu ihr. Als ich aus dem Hintereingang meines Wohnheims trat, stieß ich im Dunkeln beinahe mit einem Mädchen zusammen, das mit einem Zettel in der Hand das richtige Treppenhaus suchte. Es war Sophia. Wenn Herzen miteinander verbunden sind, schlagen sie im selben Takt, sagt ein chinesisches Sprichwort. Meine Freude war umso größer, als sich meine Bedenken, von ihr möglicherweise zurückgewiesen zu werden, als lächerlich und unbegründet erwiesen. So dankte ich der instinktiven Eingebung, zum richtigen Zeitpunkt den richtigen Ausgang genommen zu haben. Denn hätte ich das vordere Treppenhaus benutzt oder wäre ich eine halbe Minute früher losgegangen, wären wir uns – zumindest an diesem Abend – nicht begegnet. Dass wir beide im selben Augenblick die Intention gehabt hatten, uns gegenseitig zu besuchen, sprach in gewisser Weise für sich.

Wir gingen zusammen spazieren. Die milde Abendbrise genießend, drehten wir zuerst einige Runden um die Universität, redeten über Literatur, Malerei und Musik. Auf die Frage, wie es ihr in China gefalle, antwortete sie, dass sie bisher nur die Universität kennengelernt und von China erst sehr wenig mitbekommen habe. Sie wollte in den Ferien durch China reisen und die Menschen und ihre Gebräuche kennenlernen. Wir sprachen von der Notwendigkeit des Reisens und dessen erzieherischer Bedeutung. Sie zitierte den chinesischen Literaten Liu Yi aus dem 11. Jahrhundert: Es ist besser, zehntausend Meilen zu reisen als zehntausend Bücher zu lesen. Ich konnte dem Zitat nur zustimmen und beneidete sie darum, dass sie mit 21 Jahren bereits so weit gereist war. Mir fiel ein, dass Stefan Zweig in diesem Zusammenhang einmal gesagt hatte, man erkenne eine fremde Stadt nicht durch Bücher und Sightseeing, sondern immer durch den Umgang mit deren besten Menschen. „Einzig aus geistiger

Freundschaft mit den Lebenden gewinnt man Einblick in die wirklichen Zusammenhänge zwischen Volk und Land; alles Beobachten von außen bleibt ein unechtes und voreiliges Bild." Im Grunde genommen hatte Stefan Zweig damit den Wert des Reisens um die geistige Freundschaft mit fremden Menschen erweitert. Ich stellte es mir aufregend vor, miterleben zu dürfen, wie fremde Menschen ihren Alltag gestalteten, wie sie ihre Probleme angingen und welche Träume und Wünsche sie hatten. Und Sophia erzählte mir, dass sie in dieser kurzen Zeit bereits zwei chinesische Familien als Freunde gewonnen habe. Sie studierte Ethnologie als Nebenfach und interessierte sich auch stark für Südostasien und insbesondere Indonesien.

Die Strecke um die Universität herum war nicht lang genug für einen ergiebigen Gedankenaustausch, und so schlug ich vor, zu Fuß zur Kunsthochschule zu gehen und die Kommilitonen aus meiner Heimatstadt zu besuchen, die dort Musik und Malerei studierten. Die Kunsthochschule (The Nanking Institute of Fine Arts) war mein allerliebster Ausflugsort. Denn dort konnte ich nicht nur meine Landsmänner (merkwürdigerweise keine einzige Landsmännin), meine Freunde aus der Kindheit, mit denen ich jahrelang zusammen musiziert und gemalt hatte, wiedersehen, sondern auch kostenlos Live-Musik genießen und Gemälde bewundern. Die meisten von ihnen waren deutlich älter als ich und vermittelten mir jene geschwisterliche Wärme, die nur unter Xuzhouren möglich war. Ich erzählte ihnen gerne von all den Fortschritten, die ich im Studium und im Leben erzielt hatte und teilte mit ihnen auch meine noch so kleinen Freuden. Und jeder Besuch dort war auch immer eine Art Belohnung, Denn die Speisen und Getränke in der besten Mensa von ganz Nanking waren unübertrefflich. An der Kunsthochschule hatte ich während meiner vier Studienjahre auch die schönsten

Zeiten erlebt – unter wahren Freunden und Gleichgesinnten. Da der Zwang des Kollektivismus mich an meiner eigenen Fakultät förmlich lähmte und mir die Fähigkeit nahm, meinen eigenen Interessen nachzugehen und meine eigene Persönlichkeit zu entfalten und das erzwungene Zusammenleben mit Leuten, mit denen ich nichts gemeinsam hatte, mir jede Empathie nahm, blieb mir gar nichts anderes übrig, als eben woanders die Gesellschaft mit meinesgleichen zu suchen. Die fand ich dort in Hülle und Fülle. Und so nahm ich auch oft ausländische Kommilitonen dorthin mit, die sich für chinesische Kunst und Musik interessierten.

Sophia und ich gingen auf der südlichen Route die Guangzhou- Straße entlang, vorbei am Qingliangshan-Park, ein vierundsiebzig Hektar großer, für chinesische Verhältnisse wilder Park, wo Bäume, Büsche und Blumen sich selbst überlassen und von Gärtnern weder beschnitten, noch kultiviert wurden. Deshalb wurde der Park auch nur von Liebespaaren oder Leuten aufgesucht, die sich in Kampfkunst üben wollten oder Seelenruhe und Einsamkeit suchten. Als Sophia mir unterwegs von ihren Erlebnissen in den Wäldern erzählte, konnte mir nicht wirklich vorstellen, wie schön das stundenlange Reiten auf dem Rücken eines Pferdes durch Wälder sein konnte, denn ich war in der am dichtesten besiedelten Provinz Chinas aufgewachsen und kannte Wälder und das Reiten nur durch Bücher und Filme und assoziierte die herbstliche Farbenpracht des Waldes stets mit Sehnsucht nach der Ferne, mit Erhabenheit und romantischer Liebe. Während Sophia im Rauschen der Bäume großartige Musik hörte, vernahm ich darin eher feierliche Stille, würdevolle Ergebenheit, tiefe Gefühle. Denn das Rauschen der Bäume verdeutlichte erst, wie still und ungekünstelt die Natur doch war. Der aufklärerische Deismus des 17. und 18. Jahrhunderts betrachtete die

Natur zwar als von Gott geschaffen, sah aber in der Naturbelassenheit eher die göttliche Intention. Wir Menschen könnten die Schönheit in der Natur daher erst erkennen, wenn wir zuerst die Stille fänden und auf Eingriffe in die Natur verzichteten. So vertrieben wir uns die Zeit mit philosophischen Gesprächen. Überhaupt waren die anderthalb Jahre, in denen wir intensiv zusammen waren, von solchen Gesprächen dominiert, sofern wir uns nicht mit uns selbst beschäftigten.

In der Kunsthochschule lauschten wir dem Studentenorchester bei der Probe von Beethovens fünfter Symphonie und trafen uns mit Cai Wei, einem Tenor, der gerade Italienisch lernte und viele Fragen zur Aussprache hatte. Er sang uns die Arie von Rudolfosos „Che gelida manina" aus La Bohème und „Nessun Dorma" aus Turandot vor. Das war derart ergreifend und berührte mich so sehr, dass es mir vollkommen unwichtig erschien, ob ich den Text verstand. Dennoch ist mir immer ein Rätsel geblieben, wie man auf italienische Opern singen und lieben konnte, ohne die Sprache zu beherrschen. Auch der Orchesterunterricht wurde auf Italienisch gehalten, wobei die Lehrer die Studenten stets lauthals mit Begriffen wie Largo, Andante, Allegretto, Allegro und Presto traktierten. Cai Wei sagte uns, dass die Opernklasse händeringend nach einer Lehrerin oder einem Lehrer für Italienisch suche. So jemanden gab es damals in Nanking einfach nicht, da man dort auch nicht Italienisch studieren konnte. Sophia bot Cai Wei daraufhin an, ihm jederzeit zu helfen. Auch Cai Wei war nicht entgangen, dass Sophia ein sehr gutes Chinesisch sprach und eine angenehme, schöne Stimme hatte. „Würde man sie nicht sehen und nur hören, würde man niemals auf die Idee kommen, dass da eine Ausländerin spricht", sagte er später zu mir.

Es war bereits nach elf Uhr abends, als wir die nördliche Route entlang der Peking-Straße zurück zur Universität gingen. Damals lag die Kunsthochschule nach allgemeinem Empfinden bereits außerhalb der Stadt, und die Straße dorthin war nur spärlich beleuchtet. Die Stadt schlief schon, der Lärm des Tages war verstummt, der Himmel wolkenfrei, und die Sterne und die Sichel des Mondes glänzten hell und klar. Wir schauten zum Himmel hoch und brachten uns gegenseitig die Namen der Sterne auf Chinesisch und Deutsch bei. Ich trug ihr das Gedicht „Ein Stern" des chinesischen Philosophen Hu Shi vor:

„Ich mag dich, den großen Stern,
Wie du heißt, leider weiß ich nicht.
Wenn alle Sterne verblasst vom Mondschein,
Dich verdecken kann er indessen nicht.
In dem bedrückten Himmel nach Sturm und Regen
Suchte ich über und über, fand kein Licht.
Drehte mich um, sah ich dich leuchten allein
Über den Wipfeln der Weiden und Pappeln wie gewöhnlich."

Das auffallend einfache Gedicht hat insofern eine historische Bedeutung, als es die antitraditionalistische, neuere Literaturbewegung zum Beginn des 20. Jahrhunderts symbolisiert. Bis dahin wurden Gedichte in China immer in klassischem Chinesisch geschrieben, was etwa dem Verhältnis vom Lateinischen zum Deutschen in der europäischen Gelehrtenwelt entspricht. Auch hatten die Gelehrten Chinas bis dahin nur klassisches Chinesisch geschrieben. Erst die Neue Kulturbewegung unter Hu Shi und anderen etablierten das moderne Chinesisch als Schriftsprache. Das Gedicht von Hu Shi betont die Umgangssprachlichkeit, deren poetische Qualität damals sehr gewöhnungsbedürftig war. Es erforderte ein hohes Maß an mentaler Bereitschaft, die Verse zu mögen. Auch ist es oftmals schwer, zwischen Volkskunst und Poesie zu unterscheiden. Ich musste Sophia das Gedicht nur zweimal laut vorsagen, da konnte sie es auch schon auswendig. Ein wahres Sprachtalent. Dann brachte sie mir ein Gedicht von Hilde Domin bei, von dem ich heute nur noch die letzte Strophe im Gedächtnis behalten habe:

> *„Ich bin wie im Traum*
> *und kann den Windgeschenken kaum glauben.*
> *Wolken von Zärtlichkeit fangen mich ein,*
> *und das Glück beißt seinen kleinen Zahn*
> *in mein Herz."*

Trefflicher als mit dieser letzten Zeile hätte ich meine Empfindung just in diesem Augenblick nicht beschreiben können. Ja, es war ein Glücksgefühl, das seinen kleinen Zahn in mein Herz biss; es war ein kleiner Zahn, der mir wohldosiert gerade so viel Pein und Leid verursachte, dass ich es noch genüsslich annehmen konnte; es war das Herz, in das der kleine Zahn biss, das statt Schmerzen aber reines Glück empfand. Ich war mir sicher, in Sophia verliebt zu sein. Als wir uns trennten, war es schon weit nach Mitternacht.

So sahen wir uns immer öfter und in immer kürzeren Abständen. Fast täglich gingen wir spazieren, und es gab kaum noch Orte und Gegenden in der Stadt, an denen wir noch nicht gewesen waren. Wir besuchten zusammen die Gemäldeausstellungen in der Kunstgalerie von Jiangsu und diskutierten über den Unterschied der westlichen und östlichen Malerei; wir gingen zusammen ins Kino oder ins Theater und lästerten über den Politisierungszwang in der chinesischen Literatur und deren Verfilmungen; wir musizierten oft zusammen, ich führte ihr das chinesische Saiteninstrument Erhu vor und spielte ihr darauf einige Melodien der chinesischen Klassik vor, und sie spielte Gitarre, sang Lieder auf Italienisch, Deutsch und vor allem auf Englisch. Sie war Mitglied einer Musikband in München, die durch irische Volkslieder von sich reden machte. Sie hatte eine helle, wohlklingende Gesangsstimme, wie ich sie bis dahin nicht kannte. Sie klang jedenfalls nicht chinesisch, sondern wirkte auf mich wie die azurblaue Himmelslaute, wie man sie gelegentlich bei einem Kirchenchor vernehmen kann, wenn man Glück hat. Ihr Gesang konnte mich immer in eine feierliche, würdevolle Ergebenheit versetzen und erfüllte mich mit heiliger Melancholie. Ja, wir genossen zusammen viel Musik, die Sophia aus Deutschland mitgebracht hatte. Von ihr lernte ich nicht nur all die Opern von Mozart, sondern auch von Puccini, Verdi und Rossini kennen und lieben. Wir speisten oft im Hunan-Restaurant an der Zhongshan-Straße, aßen herzlich gerne Hühnerfleischwürfel auf Gongbao-Art mit gebratenem Gemüse, frisch zubereitete Meeresfrüchte in knusprig frittierter Reiskruste und Mandarinfisch in Pinienkernsauce.

Wir waren hoffnungslos ineinander verliebt, und kein Tag war vollendet, wenn wir uns nicht gesehen hatten. So wurden wir schließlich ein Paar. Das war für die ganze Universität eine Sensation. Innerhalb und außerhalb des Campus wurden wir wie Außerirdische betrachtet, und mir war es oft sehr peinlich und unangenehm, von allen ringsherum begafft zu werden, nur weil das Mädchen neben mir anders aussah. Wenn wir außerhalb der Universität unterwegs waren, musste sich Sophia oft so kleiden, dass sie nicht sofort als Ausländerin erkannt wurde. Dazu setzte sie sich eine selbst gestrickte Mütze auf, unter der sie ihre hellen Haare verstecken konnte. Da sie nicht sehr groß und immer chinesisch gekleidet war, fiel sie auf diese Weise nicht sonderlich auf. Wenn uns tatsächlich jemand ansprach und unbedingt wissen wollte, woher sie kam, konnten wir sie immer als Uigurin ausgeben – als Angehörige jener türkischstämmigen Minderheit im Nordwesten Chinas, die ebenfalls eine hellere Haut- und Haarfarbe und konturierte Gesichtszüge besitzt. Damit war die Neugier gestillt, und der Frieden blieb gewahrt.

Nach offizieller Lesart war der Kontakt mit Ausländern verboten, und Liebesbeziehungen erst recht. Unsere Verbindung wurde daher nicht nur als absonderliche Kuriosität eingestuft, sondern auch unter polizeiliche Beobachtung gestellt. Dennoch befand sich China auf dem Weg der Liberalisierung, und 1983/84 hatte die Zentralregierung ein neues Gesetz zur Regelung der Eheschließung mit ausländischen Staatsbürgern erlassen, weil die Anzahl der Eheschließungen zwischen Ausländern und Chinesen im Jahr 1983 zu einer (unter mehr als 8 Millionen Eheschließungen lächerlichen) vierstelligen Zahl angewachsen war und immer mehr internationale Paare sich in China trauen ließen. Dieses Gesetz ermöglichte nicht nur die Ehe zwischen Ausländern und Chinesen, sondern legitimierte auch die Auswanderung und Ausbürgerung aus China.

Die meisten Leute waren zwar irritiert, wenn sie uns beide zusammen sahen, waren uns aber doch alles in allem wohlgesonnen. Die größte Überraschung kam von unserem alten Rektor Kuang Yaming, den ich zuhause besuchte und ihm meine Verbindung zu Sophia „beichtete". Er war damals schon im Ruhestand und nur noch Ehrenrektor, aber weiterhin die höchste moralische Instanz und Respektsperson der Universität. Rektor Kuang war ein Revolutionär der ersten Stunde gewesen und eine der wenigen Führungspersönlichkeiten der Provinz im Ministerrang, hatte seine Überzeugung nie aufgegeben und seine Kritik an Mao nie revidiert, obwohl er während der Kulturrevolution in einem Keller der Universität gefoltert und jahrelang eingesperrt worden war. Seine Autorität gründete auf der breiten Zustimmung und liebevollen Verehrung vonseiten der Lehrer und Studenten. Selbstverständlich hatte ich Angst vor meiner Beichte. Er bot mir Tee an, hörte mir lächelnd und ermutigend zu und antwortete auf meine fragenden Blicke ganz entschieden: „In China herrscht freie Partnerwahl. In Ihrem Alter hätte ich auch lieber ein französisches Mädchen geheiratet!" Dann lachte er ganz herzhaft, während mir ein Stein vom Herzen fiel. Zugleich war mir klar, dass er Deutschland wohl mit Frankreich verwechselte und hinter meinem Bekenntnis einen Heiratswunsch vermutete. Das zeigte unterschwellig auch die allgemeine Erwartung, dass so eine unter allgemeiner und polizeilicher Beobachtung stehende Beziehung nur in einer Heirat enden konnte. Unser Abteilungsleiter und mein bereits oben erwähnter Vertrauenslehrer, Professor Liu Hongshen, war der erste von der Fakultät, dem ich in einer Art Flucht nach vorn von meiner Liebesbeziehung berichtet hatte. Bevor die Universitätsleitung auf mich zukam, was früh oder spät passieren würde, sagte ich denen lieber gleich, dass ich mit einer Ausländerin befreundet war. Professor Liu hörte mir aufmerksam und interessiert zu und war dabei so aufgeregt, wie ich ihn noch nie erlebt hatte, eine Reaktion aus Fürsorge und Furcht. Denn so eine Liebe konnte einen regelrecht vernichten und meine Beichte hätte als Verschwörung interpretiert werden können. Nach einer langen Pause schaute er mir in die Augen und fragte, wie ernst die Beziehung sei. Ich sagte ihm, dass sie sehr ernst sei und bat ihn um Unterstützung. Daraufhin versprach er mir, darüber Stillschweigen zu bewahren und ermahnte mich wie ein besorgter Vater, Sophia immer gut, ehrlich und gleichberechtigt zu behandeln. Ich versprach ihm, Sophia wie meinen Augapfel zu hüten. Er machte sich jedoch Sorgen um meine berufliche Zukunft. Der Zentralregierung zufolge war eine berufliche Zukunft im Außenministerium ausgeschlossen, wenn man eine Ausländerin zur Partnerin hatte. Also ermahnte er mich zur Vorsicht. Dann erzählte er mir, dass wir die „Himmelsgünstlinge", begehrte Hoffnungs- und Funktionsträger der Nation seien; Volk und Vaterland hätten mich in der Erwartung erzogen, diesem nach dem Studium zu dienen, und er erklärte mir, dass ich durch die Verbindung mit einer Deutschen automatisch meine Chance auf einen guten Arbeitsplatz verspielen würde ...

Es gab auch Lehrer, vor allem politische Tutoren, die unsere Liebe missbilligten und Hass und üble Nachreden nach der kulturrevolutionären Doktrin verstreuten. Sie sahen in mir einen Verräter und Volksfeind, obwohl Sophia aus einem China freundlich gesinnten Land kam und keinerlei feindliche Gesinnungen hegte. Ausländer aus dem Westen galten in ihren Augen jedoch ganz pauschal als Feinde, sofern sie nicht aus sozialistischen Bruderstaaten stammten. Scharfmacher und böse Zungen verbreiteten zwar lauter Unsinn und Lügengeschichten, die Resonanz darauf wurde im Zuge der Liberalisierung jedoch immer verhaltener. Sie war mit der Zeit kaum noch vernehmbar, obwohl sie nie ganz verschwand. Zweimal wurde ich vom „Überwacher" der Sicherheitsabteilung der Universität nach körperlichen Kontakten und meiner Sexualität befragt. Er meinte es wahrscheinlich nicht einmal böse, sondern wollte eine Schwangerschaft unter der Studentenschaft vermeiden, zumal es damals keine Verhütungsmittel gab. Auch musste ich mich einmal auf Anweisung der Gesundheitsbehörde auf mögliche Geschlechtskrankheiten untersuchen lassen. Denn Ausländer waren in den chinesischen Köpfen der 80er-Jahre wahre Sexjäger, die in wilder Ehe lebten und häufig ihre Partner wechselten.

Liebe in Zeiten der Krise

Wochen und Monate vergingen. Unser Glück währte jedoch nicht allzu lang und glich schon bald einer Achterbahnfahrt. An den Ausbruch der Krise kann ich mich bis heute noch ganz genau erinnern. Sophia hörte sehr gerne Kunqu, eine lokale Opernart der südlichen Jiangsu-Provinz. Ich hatte für eine Abendvorstellung zwei Tickets gekauft und wollte sie wie vereinbart nach dem Abendessen abholen. Ich klopfte an ihre Tür, sie machte auf und ließ mich ein. Auf meine freundliche Aufforderung, dass wir losgehen müssten, antwortete sie, dass sie gerade am Lernen sei und lieber damit weitermachen wolle ... Ich war fassungslos, fühlte mich versetzt und schlagartig sehr unwohl. Immerhin hatten wir uns ja extra verabredet und wollten gemeinsam in die Oper gehen. War ich zu aufdringlich?, fragte ich mich plötzlich. Musste ein Junge sich nicht um sein Mädchen bemühen? Hatte ich sie auf die falsche Art hofiert? Während ich wie gelähmt und sprachlos dastand, sagte sie leise und schüchtern auf Englisch: „I fevered to see you again ... but I got no choice, had to wait for some more days!" Ich hatte zwar verstanden, was sie sagte, aber nicht verstanden, was sie meinte. "What´s the matter?" fragte ich sie. „Go look for someone else. Surely somebody else would love to come with you!" Ich lächelte sie an und fragte, ob ich etwas falsch gemacht hätte. „I can´t, I´m sorry, I tell you another time! " Sie antwortete weiterhin auf Englisch und schaute mich ganz seltsam und mitleiderregend an. „I fear my mood today might influence you", sagte sie noch. „Dann komme ich dir wohl ungelegen und gehe besser wieder", sagte ich und ging. „Stay - !", hörte ich sie noch rufen, als ich die

Tür hinter mir schloss. Wie belämmert stand ich draußen vor dem Wohnheim und spürte einen Anflug von Verzweiflung in mir aufsteigen. Dann beschloss ich, allein in die Oper zu gehen. Was auf der Bühne geschah, bekam ich allerdings nicht mit, so beschäftigt war ich mit der Frage, was bloß los war mit ihr. Und warum redete sie auf einmal Englisch mit mir? Ich ahnte, dass sie mir etwas sagen wollte, was sie offensichtlich viel Überwindung kostete. Etwas, was sie mir auf Deutsch und Chinesisch nicht sagen konnte, weil beide Sprachen ihr zu nah und nicht distanziert genug waren.

Die Frage sollte mich noch die ganzen kommenden Tage beschäftigen, bis ein in Versen verfasster Brief von ihr ins Zimmer geflattert kam und mir eine Antwort darauf gab. In dem Brief bat sie mich um mehr Abstand und mehr Zeit, sicherte mir aber gleichzeitig zu, dass sie mich genauso liebte wie ich sie. Die innere Verletztheit und diffus ausgedrückte Sehnsucht nach Geborgenheit waren mir unbegreiflich. Ich las und die orakelhaften Worte immer wieder und litt von Zeile zu Zeile mehr. Denn mir fehlten Hinweise und Informationen, und ich konnte mir nicht erklären, was sie mit ihrem Brief bezwecken wollte. Am Ende war ich nicht einmal mehr sicher, ob er tatsächlich an mich gerichtet und für mich bestimmt gewesen war, weil er keine Anrede enthielt. Dennoch beunruhigten mich ihre Worte, weil ich spürte, dass sie litt und Hilfe brauchte. Ich hatte Verständnis dafür, dass Heilung Zeit brauchte; ich hatte jedoch kein Verständnis dafür, dass sie nach Hilfe rief und sie gleichzeitig ablehnte und mit „mehr Zeit" mehr Abstand meinte. Ich liebte sie, wollte bei ihr bleiben und sie, wie alle Liebenden, beschützen und verteidigen. Ihre Forderung „give me more time" glich einem Ultimatum. Als junger Bursche und Nichtpsychologe konnte ich nicht einordnen, ob dies womöglich eine Schuldzuweisung war und ich sie in ihrer Freiheit eingeschränkt hatte. Ich verstand die Verse auch so, dass sie mir was verraten wollte und mir zugleich damit sagte, dass es besser wäre, wenn ich nichts davon erführe. Doch wie konnte man jemanden lieben und gleichzeitig Abstand halten? Wie war dieser Abstand zu definieren? Waren zehn Zentimeter körperlicher Abstand zu nah oder gerade noch freundschaftlich angemessen? So schlitterten wir zusehends in eine paradoxe Situation hinein, für die es keine Auflösung zu geben schien. Ich fühlte mich ihr so nahe wie keinem anderen Menschen zuvor und sollte gleichzeitig Distanz zu ihr halten. Wie sollte das gehen?

Aus der Liebe wurde eine Qual, aus der Zuneigung eine Kette von Verletzungen. Wäre ich damals schon so schlau wie heute gewesen, hätte ich ihr die Heimreise ans Herz gelegt und ihr geraten, sich in psychologische Behandlung zu begeben. Doch damals wusste ich einfach noch nichts von psychologischen Krisen. Auch Konflikte mit meiner Vergangenheit waren mir fremd, weshalb ich auch nicht verstehen konnte, warum sie vermutlich um eine bereits beendete Beziehung trauerte. Ich war ganz einfach ein junger Bursche, hoffnungslos verliebt und davon überzeugt, sie mit meiner Liebe aus ihrer Gewissensnot befreien zu können.

Was für ein Irrtum! Ihre Unbeständigkeit, was die Nähe und Distanz anging, warf mich jedes Mal ein Stück mehr aus der Bahn. Jedes Mal, wenn sie mich von sich stieß, war das für mich ein Schlag ins Gesicht oder vielmehr ein Dolchstoß ins Herz. Und dann kam sie wieder und bettelte um Liebe und Zärtlichkeit.

Sophias Gefühlsleben oszillierte zwischen Angst, Trauer und Aggression gegen sich selbst. Mal war die Liebe von Gesängen,

Gedichten und herzlichem Lachen erfüllt, mal überkamen sie Wutausbrüche, gefolgt von Selbstzweifeln und Resignation. Ich war bis dahin ein von mir selbst überzeugter, tatenfreudiger und erfolgreicher Mensch gewesen. Nun machte die Liebe aus mir einen Selbstzweifler, der aus lauter Rücksichtnahme auf alle möglichen Umstände nicht mehr imstande war, Entscheidungen zu treffen. Einerseits war ich wütend auf diese „Liebe", die mich zunehmend zerstörte und wollte mich von diesem Gespenst befreien und mich aus dieser unverschuldeten Krise retten, andererseits wagte ich es nicht, sie zu verlassen, aus Angst, ihrer ersten wohl unglücklichen Liebe eine weitere hinzuzufügen.

Natürlich wusste ich durch zahlreiche Erzählungen und Briefe von ihrer früheren Beziehung, die für mich anfänglich noch völlig irrelevant war. Ich wusste allerdings nicht, wie eng diese Beziehung letztendlich mit meinem eigenen Schicksal verbunden war.

Aus Liebe zu Sophia und aus Respekt vor dem Persönlichkeitsrecht der beteiligten Personen möchte ich an dieser Stelle Sophias vergangene Geschichte überspringen und setze meine Biografie dort fort, wo die Ereignisse einen beträchtlichen Einfluss auf mein Leben ausübten und mich in gewisser Weise prägten. Mit unserer Beziehung begann also der letzte Akt einer Tragödie, die bereits Jahre zuvor ihren Anfang genommen hatte. Die Protagonisten in diesem Trauerspiel waren jemand aus ihrer deutschen Vergangenheit und wir beide, damals 21 Jahre alte Studenten. Obwohl ich an der Vorgeschichte in München nicht beteiligt gewesen war, so wurde ich doch, wie die meisten Helden in der griechischen Tragödie, völlig unwissend und blind in die Dramatik hineingezogen. Der Herr aus München war physisch zwar nicht präsent, dennoch war er so gegenwärtig, dass wir ihn wie Luft ununterbrochen einatmen mussten. Sophia war innerlich hin- und hergerissen: Einerseits war sie fasziniert von dem viel älteren Mann und fühlte sich stark zu ihm hingezogen, andererseits plagten sie Gewissensbisse, zumal ihr klar war, dass sie sich auf einen verheirateten Mann und Familienvater eingelassen hatte. Offenbar jedoch siegte ihre Faszination für diesen Mann über ihre Vernunft. Und das quälte sie nun. Wann immer ich sie als meinen Engel bezeichnete, war sie gerührt. Doch schon wenige Augenblicke später bestritt sie mit aller Vehemenz, ein Engel zu sein. Und „unschuldig", betonte sie, sei sie schon gar nicht.

Dass sie meine Liebe einerseits erwiderte, andrerseits trotz all meiner Beteuerungen immer depressiver wurde, deutete darauf hin, dass sie innerlich völlig zerrissen war. Was immer auch in ihrem Leben passiert war: Es war unmöglich, ihre Vergangenheit ungeschehen zu machen. Dennoch sollte sie unseren weiteren Weg bestimmen.

Aus ihrer Krise wurde eine Krise für uns beide. Sophia geriet zusehends in eine Abwärtsspirale aus Trauer, Wut und Resignation, die mich zusehends zermürbte und sie letzten Endes zugrunde richtete. Unerfahren, wie wir waren und bar jeder psychologischen Betreuung gelang es uns nicht, diese Abwärtsspirale zu stoppen. Als sie mir eines Tages nach langem Zögern endlich offenbarte, wer der große Unbekannte war, war ich wie vom Donner gerührt. Wie konnte das ausgerechnet mir passieren? Das fragte ich mich immer wieder. Hätte ich nicht Germanistik studieren müssen, wäre er niemals in meinem Leben aufgetaucht; hätte ich sie nicht kennen und lieben gelernt, wäre der Unbekannte unbedeutend geblieben; wären wir beide uns nicht begegnet, wäre Sophia möglicherweise gestärkt aus dieser unmöglichen Verbindung hervorgegangen, die auf ewig das Geheimnis der beiden bleiben sollte ...

In den wiederkehrenden Zyklen aus Hochs und Tiefs trennten wir uns immer wieder, weil ich allmählich an meiner Liebe zu ihr zu zweifeln begann und sie keine neue Schuld auf sich laden wollte. Doch eine Trennung war keine Lösung, weil der daraus resultierende Liebeskummer die Situation für uns beide nur noch schlimmer machte. Sie wollte mich auf keinen Fall verlieren, und ich konnte sie unmöglich alleine lassen. Blieb sie doch trotz all meiner Zweifel immer noch mein Engel, den ich nach wie vor liebte.

Wie sehr eine Depression auch das Umfeld des Depressiven erfassen kann, wusste ich damals noch nicht. Sie übertrug sich so heimtückisch und aggressiv, dass ich nicht einmal etwas von der Infektion mitbekam. So stürzte ich mich mit voller Kraft in einen Kampf, den ich ohne professionelle Hilfe unmöglich gewinnen konnte. Obwohl mich schon die Last all der Geheimnisse, über die ich mit niemandem reden konnte, beinahe in die Knie zwang, versuchte ich, allen Seiten gerecht zu werden und degradierte mich selbst zum Sündenbock. Mit aller Liebe und Geduld, die ich aufzubringen imstande war, versuchte ich, ihr aus dem schwarzen Loch herauszuhelfen, in das sie gefallen war. Niemandem durfte ich von ihrem psychisch desolaten Zustand erzählen. Und sie selbst wollte sich nicht einmal ihren Eltern anvertrauen. Um den auf ihr lastenden Druck zu vermindern, entschied ich mich dafür, Stillschweigen zu bewahren. Was für eine ungeheure Last!

Was nun folgte, war der Kampf zweier Kinder, die wenig Ahnung von psychischen Erkrankungen hatten und umso entschlossener in ihrem Glauben waren, den vermeintlichen

Feind zu kennen und ihn für die Depression zu bestrafen.

Wie furchtbar schwer es doch war, die äußerst komplizierte und verwickelte Vermischung von einer Autoritätsfigur mit derjenigen eines Liebhabers auseinanderzudividieren. Sophia versuchte verzweifelt, die Schuldfrage zu klären und die Frage danach, wer wen verraten hatte. Einerseits fühlte sie sich schutzlos ausgeliefert und in ihrem Vertrauen zutiefst erschüttert, gab andererseits jedoch sich selbst die Schuld daran, missbraucht worden zu sein und übte eine Aggression gegen sich selber aus, indem sie sich die Nagelhaut blutig kratzte, um Schmerzen zu spüren. Sophia sah nur noch einen Ausweg: sich als Versagerin zu hassen und sich selbst zu verleugnen. Die Geschwindigkeit der Berg- und Talfahrt, in der sich unsere Beziehung befand, beschleunigte sich rapide.

Letzter Ausweg

Ende Januar war es noch bitter kalt, und es wurde sehr früh dunkel. Doch die Winterferien standen bevor, und so lag nach den letzten Prüfungen und dem bevorstehenden Frühlingsfest Heiterkeit und Erleichterung in der Luft. Alle freuten sich auf die Heimfahrt zu den Eltern und Familien und auf die Feiertage des chinesischen Neujahrsfestes.

Nach dem Abendessen in der Mensa wollten Sophia und ich eigentlich noch bei unserer gemeinsamen Freundin Eva vorbeischauen, um letzte Details unserer geplanten Reise zu besprechen, die wir anderntags antreten wollten. Wir hatten beschlossen, zusammen nach Xi`an zu fahren, in jene antike Hauptstadt Chinas, wo zehn Jahre zuvor in einer Grabanlage die unterirdische Terrakotta-Armee entdeckt worden war. Doch Sophia meinte, sie wäre zu müde, ich solle allein zu Eva gehen. Nachdem ich mit Eva besprochen hatte, wo wir uns am nächsten Tag treffen wollten, machte ich mich auf den Weg zurück ins Wohnheim, um meinen Koffer zu packen.

Es war kurz vor neun Uhr abends, und da ich in Sophias Zimmer noch Licht brennen sah, wollte ich noch schnell zu ihr, um ihr eine gute Nacht zu wünschen.

Ich klopfte an ihre Tür und meldete mich wie immer. Als ich keine Antwort bekam, drückte ich die Türklinke, um sie zu öffnen. Doch die Tür war von innen verschlossen. Ich verharrte noch mehrere Minuten lang davor und lauschte. Doch es war nichts zu hören. Da sie nicht antwortete und auch die Tür nicht öffnete, dachte ich zunächst, dass sie wohl einfach nicht gestört werden wollte und wollte schon gehen. Da befahl mir eine innere Stimme, noch einmal zu klopfen. Doch sie reagierte einfach nicht. Ich verließ das Haus und sah sie von außen durch das Zimmerfenster an ihrem Schreibtisch stehen. Mehrmals klopfte ich an die Fensterscheibe und rief ihren Namen. Es konnte doch nicht sein, dass sie mich nicht hörte! Jeder andere hätte auf so einen Lärm, wie ich ihn machte, reagiert, allein schon aus der Sorge, dass er die Nachbarn stören könnte. Sophia sah zwar in meine Richtung und schien mich gehört zu haben, konnte sich jedoch offenbar nicht bewegen. Ich rief noch einmal und lief wieder zurück zu ihrem Zimmer und klopfte – mit bösen Ahnungen – heftig an ihre Tür. Doch weder öffnete sie, noch reagierte sie auf eine andere Weise auf mein Klopfen. Wieder lief ich aus dem Gebäude zu ihrem Fenster und sah sie unverändert vor ihrem Schreibtisch stehen. Sie hatte die Tür von innen verriegelt, und ich besaß keinen Schlüssel dazu. In diesem Augenblick sagte mir die innere Stimme von zuvor klar und deutlich, dass sie gerade dabei war, sich das Leben zu nehmen. Alarmiert und vollkommen auf sie konzentriert, hämmerte ich wie wahnsinnig gegen ihre Tür und schrie: „Nein, nein, nein ... du darfst nicht sterben!" Da spürte und hörte ich plötzlich das klackende Geräusch des entriegelten Schlosses. Völlig mühelos stieß ich die Tür auf und sah in das dunkle Zimmer, wo nur eine Tischlampe brannte. Zimmer und Schreibtisch waren blitzblank sauber und aufgeräumt, der Boden gefegt. Der einzige Schmuck war ein Gemälde meines Onkels, das sie mit Reißzwecken an eine Wand geheftet hatte. Sie stand immer noch vor dem Schreibtisch und murmelte mir ein ziemlich undeutliches „gute Nacht und bis morgen" zu. Ich rannte zu ihr und umarmte sie ganz fest, doch sie war stocksteif und völlig unbeweglich. Ich schob ihr einen Stuhl hin, doch sie war nicht in der Lage, sich zu setzen. Ich schrie sie an, fragte, was sie genommen hätte, konnte jedoch nicht zu ihr durchdringen. Ich suchte in dem penibel aufgeräumten Zimmer nach irgendeinem Indiz oder Hinweis, doch selbst der Papierkorb unter dem Schreibtisch war vollkommen leer. Ich suchte unter dem Bett, wo nur ein leerer Schuhkarton stand und legte mich auf den Bauch, um unter dem Kleiderschrank nachzusehen. Dort lag ganz weit hinten ein braunes Medizinfläschchen. Ich robbte mich zu dem Fläschchen hin und zog es unter dem Schrank hervor. Drei chinesische Schriftzeichen konnte ich darauf lesen: „Schlafmittel 100 Stück". Sie hatte also 100 Schlaftabletten geschluckt ... Ich zitterte am ganzen Körper, und mir brach der kalte Schweiß aus. Gleichzeitig war ich in diesem Augenblick erstaunlich klar im Kopf. Ich steckte die Flasche in meine Hosentasche, packte sie am Arm und wollte sie auf meinen Rücken heben. Doch das gelang mir nicht, weil sie steif und unbeweglich wie ein Holzbrett war. Ich rannte aus dem Zimmer, klopfte an alle benachbarten Türen und rief um Hilfe. Frank, ein deutscher Student von der Universität in Bonn, der bereits im Bett gelegen hatte, zog sich blitzschnell an und half mir kurz darauf, Sophia auf den Sattel meines Fahrrads zu bugsieren und sie dort festzuhalten, während ich das Rad wie ein Wahnsinniger zum Universitätskrankenhaus neben der südlichen Einfahrt der Hankou-Straße schob. Ausgerechnet in dieser Nacht aber war das Krankenhaus geschlossen. Wir liefen, Sophia mühsam auf dem Sattel haltend, weiter und riefen zwei vorbeikommenden Studentinnen der Sinologiefakultät zu, irgendein Fahrzeug auf der Straße anzuhalten, um Sophia in die Notaufnahme des Provinzkrankenhauses zu bringen. Die beiden Mädchen reagierten schnell, liefen zur Straße und stoppten einen LKW. Ohne weitere Nachfragen wendete der Fahrer den mit Baumaterial voll beladenen LKW, und zu viert hievten wir Sophia, die nun am ganzen Körper zitterte, in das Führerhaus hinein. Der Fahrer stammte glücklicherweise aus Nanking und kannte den Weg zum Provinzkrankenhaus. Ununterbrochen hupend schaffte er es in nur fünfzehn Minuten zur dortigen Notaufnahme, wo wir von einer jüngeren Ärztin und einer Krankenschwester in Empfang genommen wurden. Als die Ärztin erfuhr, dass es sich bei diesem Notfall um eine Ausländerin handelte, schien sie plötzlich nicht mehr zu wissen, was zu tun war. "Sorry, bitte holen Sie den Chefarzt her, wenn Sie selbst nichts machen können!", schrie ich sie an. „Der hat schon Feierabend", erwiderte sie sichtlich eingeschüchtert. „Dann holen Sie ihn von daheim hierher!", herrschte ich sie noch einmal an. Sie ging telefonieren und ich lief zur Neurologie-Abteilung im dritten Stockwerk, während Sophia auf einer Bahre in der Notaufnahme im Erdgeschoss lag. Dort traf ich einen Arzt mittleren Alters, der seine Nachtschicht gerade angetreten hatte und zeigte ihm die Schlaftabletten, die ich eingesteckt hatte. Daraufhin lief er in Windeseile nach unten in die Notaufnahme, drückte Sophia eine Sauerstoffmaske aufs Gesicht, öffnete alle möglichen Schränke, trug mehrere Geräte und Utensilien zusammen und fing an, zu mixen und zu rühren. Dann trafen weitere Ärzte und Krankenschwestern ein, die von der jungen Ärztin alarmiert worden waren. Sie fragten mich, wer ich sei und in welcher Beziehung ich zu Sophia stünde. Ferner wollten sie wissen, was wir zu Abend gegessen hatten und womit sie sich vergiftet hatte. Ich sagte, dass ich Sophias „Verlobter" sei und wir nur Joghurt und Bananen gegessen hätten. Kaum waren sie mit dem Mixen und Rühren fertig, traf der Chefarzt ein, ein hagerer, alter Mann von über 60 Jahren mit sehr wenigen Haaren auf dem Kopf und einer altmodischen Brille. Er stellte mir nochmals die gleichen Fragen und überprüfte anhand eines Buches ganz penibel die Mixtur, die der junge Kollege für

Sophia angerührt hatte. Ganz offensichtlich wollte er um jeden Preis einen Behandlungsfehler vermeiden, da er eine Ausländerin vor sich hatte. Weil Ausländer in China damals in zweierlei Hinsicht „Raritäten" waren und eine fehlerhafte Behandlung sich möglicherweise negativ auf den Ruf Chinas in der Welt auswirkte, waren die Ärzte besonders vorsichtig. Der alte Arzt bat mich um eine Unterschrift, bevor er damit begann, Sophia zuerst durch den Mund, dann durch die Nase eine Magensonde zu legen. Doch Sophia leistete mit ihren zuvor noch so steifen Gliedern einen derart erbitterten Widerstand gegen die Einführung des Schlauches, dass mehrere Leute sie festhalten mussten. Und ich schaute hilflos zu, wie sie litt. Dann kam Thomas zu mir, ein von den deutschen Kommilitonen alarmierter Mediziner aus West-Deutschland, der in Nanking einen Fortbildungskurs in TCM machte. Der alte Professor, sichtlich irritiert über dessen plötzliche Anwesenheit, fragte mich erbost, wer diese Rettungsmaßnahme leite, der deutsche Arzt oder er. Überrascht von dieser Konfrontation sagte ich ihm, dass selbstverständlich er die Entscheidungsbefugnis habe. Thomas sei nur gekommen, um die Landsmännin zu beruhigen und ihnen seine Hilfe anzubieten, wenn es erforderlich wäre. Unterdessen wehrte sich Sophia erbittert weiter, den Schlauch zu schlucken, bis der Professor entschied, ihr die Sonde durch einen Schnitt in die Speiseröhre einzuführen und mich nach meinem Einverständnis fragte. Ich zögerte. Die Vorstellung, sie mit einem Skalpell zu verletzen, fand ich grauenhaft. Daher bat ich um die Erlaubnis, mit ihr selbst reden zu dürfen. Der Chefarzt nickte zustimmend, und ich trat zu ihr und begann, sie zärtlich zu streicheln. Das chinesische Krankenhauspersonal, dem derartige Intimitäten peinlich waren, trat ein Stück zurück. Ich redete auf Deutsch mit ihr, machte ihr klar, dass ich verstand, dass sie keinen Schmerz mehr ertragen und gehen wollte. Aber ich sagte ihr auch, dass sie selbst keine Schuld daran trage, sondern ihr großes Herz und ihr Mitleid ihr dies Leid zugefügt hätten. Es wäre ihr gutes Recht, jetzt zu gehen, sagte ich ihr, aber ich sagte ihr auch, dass sie mir unendlich fehlen würde. An ihrer nachlassenden Körperspannung spürte ich, dass sie mich erkannte. Und ich fing an, ihr das italienische Wiegenlied vorzusingen, das sie mir beigebracht hatte. Es wurde mucksmäuschenstill im Raum, und zwei der anwesenden Ärztinnen wischten sich ihre feuchten Augen. Der alte Professor stöhnte. „ Ah, die Liebe!"

Ich nickte einer Ärztin zu, die Sophia daraufhin den Schlauch Zentimeter für Zentimeter durch den Mund einführte, während Sophias Gesicht in meiner Hand lag und ich ihr die Stirn streichelte. Dann wurde ihr der Magen ausgepumpt, und die Tabletten kamen, zum Teil noch ganz und unverdaut, zusammen mit dem Joghurt zum Vorschein. Anschließend wurde ihr durch die Sonde die angerührte Mixtur verabreicht und wieder ausgepumpt. Es dauerte bis vier Uhr morgens, bis ihr Magen komplett entleert und mehrmals gespült worden war. Dann kam Sophia zur Beobachtung auf die Intensivstation. Der Chefarzt versicherte mir, dass sie überleben würde. Die Erleichterung war groß, ebenso wie mein Dank an das Ärzteteam. Dass ich sie damals nicht nach ihren Namen gefragt habe, bereue ich bis heute, und meine Dankbarkeit ihnen gegenüber wächst mit jedem Tag.

Der Selbstmordversuch einer ausländischen Studentin war, ganz unabhängig von den Umständen, ein Politikum für die Behörde und eine Sensation für die Öffentlichkeit. Ich wusste bereits, dass die Universitätsleitung und die Sicherheitsbehörde der Stadt Nanking von Sophias Selbstmordversuch schon in Kenntnis gesetzt worden waren. Dass Sophia außer mir, dem

Verlobten, keine weiteren Verwandten in Nanking hatte, würde dazu führen, dass die Polizei und die Ermittlungsbehörde sich vollkommen auf mich konzentrieren würden. Auch das war mir klar. Ferner wusste ich, dass ich von ihrer seelischen Erkrankung und ihrer Affäre mit dem alten Professor nichts verraten durfte. Unglücklicherweise kursierte unter den chinesischen Überwachern seit geraumer Zeit das Gerücht, dass ich zwei „Liebhaberinnen" hätte: Neben Sophia wäre ich auch mit Eva befreundet, behauptete ein übereifriger „Wachmann", der morgens und abends immer den ausländischen Studentinnen im gemeinschaftlichen Waschraum auflauerte, nachdem er mich einmal mit Eva zusammen Zähne putzen gesehen hatte. Die Spekulation einiger Sicherheitsleute, dass Sophia möglicherweise wegen einer Untreue meinerseits den Selbstmordversuch begangen hatte, war – aus ihrer Sicht – nicht von der Hand zu weisen. Also würde ich den Beistand von Leuten brauchen, die die wahre Geschichte kannten und meine Unschuld bezeugen konnten. Ich rechnete auch damit, verhaftet zu werden und nicht mehr zu Sophia auf die Intensivstation zu dürfen. So musste ich in den übrigen vier Stunden vor Tagesanbruch die Zeit nutzen, alles Notwendige zu veranlassen.

Ich beauftragte meinen Bruder, der gerade in diesem Krankenhaus sein klinisches Praktikum absolvierte, Sophia zu besuchen und ihr klarzumachen, welche Probleme nun auf uns alle zukommen würden. Dann bat ich Joachim, einen befreundeten Studenten aus West-Berlin, das deutsche Generalkonsulat in Shanghai anzurufen und zu erzählen, was passiert war. Insbesondere musste das Generalkonsulat Sophias Eltern verständigen und diese nach dem möglichen Grund für den versuchten Selbstmord fragen. Sophia hatte an Weihnachten ihren Eltern von ihren Problemen erzählt, und auch ich hatte den Eltern mehrmals geschrieben und ihnen versichert, dass wir die Probleme gemeinsam schon meistern würden. Aus den Antwortbriefen konnte ich ersehen, was für verständnisvolle Eltern sie hatte, und am liebsten hätte ich diese persönlich informiert. Auslandstelefonate waren damals allerdings nur über das Zentralpostamt möglich, das erst um acht Uhr morgens öffnete. Also gab ich Joachim auch die Telefonnummer von Sophias Eltern und bat ihn, diese über das Generalkonsulat zu kontaktieren. Er war ein echter Freund und kannte die ganzen Probleme, die wir damals hatten. Ihm und Eva hatte ich auch von Sophias Affäre mit dem Unbekannten erzählt, ohne dessen Namen zu nennen. Dass die beiden von der Krise wussten, war letztendlich eine große Entlastung für mich, weil sie das Generalkonsulat dadurch von meiner Unschuld überzeugen konnten. Das gleiche taten ihre liebenswerten Eltern. Die chinesischen Behörden folgten aber einer anderen Logik. Da sie nichts von der Geschichte in Deutschland vor meiner Zeit wussten und ich ihnen diese vorenthielt, sahen sie verständlicherweise in mir den potenziell Schuldigen an Sophias Selbstmordversuch.

Tatsächlich wurde ich am nächsten Tag nicht mehr zu Sophia vorgelassen. Ein Wachmann im weißen Kittel saß vor ihrem Zimmer und schickte mich ziemlich grob und unhöflich wieder weg. Da ahnte ich schon, was auf mich zukommen würde. Also ging ich wieder, packte eine Tasche mit Wäsche und Lebensmittel und ein wenig Geld und sagte Joachim, wo er mich finden würde. Dann verschwand ich in den Qingliangshan-Park, jenen wild wuchernden Park in der Weststadt, den Sophia immer als unseren „privaten Park" bezeichnet hatte. Dort wollte ich warten, bis das Generalkonsulat mit den chinesischen Behörden gesprochen und sie von meiner Unschuld überzeugt hätte. Danach wollte ich mich der Universitätsleitung und der Sicherheitsbehörde stellen.

Auf dem diplomatischen Weg verlief die Kommunikation in aller Regel anders als gewöhnlich: Die Nachricht von Sophias Suizidversuch ging von Nanking nach Shanghai zum Generalkonsulat. Von dort aus ging sie zum Außenministerium in Peking, das seine Anweisungen an die unteren Behörden vom Amt für Auslands- und Ausländerangelegenheiten in Nanking weiterleitete. Dass eine Deutsche in China einen Selbstmordversuch unternommen hatte, wurde sowohl dem deutschen Botschafter in Peking als auch dem chinesischen Außenminister mitgeteilt. Damals gab es in ganz China weniger als 3000 Ausländer mit einer Aufenthaltsgenehmigung. Und jede Angelegenheit, die einen von ihnen betraf, wurde dem Minister persönlich mitgeteilt. Eine gewisse Frau Sievers vom deutschen Konsulat in Shanghai hatte Sophias Eltern in München über den Zustand ihrer Tochter informiert und das chinesische Außenministerium um Erlaubnis gebeten, ihr in Nanking einen Besuch abstatten zu dürfen. Insbesondere wies das Konsulat die chinesische Behörde darauf hin, dass der chinesische Student, also ich, mit dem Selbstmordversuch nur insofern zu tun gehabt habe, als er die deutsche Studentin gerettet hatte. Die Gespräche über die diplomatischen Kanäle verliefen äußerst effizient und zielführend, und Anweisungen aus Peking war widerspruchslos Folge zu leisten.

Die Nacht im Qingliangshan-Park war bitterkalt, und ich durfte auf keinen Fall schlafen. Wäre ich eingeschlafen, wäre ich möglicherweise an Unterkühlung gestorben. Also musste ich mich ständig bewegen, auf der Stelle treten oder laufen, um mich warmzuhalten. Tagsüber schlief ich an der Sonne oder ging ins Teehaus des Parks, wo ich mir eine Kanne Tee bestellte und las und versuchte, an meiner Abschlussarbeit zu schreiben. Doch ich konnte keinen einzigen klaren Gedanken fassen. Überall sah ich nur Sophia und hörte sie nach mir rufen. Wie gern hätte ich sie fest umarmt und ihr versichert, dass sie unschuldig war und ich sie nie verlassen würde...

Drei Tage vergingen, bis Joachim zu mir kam und mir mitteilte, dass Frau Sievers vom deutschen Konsulat den Verantwortlichen der Provinzregierung und der Universität einen Besuch abgestattet und ihnen mit Nachdruck versichert hatte, dass ich mit dem Selbstmordversuch von Sophia nichts zu tun hatte. Vielmehr sei die Regierung der Bundesrepublik sehr dankbar für meine Rettungsaktion und bitte dringend darum, Abstand von einer Verfolgung meiner Person zu nehmen.

Am nächsten Tag ging ich an der Universität ins Büro für Ausländerangelegenheiten, um mich zu stellen. Offensichtlich hatte die Fürsprache des Generalkonsulats gewirkt. Die Leute waren nett zu mir, wollten aber dennoch von mir wissen, was der Grund für Sophias Selbstmordversuch gewesen sei. Insgesamt waren es fünf Leute, die mich an einem runden Tisch befragten: der politische Tutor und der Dekan der Fakultät, der Leiter der Sicherheitsabteilung der Universität, der Leiter des Büros für Ausländerangelegenheiten und ein Repräsentant der Provinzregierung, den ich zuvor noch nie gesehen hatte. Der Leiter der Sicherheitsabteilung, ein echter Scharfmacher, war verärgert, weil ich mich drei Tage lang versteckt hatte. Die Polizei hätte mich überall gesucht. Ich entschuldigte mich dafür, sagte ihm aber auch ganz unverblümt, dass ich Angst davor gehabt hätte, zu irgendeinem Geständnis gezwungen zu werden. Ich hätte die Zeit gebraucht, um Sophias Familie und die diplomatische Vertretung zu erreichen, Zeit, die sie mir möglicherweise nicht gegeben hätten. Unser politischer Tutor wollte wissen, warum Sophia sich das Leben nehmen wollte. Ich konnte nichts darauf erwidern und sagte ihnen daher, dass sie Sophia schon selbst danach fragen müssten. Ich jedenfalls könnte ihnen diese Frage nicht beantworten. Der Scharfmacher schrie mich an: „Sie lügen doch! Es ist übrigens auch eine Straftat, wenn sie der Ermittlungsbehörde die Unwahrheit sagen oder die Wahrheit absichtlich verschleiern." Ich starrte ihn mit großen Augen an und schwieg. Sichtlich verunsichert, fragte er mich, warum ich ihn so anstarren würde. „Weil Sie es nicht gelernt haben, die Privatsphäre zu respektieren! Hier geht es immerhin um einen versuchten Selbstmord. Die Motive dafür kann Ihnen also nur die Betroffene selbst nennen. Ich könnte darüber nur spekulieren und Mutmaßungen anstellen." Der Dekan unserer Fakultät nickte mir zu und riet den anderen am Tisch, lieber ein paar Tage abzuwarten und Sophia dann persönlich dazu zu befragen. Dennoch wollte die versammelte Runde nicht auf Disziplinarmaßnahmen verzichten, weil ich mich erstens drei Tage lange ohne Erlaubnis von der Universität entfernt und versteckt hatte, und weil ich zweitens die diplomatische Vertretung der BRD zuerst verständigt und die Provinzbehörde dadurch in die Defensive gedrängt hatte, und weil ich drittens offensichtlich mehr Vertrauen zu den Ausländern als zur eigenen Partei und dem eigenen Volk hatte und dadurch die Partei enttäuscht, dem Volk einen schlechten Dienst erwiesen und das Ansehen der Universität beschädigt hätte. Und zu guter Letzt: weil ich offensichtlich der Obrigkeit gegenüber die Beweggründe des versuchten Selbstmords verschwiegen hatte. Ich akzeptierte nur Punkt eins, was lediglich eine mündliche Verwarnung, aber keineswegs eine Disziplinarstrafe zur Folge hätte, die mir in der systemspezifischen Personalakte lebenslang anhaften würde. Insbesondere das Vergehen, mehr Vertrauen zu Ausländern als zur eigenen Partei zu haben, wäre tödlich für meine weitere Karriere in China gewesen. Ich sagte ferner, dass die weiteren mir zur Last gelegten Punkte das Ansehen der Partei und der Universität erst recht beschädigen würden, wenn im Ausland bekannt würde, dass ich als Retter der deutschen Studentin deshalb von den chinesischen Behörden bestraft würde, weil ich die diplomatische Vertretung ihres Landes zuerst verständigt hatte. Die weitere Diskussion verlief dann ohne mich. Das Strafmaß würde mir später mitgeteilt werden.

Sophia lag vier Tage und fünf Nächte in Koma. Als sie wieder ansprechbar war, schickte die Sicherheitsbehörde eine chinesische Studentin, mit der Sophia eine Zeitlang zusammen gewohnt hatte, zu ihr ins Krankenhaus, um sie zu befragen. Und Zhang Jin fragte Sophia ganz gezielt danach, ob ich sie zum Selbstmord gezwungen hätte oder ob meine angebliche Beziehung zu Eva sie zum Selbstmord veranlasst hätte. Sophia verneinte diesen Unsinn, aber sie vertraute Jin in diesem Gespräch auch an, dass unsere Liebe unter einem sehr ungünstigen Stern stünde. Sophia konnte ja nicht wissen, dass Jin sie im Auftrag der Sicherheitsbehörde verhörte. Jin, ein gutmütiges und aufrechtes Mädel, war allerdings ebenso wie viele andere Kommilitonen, falsch informiert, was mein Verhältnis zu Eva anbelangte und bezichtigte mich der „Untreue" und des „Verrats". Sie konnte, wie so viele Chinesen meiner Generation, nicht verstehen, dass ein Mann und eine Frau auch nur Freunde sein konnten, ohne gleich ein Liebespaar zu sein und Sex miteinander zu haben. Ich mochte Eva sehr, und wie sehr ich damals auf ihre Freundschaft angewiesen war, konnten wohl nur Menschen verstehen, die selbst einmal mit einer depressiven Person im familiären Umfeld konfrontiert waren. Ich jedenfalls fühlte mich für Sophia verantwortlich und wollte sie wieder gesundpflegen, obwohl ich damals keine Ahnung von psychischen Erkrankungen und dem richtigen Umgang damit hatte. Und Eva half mir, indem sie mir zuhörte und mir auch viel hinsichtlich Sophias deutscher Mentalität sagen konnte, was nicht ganz unwichtig war, um ihr Verhalten zu verstehen. Und Eva mochte Sophia genauso gern wie mich. Auch Joachims Freundschaft war ungeheuer wichtig für mich. Er hatte mir jedes Mal Mut zugesprochen, wenn ich wieder einmal resigniert das Handtuch werfen wollte. Ich hatte den beiden unendlich viel zu verdanken. Zhang Jin wurde mir gegenüber milder gestimmt, nachdem Sophia ihr bestätigt hatte, dass wir uns liebten und sie über ihre private Vergangenheit nicht sprechen wolle.

Nach seinem persönlichen Gespräch mit Sophia teilte mir der politische Tutor schließlich die von der Universitätsleitung ausgesprochene Strafe mit: Ich bekam eine „interne Verwarnung des Kommunistischen Jugendverbandes" , und mein akademischer Bachelor-Titel wurde eingezogen. Am schlimmsten war die Aufhebung des Anspruchs auf eine Arbeitsplatzzuweisung durch die Zentralregierung. Im Klartext bedeutete das, dass ich nicht mehr für den auswärtigen Dienst oder den Dienst in irgendeinem Ministerium infrage kam. So wurde also wahr, was Professor Liu die ganze Zeit befürchtet hatte.

Nach einer Woche wurde Sophia aus dem Krankenhaus entlassen, aber natürlich alles andere als geheilt von ihrem psychischen Leiden. Das wurde noch weitaus schlimmer als zuvor. Sophia starrte die ganze Zeit nur mit offenen Augen an die Decke und redete nichts mit mir. Ich versuchte, sie mit Musik und Geschichten aufzumuntern. Doch das einzige Musikstück, das sie immer wieder hörte, war Franz Schuberts D-Moll-Quartett „Der Tod und das Mädchen".

Ich selbst konnte seit Sophias Entlassung nicht mehr richtig schlafen und hatte das Gefühl, auf mein eigenes Empfinden und meine eigene Gesundheit keine Rücksicht mehr nehmen zu können. Auch wollte ich nicht wissen, ob meine Liebe zu Sophia überhaupt erwidert wurde. Denn sie war ganz offensichtlich gar nicht in der Lage, überhaupt etwas zu empfinden geschweige denn Gefühle zu erwidern. So schwankte ich zwischen Sorge, Zärtlichkeit, Angst und Wut. Und dann überkam mich eine derartige Resignation, dass ich das alles nur noch beenden wollte. Ich hatte vor jeder Begegnung mit ihr Angst, Angst davor, sie wieder und wieder fröhlich machen zu müssen und wünschte mir gelegentlich, das alles zu vergessen und nur noch zu verschwinden. Jedes Mal, wenn ich sie apathisch dasitzen und ins Leere starren sah, quälte mich die Frage, warum so ein junges, gutmütiges Wesen vom Schicksal so brutal und ungerecht behandelt wurde, und warum ausgerechnet ich dieses Schicksal mit ihr teilen musste ... Und eines spürte ich von Tag zu Tag mehr: Im selben Maße, wie ich ihr half, wieder hochzukommen, im selben Maße ging ich unter. Zwischen uns tat sich eine Dornenhecke auf, deren Überwindung immer schwieriger wurde und zunehmend auch bei mir zu Verletzungen führte.

Sowohl seelisch als auch körperlich war Sophia in denkbar schlechten Verfassung, und da der Universitätsbetrieb während der Ferien nur auf Sparflamme lief, schlug Frau Sievers vom Generalkonsulat uns vor, nach Shanghai zu kommen und dort auf Sophias Mutter zu warten. So fuhren wir an einem Februartag beide mit der Bahn nach Shanghai.

Dort wurden wir von Frau Sievers in einem Apartmenthaus für ausländische Diplomaten in der Huaihai-Straße untergebracht, ganz nach chinesischer Sitte getrennt: Ich wohnte bei Florian Reisinger, dem Dolmetscher und Übersetzer des Generalkonsulats, der mit seiner tibetischen Frau Miriam und einer Tochter eine Vier-Zimmer-Wohnung in der zehnten Etage bewohnte. Sophia wohnte bei der alleinstehenden Frau Sievers in einer Wohnung, in der jedes Zimmer mit deckenhohen Bücherregalen ausgestattet war. Ich hatte bis dahin noch nie so viele Bücher in einer Privatwohnung gesehen. Frau Sievers war nicht nur belesen, sondern reiste auch sehr viel und sehr gern und konnte die chinesische Realität deswegen auch ziemlich gut einschätzen. Als Diplomatin war sie erstaunlich offensiv und nannte Missstände in der chinesischen Politik und Verwaltung immer sofort beim Namen. Und sie konnte sich gut durchsetzen. Bei ihren chinesischen Gesprächspartnern genoss sie großen Respekt. Florian Reisinger hatte bereits in jungen Jahren die berühmte autobiographische Trilogie von Ba Jin ins Deutsche übersetzt und konnte ausgezeichnet Chinesisch. Chinesisch ist eine intuitive und lakonisch-prägnante, aber keineswegs einfache, sondern eher eine poetische Sprache, deren höchste Form und Qualität sich selten in der Präzision, sondern vielmehr in der fantasievollen Assoziation zeigt. Herr Reisinger hatte, wie die gebildeten Chinesen, für Sachverhalte und Vorgänge immer ein passendes Idiom parat, wobei hier ausdrücklich erklärt werden muss, dass chinesische Redewendungen den deutschen Ausdrücken in keiner Weise entsprechen. Während deutsche Redewendungen mehr oder weniger aus der Umgangssprache stammen, sind die chinesischen Redewendungen eine wahre Auslese der besten Früchte aus der Dichtung. Jedes Mal, wenn ich Herrn Reisinger reden hörte, dachte ich respektvoll, wie schön und gehaltvoll die chinesische Sprache doch ist. Obwohl er vortrefflich Chinesisch sprach und schrieb, gab er sich sehr bescheiden. Dabei war er unter den Dolmetschern und Übersetzern damals einer der besten.

Nach unserer Ankunft in Shanghai war ich unsagbar müde. Daher legte ich mich nach Sophias Unterbringung bei Frau Sievers gleich ins Bett. Draußen regnete es, und zum ersten Mal seit Langem hatte ich wieder Zeit, über mich selber nachzudenken. Völlig entkräftet von den vergangenen Wochen und Monaten kam ich mit mir darin überein, dass ich Sophia von ganzem Herzen wünschte, dass sie ihre Zuversicht zurückerlangen möge, um wieder ein erfülltes Leben führen zu können. Und ich wusste, dass es mich nicht umbringen würde, wenn sie den alten Mann mir vorziehen würde. Ich war auch bereit dazu, unsere Beziehung einvernehmlich zu beenden. Ich war froh, dass sie lebte und meinem Schutzengel gegenüber dankbar, der ihre verriegelte Tür von innen geöffnet hatte. Ich hatte dafür keine Erklärung, ebenso wenig wie damals für den Besuch von meiner verstorbenen Großmutter. Es gibt eine höhere Instanz, vielleicht Gott, aber auf jeden Fall eine höhere Macht, die über uns wacht und urteilt. Diese Instanz hilft mir im Leben und in der Liebe, sie hilft mir, das Einzigartige im Leben oder in der Erinnerung zu bewahren, was ansonsten unwiederbringlich verloren gehen würde. In der Gewissheit, dass ich einen Schutzengel an meiner Seite hatte, schlief ich ein. Als ich wieder aufwachte, war es bereits Mittag am nächsten Tag.

Nachdem wir Sophias Mutter vom alten Flughafen in Hongqiao abgeholt hatten, fuhren wir zusammen nach Nanking zurück. Sophias Mutter, eine überaus fürsorgliche und herzliche Frau, hatte viel Geduld, war intelligent und objektiv in ihrem

Urteil. Es war sehr ehrenhaft von ihr, dass sie der Universitäts-leitung noch einmal höchstpersönlich erklärte, dass ich mit dem Suizidversuch ihrer Tochter nichts zu tun hatte. Und sie unter-stützte Sophia in ihrer Entscheidung, unsere Liebesbeziehung zu beenden und sich ganz auf ihre eigene Heilung zu konzentrie-ren. So schmerzlich das auch für uns beide war.

War zuvor unser Zusammensein von Problemen behaftet, so glich das Auseinandergehen einer richtigen Katastrophe. Die Trennung verursachte mir Schmerzen, die zwar nicht greifbar waren, mich aber doch im Innersten an meiner empfindlichsten Stelle trafen wie die Stiche eines scharfen Messers. Sich von der eigenen Liebe zu entfernen war ein Unternehmen, das mich bei-nahe ans Ende meiner Kräfte trieb. Ich musste meine Liebe zu Sophia gewaltsam löschen, was mir ungeheure seelische Schmerzen verursachte, die mein körperliches Immunsystem völlig durcheinanderbrachten und sich eine Zeitlang in einer psychosomatischen Neurodermitis manifestierten. Dadurch ge-riet ich in eine Art hypnotischen Traumzustand, den Eduard Mörike einmal als „stillen Wahnsinn" bezeichnet hatte. Erfüllt von Trauer, Selbstmitleid und Schmerzen, war ich geistig voll-kommen verwirrt und sackte immer tiefer nach unten ... Ich war einfach nicht in der Lage, ein normales Gespräch zu führen. Ver-rückt und gleichzeitig unbeirrt nach dem Leben strebend, schrieb ich alles nieder. Hartnäckig, wie ich war, konnte ich tage- und nächtelang schreiben, was ich empfand und was mir gerade einfiel. Ich suchte und fand Trost in der von Ludwig Völker her-ausgegebenen „Anthologie deutscher Melancholie-Gedichte" mit dem Titel *Komm, heilige Melancholie*, und las und sinnierte über all die Entwicklungs- und Bildungsromane und Erzählun-gen wie *Maler Nolte* von Eduard Mörike, *Anton Reiser* von Karl Philipp Moritz und Goethes *Wilhelm Meister* nach. Mit dem

Schreiben kurierte ich mich langsam selbst, verpackte meinen Schmerz in tausend Schichten aus Trauer und Melancholie, verarbeitete diese zu Humus und verstreute sie im Grunde meines Herzens, wo die Blumen der Liebe gleichsam nachwuchsen. Das gelang mir, indem ich ununterbrochen las und Tagebuch führte über diese schmerzhafte Zeit des Entsagens, in der ich mein inneres Feuer des Verlangens langsam und stetig löschen musste.

Die Tatsache, dass sowohl Sophia als auch ich sieben Jahre später jeder für sich eine glückliche Familie gegründet haben, ist für mich ein tröstlicher Beweis, dass unsere Trennung damals richtig war. Heute sind unsere Kinder so alt wie wir damals, als wir uns kennen und lieben lernten.

Wenn ich heute meine Tagebucheinträge von damals durchblättere, fällt mir auf, wie erbittert ich diesen Liebeskampf durchgekämpft hatte und – wie hoffnungslos meine eigene Situation am Ende war: diskreditiert durch den Suizidversuch meiner Freundin, stand ich auf einmal völlig alleine da, isoliert von meinen Kommilitonen, von meiner eigenen Familie getrennt, fallengelassen nicht nur von meiner Universität, sondern auch von dem Land, in dem ich groß geworden war ... Auch wenn uns Chinesen eine höhere Leidensfähigkeit nachgesagt wird, so hätte die totale körperliche und seelische Isolation, die eiserne Geheimhaltung und die bleierne Einsamkeit mich beinahe zugrunde gerichtet.

Nachdem ich die Möglichkeit auf ein Masterstudium und eine Promotion verspielt und außerdem keinen Anspruch mehr auf einen Arbeitsplatz beim Staat hatte, riet mir Professor Liu dazu, aus meinem Unglück ein Glück zu machen und nach Deutschland zu gehen, um dort mein Studium fortzusetzen. Mit der Unterstützung von Frau Sievers vom Generalkonsulat und dank der Hilfe von Sophias Eltern bekam ich relativ schnell ein Visum für Deutschland und konnte nach der erfolgreichen Eignungsprüfung an der Ludwig-Maximilians-Universität im Februar 1986 mein Germanistik-Studium in München fortsetzen.

Abschied von China

Es war ein ambivalentes Gefühl sondergleichen: Obwohl meine Familie und ich in diesem Land so viel Unrecht und Schmach erlitten hatten, fiel mir der Abschied denkbar schwer. Alles erschien mir auf einmal in einem milderen Licht, das mich freundlich zum Bleiben einlud. Freunde und Verwandte kamen, um sich von mir zu verabschieden. Auch der örtliche Stasichef kam vorbei, um mir ins Gewissen zu reden und mich zu ermahnen, alles zu unterlassen, was Partei und Vaterland schädigen könnte. Ich musste ein Papier unterschreiben, dass ich nach dem Studium nach China zurückkommen und dem Land und Volk dienen würde, obwohl mein Studium in Deutschland nicht von der chinesischen Regierung finanziert wurde. Das Gespräch mit meinen Eltern war am schmerzlichsten. Meinem Vater musste ich versprechen, erst wieder nach China zurückzukehren, wenn dort ein Gedenkmuseum der Kulturrevolution eröffnet werden würde. Auch musste ich ihm schwören, nie zu tun, womit die Stasi mich möglicherweise beauftragen würde. Außerdem beschwor er mich, in der Öffentlichkeit nie schlecht über die Kommunisten zu reden, solange meine Familie noch in China lebte. Ich verstand seine Angst, seine Enttäuschung und seinen Schmerz, obwohl mir das alles sehr übertrieben vorkam. Meine Mutter dagegen schneiderte mir einen Mao-Anzug aus schwerem Wollstoff, den ich in Zukunft zu Opernbesuchen tragen sollte.

Die Ambivalenz zeigte sich auch in meinen Gedanken: China war meine Heimat, die mir zweifelsohne genauso viel Liebe wie Kummer beschert hatte. Einerseits fühlte ich mich als Chinese mit dem Land und seinen Menschen verbunden, andererseits konnte ich keinerlei Verständnis für die chinesische Politik aufbringen oder gar mit ihr sympathisieren. Eine Ambivalenz, wie sie wohl auch der deutsche Schriftsteller Stefan Zweig empfunden haben mochte, der seine Heimat in gewisser Weise immer noch in Schutz nahm, obwohl die Nazis ihn ins Exil getrieben und seine Bücher verbrannt hatten. Jahrelang hatte er die Zerstörung seiner „geistigen Heimat Europa" betrauert, die ihn heimatlos gemacht und schließlich zum Selbstmord getrieben hatte. Es ist für Leute, die meine Geschichte bisher kennen, nicht sonderlich verwunderlich, dass die Gewaltherrschaft der Kommunisten mir die Heimat raubte. China, das eigentlich Zhongguo – Reich der Mitte – heißt, ist ein Land mit einer fünftausend Jahre alten Zivilisation, die ich nicht einfach abschütteln und hinter mir lassen kann. Ich bin ein Han-Chinese und habe beständig Heimweh nach meiner Han-Kultur, mit der ich mich durchaus identifizieren kann. Daran hat die barbarische Kulturrevolution und die menschenfeindliche Diktatur der Mao-Zeit zum Glück nichts geändert. Doch hat sie viele Chinesen vertrieben, entweder in die innere Emigration oder direkt ins Ausland.

Im Oktober 1985 bekam ich mein rechtskräftiges Visum ausgehändigt und konnte und sollte nach dem Willen meiner Eltern sofort ausreisen. Doch wegen meiner zutiefst ambivalenten Gefühle wollte ich China zuvor noch besser kennenlernen. Und so reiste ich mit dem Zug durch jenes Land, in dem ich damals keine Chancen mehr für mich gesehen hatte. Diese Reise, die mich nach Fuzhou, Xiamen, Wuzhou, Guangzhou, Guilin, Kunming und Xishuangbanna führte, sollte zur längsten und schönsten Reise meines jungen Lebens werden...

Ein halbes Jahr später, nach dem Frühlingsfest am 12. Februar 1986 reiste ich nach Peking. Zwei Tage später stand ich, bei strahlend blauem Himmel, an jenem berühmten alten Terminal des Hauptstadtflughafens, der die landesweit erste Rolltreppe und ein Förderband besaß. Was für ein gewaltiger Unterschied zum Abschied von meiner Heimatstadt vier Jahre zuvor! Denn auf einmal wurde mir bewusst, dass ich das Land verließ, das mich 22 Jahre mehr schlecht als recht in seinem Schoß gewiegt und ernährt hatte. Der vertraute Umgang mit den Menschen, der Singsang der Sprache und die Gerüche der heimischen Küche würden von nun an der Vergangenheit angehören. Als das Flugzeug abhob und ich in den Strahlen der untergehenden Sonne ein letztes Mal auf die verbotene Stadt, die große Mauer und den Dufthügel Xiang-Shan hinunterblickte, konnte ich meine Tränen nicht mehr zurückhalten, so überwältigt war ich von dem Schmerz, den diese Entwurzelung mir verursachte. Denn mir war vollkommen bewusst, dass ich dieses Land und seine Leute so schnell nicht wiedersehen würde. Die fast leere Maschine von PIA (Pakistan International Airlines) brachte mich über Karachi, Kairo und Rom nach Deutschland – in eine völlig ungewisse Zukunft.

Danke

Nun habe ich meine Kindheit und Jugend-
jahre sowie die Geschichte meiner Familie
aufgeschrieben. Das erste Buch hier endet im
Jahr 1985/86. Ich wollte ihm einen Titel geben, der all die kleinen und großen seelischen
Erschütterungen in einem einzigen schlag-
kräftigen Wort zum Ausdruck bringen sollte.
Zunächst dachte ich an „Traumata – aus den
Jahren um die Kulturrevolution". Meine
Frau Yumi fand das zu dramatisch und
schlug „Zeitwanderer im Schatten des Mao
Zedong" vor, während meiner Tochter Anjulie „Rote Schatten" oder „Erschütterungen"
gut gefunden hätte.

Mit dieser Autobiografie wollte ich die
Oberhand über mein eigenes Leben gewinnen
– durch eine intensive Auseinandersetzung
mit den sozialen und politischen Gegebenheiten während meiner Kindheit und Jugendjah-
re. Mögen die Erkenntnisse daraus auch für
nachkommende Generationen von Nutzen
sein.

Lebensspuren und Fußstapfen sind hier
Erfahrungen und Lehren. Auf Chinesisch
hätte ich das Buch „轍 Zhe" genannt, weil
das uralte chinesische Wort all die Bedeutungen enthält, die für meinen Lebensweg prä-
gend waren: Furche im Sinne von Vernarbungen, Weg im Sinne von Lebensverlauf,

*Mühsal im Sinne von Holzrädern mit gro-
ßem Reibungswiderstand, Zwist im Sinne
von Meißel und Granit ... Leider gibt es im
Deutschen keinen Begriff diesen Inhalts.
Schließlich schlug Susanne Rick „Vernarbungen" oder „Verschorfungen" vor. Erschütterungen, Vernarbungen und Verschorfungen, alle haben etwas mit seelischen Verletzungen in der Vergangenheit zu tun. Die
Unterschiede im allegorischen Sinn sind gra-
dueller Natur. Ich habe letztlich den „Verschorfungen" den Vorzug gegeben, weil diese
Folgen vom „Wundreiben", „Schaben" und
„Abschürfen" sind. Und: weil sie während
der Heilung einen Juckreiz verursachen, ohne
zwingend Narben zu hinterlassen. Ja, meine
Geschichte enthält viele Verschorfungen, die
von Zeit zu Zeit immer wieder mal einen
Juckreiz hervorrufen. Ich habe sie aufgeschrieben in der Hoffnung, dass der Juckreiz
nachlassen und irgendwann in meinem Leben
ganz aufhören wird.*

*Ich danke Susanne Rick herzlich für das
Lektorieren des Manuskripts, für die Gespräche und Diskussionen. Ihre zupackende Art
und Professionalität haben die Zusammenarbeit effektiv und fruchtbar gemacht. Ferner
bedanke ich mich bei Claudia Eigel-Hanus für
ihre Korrekturvorschläge während der Ent-
stehungsphase des Buches. Ihre Lebensklug-
heit und ihre komparatistischen Fähigkeiten
haben immer zu einzigartigen und auf-
schlussreichen Gesprächen geführt.*

Anmerkungen

[i]   206 v. Chr. - 220 n. Chr.

[ii]   221 - 207 v. Chr.; erste Dynastie des chinesischen Kaiser-reichs, von der sich der Landesnamen China ableitet.

[iii]   77 - 6 v. Chr.; Schriftsteller, Konfuziusexperte und erster Bibliothekar des Kaisers Han Chengdi (55 - 7 v. Chr.)

[iv]   34 - 156 n. Chr.; Einsiedler und Begründer der auf Laotse basierenden Dao-Religion.

[v]   772 - 842 n. Chr.; Dichter und Essayist der Tang-Dynastie, berühmt für seine Sozialkritik und zahlreiche Gedichte mit Volksliedcharakter.

[vi]   937 - 978 n. Chr.; letzter Kaiser der Hou-Tang-Dynastie, der sein Schicksal in der Kerkerhaft in melancholischen Gedichten verarbeitete und als „Heiliger" der Dichtkunst verehrt wird.

[vii]   Spricht man in China von der klassischen Dichtung, ist diejenige der Tang- und der Song-Dynastie gemeint. Bai Juyi war ein Dichter der Tang-Zeit, ein scharfsinniger Beobachter und Satiriker, der die sozialen Missstände und Ungleichheiten in Spottversen anprangerte, und ein Lyriker, der in der Dichtung die inneren Gefühle mit den äußeren Gegebenheiten in höchster Form in Einklang brachte. Sein Werk „长恨歌 Lied des ewigen Bedauerns" ist die berühmteste epische Dichtung über die Liebesgeschichte von Kaiser Xuanzong und seiner Konkubine Yang Guifei, die die Epik und Liebesdichtung der nachkommenden Generationen im ganzen chinesischen Kulturraum einschließlich Japan und Korea beeinflusst hat. Viele seiner Verse sind auf-

grund ihrer schlichten und unverblümten Sprache sehr beliebt und werden als Kleinode der chinesischen Dichtung heute noch oft zitiert.

viii Dichterfürst der Song-Dynastie und würdiger Nachfolger von Bai Juyi. Zusammen mit seinem Vater und Bruder gehört er zu den „Acht Meistern" der Tang- und Song-Zeit. Wie alle Dichter und Schriftsteller damals war er kaiserlicher Beamter, der verschiedene Städte und Gemeinden verwaltete. Er regierte Xuzhou seit 1077.

ix 1912 von Dr. Sun Yat-sen ins Leben gerufene Partei, mit der das Kaiserreich beendet und die erste Republik Chinas begründet wurde. Sie war bis 1949 Regierungspartei und musste sich nach dem Bürgerkrieg und der Gründung der Volksrepublik China nach Taiwan zurückziehen, wo sie bis 1995 in einer ähnlichen Einparteien-Diktatur wie die Kommunisten auf dem Festland regierte. Heute ist die Kuomintang eine demokratische Kraft der Republik China in Taiwan geworden, die dort 1996 ohne Blutvergießen die parlamentarische Demokratie einführte.

x Der führende Reformer, Pädagoge und Philosoph strebte nicht nur eine Reform der Verwaltung, sondern sämtlicher Lebensbereiche an. Voraus ging dem Reformansatz eine kritische Auseinandersetzung mit den konfuzianischen Lehren.

xi Der Schüler und Mitstreiter von Kang Youwei versuchte sich ebenfalls an einer Neuinterpretation des Konfuzianismus, um die geplante Reformierung der chinesischen Gesellschaft zu rechtfertigen. Er musste jedoch nach der gescheiterten „Hundert-Tage-Reform" mit Kang Youwei nach Japan fliehen.

xii Die vier Bücher sind: „论语 Das Gespräch", „孟子 Menzius", „大学 Das große Lernen" und „中庸 Mitte und Maß".

^{xiii} Die fünf Klassiker sind: „詩經 Buch der Lieder", „尚書 Buch der Urkunde", „礼记 Buch der Riten", „周易 Buch der Wandlung", und „春秋 Frühlings- und Herbstannalen".

^{xiv} „Das Gespräch" von Konfuzius

^{xv} „Strategien der Streitenden Reiche" von Liu Xiang (77 – 6 v. Chr.)

^{xvi} Einer der fünf Klassiker des chinesischen Bildungskanons

^{xvii} Die Japaner wollten nach dem Ersten Weltkrieg nach eigenem Bekunden Asien den Asiaten zurückgeben und die Kolonialmächte, meistens Europäer und Amerikaner, vertreiben. Diese Ideologie erfreute am Anfang auch viele chinesische Intellektuelle. Denn die westlichen Mächte hatten sich mit militärischer Gewalt viele Privilegien und Reichtümer gesichert, bezahlten ihre Handelsrechnungen aber mit Opium, was die Gesundheit der Chinesen nachhaltig ruinierte. So nutzte Japan als erste industrialisierte Nation Asiens den Hass im Land aus und führte die Idee der „groß-ostasiatischen Wohlstandssphäre" ein, die anfänglich von allen vom Kolonialismus ausgebeuteten Nationen mit Begeisterung aufgenommen wurde.
^{xviii} Liedersammlung von Wang Yinglin (1223 – 1296). Sie besteht aus 236 Sätzen, die jeweils aus drei Schriftzeichen bestehen. In Form von rhythmischen Liedern wurden Kinder ab 4 Jahren in die chinesische Philosophie, Geschichte, Literatur und Ethik eingeführt. Gleichzeitig wurde Kindern damit die Schriftzeichen beigebracht.

^{xix} „Hundert Familiennamen" ist eine Sammlung von 504 han-chinesischen Familiennamen einschließlich 60 Familiennamen aus zwei Schriftzeichen aus der Nördlichen Song-Zeit (960 – 1127). Die Familiennamen werden gereimt und jeweils in vier

Wörtern pro Einheit gegliedert und nach der politischen Bedeutsamkeit und sozialen Stellung der jeweiligen Familien in der
chinesischen Geschichte aufgereiht. Es war ein elementares
Textbuch zum Erlernen von Schriftzeichen.

xx   Der „Tausend-Wörter-Aufsatz", von Zhou Xingsi (469 –
521) verfasst, ist eine Moralpredigt für Kinder aus genau Tausend Schriftzeichen. Sie beantwortet die Frage, wie Kinder sozia-
lisiert werden, was Erwachsensein bedeutet und wie sich ein
gebildeter Mensch benimmt.

xxi   Sun Yat-sen (1866 – 1925) ist der Gründer der
Kuomintang und der Republik China. Er wird bis heute als Lan-
desvater in beiden Teilen Chinas, dem kommunistischen Festland und der republikanischen Insel Taiwan, verehrt. Er entwi-
ckelte die politisch wegweisenden „Drei Prinzipien des Volks"
für die Kuomintang und die Republik China: Die Volksgemeinschaft auf der Grundlage der gemeinsamen Kultur und Geschichte, die Volksrechte – das Recht zu wählen, die Regierung
abzusetzen, Gesetze vorzuschlagen und über Gesetze abzu-
stimmen – und die Volkswohlfahrt als Sinn und Zweck allen
staatlichen Handelns.

xxii   Vorläufer des Mao-Anzugs, den Sun Yat-sen für Männer
und Frauen hatte entwerfen lassen, um China nach dem Ende
des Kaiserreichs ein neues Gesicht mit westlichem Anstrich zu
geben. 1923 wurde der Anzug von der Kuomintang zur Pflicht-
kleidung für chinesische Beamte. Populär wurde er durch Mao,
der in diesem Anzug die Volksrepublik China ausgerufen hatte.
xxiii   Schreibstil für die kaiserlichen Prüfungen in China vor
1911. Basierend auf einem konfuzianischen Zitat stellt man eine
These und dazu mögliche Antithesen auf, begründet diese jeweils und fasst die Argumente so zusammen, dass sich daraus
eine Synthese ergibt. Am Ende kehrt man zum Ausgangszitat

zurück und erläutert die aktuelle Bedeutung der konfuzianischen Lehre. Formal besteht der Aufsatz aus acht (Ba) Teilen,
daher Bagu-Stil. Heute wird dieser Schreibstil nicht mehr gepflegt.

xxiv   Gedichte der Song-Dynastie (960 – 1279) nach vorgegebenen musikalischen Gattungen, so dass die Gedichte immer
auch Gesänge, also musikalische Dichtung sind. Deren berühmteste Vertreter sind Li Qingzhao, Li Yi, Liu Yong, Xin Qiji und Su
Shi.

xxv   Schriftsteller (1908-1994) und Professor für Dramaturgie.
Durch ihn hörte ich erstmals von Kafka, Sartre, Henry Miller u.a.

xxvi   Anglist und Shakespeare-Übersetzer und Leiter des Forschungsinstituts für ausländische Literatur

xxvii   Mitbegründer der Anglistik in China und Autor von
zahlreichen literaturhistorischen Werken

xxviii   Germanist und Übersetzer von Lessing, Kleist, Heine,
Theodor Storm u.a.

xxix   Germanist und Träger des Bundesverdienstkreuzes

xxx   Germanist und Schriftsteller (1897-1986)

xxxi   Schlager und Liebeslieder aus dem feindlichen Taiwan
und Hongkong